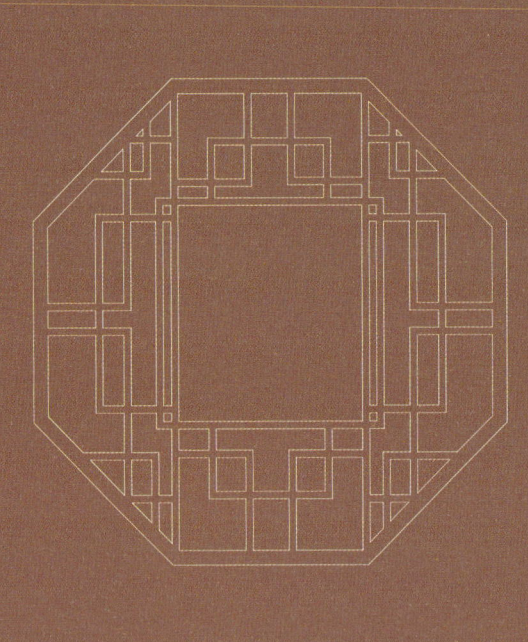

探访中国古村镇

王喜根 著

江苏人民出版社

图书在版编目（CIP）数据

探访中国古村镇 / 王喜根著 . -- 南京：江苏人民出版社，2022.2
ISBN 978-7-214-26009-3

Ⅰ．①探… Ⅱ．①王… Ⅲ．①村落—保护—研究—中国 Ⅳ．① K928.5

中国版本图书馆 CIP 数据核字（2021）第 194822 号

书　　　名	探访中国古村镇
著　　　者	王喜根
策　　　划	汪意云
摄　　　影	王喜根
责 任 编 辑	汪意云
责 任 监 制	王　娟
装 帧 设 计	刘　俊
出 版 发 行	江苏人民出版社
地　　　址	南京市湖南路 1 号 A 楼，邮编：210009
照　　　排	南京私书坊文化传播有限公司
印　　　刷	江苏凤凰新华印务集团有限公司
开　　　本	718 毫米 ×1000 毫米　1/16
印　　　张	26
字　　　数	300 千字
版　　　次	2022 年 2 月第 1 版
印　　　次	2022 年 2 月第 1 次印刷
标 准 书 号	ISBN 978-7-214-26009-3
定　　　价	128.00 元

（江苏人民出版社图书凡印装错误可向承印厂调换）

古村镇呼唤"文化商人"

（代序）

中国传统村落保护专家委员会主任委员冯骥才曾大声疾呼："不管是民间文化遗产抢救，还是传统村落保护，都处在一个动态的环境之中，它们随时都在变化，随时都可能失传或消亡。我们的工作是在'与时间赛跑'，等不起也拖不起。"冯骥才同时强调，"尽管多元文化、消费文化形成风潮，传统文化看似与社会生活疏离，但它其实是流淌在每个人血液中的。传统文化就是我们心中的定力，因此传统文化的回归是社会发展的必然"。作为非物质文化遗产抢救志愿者，10多年来，我也在"与时间赛跑"，先后到全国300个古镇古村落进行田野调查，在2019年《寻访中国古村镇》一书出版后，又马不停蹄继续奔跑，完成了它的姊妹篇《探访中国古村镇》，用50万文字、800余幅图片，如实地反映了中国古村镇保护的现状。中国古镇古村落被人们称为"最后的精神家园"。事实上，中国传统村落的颓势已难以逆转，一味唱衰没有意义。作为一个有良知的记者兼作家，我有责任当好时代的记录者，把所见所闻、亮点和问题一起写出来，让社会各界共同思考：究竟拿什么来拯救我们的古镇古村落？

"文化商人"即传统意义上的"儒商"，他们是有德行与文化素养的商人，既有儒者的道德和才智，又有商人的财富与成功，他们对社会发展有崇高的责任感，有救世济民的远大抱负和忧患意识，是儒者的楷模、商界的精英。中国传统村落的产生与兴旺，与儒商有千丝万缕的联系，儒商的消费具有明显的文化特征，如兴建楼堂馆所、设立祠堂、打造园林、挽救文化遗产等等。在历史的长河中，我们可以随处看到古村镇给我们留下的文化遗产，那些璀璨的文化遗产包含着一代又一代儒商的勤劳和智慧，这是社会的财富，也是人类的财富。

这些年，我到全国古镇古村落进行田野调查，亲身感受到了"文化商人"的人格魅力。

众所周之，著名作家张贤亮生前创造了一个神话：将一个昔日废弃多年的古村落、古城堡,逐步发展成为"镇北堡西部影城"和5A级旅游景区，"镇北堡西部影城"借影视艺术之体，还民俗文化之魂，以继承中华传统、弘扬民族文化精神为主线，实现了从"出卖荒凉"向"出卖文化及历史"的跨越。在此摄制的影片之多，升起的明星之多，获得国际、国内影视大奖之多，皆为中国各地影视城之冠，拥有"中国电影从这里走向世界"的美誉，从而成为宁夏最响亮的文化品牌，给西部大开发提供了一个成功的范例。当年张贤亮先生宣称："科学技术是第一生产力，而作为人文科学的文化艺术也是一种生产力，文化是第二生产力！"

安徽宏村，20多年前与许多古村落一样，面临着现代化冲击下的一系列问题：部分古建筑年久失修，风雨飘摇；各种新式建筑频频出现，与徽派传统风貌格格不入；许多村民外出打工，老房子人去楼空、日渐破败。北大毕业的诗人黄怒波却被这里独特的建筑和文化所吸引,1997年，他携北京中坤集团来到宏村，投注400万资金，按照"政府主导、企业运作、村民参与"的方式，将抢救、保护和挖掘古徽文化，传承、延续博大精深的徽文化放在首位，对这个黄山脚下的无名小村进行文化保护和旅游开发。2000年11月，宏村被联合国教科文组织评价为"人类古老文明的见证，传统建筑的典型作品，人和自然结合的光辉典范"，成功入选《世界遗产名录》，成为全人类的历史文化瑰宝。

"仁本堂"坐落在苏州堂里古村，建于清乾隆四十四年（1779），建筑总面积约4000平方米，俗称"西山雕花楼"。全楼上下有各种格调的花窗花格花栏杆620余扇，整栋楼被各种栩栩如生的木雕花饰所包围。房屋的梁柱、门楣、檩枋上处处为精工细作的木雕。而门楼、照壁、墙体上凡是有砖的地方，又布满了秀逸精美的砖雕。在这座雕花楼里，集中了3000多件木、砖、石雕刻作品，堪称一座雕花艺术殿堂。20年前，老宅孤寂、败落、岌岌可危，"暗牖悬蛛网，空梁落燕泥"是它真实的写照，来此寻访的专家学者无一不为它的命运担忧，徐氏后人却无力回天。民营企业家黄涛，在商海浸淫多年，自称"文化商人"，虽然是半路出家，但对艺术收藏和文化产业有独到见解，抢救、保护"仁本堂"是他梦想的延伸。2003年，一个偶然的机会，"仁本堂"后人结识了黄涛，恳请他代为修缮管理。做事果断干练的黄涛，义无反顾地决定出资修缮,并向徐氏后人承诺：保持"仁本堂"的原生形态，不拆除、不移建，保持"仁本堂"的传承称谓不变。徐氏后人经过慎重考虑，"仁本堂"主体建筑以大部分房产转让、小部分房产租赁的形式，完整地交给了黄涛。浩大的修缮工程整整持续了5年，2008年，整修一新的"仁本堂"终于重新展现在世人面前。为此，黄涛投入了数千万资金，耗费了极大的心血。

中国民营书店品牌"先锋书店"创始人钱小华认为，关注乡土就是关注中国，中国文化的根基在农村，复兴中国文化首先要复兴农村。如今农村人经济上并不穷，但精神上却十分空虚，尤其是偏远的山村，人们需要一个公共文化秩序的空间，一个知识分享的场所。目前，他在安徽碧山村、浙江戴家山云夕村、浙江松阳陈家铺村、云南沙溪等地先后建起了5个乡村实体书店。如今，农村年轻人大多去了城市，留下的多是老人和孩子，钱小华带着爱走进"空心村"，通过在乡村建实体书店，打造体验式的美好空间，让更多人来感受来参与乡村实践，也让更多的人找到人生的美好，让文化反哺乡村，让外出打工的年轻人愿意回到家乡来建造家园。钱小华创办乡村书局也曾遭到朋友的质疑：这样的项目何时才能有收益？钱小华内心十分强大："乡村书局根本不可能有什么大的回报，支撑着我前行的，不是利润，而是为了民生，为了启蒙，为了乡村文化复兴，这是文化人应有的使命和担当。"未来三五年，他还将打造一批乡村书店，为农民兄弟提供力所能及的服务。

一年前，我应邀到南京溧水无想山走访，发现山坳里平添了一片古色古香的传统建筑群，它青砖黛瓦、飞檐斗拱、画栋雕梁、亭台楼榭，美不胜收，颇具江南传统村落韵味，它叫"遇园"。"遇园"的主人袁绍林是湖南邵阳人，他年逾花甲，吃过国企饭，当过"煤老板"，跻身房地产，是位"古建迷"。30多年来，他矢志不渝致力于中国古民居的抢救与保护工作，他和他的手下足迹遍布全国古镇古村落以及城镇乡村拆迁工地,将那些倒塌、废弃、残损的古建筑构件收购下来,一一编号妥善保管。他以"传承、应用、创新"为宗旨,以传承中华古建筑文化、让古建筑活起来为使命,以迁移性保护、异地复原为突破口,用心做好中国古建筑"搬运工",先后收购了800栋徽派、闽派、京派、苏派、晋派、川派古民居及建筑材料,同时聘请能工巧匠,将历经风雨侵蚀、面目全非的画栋雕梁按原样修复,尽力保持古建筑的原有风貌,确保历史信息的原真性、完整性,相继在安徽绩溪建造了"紫园",在安徽马鞍山建造了"江东遇园"。经过5年打磨,如今又在南京溧水区打造了首期总面积达1.8万平方米的"遇园"。

不久前,我结识了被人们誉为"公益达人"的湖南省华龙湘安建设集团有限公司董事长、"全国劳动模范"王建民,作为身在异乡的游子,他筚路蓝缕奋力拼搏30年,在全国建筑市场打下了一片天地,经营范围从建筑施工拓展到公路、市政、房地产开发,拥有固定资产数亿元,但他始终情系家乡,不忘报效桑梓,从2004年开始,先后捐资近亿元,全力推动家乡新农村建设,使湘阴县新泉镇王家寨村从一个名不见经传的圩垸古村,一跃成为"湖南省级社会主义新农村建设示范村""国家级宜居村庄"。

这些"文化商人"的人格魅力深深感染了我,我对他们保护和抢救古镇古村落的义举肃然起敬,有这样的榜样走在前头,我们的古镇古村落就有救。

然而,我也看到不少商人打着"文化"的旗号,大张旗鼓地祸害古镇古村落。自2003年以来,我国先后公布了7批312个"国家级历史文化名镇"、487个"国家级历史文化名村","中国传统村落"达到6819个。现在的情况是重申请、轻保护,没有相应的考评监督机制。拿到"金字招牌"后,中央财政会给古镇古村落提供相应的资金补助,但"没有钱不办事,有了钱乱办事"现象的确存在。一些地方政府领导被政绩冲昏了头脑,地方财政那点可怜的资金当然拯救不了破败不堪的古镇古村落,他们便将眼光投向了投资商。有些投资商唯利是图,他们保护整治的目的是为了发展旅游,取得经济利益。如今,在城里已没有多少土地可以开发了,古村镇这块"肥肉",他们自然不能轻易放过。他们和当地政府达成协议,按照"区域规划、产业策划、整体运作"的模式,运用所谓"文化创意"改造古镇古村落。结果,原住民统统"被上楼",根本不考虑历史文物的"原真性","拆"字当头,放肆地粗制滥造,种种充满谬误、以假乱真的伪文化,使我们的传统文化变得粗浅、轻薄、空洞、可笑、庸俗,甚至徒有虚名,商业气息浓厚,积淀了千百年的古镇古村落被糟蹋得面目全非。尤其可悲的是,一部分官员对文化没有理解力,不懂文化的价值、规律、性质、意义,偏偏掌管着文化大权,他们不尊重历史,靠拍脑袋定调子,贻害无穷。

古镇古村落的开发利用与传承保护似乎永远是个纠结的难题,而一旦商业利益过度介入,难免出现急功近利、竭泽而渔的后果。古镇古村落应该怎样保护、开发和利用?如何完善相应的考评监督机制?政府、专家、公益组织、投资商、设计师、村两委、村民各自应该发挥怎样的作用,又如何避免彼此之间的矛盾?保护的资金有哪些管道和政策?投资人的权益如何保护、回报如何实现?这是很现实的问题。

在某些地方,让"文化商人"寒心的事件并不鲜见。在吸引"文化商人"的过程中,一些卑劣的手段简直令人发指。有人形象地将它比喻成扑克牌中的"J、Q、K"。地方政府发现投资人对古村镇有兴趣,好话说尽,千方百计把对方勾(J)过来;投资人资金陆续到位,政府部门为对方提供全方位服务,将投资人牢牢地圈住(Q);等到投资人有了经济效益,"幺蛾子"应运而生:村民堵路、同行挖墙角、政府背信弃义,投资人被尅(K)得血本无归。

为了保护"文化商人"的合法权益,我认为有必要采用"公开招标"的方式。有关部门在充分调查摸底的情况下,因地制宜,选择一部分可以抢救和保护的古村镇,在网上公开招标,传统村落的优势和劣势、抢救和保护的具体要求、各级政府的政策支持与资金配套及优惠条件,一一公布于众,充分体现市场机制公开信息、规范程序、公平竞争、客观评价、公正选择以及优胜劣汰的要求,鼓励更多有文化素养、熟悉当地文化、对文化保护有热情、有资金实力的"文化商人",参与到古村镇抢救和保护工作中去,再造融通历史和当下的活态村镇生活,真正让古镇古村落"留得住乡情、记得住乡愁"。

作者于 2021 年 11 月

目 录

古村镇呼唤"文化商人"（代序） / 001

仁里古村，见仁见礼 / 001
上庄，因胡适而骄傲 / 005
雄村，守住古村"筋、骨、神" / 009
潜口，探索古民宅保护新模式 / 013
屯溪老街，流动的《清明上河图》 / 017
深渡，留住人文历史余韵 / 021
万安，一江春水向东流 / 025
呈坎，怎么迈过这道"坎" / 029
南屏古村，留住千年徽州乡愁 / 033
"徽商大宅院"传奇 / 037
鸣鹤，"国药古镇"根深叶茂 / 041
云中大漈，彰显宋风古韵 / 045
小佐村，"梯田认租"重现生机 / 049
泰顺廊桥，独特的文化符号 / 053
深澳村，洗尽铅华见真淳 / 057
衢州古城，让南孔文化落地 / 061
清漾，毛氏文化熠熠生辉 / 065
嶓滩，古镇保护莫媚俗 / 069
廿八都，警钟长鸣护古镇 / 073
龙门古镇，在活化中重生 / 077

高迁古民居，招募新院主	/ 081
河阳古村，看得见乡愁	/ 085
盐官，一城故事一江潮	/ 089
月河老街，勾起老嘉兴往日回忆	/ 093
绍兴，"桥都"弘扬"桥文化"	/ 097
新市，擦亮运河文化名片	/ 101
山凹村，华丽转身凸显"中国风"	/ 105
周铁，儒风湖韵寄乡思	/ 109
长泾，续写刚柔并蓄华章	/ 113
余东，留住历史文化之根	/ 117
西溪古镇，见证海盐文化	/ 121
千华古村，体验民俗文化	/ 125
荣巷，重现荣氏家族辉煌	/ 129
瓜洲，呵护文化遗存与文化精髓	/ 133
船村，寻访圩村文化研究第一人	/ 137
杨氏兄弟与浡泥国王墓	/ 141
柴墟，历经沧桑展新容	/ 145
七彩曹山，"地瓜文化"唤醒牛马塘	/ 149
杨柳村，非遗传承古韵长	/ 153
高淳老街，民俗文化富矿区	/ 157
镇江西津渡，一眼看千年	/ 161
南长街，无锡人的心灵归处	/ 165

陆巷，再现洞庭商帮文化	/ 169
蒋巷，留住农耕文化的魂	/ 173
木渎，"乾隆文化"可以降温	/ 177
西蔡里，走近瑰宝守护人	/ 181
荡口，展开江南水乡文化画卷	/ 185
严家桥，在三张"名片"中崛起	/ 189
"红色富田"，尽显古村古韵	/ 193
婺源，打造"中国最美乡村"	/ 197
瑶里，着力挖掘瓷茶文化	/ 201
永和，打造吉州窑陶艺小镇	/ 205
长溪村，养在深闺人亦识	/ 209
黎川老街，明清商街的样本	/ 213
江背，"将军村"传承红色基因	/ 217
横坑，镌刻农耕文化历史	/ 221
白胜村，石头古厝变成宝	/ 225
南澳岛，见证海洋文明	/ 229
埭尾，闽系红砖古厝典范	/ 233
和平，留住古镇烟火味	/ 237
霍童古镇，与狮共舞	/ 241
樟脚村，迷人的五彩石头村庄	/ 245
田螺坑，土楼群之烦恼	/ 249
曾厝垵，变身"最文艺渔村"	/ 253

大嶝岛，在废墟上崛起	/ 257
德安里，"发烧友"的古寨情缘	/ 261
束河古镇，弘扬茶马文化	/ 265
彝人古镇，"无中生有"	/ 269
苇水古村，寻访守望者	/ 273
绵山，"寒食文化"聚国魂	/ 277
皇城村，从挖煤到挖文化	/ 281
砥泊古城"铁壁铜墙"今犹在	/ 285
郭峪古城，"亡羊补牢"	/ 289
大槐树，"根祖文化"异彩纷呈	/ 293
地坑院，地平线下的古村落	/ 297
道口古镇，不仅仅有烧鸡	/ 301
三德范，古朴村庄儒味浓	/ 305
北营村，寻访苏禄王后裔	/ 309
朱家峪，重振"闯关东精神"	/ 313
燕家台，期盼重振雄风	/ 317
阆中古城，凸显建筑文化	/ 321
卓克基，独具"嘉绒文化"底蕴	/ 325
人文黄龙溪，千年水码头	/ 329
亚丁，呵护"最后的香格里拉"	/ 333
党家村，守护"民居瑰宝"	/ 337
永宁寨：嵌在峭壁上的古堡	/ 341

探访中国古村镇

张谷英村,美丽的嬗变	/345
王家寨,桃花源里可耕田	/349
老后,一片冰心在花瑶	/353
禾木村,感受天人合一的美好	/357
翠亨村,中山精神彪炳千秋	/361
和顺古镇,士和民顺	/365
杨柳青,"年画名片"历久弥新	/369
画中兴坪,焕发勃勃生机	/373
北海老街,留住海洋文化风情	/377
岜沙,抒写最后枪手部落传奇	/381
肇兴侗寨,品味"三宝"	/385
茅台镇,高擎"酒文化"大旗	/389
槟榔谷,讲述海南黎村故事	/393
科尔沁,蒙族文化绽新花	/397

仁里古村，
见仁见礼

文化巨匠胡适先生曾经说过：在绩溪，你信步走进一个山村，就会翻开一页历史；你随意踩到一块石头，就会触动一个朝代；你偶尔遇见一个路人，就可能是个秀才。绩溪在南朝梁大同元年（535）建县，至今已有近1500年历史，是安徽省5座国家历史文化名城之一。据统计，境内1000年以上古村落有25个，500年以上古村落有30个。仁里村开基，从耿氏始祖迁居仁里算起，迄今已有1400多年的历史。梁大同五年，工部尚书耿源进致仕后与弟汝进游历新安山水而卜居于此。仁里程氏分两次迁入，唐代光化庚申年（900），程药从歙县篁墩迁入；南宋咸淳年间程宏兄弟三人从歙县槐堂迁家仁里，故仁里也称"程里"。

仁里村距安徽绩溪城5公里，是一个近山亲水的地方。登源河绕过村东由北向南，水抱山环的山光水色给人带来勃勃生机。历史上这里是徽商会集的水陆码头，聚财蓄气，千丁万灶，为徽杭古道上的重

| 老街

| 板凳桥

镇。从明代起,仁里人就把外出经商创业作为谋生的主要途径,是名副其实的徽商故里。仁里在明清时期作为古徽杭驿道必经之地,又是水陆码头,舟楫密集、桅樯如林,曾是著名商埠,盛极一时。仁里老街曾经店铺林立,市井繁华,有典当铺、旅店、饭庄、轿行、骡马帮、药堂、山货、土特产商号数十家,是绩溪岭南方圆百里的商业中心。

全村人大多姓程,为理学大师程颐、程颢后人,是古徽州地地道道的"程朱阙里"。古村按龟形设计,完好地保留了明清时期的风貌。全村有三街十八巷,有4座古代村门楼、3座明清古祠堂,古牌坊、古民居、古书院、古码头、桃花古坝、古井随处可见,依然可现当年历史商业重镇的繁华。

绩溪是老徽州的传统核心地区,自古就以"邑小士多"而闻名,可谓地灵人杰。绩溪历史上最为出名的人物要数人称"三胡"的胡宗宪、胡适、胡雪岩。三人可谓在政、学、商界之风云顶尖人物。而成就胡适、胡雪岩两人的恩公,便是仁里村的大徽商程松堂。当年胡适在上海求学,一心向往赴美留学,苦于经济一般,始终未能如愿。他的同窗好友程松堂得知此事,慷慨解囊,资助胡适五百大洋。胡适留学归来,中国才有了胡适这位文化巨匠。胡雪岩的家就在仁里村沿河之下二里路的湖里村。仁里是绩溪登源河边的中心村,素有"小小绩溪县,大大仁里村"之说。胡雪岩少年时每天来到仁里读书上学,村上当时繁华的商业氛围深深感染了少年胡雪岩,可以说一代商圣的经商细胞最初是在仁里激发出来的。

据相关资料记载,"仁里"语出《论语·里仁》"里仁为美"。里者,民

之所居，居于仁者之里，是为美，后称风俗淳美的乡里为仁里。当我和好友熊梅生夫妇踏入仁里村头，仁礼之风便扑面而来；硕大的"仁爱为本"台基，道出了仁里人的心声。村旅游接待中心工作人员听说我们是搞古村落田野调查的，马上用对讲机通知各个景点"一路绿灯"。仁里自古以来就是一个山水秀美的风水宝地，"仁里古八景"曾名扬乡里，即"富阳春晓、石洞祥云、龙屏积翠、龟屿浮烟、鹤渚回澜、槐墩夕照、茅山夜月、大庙晚钟"。如今，大部分景观历经岁月磨砺已不复存在，但古村仍完好地保留着明清时期的风貌，村中央是仁里首富的家族古建筑群，由八大户组成，房屋院落交错相连，置身其中，犹入迷宫，一不小心就会迷路。

| 光启堂

光启堂，寓意光前启后，曾经是仁里程氏的老祠堂，一度因年久失修而破败不堪。2012年，光启堂按照原有结构、性质进行了重修，确保做到对历史的延续和文化的保护。现内设村史陈列馆，让村民和游客们可以在祠堂里了解历史，传承古徽州文化，同时也可在宗祠内开展一些开蒙礼仪、成人礼仪等活动。仁里村历来崇文重教，讲究儒学，重

礼仪，形成了"十户之村，不废诵读"的文化氛围。早在元代，仁里就建有翠阳书院，明清两代以来，先后曾建有涵清书屋、平山文社、龙麓草堂、柳庄书舍、石泉书院、怀林书院、南岗书院、龙屏书院、龙山书屋、琴书园书院、思诚小学堂（现为思诚小学）和端本女学等13所学堂。现在村中仍有石泉书院遗址；翠阳书院尚有遗诗一首："竹荫连古巷，文字见诸孙；壮观三槐业，清幽独乐园。"

更值一提的是，仁里桃花坝下有座古徽州绝无仅有的中西合璧式徽派古民居西式船屋洋楼，它是推崇洋务运动的程跃章仿照西洋海轮形状建造的；这里保存着晚清名医程希濂那门阙极多的忍先堂；横街上还有鲜为人知的仁里一绝"百步钦街"。据《鱼川耿氏宗谱》载，百步钦街为当时皇帝念及耿源进的功勋，御赐这位耿尚书"免征地"一块，在仁里村东井地段用砖砌垒而成。青砖竖排铺筑，俗称"钉栓砖"，意为金砖铺地，并造廊亭遮阳避雨，文官至此下轿，武官至此下马。如今虽廊亭已毁，但百步钦街道路面保存尚完好。从中西合璧的洋楼到经典徽派民居忍先堂、诒谷堂，从百步钦街到幽深的古巷，无不验证了仁里村古老的历史和文化底蕴的厚重。

走在铺满鹅卵石和幽深古巷里，两旁爬满青苔的墙跟，高高耸立的古灰墙，凌空翘首的马头墙，显得古朴而典雅。在这儿，水井也是一大景观，它们分布于村子的四角，形状各异，东边有东井，西边有西井，还有六角井、隔墙井、嫁资井等，每一口井都有一个故事。古时，村里没有自来水，只能喝井水，这些井水都来自村边的河水，井水清澈而甜美。明代抗倭名臣胡宗宪的爱女就下嫁于仁里人程通，村里至今还保留着他为爱女作为嫁妆而挖掘的嫁资井。

历史上徽商家族经营的"文房四宝"是珍贵的非物质文化遗产，仁里村老作坊仍原汁原味地保留了制做徽墨工艺流程，游客有幸可享受和制墨大师同做徽墨的乐趣。仁里是远近闻名的长寿村和民俗村，全村30多位80岁以上的老人皆能歌善舞，他们表演的民俗《抬花轿》《十绣鞋》曾代表宣城市在中央电视台《欢乐中国行》中有过精彩亮相。走进央视《记住乡愁》的仁里，风俗淳美、安详恬静，融着千年历史的古村气息，悄无声息地渗透进我们的灵魂，让我们穿越千年，梦回那见仁见礼的古徽州。

上庄，
因胡适而骄傲

　　步入安徽绩溪上庄古镇，到处洋溢着浓郁的文化气息，清一色的粉壁、黛瓦、马头墙。入口处有一个不规则的"开文广场"，它虽以"徽墨"代表人物胡开文命名，而广场边凉亭前却是穿着长袍的胡适塑像。广场边一条被打磨得溜光发亮、弯弯曲曲的石板路，将我引向古镇纵深。在国内外学界，胡适大名鼎鼎，上庄人则因胡适引以自豪。"上庄古建筑群"名列"全国重点保护文物单位"，这些古建筑包括明代民居敦履堂、胡开文故居、胡适故居，也包括胡适创办的"私立毓英小学"。

| 胡开文故居

| 胡适故居

| 弯弯曲曲的石板路

上庄，古称"龙井"，西接太平，北交旌德，南临歙县，距黄山风景区直线距离仅28公里，青山环抱，一水襟带，风光旖旎，是一脚踏四县的古镇。胡适先生曾引用诗赞叹："万山不许一溪奔，拦得溪声日夜喧。到得前头山脚尽，堂堂溪水出前村。"这诗用于上庄很恰当。

上庄历史上名人辈出，清代有任兵部主事、员外郎的胡宝铎以及台湾台东知州胡铁花，有徽墨大师胡开文，有近现代中西医医家、医学教育家汪惕予，中国农学界知名女教授曹诚英，现代著名诗人汪静之，驰名国内外的上海汪裕泰、程裕新茶号的创始者也是上庄人。新文化运动先驱、世界著名学者胡适，开风气之先，扛鼎文学革命的大纛，使古老而幽暗的东方大陆开始闪现出一片片理性的曙光，有人说他是"近代中国唯一没有枪杆子作后盾而思想能风靡一时、在意识形态上能颠倒众生的思想家"，上庄因胡适而成为名闻遐迩的"上都"。

穿过曲折的巷道来到胡适故居，映入眼帘的首先是院门门楣上的"兰蕙书屋"4个字。故居为胡适父亲1897年始建，胡铁花（胡传）官至"三品"，他修建这座两进三间砖木结构的宅院时，也算是小康人家，院内1100多平方米用鹅卵石铺成的长方形地坪，院墙边矗立着胡适先生全身塑像，西装革履，左肋挟着一本书，仿佛要去上课，而背景是巍峨的峰峦，云雾缭绕，真有一种即之若仙的飘缈感。

"我是徽州人"，这是胡适常挂在嘴边的话。1894年中日甲午战争爆发，胡适随母离卅其父胡铁花任知州的台东返回上海，不久回上庄进家塾读书，直到1904年从三兄到上海入梅溪学堂，胡适在上庄生活了9年，接受传统教育。1917年，为了不让寡母及侍奉她10多年的"娃娃亲"江冬秀伤心，胡适返回故里与江冬秀结婚。婚房12扇落地隔扇门上面的兰花雕板，兰草清雅、气韵生动，处处透露着那一股书卷气。胡适晚年在《希望》诗中写道："我从山中来，带着兰花草，种在小园中，希望花开早……"后来谱曲成为80年代流行华语区的台湾校园歌曲《兰花草》。转过正厅便是后堂，中间隔一小天井，小厅上悬一块红底金字大匾，上书"持节宣威"4个字，是当年胡适出任美国大使时国民政府所赠。1962年2月24日胡适突发心脏病在台北不幸离世，蒋介石送挽联："新文化中旧道德的楷模，旧伦理中新思想的师表"，算是对先生的高度概括。

离开胡适故居，不远便是胡开文纪念馆。胡开文纪念馆原是胡天柱（胡开文）长房胡恒德的祖屋，也是绩溪县的第一幢钢筋水泥建筑。胡天柱，徽商，清乾隆年间制墨大师。他原本只是一个普通的制墨商人，制墨供给当时的南京贡院考生，因受到众考生的喜爱，所以在民间广为流传，至此名声大振。和其他所有的徽州工匠一样，胡天柱也是在墨店从学徒做起，后自办墨庄，取徽州府孔庙的"天开文苑"金匾中间的两个字，再冠以姓氏，打出"胡开文墨庄"的店号。扩大以后开办胡开文墨厂，产品"地球墨"荣获1915年巴拿马万国博览会金奖。现在人们只记得"胡开文"而忘了他的本名。文房四宝中，安徽占了宣纸、徽墨、歙砚三宝。纪念馆不仅展示徽墨精品，而且详细介绍了胡开文制墨十大工序：炼烟、和料、杵捣、压模、晾墨、锉边、洗水、填金、制盒、包装。

离胡开文纪念馆不远是上庄初级中学，其前身是清末的毓英学堂和燃黎学堂（1952年更名为"上庄小学"）。胡适的祖父曾与胡适的族叔胡近仁一起创办"私立毓英小学"，胡适曾在这里完成启蒙教育。在门外边可以看到校园中心位置矗立着胡适的半身雕像，和三层教学楼左侧写着的"种瓜得瓜，种豆得豆"8个大字，这是一句劝善的俗谚，也是胡适一生的信念。

上庄是徽文化发祥地之一，这里以徽墨、徽菜、徽剧、徽雕等为代表的非物质文化遗产就有22项，其中省级非遗项目5项。"一品锅"是徽菜的代表作，源自上庄，上庄镇因此被命名为"中国徽菜·品锅之乡"。相传当年乾隆皇帝微服南巡，由九华山去徽州府途中，见天色已晚，便进一农家借宿。淳朴的村妇热情接待，将白天剩余的菜肴，按先素后荤的顺序，逐层铺在一口两耳铁锅内热后端上。乾隆及随从饥肠辘辘，吃得津津有味。乾隆一边赞不绝口，一边问此菜何名。村妇随口答道："一锅熟。"乾隆嫌其名不雅，略作思索后赐名"一品锅"，兼有"此美味佳肴，值得一品"和"与万岁爷同享此佳肴者，堪为一品"的含义，自此"一品锅"成为绩溪徽菜中的宴客佳肴。胡适云游海内海外，始终与"一品锅"结伴，每逢贵客上门或宴请同乡好友，必上"一品锅"。在任北大校长期间，胡适用"一品锅"招待绩溪的女婿梁实秋。梁实秋曾撰文忆道："一只大铁锅，口径差不多有二尺，热腾腾地端上了桌，里面还滚沸，一层鸡，一层鸭，一层肉，一层油豆腐，点缀着一些蛋皮饺。紧底下是萝卜、青菜，味道好极。"

近年来，上庄积极推动"雕刻时光"小镇建设，以徽雕、徽墨为主导产业，努力打造华东地区传统徽雕和徽墨生产销售、研创基地，成为安徽省首批特色小镇。安苗节被列入省级非物质文化遗产、中国徽州文化生态保护实验区保护与传承项目之一。它保留了原汁原味的传统祭祀仪式，再创浓郁的传统文化氛围，让人们引发忆苦之情、怀旧之意，在继承传统的基础上赋予新时代新内涵。如今，安苗大鼓、安苗祭祀、火狮舞、火马舞、双龙戏珠、跳五猖、手龙舞、麒麟、鱼舞、花船、蚌壳等非物质文化遗产民俗精品一个个在上庄复活，吸引了国内外大批摄影家前来采风。值得点赞的是，每年带领游客重温文学巨匠胡适先生的经典之作，则成为安苗节最大的亮点。

雄村，
守住古村"筋、骨、神"

雄村是一座以教育发达、人才辈出著称的古村落，被誉为"新安第一岛，徽州最雄村"。清末翰林许承尧称"吾乡昔宦达,首数雄村曹"。雄村，古名洪村，元末曹姓家族迁入此地，取《曹全碑》中"枝分叶布,所在为雄"句，改名为"雄村"，距今已有800多年。

屹立在雄村村口有一座三间三楼、四柱冲天巍峨壮观的"四世一品坊"功名牌坊，它是乾隆年间专为褒奖户部尚书曹文埴及其祖上三代而敕建的。该牌坊高11米、宽8米，用灰凝石建造，用料厚实，色调凝重，雕刻简朴。三楼额枋上刻有"四世一品"4个大字；二楼额枋上刻有曹文埴和其父亲、伯父、祖父、曾祖父的姓名和官衔。特别罕见的是"四世一品"上面刻写的不是"圣旨"，也不是"恩荣"，而是"覃恩"二字：覃（音"潭"），潭即深也，说明雄村曹氏早与皇上有着很深的关系，同时有功于国，故用"覃恩"二字。这在徽州牌坊中是独一无二的，在全国也没有。二楼额枋上刻记着：皇清诰赠金殿传胪曹文埴光禄大夫太子太保

| 四世一品坊

|竹山书院

户部尚书兼管顺天府府尹。夫人程氏诰赠一品夫人。诰赠文埴的曾祖父曹士琏、祖父曹世昌、伯父曹景廷、父亲曹景宸一品官,共是四代五人,故为"四世一品"。

好友程瑞嘉告诉我,曹文埴乃清代重臣,同其子曹振镛世称"父子宰相",徽州歙县人,25岁时便中取传胪,在户部尚书位上多年,以办事干练、不徇私情而闻名朝野。乾隆三十八年(1773),乾隆帝开设四库全书馆,曹文埴为《四库全书》总裁官之一,深得乾隆帝宠信,乾隆称赞他"文埴等不徇隐,公正得大臣体"。曹家是扬州盐商之首,乾隆帝6次南巡,多落脚扬州,文埴承办差务,深得乾隆帝信任。乾隆五十二年,曹文植不愿与和珅为伍,以母老为由请求归养,帝从其请,加太子太保。后文埴二次进京,为乾隆帝贺寿,乾隆帝御赐他"四世一品",于是这座全国罕见的"四世一品"功名坊就名正言顺地诞生了,成为曹家历史上登峰造极的丰碑。

竹山书院位于雄村桃花坝上,系清代雄村曹氏族人讲学之所,清代名人沈德潜、袁枚、金榜、邓石如等曾来此讲学。它始建于清代乾隆二十年,是一座保存较好的徽州书院。竹山书院数百年间不断培养出皇家高级军政人才和文史专家,被誉为江南第一古书院。书院占地约2000平方米,建筑面积1218平米,设堂讲学的地方叫清旷轩,也叫桂花厅,因轩前庭院遍植桂花树而得名。曹氏族约规定，凡族人举者，可在庭院植树一棵。院子里这几十株桂花树见证了曹氏家族在历史上"蟾宫折桂"的荣耀。桂花厅旁有一楼，叫百花头上楼。书院里有花厅庭园、曲廊通幽，俨然一精致的徽派园林。2006年5月，竹山书院被国务院列为第六批全国重点文物保护单位。

与书院隔江相对的半山腰中，掩映着一座叫"慈光庵"的古刹，它诉说着一个姐弟劝学的感人故事。曹文埴的儿子曹振镛，幼时顽劣异常，无心读书，其姐苦心规劝他说："你不用心读书，将来如何登堂入仕，承继父业？"曹振镛夸下海口："他日我定为官，且胜吾父。"姐姐有意激他："你若为官，我当出家为尼。"曹振镛从此刻苦攻读，果然不负姐姐所望，考取了进士，官至军机大臣，权倾朝野，留下"宰相朝朝有，代君三月无"的佳话。于是姐姐不食其言，坚持要出家，曹振镛苦劝无效，又怕姐姐在千里之外孤苦伶仃，只得借当地俚语"隔河千里远"之意，在新安江对岸建了一座尼姑庵供其姐修行。

也许是雄村特有的灵气，使国民党和太平洋西岸的美国人也看中了这块风水宝地。1943年3月至1945年8月，国民党中央军事委员会调查统计局重

| 中美特种技术人员训练班旧址

庆中美特种技术合作所派来中方人员和美国教官，在雄村开设了中美特种技术人员训练班，先后办了8期，送来受训的学员达6000余人。当时，新安江的沙滩和桃花坝都成了他们的操练场，竹山书院也是教务活动的地方。正因为有这样的历史背景，当年雄村有多人去了香港、台湾。

近十年来，雄村人从历史的深度、文化的广度来理解古建筑保护利用工作，坚持修缮保护与合理利用相结合，古桥古亭古码头与徽文化相结合，古祠堂与古徽州民俗民风相结合，名人故居修缮与文化旅游相结合，复活徽州古建灵魂之美。同时，他们以传统村落保护和开发利用项目为契机，进一步完善古建筑保护工作机制，通过制订村规民约、签订保护协议、加强宣传教育等办法，充分调动村民参与古建筑保护的积极性，实现"要我保护"向"我要保护"转变。积极采取"对接市场、良性互动"措施，鼓励社会资金以认保、认养、认租、认购等方式参与古建筑保护利用，依托生态、文化、旅游"三位一体"优势，扎实做好雄村古建筑抢救保护工作，守住古村落的"筋、骨、神"。

为了激励后人大力传承和弘扬优秀的雄村曹氏文化，鼓舞曹氏家族子孙崇德尚贤，他们将"曹氏宗祠"修缮一新，并在宗祠边新建"乡贤馆"，充分发挥存史资政、教化育人的功用，使之成为美丽书香雄村的宣传窗口。同时，他们投资40万元对古戏台"雄村上社"进行修缮、提升及利用，用于开展体育、舞蹈、书画、民俗等一系列公益性活动，成为农民展现自我的一个文化大舞台。

王茂荫，歙县雄村人，清代著名经济学家，毕生致力于我国经济史尤其是货币史的研究和实践，他的货币观点及钞币发行方案最为引人注目，被学术界评价为"我国封建社会货币理论的最高成就"。王茂荫故居作为县级文物保护单位，由于年久失修，损毁严重。2014年，雄村镇本着保护第一、修旧如旧的原则，积极筹措资金，采取产权置换的办法，对王茂荫故居周边民房的产权进行购置，对故居现存较好的"天官第""敦仁堂"进行保护修缮。如今王茂荫故居修缮一新，正在打造中国钱币博物馆。随着古村落基础设施进一步完善，雄村这个秀美、古朴、原生态的传统历史古村将受到更多游客的青睐。

潜口，
探索古民宅保护新模式

"潜口民宅"是潜口明清民居博物馆的简称，它坐落在歙县潜口镇西北角、八百里黄山第一峰的紫霞峰南麓，又名"紫霞山庄"。它不仅仅是国家级文物保护单位，更重要的是，它承载着20世纪80年代以来由国家拨巨款从徽州各地收集整理的一大批就地难以保护的典型徽派民间建筑，按照"原拆原建、集中保护"的原则，集中保护了明清时期具有徽州特色的民居、祠堂、牌坊、戏台、亭台、拱桥等24处古建筑，从而形成了以明清两代徽派民居为主体的古建筑群落。它见证了徽州文明前行的足迹，是人文景观与自然景观高度协调统一的典范，被誉为"我国明清民间艺术的活专著"，更见证了我国文化遗产保护理念、方式的变迁，从某种意义上说，为国家修订《文物保护法》提供了鲜活的"潜口模式"。

| 潜口塔

潜口，古称"阮溪""潜川"，现为安徽黄山市徽州区辖镇。所谓"潜"字，有两层含义，其一为纪念陶渊明（名潜）在此隐居，其二指此地为众山之口，万峰潜伏于后。潜口塔乃潜口镇地标，建于明嘉靖二十三年（1544）是一座富有徽州文化特色的古塔。塔高约 60 米，底层直径 10.4 米，四面八角，外七层内四层，呈立锥体，体现了古代潜口人的审美意识和追求。从紫霞山跨溪，接近水香园，过桥即到灵官殿，辗转右边直上，有石径通龙王亭，亭前有丈八方坦。过坦有三套门，一门一栏杆，十分森严。第三进的门联曰："呼啸一声山鸣谷应，举头回顾地广天空。"而辗转处有古井一口，名"阮公泉"。阮公为宿老，以山水寄情，不事官家，求得是静心修身。有文记载，东晋诗人陶潜曾流连于此，留下千古绝唱："采菊东篱下，悠然见南山。"水香园位于观音山左前方，与阮溪隔水相望。水香园以梅花居多，其次有紫荆、野菊和桃花，山脚有荷花池塘半亩，四季鲜花尽妍，树木郁郁葱葱。花径池田间不仅有翼然的栗亭、宛然亭，还有霞山草堂、索笑轩、碧圮楼耸立。水香园主人为汪沅，是潜口金紫祠半豹堂中的一支脉，举家迁居扬州后，转让给了在苏州经商的

| 潜口民宅

汪应庚。乾隆年间，汪应庚之孙汪立德曾大修一次，咸丰年间遭兵灾，民国年间废圮。

走进紫霞山庄，蓦然回到了三五百年前的徽州明清社会。这里荟萃了明清两代最具代表性的徽州民宅，既有富丽豪华的宏楼绮院，也有幽静典雅的凉亭草舍。它以馆藏实物展示、民间工艺展示、民俗表演为主体，活化了明清徽州社会的生活图景。

紫霞山庄占地17000多平方米，茂林修竹，景色清幽，依山就势，错落有致，从周围不同角度都可以观赏到完美的建筑形象。山庄门厅为三开间门廊，高檐如盖，8根献柱拔地而起。门厅建于明中叶，原为潜口镇汪姓众厅六顺堂残留部分。入门有一不大的院落，中间立有三间五楼茶园石牌坊，为明代嘉靖年间郑绮所建。不远处，有小溪自西向东环山而过，溪上横跨有单孔石拱小桥，名为"荫秀桥"，始建于明嘉靖申寅年，原坐落于潜口镇唐贝村口。过桥循道登山，路有一亭，四角高翘，曰"善化亭"，建于明嘉靖辛亥年，原坐落于歙县许村杨充岭石道旁。顺山势北转，即见"乐善堂"，它建于明中叶，原系潜口镇汪姓子孙所建众厅，因族中老人常娱乐议事于此，故又称"耄耋厅"，二进三开间。北面毗连着"曹门厅"，建于明嘉靖年间，原为潜口镇汪氏后裔的支祠，九开间的门庭一字形展开，8根献柱整齐划列。入门有四廊，与明堂正厅连接。穿过门前石坪顺势而下，有"司谏第"，始建于明弘治八年（1495），原坐落于潜口村，系明永乐初进士、吏科给事汪善孙辈祭祖所建宗祠，二进明厅式，中间天井设池，四周绕以石柱，中架单孔石拱小桥。其中曹门厅、善化亭、司谏第等古徽州的著名建筑堪称中国建筑史上的珍贵实例。司谏第中还珍藏有明代永乐皇帝所赐的金匾。

山庄北侧为一组宅第："吴建华宅"建于明中叶，系普通民居，原坐落于潜口村，始建时为三层，后改为两层，仍保留明代建筑特征。"方文泰宅"始建于明中后期，原坐落于在坤沙村，为三开间两进、上下对廊结构的两层民居。"苏雪痕宅"为明中叶遗构，原坐落于歙县郑村，一脊翻两堂逆向式三间二进两层砖木结构，斗拱、鹰嘴榫及芦苇墙的做法体现了徽州明代建筑的特点。"畊礼堂"原坐落于旌德县孙村乡孙村中，2002年拆迁移至潜口民宅清园内集中保护，是园中建筑面积最大的一幢民宅。

徽州古建作为徽州文化的具象存在，是徽州区别于其他地域的标识，其粉墙黛瓦为主要元素的民居、祠堂及牌坊是徽州古建的三绝。潜口民宅是徽州明清时代民居的缩影，在一个小山峦上展示出各类不同古民居风貌，颇具匠心。从建筑类型看，既有洞社、宅第，也有小桥、路亭、牌坊。从时间跨度看，从明弘治八年延续到明中晚期。从宅主看，有商贾、豪绅、谏官、进士，有普通农民，还有百姓捐建的"善化亭"、老人议事娱乐的"乐善堂"、大家旺族的众厅。同时，潜口民宅颇具典型性，这里有雕饰精美、能体现徽雕技艺的"方文泰宅"，有江南现存明代最早砖本结构建筑之一的"司谏第"，亦有保留了元代营造手法的"吴建华宅"。这里可以见到明宅起居方便、简易而富有实用价值的营造法，从天井设水池去体验聚水如聚财的哲理。此外，潜口民宅有统一的艺术风格，移入的建筑大多取自潜口村，布局上又参照了徽州古村落的固有特点，内部陈设以明代家具和其他生活用品，再现了徽州古村落的历史文化风貌。

从国家文化建设的战略高度看，潜口民宅已从单体的古建筑保护发展到以人类活动为支撑的文化生态保护，并在保护过程中不断挖掘弘扬非物质文化遗产。在国家政策支持下，如今潜口民宅不仅是全国重点文物保护单位、国家级4A旅游景区，还是安徽省为数不多的非物质文化遗产传习基地。为了抢救并保护与利用优异的历史文化遗存，这里常年展示特有的"徽州七绝"（砖雕、木雕、石雕、竹雕、歙砚、徽墨、撕纸书法），从而践行了《文物保护法》中的文保工作方针："保护为主，抢救第一，合理利用，加强管理。"

| 潜口民宅再现徽州古村落历史文化风貌

屯溪老街，
流动的《清明上河图》

多年前，第一次踏进安徽屯溪老街，首先映入眼帘的是清一色的褐红色麻石板路，街道两旁鳞次栉比的店铺叠致有序，整条街道蜿蜒伸展，首尾不能相望。整条街的建筑色彩淡雅古朴，结构错落参差，临街的店铺一般为两层，均为砖木结构，以梁柱为骨架，尽管多为不大的单开间，但设计构思奇巧，门楣上的徽派木雕中，戏曲人物栩栩如生，民间故事委婉动人，新安山水秀美灵动。门槛和窗棂或方或圆，或棱或扁，花式丰富，形态各异。伸出槛外的"飞来椅""美人靠"，既拓展了店堂内有效的空间，又平添了店外的外观层次，使店堂显得更加恢弘和华丽。从店铺的内部结构看，有沿街开敞式和内天井式，有"前店后坊，前店后户或前店后仓"，有的二进二厢，有的三进三厢，四周的走廊连接成天井，寓含"四水归堂""肥水不外流"的敛财之意。店堂一般都较深，前店营业，内厢加工或储存货物，有的则前店后居或下店上居。店堂两槛和货架上多以字画点缀，徽商亦儒亦商的高雅情调表现得淋漓尽致。如今再次造访，巍峨壮观的牌坊、古色古香的匾额、五花八门的幌子，把老街装扮得更加异彩纷呈，成了国内目前保存较为完好的具有南宋和明清建筑风格的古代街市，"流动的《清明上河图》""全国重点文物保护单位""中国历史文化名街"，可谓名至实归。

屯溪老街原名"屯溪街"，由新安江、横江、率水河三江汇流之地的一个水埠码头发展起来的。明弘治《休宁县志》中就已有"屯溪街"的名目记载。清康熙《休宁县志》记载："屯溪街，县东三十里，镇长四里"，可见当时屯溪老街已有了相当的规模。老街的西端即老大桥在桥头紧连的一段曲尺形街道，原名"八家栈"，是老街的发祥地，也是屯溪的发祥地。老街的形成和发展，

老街牌坊

与宋徽宗移都临安(即今日的杭州)有着密不可分的联系,外出的徽商返乡后,模仿宋城的建筑风格在家乡大兴土木,老街亦称为"宋城"。

元末明初,一位名叫程维宗的徽商在屯溪华山脚下新安江畔兴造了8间客栈,四所47间房,史称"八家栈"。明朝嘉靖二十七年(1548),屯溪已是中国著名茶市之一,老翼农药号于明崇祯十三年(1640)设号创办。清朝初期,老街发展到"镇长四里";清末,屯溪茶商崛起,"屯溪绿茶"外销兴盛,茶号林立,茶工云集,各类商号相继开放,街道从"八家栈"逐年向东延伸形成老街。清朝末年,屯溪老街已发展为钱庄、典当、银楼、药材、绸布、京广百货、南北货、盐、糖、日杂、瓷器、黄烟、锡箔、纸张、酒楼、饭店等行业比较齐全繁荣的市场了。民国时期,屯溪老街曾名"中山正街",已有"沪杭大商埠会",安徽省厘税局、盐公堂、商会等商业机构均设在屯溪,经济一度繁荣,被称为"小上海"。

近40年,屯溪发生了翻天覆地的变化,城市规模迅速扩张,现代建筑鳞次栉比,但屯溪老街却得到了很好的保护,深厚的商贸文化薪火相传。20世纪80年代初,在委托清华大学编制屯溪老街保护规划的基础上,黄山市人民政府制定并颁布了《屯溪老街历史文化保护区管理暂行办法》,建立老街专门管理机构,实施各种保护措施和优惠政策。屯溪老街实施依法保护,旅游、经营、生活等管理井然有序。1986年被安徽省政府确定为省级历史文化保护区。1995年国家建设部城市规划司将屯溪老街作为全国唯一的历史文化区的保护规划、管理综合试点。2008年9月被文化部命名为"国家文化产业示范基地"。2009年列为"中国历史文化保护街区"。2015年4月,国家住房城乡

| 同德仁药店

建设部和国家文物局对外公布第一批30个"中国历史文化街区"名单，黄山市屯溪老街成为安徽省唯一入选的街区。

诸多学者认为，徽州文化既是地域文化，也是中华正统文化传承的典范，屯溪老街集中体现了中华传统文化的精华。街内有屯溪老街古建筑群、中共皖南特委旧址、同德仁药店等重点文物保护单位。清代著名思想家、学者、"乾嘉朴学"的代表人物戴震是屯溪隆阜人，位于屯溪老街立新巷1号的戴震纪念馆，陈列和收藏着戴震学术贡献、生平事迹和研究成果。整条老街店铺300余家，其中历史悠久的就有60多家，"同德仁""茂槐""老福春""汲古轩""艺林阁""徽宝斋"等老店，都挂有老字号牌匾。老街店家主要经营文房四宝和土特产品，有徽墨、歙砚、徽漆等国家级非物质文化遗产工艺品，"祁红""屯绿""黄山毛峰""太平猴魁"等享誉中外的名茶，老街俨然成为博大精深的徽州文化的集中展示窗口：以粉墙黛瓦马头墙和砖雕、石雕、木雕为主要特征的徽派建筑文化，以同德仁药店为代表的新安医学文化，以书画、匾额、楹联为代表的新安书画文化，以老街一楼、老徽馆为代表的徽菜文化，以歙砚徽墨为代表的文房四宝文化，以三味茶馆等为代表的徽州茶文化，以及以馆藏器物和工艺品为代表的民间器物文化，构成独具特色的徽州历史文化街区。

　　老街上还有众多博物馆，其中屯溪博物馆为屯溪老街唯一的国家博物馆，馆内珍贵藏品有国内最大的宋坑金星金晕砚板、法华釉瓷枕、春秋青铜器、金丝楠木徽州床、新安画派（黄宾虹、汪彩白、金声等）古字画。"程德馨酱园"场景复原供游人参观，程德馨酱园创建于清代，为徽派酱菜的代表。老街上的另一个博物馆是万粹楼，中国首家古建筑形私人博物馆，面积2000多平方米，糅合了徽派民居、园林、府第、商铺的风格，馆内陈列着主人收藏的大批文物，以及500多件当代名人字画、900方珍贵砚台。"程氏三宅"指分别坐落在屯溪柏树街东里巷6号、7号、28号的三座明代民居，因它们均为明成化年间礼部右侍郎程敏政所建而得名。三宅均为封闭式砖木结构的三层楼房，一脊两堂，屋面盖蝴蝶瓦，四周墙体封护，从天井采光。三宅的雕饰高雅、秀美、庄重，立体感很强。2001年被国务院公布为"全国重点文物保护单位"，著名古建专家单士元、郑孝燮赞誉程氏三宅为"国之瑰宝"。淡雅古朴的古建筑、具有南宋和明清建筑风格的古代街市、琳琅满目的博物馆，徽州文化让今天的屯溪老街更加熠熠生辉。

| 万粹楼

深渡，
留住人文历史余韵

深渡古镇并不大，因为有"新安江山水画廊"这张诱人的名片，慕名而来的人络绎不绝。我虽数次前往歙县，却与深渡失之交臂，这次车行古镇码头，我忙不迭地跳上游船，饱览有"东方多瑙河"之誉的新安江秀丽风光。这里两岸青山峰峦叠嶂，山色空蒙，江面波光潋滟，岸边绿水映照着徽派粉墙黛瓦，独特的徽文化与自然风光在这里美妙地结合，构成一幅富有诗意的山水画长卷。

深渡形成于唐，兴建于宋，历史悠久，钟灵毓秀，为历朝郡县之重镇，素有"九省通衢""安徽省南大门"之称。据史料记载，公元979年，成都府探花姚支仲及其子治易在歙县任职时，爱其山水，定居于此。1159年又有湖州府姚氏迁来，逐步发展形成徽州明清重镇，"深渡渡船深渡渡，姚来姚去两边姚"（谐"摇"）的千古绝句便是古镇的写照。徽州自古以来，山多田少，土地瘠薄。《徽州府志》载："徽州保界山谷，山地依原麓，田瘠确，所产至薄，大都一岁所入，不能支什一。小民多执技艺，或贩负就食他郡者，常十九。"《江南通志》亦称，徽州"咸有溪山之胜，然岭谷险陋，壤地硗瘠，水湍悍，少潴蓄。不雨易枯，骤雨则山涨暴至"。由于缺乏发展农业的基本条件，迫使徽州人大量外出经商谋生，深渡则是他们出行的最后一渡。

自古以来深渡成了古徽州通往杭州、上海以至于福建以远的水上咽喉，成了重要的物资集散地。古徽州地处万山之中，它同外界的交流沟通主要依靠这条新安江水路。古徽州当地的土特产源源不断地顺江东下浙西，而江浙一带的日用物资和商人们赚得的金钱，则始终不断地溯江而上，新安江成了古徽州人的生命线。明后期，来往奔波的商人为经商方便，专门编写各地风物地标的路程书，主要关注地名和里程，专记驿站和闸名，天启六年（1626）

| 深渡,新安江山水画廊

徽商憺漪子的《天下路程图引》中称歙县至深渡这段路为"徽州府由严州至杭州水路程",是徽州商贾出入沪杭的必经之所和泊舟之处。

　　码头是可以遐想的所在。离别和出发、相聚和等待都在这里演绎成亘古流长的故事,折枝送友、踏歌击节、孤帆远影、长河落日,在岁月里沧桑的不仅是山河,更是人的心情。在暮春的江南细雨中,想象烟花三月下苏杭的徽商和他们的子嗣们,肩挑背扛着簇拥在码头上,怀揣着衣锦还乡的梦想从深渡出发,顺流而下。那时交通工具不是很发达,陆路重山阻隔,要去苏杭一带,只有经过深渡坐船,借助东流的江水随风而行。这样的码头想必不仅有熙攘的人群,还寄托了多少的情思和希望。

　　深渡老街,2014 年被列入第三批《中国传统村落名录》。穿行在深渡老街上,脚步扣在满是雨痕的旧石板路上发出清脆的回响,身边闪过的是百年前的古屋老宅、布满青苔的墙和满是年轮印记的立柱,仿佛是生命轮回的印记。老街中,最引人注目的是位于老街中段的"裕泰官盐"和"姚大生堂中药店"。

| 深渡老街

从外观可以看到高大的石门门额、粉墙、黛瓦、马头墙和精致的砖木雕刻，布满门钉的大铁门古朴中透着大气。古老残败的老宅，屹立不倒的马头墙，墙边的红花绿草，让老宅充满生机，在古意中透着顽强的生命力。当地老人告诉我，街口那5棵千年古樟是古镇历史的见证，老街分外街、中街、横街、里街，曾经店铺林立，除了少数私人住宅，大部分都是店面。街上百货、饮食店、旅店、铁器、银器、染坊、澡堂、盐行、骡马行、茶号一应俱全，有各类店铺180余家。老街的衰落，与1958年新安江建坝蓄水、深渡大移民有关。蓄水之后，大部分房屋都在水线以下，深渡的外街、中街、横街大量拆迁，只有里街地势较高而幸存，现在这段幸存的老街只是过去的1/5。

深渡作为全国重点镇、全国发展改革试点镇、安徽省优秀旅游乡镇，自然条件优越，林果茶鱼资源丰富，农业产业化特色鲜明，特别是"三潭枇杷"闻名遐迩，享有"中国枇杷之乡"美誉。历史上曾有梨岭横云、深渡古渡、凤池红叶、北岸渔火、九里归帆等深渡九景。九砂村隶属深渡镇，是新安江边的一

| 裕泰官盐

个古老的小渔村，这里有上百栋保存完好的徽派古民居，是新安江山水画廊景区的重要组成部分。凤池村位于深渡镇正对面，又称"大对河"，历史上，朱元璋曾隔河与隐居此地的凤池先生喊话，欲请凤池先生出山，帮助朱元璋匡扶大业。里河坑古属昌溪乡，约在明末人们逃避战乱，迁居朱岗岭（朱元璋曾带兵休整临安经光坑岭达昌溪）脚下里河坑隐居山林至今约400年，后隶属于外河乡、定潭乡，今属深渡镇。该村历代文人辈出，商人、社会名流层出不穷。国子监吴天金、吴鸿元，登仕佐郎吴象嵩，兵部六品吴鸿亮，户部九品吴鸿宾，徽商巨贾吴钧胜，诗人、书法家吴进贤，大律师吴迪贤等。

在美好乡村建设的过程中，当地政府努力探求新时期传统村落保护的新途径，以发展农村经济、旅游经济和城镇建设为出发点，围绕打造"旅游大镇、文化大镇、生态大镇"目标，努力把政策优势、区位优势、资源优势转化为发展优势，加快旅游商贸重镇和现代经济强镇建设步伐，加大深渡老街的保护和开发力度，把老街打造成特色小吃、特色产品一条街，将老街、码头、民宿和新安江山水画廊有机地结合起来，形成一条黄金旅游带，最终实现传统村落长效机制保护和建设"生态宜居村庄美、兴业富民生活美、文明和谐乡风美"的美好乡村总体目标。

为了保护好老街，2017年9月地方政府投资540余万元，开启了深渡老街保护项目。他们按照"修旧如旧"的原则，不仅对老街石板路、古巷进行维修保护，而且对街面老房子外墙、屋面、挑檐等进行修复，本来破败不堪的"裕泰官盐"旧址、"姚大生堂中药店"和"姚氏宗祠"，修复工程也在如火如荼地进行。

深渡作为黄山—千岛湖黄金旅游线上安徽境内重要的中转站，眼下已落户安徽省"861"重点工程。该项目总投资5.18亿元，总建筑面积约30万平方米，建设项目包括产权式酒店、度假别墅、景观防洪堤、购物和小吃一条街、长三角写生基地、农民新村建设等，有力地促进了深渡镇的小城镇建设，提高了新安江山水画廊的旅游接待能力。随着凤凰岛景点、半岛凤池村、九砂民居、将军埠古戏台、千年古樟树、徽州女儿十里红妆、万亩枇杷园等景点的不断完善，景区内涵不断丰富，旅游品位进一步提升，留住人文历史余韵将成为深渡古镇一大亮点，吸引更多的游客来访古探幽。

万安，
一江春水向东流

万安，是一座历史悠久的文化古镇，在水运为主导的时代，曾经是古徽州重要的水陆码头。古镇依横江而发展，通过水路东经横江至屯溪，下经新安江直达杭州，西溯横江而上，经休宁县城达黟县渔亭。古镇东西向有一条主街万安街，垂直衍生出鱼骨状街巷空间。这样一条并不复杂的道路结构，长期服务着古镇繁忙的内部交通和日常生活，构成古镇独特的街巷空间格局。从古镇的"亲水性"布局结构，可以非常清楚地看出街巷和码头的直接联系。滨水区既是连接古镇陆域、水体的中间地带，也是协调古镇宏观环境与微观环境的中观环境，在古镇中处于中介空间的地位。临江用红砂岩石砌成的长达千余米的护岸，为滨水区提供了坚实的建筑基础。伫立江边向东眺望，由水体、古城塔、古城岩、古水埠码头、古桥、岸线的内凹、外凸、滨河古建筑及渡口、渡

| 曾经喧闹的水码头

船等组成的"小桥、流水、人家"景观,共同构成一幅气势宏伟的绝妙画图。

古镇至今已有1700多年历史,自三国东吴永安元年(258)至隋开皇九年(589),万安曾为海阳县治所在地,是当时的政治、经济、文化中心。隋末战乱时,歙县人汪华拥兵自保,先后占据歙、宣、杭、睦、婺、饶六州重地,汪华自号吴王,将郡治从原来的黟县迁至万安镇东侧的万安山,使万安成为统辖六州的一方重地。元代汪泽民有《古城岩》诗描述道:"炀帝南游四海兵,石门凭险待时平。至今万岁山头庙,犹有居民说古城。"不久,汪华将郡治迁至歙县的乌聊山。明、清时期,随着徽商的崛起与发达,万安独特的地理位置日益凸现,成为下通歙县、杭州,上连县城并通达黟县、祁门的要道和重要水运码头。据明代《新安名族志》记载:在万安古镇居住、经商的有俞、汪、任、吴、戴、黄、何、闵、邵、曹、游等11个大姓。在陆路交通不发达时,万安一直是古徽州的重要水运码头,来往行商者众多,逐步发展为商业重镇。万安古镇在明、清鼎盛时期,店铺多达400余家,行业多达100多种,街长5华里,雄居休宁县九大街市之首,享有"小小休宁城,大大万安街"的美誉。物产最著名的有万安罗盘和松萝茶。清末民初,仍有南北杂货、茶庄、丝绸、文房四宝、布匹、酱园、国药、罗经等行业50余种,店铺近150家。民国二十四年(1935)后,随着屯溪至江西省景德镇公路的建成通车,水运渐失优势,商业贸易逐渐向县城海阳镇和县东重镇屯溪转移。全国抗日战争爆发后,江、浙一带人员涌入,商业又一度畸形繁荣。1945年后,经济衰落,农村贫困,古镇日趋萧条。古镇现存明清古塔3座、古桥4座、民居店铺38处、古水埠码头12处;清末和民国期间的民居店铺130余处,长度千余米的老街基本保持明清时期原貌,是目前安徽省风貌古朴的古代商业街之一。

万安老街清一色徽派砖木结构古民居建筑,傍水的街面房,一面当街,大多活动店为铺搭门,临江一面则大多是吊脚楼式,楼下前店后坊,楼上居住。万安老街大致分为3段:富来桥以西为上街,长约200余米,村头原有四脚石坊和关帝亭,与县城东门相通。如今坊、亭均不存,黄家祠堂、四合院"柿子园"等遗址尚存,传统民居中有部分已进行了改建。富来桥至小学为中街,长约300米,宽3到5米,传统店铺错落有致,两侧建筑檐口形成的曲折天际线,自然而和谐,好一派古朴雅致的古镇风采。位于皂荚巷的"翠园"等

| 陶行知启蒙馆

典型清代建筑保存完好，它是万安著名塾师吴尔宽的住宅，我国著名平民教育家陶行知先生在此启蒙。据当地人介绍，陶行知从7岁到14岁一直拜在万安老街蒙童馆吴尔宽门下"寒窗苦读"，他父亲为了照顾儿子读书，在老街上开了家亨达酱油坊。陶行知才思敏捷，诗文出众，很受吴尔宽的赏识。14岁那年，陶行知离开万安到歙县崇一学堂读书，只要一有时间，他就来休宁探望外公外婆和吴尔宽老师。小学至观音桥为下街，长500米，宽度也在3到5米，大部分老宅岌岌可危，除了砖瓦石料，梁柱楼梯已腐朽不堪，唯有老街、古巷内留下深深辙痕的石板路，以及古老的店号牌匾遗存，默默地见证着古镇悠久的历史。

"万安罗盘"，是当地的金字招牌，它的传统制作工艺起于元末，在明代得到发展，盛于清中叶，史称"徽罗""徽盘"。万安罗盘是中国唯一以传统手工技艺制作的罗盘，被奉为罗盘正宗，是中国古代民间工艺的杰出代表和遗存标本，是徽州非物质文化遗产的重要组成部分。万安罗盘的诞生和发展与休宁自然、人文关系密切：一是徽文化孕育了万安罗盘。由于风水在徽州风行，为罗盘这一风水文化的重要载体提供了市场空间；二是徽商助推了万安罗盘。明清之际徽商兴盛，贾而好儒，新安山水促使徽州成为中国罗盘的著名产地；三是重要的区位优势繁荣了万安罗盘。南商北贩从中国各地聚集万安，搭载船只，把万安罗盘贩运到各地；四是充裕的自然资源保障了万安罗盘。

工艺流程严格规范,技艺精湛缜密,所制罗盘、日晷等产品规格全、品种多、精度高,其主要功能为测定房屋建筑和墓葬的方位及平面布局。几百年来,万安罗盘畅销国内,远销朝鲜、日本、印度、东南亚及欧美,清朝中叶至民国中期最为鼎盛,1915年获巴拿马万国博览会金奖。作为中国传统工艺精品,清康熙年间万安罗盘业生产的一具"徽盘"被中国历史博物馆珍藏。

"万安老街的光环确实很多,但现状堪忧,当前首要任务就是抢救、保护、维修。老街沿河的好多店铺倒塌现象严重,一旦倒光了,万安老街就不复存在了。"当地居民对老街现状忧心忡忡。我从有关方面了解到,由于万安老街年代久远,基础设施虽经多次改造仍十分薄弱。近十年来,休宁县和万安镇先后投入5700余万元对万安老街的古民居、古桥等进行修缮,对周边环境进行整治,万安老街成功申报了中国第一批次传统古村落。2015年万安老街获得省级美丽乡村中心村建设任务。为了更好地开展万安老街保护管理工作,休宁县政府成立了万安历史文化保护区管理委员会,并印发了《万安历史文化保护区保护管理暂行办法》和实施细则。不久前,黄山市规划设计院、休宁县建设局和万安镇人民政府,邀请清华大学建筑学院朱自煊教授担任特约顾问,联合编制了《休宁县万安古镇保护规划》,并通过专家评审。地方政府下决心"全面保护文物古迹,恢复地方商业的活力,维持古镇的个性特征,重现横江之畔'清明上河图'。"人们充满期待。

| 万安罗盘雕塑

呈坎，
怎么迈过这道"坎"

　　呈坎古镇历史悠久，拥有"江南第一村""中国古建筑之乡""中国历史文化名村""安徽省最佳旅游乡镇"等一系列美称，由于没有进行商业化包装，不如西递和宏村那般喧闹，倒是一个宁静又充满生活气息的古老村落，更能让人感受到古村本色文化。

　　呈坎原名"龙溪"，始建于东汉三国时期，距今已有1800多年历史，早在宋朝就被著名理学家朱熹赞誉为"呈坎双贤里、江南第一村"。它四面环山，龙溪河呈"S"形自北向南穿村而过，形成八卦阴阳鱼的分界线。易经中阳为"呈"，阴为"坎"，呈坎因此而得名。

　　呈坎融自然山水为一体，二圳五街九十九巷，聚集着不同风格的亭、台、楼、阁、桥、井、祠、社及民居，全村现保存着明清建筑100余处，其中有罗东舒祠、长春社、罗润坤宅等国家和省级文物保护单位3处，精湛的工艺和精美的石雕、砖雕、木雕、彩绘，将徽州古建筑艺术的古、大、美、雅体现得淋漓尽致，被中外专家誉为"中国古建筑艺术博物馆"。

　　呈坎人杰地灵，自唐代以来，人丁兴旺，英才辈出，涌现出一大批高官、隐士、巨贾、诗人、史志学家、制墨家、书画家、医学家、教育家、军事家、自然学家等。据《新安府志》载，仅明代呈坎罗氏官至主簿以上者达110人。史志学家罗愿，编写出安徽省第一部地方志《新安志》；罗应鹤是明代户部右侍郎；罗聘是扬州八怪之一；罗小华是徽州明代制墨大师。这个罗小华还是奸相严嵩的谋士和幕僚，深为严嵩父子赏识，严嵩还为村中"龙山庙"题了匾额。后来，严嵩案发，他们父子来到呈坎避难，罗小华将他们藏在下结山容安馆中，周边树奇松怪，成为千古之谜。

呈坎五街大体平行，众川河延展，呈南北走向，小巷与大街垂直，呈东西走向。街巷全部由花岗条石铺筑，两侧民宅鳞次栉比，纵横相接，排列有序，青墙黛瓦，高低错落，黑白相间，淡雅清秀，长街短巷，犬牙交错，宛如迷宫。漫步街头，一步一景，步移景异，无处不景，人在画中，其乐无穷。呈坎现有宋、元建筑各一幢：其一长春社，宋建明修，是徽州仅存的古代祭祀土地神的公共建筑；其二罗会泰宅，为元代建筑，呈正方形，高大精美、宛如古堡。

呈坎明清建筑不仅数量大，而且祠堂、民居、更楼、石桥类型多样，仅三层楼民居现仍保存7幢，尤其是罗会炯宅石牌楼门罩、罗会炳宅木牌楼门罩、须弥座、高大客厅和独柱旋转楼梯、罗长铭宅天井鱼池、罗季颖宅雕甍镂栋、罗来龙宅猪食槽天井、敬老院支祠暗壁楼梯、汪闰秀宅陶瓷水枧、环秀桥水构亭、灵山岭石构亭以及民宅的斜门、铁皮门、楼厅美人靠、窗户遮羞板、石雕、木雕、砖雕、月梁、梭柱、彩绘等，特色显著。呈坎古村保存至今的明代建筑，虽遭大量破坏，但仍居黄山市首位，而且类型丰富，风格之独特，在全国都属独一无二。

踏进村口，便见一片如诗如画的荷塘，当地人称之为"水口"。夏日里，水口荷叶飘香、荷花绽放，碧绿的荷叶，粗壮的荷枝，粉色、白色的荷花星星点点绽放其中，煞是娇美。当我登上石桥举起相机，却发现了画面中严重的不协调：作为背景的古村落，有几处三到四层的新建房屋混杂其中，与古建筑形成极大反差。

走进村子，发现新建的房屋不下20幢。它们当中有的是欧式风格，有的墙体上贴着五颜六色的瓷砖，有的门窗上安装了金属防盗网，有的楼层超高，

| 呈坎"水口"

称得上"鹤立鸡群",严重影响了古村落的原始风貌。

2003年,在编制《呈坎古村保护规划》时,当地政府清楚地看到:"古村存在大量外观和明清古村风貌、周边环境明显不协调的新建筑,破坏了明代就形成的整体村落布局,损害了古村风韵;部分街巷空间环境已有一定破坏;新建住宅平面布局、室外空间和古建筑完全不同,对街巷肌理已形成很大破坏。"该规划提出,在核心保护区不能新增现代住宅,已有新建筑逐步改建或拆除;即使在建设控制区内,新建筑也要和原有建筑留出10米的

| 老街

空间距离,需经设计、审批阶段,而后才能开建;遵循徽派格局,高度、外立面色彩、饰面材料、门窗、屋顶等都有严格要求。但是,规划已出台10多年,从实际情况来看,显然未执行到位。不管是新建房屋的数量、空间距离,还是建筑风格,都与规划要求相去甚远。

在呈坎上巷弄一块宅基地前,我们停下了脚步,已砌出一米多的墙体被盖上了塑料布。村民告诉我们,这房子是罗老汉的,政府不让建,停工了。

这老宅也有百年历史了，早已是危房，2010年塌过一次，2013年塌过两次。2010年罗老汉开始向政府反映，政府答复说，老宅不准拆，也不能重建，须保持原状。如果将老宅按原样修复，需要28万元，成本太高，他哪承担得起？罗老汉的老宅不是文保单位，在无法居住的情况下，他最终拆了老宅开始建新房。墙体刚砌了一米多，先后收到4次责令停工和限期拆除的通知。罗老汉只好停工，等待解决办法。因为无家可归，他只能一直借住在临时安置房里。镇政府曾提出，让罗老汉到村外买宅基地，6万元一块。由于离村子较远，罗老汉不接受。他觉得，自己在原地建房十几万就够了，何必额外花钱到村外买宅基地。房屋已是危房，修葺成本太高，拆除破坏了古建筑，重建又影响原貌，一方面是古村风貌需要保护，一方面是居民居住条件需要改善，保护、改善需要大笔资金，当地政府和居民却囊中羞涩。这就是当今中国面临的现状：古镇、古村落保护和居民居住陷入两难境地！

｜宝纶阁

村民提议：老房倒塌或严重损坏，不重建就会闲置，沦为菜园或废墟，政府可以提供规范的徽派建筑设计图，让村民按照要求建房，既不破坏古村风貌，又能就地解决居住需求。专家献策：最大限度兼顾古村与人。古村不能建新宅，原住民的居住需求也要给出路，以人为本，最大限度兼顾。在村外规划建设"新村"，或给村民宅基地，有建房需求的原住民可以迁到村外居住。政府认为，古村要按法规、规划等严格保护，同时村民改善居住条件的诉求也要考虑。近年来，镇政府在不破坏古村风貌的基础上，陆续审批同意一批居民重建、改建。镇政府下一步将修编规划，再建一批农民新村，改善村民的居住条件。堵疏结合、最大限度兼顾古村与人，保护好古村落原貌和格局，秉承这一理念，真诚希望中国古镇古村落和呈坎一样能迈过这道"坎"！

南屏古村，
留住千年徽州乡愁

在安徽黟县，有个号称"进得去出不来"的迷宫古村落，村中有300多幢明清古民居、36眼井，纵横交错的72条深巷形成了神奇的"迷宫"，充满浓厚的古徽州传统文化氛围，它就是千年古村南屏。

南屏古村原名"叶村"，后因村西南北倚南屏山亦更名"南屏"。它始建于元、明年间，原来只是个很不起眼的小山村，自元朝末年有一位叶姓从祁门白马山迁来后，才有了较快的发展。到明代，南屏村已有相当规模，全村逐渐形成叶、程、李三大姓。历经千年演变，逐渐发展成为规模宏大的古村落。

古徽州名门望族修祠扩宇、营建支祠，规模胜似琼楼玉宇，以显示家族的昌盛。南屏村至今较好地保存着8幢代表着宗族势力的古祠堂，它们依序排列在一条约200米长的轴线上。南屏祠堂分宗祠、支祠与家祠，大多为做官、经商者而建造。宗祠规模宏大，支祠、家祠小巧玲珑，不仅形成一个风格古雅的祠堂群，也形成了很有内涵的祠堂文化。

南屏大姓叶氏宗祠"序秩堂"就是一座占地2000平方米、歇山重檐、端庄轩敞的古祠。祠堂门前照壁矗立，门楼高大，一对一人多高的大石鼓，雕刻十分精致。4根大石柱托着额枋，上面雕刻着古鼎宝瓶类的祭器。序秩堂分上、中、下三厅，一进大门，就见有80根硕大的木柱支撑着这座宏伟的建筑，柱子上挂着"石林派衍家声远，武水澜回气象新"等木制对联。横枋上悬有"贡元""进士""经魁"和"松筠操节""津逮后生"等功名、褒奖之类的横匾。下厅是吹奏鼓乐的地方，也可以搭台演戏。中厅为礼堂，是举行祭祀仪式的大厅，上厅为享堂，楼上放置本族的祖宗牌位。中厅和上厅可容纳数百人举行仪式。序秩堂大门以往只在重大节庆才开，平时走边门进出。其大门的高度比其他祠堂都高，同姓的一切支祠、家祠均不可逾越。

程氏宗祠建于清乾隆年间，在南屏村众多的祠堂当中规模虽不算大，但以精湛的石雕艺术取胜。祠堂大门两侧各有一组由护栏、鼓座、石鼓的黟县青石雕，右侧由"三龙腾云"衬着石鼓，左侧是"五凤朝阳"托起石鼓，谓之"龙凤呈祥"，鼓座由两块长方形黟县青雕琢而成，刻有"高山流水""苍松飞鹤""亭台楼阁""宝塔城廓"4幅山水画，鼓座下面完全是按照国画的格式来雕刻，除了玉瓶、宝鼎、青狮、白象外，还有题头、落款，并加以篆体印章。令人叫绝的是两边护栏上的"八骏"及"十鹿"图，两块石雕1米多高、2米长，一幅是苍松翠柏图，10头梅花鹿各具神态、栩栩如生，取"食君之禄"之谐音，寓意为"丰衣足食"；另一幅是"八骏图"，8匹骏马在柳树下溪水边或立或卧，形态悠闲自如，石雕上的梅斑、马鬃十分清晰，可见当时徽州石雕工匠的技艺之高超精湛。

叶氏支祠即"奎光堂"，始建于明弘治年间，距今490余年历史。叶氏支祠占地千余平方米，系南屏叶氏祭祀其四世祖叶文圭公的会堂。圭公曾任山西太原府岚县知县。该祠为三进三开间结构，祠堂由6根黟县青大理石柱及86根白果木柱支撑，整体结构高大轩昂，明朗开阔，是当今保留完好的几座祠堂中规模较大的一座。叶氏支祠悬挂着3块金字匾额，分别是"钦点翰林""钦赐翰林""钦取知县"。门前立有用黟县青大理石雕琢的石镜。石镜下面的镜座雕刻精细，图案优美，旁边的两幅"福禄寿禧"图栩栩如生，象征着丰衣足食。

祠堂建造高大、宽敞、华美、气派，与各宗族在祭祀上追求

| 叶氏支祠

南屏祠堂群

隆重的场面相适应，使人在它面前产生肃穆和敬畏之情。参加祭祀有严明的规定，包括与祭人员要穿戴与身份相应的衣冠、祭品的定式等等。通过参加这种场面宏大、礼节繁多的仪式，可以增强族众对所在宗族的自豪感。有的家族还规定，年龄稍长的男孩子都要参加宗族内一些礼仪和祭祀活动，让他们从小掌握做人的规范，懂得各种礼节，形成特定的思维模式，祠堂实质上是家族精神教化的圣殿。

除了祠堂林立，南屏村的古私塾园林和古民居建筑比比皆是。位于村庄上首的"半春园"，又名"梅园"，建于清光绪年间，是村中富商叶自璋为子女读书而营造的私塾庭院，园内有三大间书屋及半月形的庭院。"西园"，因清代著名散文家、桐城派代表人物姚鼐《西园记》闻名遐迩，坐落在叶氏宗祠前，始建于清乾隆五十六年（1791），占地近1公顷，内设牡丹园、梅竹园、山水园、松柏园四大部分，是当时村人叶君华为孩子们读书养性而修建的。可惜西园现已毁坏，只留下石雕"西园"两字门额及西园溪、西园桥及古樟等遗迹。村中还有"培阆书屋""陪玉山房""梅园家塾"等，可以想象当年南屏村中的私家园林是多么繁华和荣耀。

南屏村山水秀美,古风依旧,民风淳朴,是穿越历史时空解密古徽州千百年徽商人家兴衰、解密古徽州宗法制度、解密古徽州村落布局风水原理的必去之地,也是走进乡村、回归自然、体验古风的好去处。如今,南屏村古民居建筑群已被列为全国重点文物保护单位、全国历史文化名村,不仅被誉为"中国古祠堂建筑博物馆",还是《菊豆》《卧虎藏龙》《徽商》《风月》等多部影视片的拍摄地,被称为"中国影视村"。"序秩堂"就是拍摄电影《菊豆》

| 老杨家染坊

的主要场地,1989年,张艺谋导演、巩俐主演的电影《菊豆》中80%的镜头都在此取景,这里至今仍保持着拍摄《菊豆》时的原貌,墙上张贴着《菊豆》剧照,祠堂中摆放着染布、晒布的台架、绞车、染池等,"老杨家染坊"的横匾也高悬在序秩堂大门上方,成了游人欣赏的佳景。

"南屏祠堂群"作为了解中国宗法势力精神教化的圣殿,不仅留住了千年徽州乡愁,也让身在海内外游子铭记乡愁。这些年,南屏村遵循"保护为主、抢救第一、合理利用、加强管理"的文物保护方针,通过制订古村落保护规划,提高古村落遗产保护的法制意识,正确处理保护与发展的辩证关系,切实保护古村落有历史、艺术、科学价值的文物古迹,恢复还原其历史环境风貌以及历史信息,保护和挖掘古村内在的优秀传统文化,使南屏村历史文化遗产延缓衰老、永续利用,成为海内外游子的精神家园。

"徽商大宅院"传奇

2005年11月,冯骥才先生用5天时间考察了皖南部分古村落,在与当地政府官员及民间文化保护者交谈时,他说:"徽州的古村落和江南的不一样,很明显的特色就是浓浓的书卷气,山水环绕诗情画意。建筑环节上精制的木雕,每一件都可以放在博物馆中,或许正因为如此,才有人们的怜惜让它们得以完整保留了下来。它们是属于皖南的瑰宝,是属于中国的瑰宝,更是全世界共享的文化遗产。"

如何使古村落开发和保护达到平衡?冯骥才提出:首先,是分区形式,保持原有古村落不变,在旁边建设村民居住生活的新区,保留古村落的原汁原味;其次,是民居博物馆形式,把分散的经典建筑和文化要素向一处集中,以集聚效应加强保护;再次,是景观形式,在保留古村落架构的基础上,进行适当加固、整修或开发,部分可用作旅游资源;最后,是原生态形式,彻底保持当地的原生态生活。

就在这一年,歙县"徽商大宅院"按照"民居博物馆"形式,紧锣密鼓地动工兴建。

"徽商大宅院"位于安徽省黄山市歙县境内的练江西岸,占地面积约13000平方米。院内集中罗列了29幢明代以前至明、清、民国的徽派建筑,108扇大木门、1085根木柱、36个天井曲径通幽,峰回路转,组成了一组典型徽派特色的深宅大院。

进入大门,一连排开的是3座门楼,左右两座清新雅致,而中间的五凤楼却气势磅礴。进入五凤楼就是气宇轩昂的正厅,正厅长40米、宽30米,分上、中、下三进,可称得上徽派建筑第一厅。而徽商大宅院内所有的建筑,

| 古色古香的厅堂

如桂溪桥、杨柳快晴阁、梧桐夜雨斋、蔷薇露舍、椿簧馆、茉莉香屋、芙蓉小殿、红蓼廊桥、花信坊、百合轩等等的谋划，正是以大厅为中心点向四周延伸，成众星捧月之势。与这些富有诗意的名称相符的不仅是那名至实归的建筑实物，更有代表徽派建筑文化的木雕、砖雕、石雕、碑刻字画，其中多为精品，更不乏极品和孤品。尤其是"徽商大宅院"的镇宅之宝：高悬门梁上的每座约书本大小的明代13个砖雕门洞，随风吹拂，那13扇砖门便会自动转向、开启关闭，令人赞叹不已、拍案叫绝。

"徽商大宅院"自问世的那天起，就引起了阵阵惊叹之声，有识人士曾放言："这是一个空前乏后的旷世之作，是一部徽文化的壮丽史诗！""徽商大宅院必将成为一个向世界展示博大精深、辉煌无比的徽文化的亮丽窗口，一个让徽州走向世界的魅力载体。""北有乔家大院，南有徽商大宅院"已成为歙县旅游业开宗明义的导游词。

而这样的一部壮丽史诗，竟然出自一位农民之手。"徽商大宅院"主人自幼随父母从浙江淳安移民到了安徽歙县务农，家境的贫寒，使得他还未成年就外出打工，当然，这也使他自幼见多识广。苦于人多地少又颇有经营头脑的他，早在70年代就带领了一批民工，活跃在浙江、上海、安徽等地的建筑工地上。1983年他注册成立了徽城镇建筑工程队，那时还不兴叫老板，便自己当起了经理。至1985年，当社会上"万元户"还凤毛麟角时，他已然成为拥有500万资本金的富商。在多年的建筑施工中，他对徽派建筑产生了浓厚的兴趣，一次在对旧徽商聚集地的县城朱家巷进行拆迁工程时，他发现朱家巷的房屋虽然破败，但房屋的砖木石雕等构、固件却很精致，毁掉实在可惜，就有意识地保存收藏了下来。随着时间的推移和业务的不断拓展，他已然深深领悟到徽派建筑艺术的博大、精深。热爱上了这些东西后，他却看到一些精美的古牌坊、古祠堂和古民居因后人无力维修，任由风霜雨雪侵蚀，更有一座座古建筑被拆弃、坍塌、烧毁，并以愈演愈烈之势流向那些经济发达地区，甚至于流失海外。于是，"要尽快抢救、保护徽派建筑"的念头在他心中

| 原装绣楼

萌生。在以后的岁月里，他几乎跑遍了古徽州"一府六县"的每一片村落，花费巨资一件件、一栋栋收购那些散落在乡下、民间已无法进行原地复原保护的古建筑精品，并将这些古建筑的所有构件一一编号精心拆卸运回歙县。

20世纪80年代，很多外地商人纷纷涌入徽州，收购各种民间工艺品。因为当时老百姓对徽文化认识不足，导致很多代表徽州灿烂历史文化的文物流失。他便雇了一批"联络员"，负责将古徽州5000个村庄有关古建筑构件出售的信息提供给他。对于早年已拆卸、卖到外地的构件，在弄清具体地址后，他想方设法追过去，再以高价收回来。有一次，他探听到村民家有一个清朝初年的"松竹梅"圆形双面透窗石雕，便立即赶过去。令他遗憾的是，在他到达前一个小时，石雕已被主人以5000元的超低价卖给一个北京的古董商人。为了追回这件石雕精品，他一路狂追

| 镇馆之宝——精美砖雕

到北京。没想到,这位古董商就是不肯转让。为了不让这块徽州石雕精品流失他乡,他就不停地加价,一直加到4.5万,对方还是不松口。他急了:"你比我早一小时到,你5000元买的,我给你5万元还不行?"对方被他的真诚打动,最终以5万元成交。

经过多年的悉心收藏、日积月累,这些在旁人眼里的破砖朽木已堆积如山,于是,他决定化腐朽为神奇,用这些他所收藏的宝贝建一座集亭台楼阁、水榭花园、戏台廊桥、牌坊古井于一体的"徽商大宅院"。

还在"徽商大宅院"建造之中,其芳名就已美誉天下。2005年8月,正在黄山拍摄《再说长江》的央视摄制组闻讯来到了"徽商大宅院",当时正值大宅院正厅上大梁。这是一个充满了徽风徽韵的上梁仪式,无比庄严而隆重,记者们深受震撼,热血沸腾地记录下了这难得一见的珍贵场面(《再说长江》第23集)。澳大利亚国家电视台的编导,因迷上徽派文化和"徽商大宅院",先后3次到徽州考察采风,并投入巨资拍摄了一部展现徽文化魅力、展示新徽商形象的文化纪录片。电视连续剧《大祠堂》《新安家族》《红槐花》等均在"徽商大宅院"拍摄。2006年11月16日,26集电视连续集《小城往事》在大宅院开机时,中央电视台、东方卫视、湖南卫视、广东卫视等全国50多家电视媒体到现场报道。

当初,"冯骥才民间文化基金会"成立,旨在通过"民间自救"的方式,唤起公众的文化意识和文化责任,汇聚民间的仁人志士,调动社会各界各种力量,抢救和保护岌岌可危的民间文化遗存和民间文化传人,弘扬与发展中华文化。"徽商大宅院"主人是这样想,也是这样身体力行的!

鸣鹤，"国药古镇"根深叶茂

2018年初春，浙江慈溪鸣鹤古镇国医馆打破昔日的宁静，一批身穿汉服的"小小李时珍"，穿越到300多年前的中医世界，聆听当地老中医传授春季养生小常识，了解中医望闻问切的诊疗方法，最后在老中医的指导下亲手制作中草药香囊。这是亲子俱乐部策划的一次趣味活动，其初衷是让博大精深的中医国粹植根于下一代心中。

鸣鹤古镇，从字面上看应当与鹤有关，然而它不是，它与一个人有关，这人便是来自会稽虞氏家族的虞九皋。虞九皋，字鸣鹤，在历史上并不出名，但他的家族非常有名。大约在两汉时期，虞氏家族的祖先从河南、山东一带南迁到会稽余姚一带，他们凭借道德、事功、学术以及强大的宗族势力和经济力量，巧妙地处理好各种势力，最终站稳脚跟，一跃成为"江左豪族"。在东汉末至唐中叶将近四五百年时间里，该家族势力长期不坠，先后有20余人载入《三国志》等国史正传，加上见于其他历史典籍的50余人，共有70余人留名于各类主流历史文献。据史料记载，虞氏先祖虞耸，曾在这里建造过测天楼。其侄虞喜利用这一高楼发现"岁差"，是中国古代科学家对世界天文学作出的杰出贡献。虞九皋有个非常有名的好朋友，他就是柳宗元。两人交情自父辈就开始了，当时柳宗元的父亲柳镇担任鄂岳沔都团练判官，虞九皋的父亲虞当为沔州刺史，两家都住在鄂州且为邻居，正因为这样，柳宗元与虞九皋结为知己。唐元和年间，虞九皋在长安高中进士，不幸英年早逝，家乡人为了纪念他以及虞氏家族的贡献，就把他的故里称为"鸣鹤"。虞九皋去世后，柳宗元写下《虞鸣鹤诔并序》，这便是鸣鹤古镇的来历。

鸣鹤素有"鹤皋风景赛姑苏"之美誉，古镇南靠山，东西临杜白二湖，数里街河穿镇横卧，小桥、流水、人家、廊棚、大屋、古刹，处处是景；古巷道、青石板、马头墙，庭院深深；国药、诗风，名噪一时。古镇主要由3条长街组成，分别为上街、中街、下街，以中街最盛，长约1500米，它曾是鸣鹤的精华，承载了千年来古镇的所有辉煌，是昔日三北历史上的商肆繁华之地，自宋代起便形成集市，后每逢一、三、五、八为集市日，是三北农副产品重要集散地。民国初年，鸣鹤古镇是慈溪重要的"三白"（棉花、白布、大米）集散地。当时停泊在街河的船只多达200多余条，今日老街虽没有昔日的繁华，但仍能领略古镇风韵。

置身湖滨广场，只见一座古色古香的老戏台，戏台对面"鸣鹤药材馆"金字招牌熠熠生辉，照壁上"国药古镇"4个大字，道出了鸣鹤与国药结缘的佳话。鸣鹤古镇形于盐而盛于药，自古有"国药人才集浙江，浙江在慈溪，慈溪首推鸣鹤场"之说。鸣鹤的国药事业可以追溯到明代，得益于"隆庆开关"。宁波成为全国中药材的集散地，鸣鹤人也趁着这个历史契机，做起了药材生意。他们走南闯北，从烟雨江南到大漠塞北，甚至远到海外异国。鸣鹤人开设的国药店如雨后春笋般在全国各地兴起，知名的品牌有北京同仁堂、天津达仁堂、济南宏济堂、太原乐仁堂、上海裕和源药材、香港民生药行、杭州张同泰、萧山姚大成等，数量达到150多家。清代南北两大国药店"北同仁堂、南种德堂"均为鸣鹤乐氏和叶氏所开。从鸣鹤

| 鸣鹤药材馆

古镇走出的乐显扬乃北京同仁堂创始人,叶天霖则开创慈溪国药贸易之先河,叶谱山成为杭州种德堂创始人,同时涌现出叶心培、韩梅轩、杜景湘、姚大椿、姚云龙等一批全国知名的医药人才,有力地推动了浙江乃至全国的药业发展。回味这段历史,让人对鸣鹤古镇陡升几分敬意。往事悠悠,他们的身影已留给了历史,如今我们来到这里,只能从他们修建的豪宅中能感受到历史的沧桑。

| 银号

　　古镇上留存的世家大院几乎都是叶氏修建,主要有"国医馆""银号""24间走马楼""小五房"等。"国医馆"又称"崇敬堂",它是鸣鹤国药的源头,它的主人是嘉庆年间国药巨商、创办温州叶同仁堂药店的叶心培。国医馆大门上方雕有"居仁由义"四字,医是仁术,仁济天下,彰显了鸣鹤国药崇尚"仁"与药相融不可分的理念。如今这里已成为"上海国医馆鸣鹤分馆",集中医诊疗、养生保健、健康管理、学术交流等服务于一体,总算回归了它的本质。

　　"24间走马楼"乃叶心培之子叶赐凤所建,距今已有200多年的历史,该宅共七间二弄二层,有24间之多,并且楼屋四周都有走廊可通行,甚至骑马可以在里面畅通无阻。楼内部做工细致,枋柱上刻有花卉、鸳鸯、花篮等表示吉祥如意的装饰,门窗、扶梯都用花格,墙上有砖制花窗、龙凤、蝙蝠图案,所以有"回廊挂落花格窗"之说。

　　"银号",原本是清代沈氏家族修建的豪宅,共有3进,每进5间,很有气势。仔细观察会发现,它的屋檐采用了徽派马头墙结构。马头墙也是身份与地位的象征，常见的墙头有一阶、二阶、三阶、四阶之分，阶级越多代表越显贵。"银号"采用四阶马头墙，沈氏先人曾在北京开银楼，积财后捐官，故可在此建五马山墙大屋。目前"银号"已经改建成民宿客栈。在这里既可以体验古典老宅蕴含的雅致和朴素的历史质感，又可以享受现代生活。据当地人介绍，如今古镇常住人口有7000多人，65岁以上的老人多少与药有点联系，或家里开过药行，或当过药店伙计，或自己就是老中医。

| 四阶马头墙

自2009年以来，慈溪市启动鸣鹤古镇保护开发工程以来，依托古镇独特的中药经营文史资源及国医大师裘沛然故里的人文优势，深入发掘该区域自明清以来形成的国药文化，编制保护开发工程方案，用地总面积40平方公里，投入资金8.66亿元，保护修复"24间走马楼""崇敬堂""银号""叶氏五房"等国药商人遗留的豪宅大院，涉及建筑总面积达10余万平方米，并专门开辟总占地面积达1.6万余平方米的国药文化养生基地，吸纳百余名中医专家。2020年10月，《慈溪市观海卫镇（鸣鹤）历史文化名镇保护规划》通过省、市专家评审会议，为进一步做好该市唯一国家级历史文化名镇保护开发工作提供了规划支撑。该保护规划依托现有的肌理空间和历史环境要素，以"国药商帮源地、浙东山水古镇"为保护主题，以高度的历史自觉和文化自信做好古镇的保护、传承、提升文章，全力打造江南首座休闲养生山水古镇，让博大精深的中医国粹一代一代传承下去，擦亮"国药古镇"金字招牌，努力让古镇焕发出新的生机和活力。

云中大漈，
彰显宋风古韵

漈，浙江方言，意为瀑布。大漈隶属于丽水景宁畲族自治县，距县城40多公里，海拔1600米，为高山小盆地。境内丘陵起伏多姿，田园村落景致宜人，四周有陡峻山岭如云梯向天而架，攀援其上恍若天外有天。据当地村民介绍，村北有一高崖飞瀑，由7支水流汇集而成，顺崖斜扑而出，迸散成万朵洁白的水花，纷纷扬扬，似漫天飞雪，故名"雪花漈"。清晨，我们冒着小雨直奔雪花漈而去，可惜正赶上枯水期，雪花漈无缘得见。不过，置身山谷静听松涛、欣赏云雾缭绕的旖旎风光，体验了一回"举目四顾云遮雾障，长啸一声山鸣谷应"的快意。

步入大漈村，明砖清瓦依旧，雕梁画栋犹存，村里集结了宋、明、清三代古建筑，故有"寺祠院三观同址，宋明清三代同堂，儒释道三教合流，古寺古树古桥三古同辉"的美誉。全村拥有名木古树200余株，柳杉、油杉、黄檀、柏、银杏等异彩纷呈，树龄最短的也有三四百年，它们神态各异，或如寿仙

| 柳杉王

| 时思寺

巨人，或银须垂胸，或衣衫拂地，或婀娜多姿，构成了大漈特有的古树群落。当然最壮观的还得数1500岁的柳杉王，它如擎天巨伞，高达40.7米，最大直径为4.47米，虽屡遭雷击，树干中空，仍郁郁葱葱，经专家鉴定，此为全国大柳杉之最。

柳杉王下有时思寺、梅氏宗祠、护关桥、帮桥等宋元古建筑。时思寺为江南地区仅存的3座宋元木结构建筑之一，古寺建于宋绍兴十年（1140），初名"时思院"。诚意伯刘基为它题写门额"时思道场"。宣德元年改院为寺，清多次修缮，规模颇大，建有大雄宝殿、弥勒佛殿、三清殿、马夫人楼、心经钟楼和梅氏宗祠等。现存大雄宝殿、三清殿、心经钟楼，全为拱斗结构，美观大方，其柱其梁均一抱有余，殿内塑有释迦牟尼坐像、十八罗汉、二十四诸天像，姿态各异，栩栩如生，为全国重点文物保护单位。心经钟楼悬挂着明代铸就的铜质千斤心经钟，其声可传数公里。大雄宝殿为五间四进重檐歇山顶木结构，都以四翘二踩双下昂出檐，经文化部文物局古建筑所专家鉴定，为宋元之间的建筑。

护关桥为廊桥，始建于清乾隆辛丑年（1782），全长28米，宽9.5米，高9米，有廊屋9间，供奉了关公和魁星，是浙江唯一一座三层建构廊桥。它两端接山，横跨于龙溪鹤水汇流的总水口，如障屏一般，故名"护关桥"。相传，荒蛮年代的大漈只有少数刀耕火种的畲民。北宋年间，有梅氏家族发现了这块风水宝地，便举族迁徙，世代居住、繁衍于此。守着"云中桃源"，梅氏家族也过了一段清静平和的日子。随着银矿的发现，桃花源被世外越来越多的目光关注，一拨又一拨的淘金者聚集山谷，宁静的山谷有了枪声，不再有不设防的和平日子。梅氏家族不得不建造保护家园、守护家族的防御设施，也就有了这座护关的廊桥。如今,人们凭依魁星阁的窗台,还能看清护关桥下临龙溪、鹤水,左右连接的狮山、象山,桥内是宁静的村舍,桥外是平展的良田,大有一桥当关万夫莫开之势。

此外,大漈还有明清所建的马仙宫、五显殿、胡桥等古建筑,以及明朝银矿遗址银坑洞。以雪花漈为代表的"大漈十景"是这里风景的主体,除了气势磅礴的雪花漈,龙舌漈也别具一格:在一株参天古树下,有一大石形如龙舌,清洌的山泉顺翘起的"舌尖"飞下,在阳光的映照下灿如珍珠,故名"龙舌喷珠"。当地村民告诉我:千年古村是大漈最大的特色,在实施古村保护及环境综合整治中,大漈人坚持以"修旧如旧"的理念保护大漈特有的建筑特色和风格,努力彰显"宋风古韵"的特色,守住乡愁。在古村抢救保护过程中,他们坚持高起点、高标准的精品理念,努力挖掘历史文化底蕴,投入大量的人力物力做好"旧"文章。如今,村庄立面采用"时思寺"建筑风格,先后恢复修缮古民居3幢350平方米,老宅翻修143幢15612平方米,对47幢与历史古建筑冲突的房屋进行改造,并完善了村内各项基础配套设施。在长约2公里的沐鹤溪内,他们放养了5万尾锦鲤。一群群锦鲤欢快地在小溪中畅游,

| 护关桥

和岸边古树古民居倒影相映成趣。同时他们挖掘"时思孝童""木马择匠""进士府"及乡村电影文化等历史文化资源，建成全省首个乡村电影博物馆，不断丰富文化内涵，提升品位，努力彰显"古韵风情小镇"特色，使村民们既看得到风景，又寻得见乡愁。大漈村因此被列入第一批《中国传统村落》以及《浙江省历史文化古村落名录》。

长期以来，在高质量绿色发展的过程中，大漈依托旅游资源和历史文化资源得天独厚的优势，以深入推进农旅融合为切入点，坚持保护与规划并重的总体发展思路，因地制宜，用自己的勤劳和智慧，赋予了这片绿水青山新的生机和活力。乡村旅游业和高山冷水茭白一直是大漈发展的重点，并走出了一条独特的"茭旅融合"路子。

自从大漈列入历史文化名村后，这里深厚的历史文化底蕴及独特的历史古建筑成了吸引游客的一大亮点。依托"云中大漈"4A景区，2019年大漈共接待旅游总人数94.9万人次，旅游总收入达1885万元，同比增长22.8%。农家乐、民宿、餐馆生意十分火爆，当地村民的生活也越来越红火。过去，"半日游""避暑游"是大漈旅游的常态，为了增强乡村游的吸引力，留住游客，他们通过实施绿化、亮化和美丽节点提升，建设森林中的"萤光绿道"、玻璃房里的"花园绿地"等"打卡点"，让大漈旅游持续升温。此外，他们还开设了"大自然课堂"，结合"宋明清建筑博物馆"和大漈罐等特色观光点，建成"蝴蝶生物馆"，打造"荷、鳢、文、健"四大主题康养体验区，创新涵盖生产、观光、节庆、民宿、美食等全领域、高标准的茭旅融合服务模式。与此同时，他们倾心打造了一座2000平方米的集农产品展示、购物、休闲为一体的综合服务平台，将充满"泥土气息"的农产品升级为"时尚气味"的伴手礼。

高山冷水茭白是大漈的特色优质农产品，得天独厚的生态优势非常适合高山冷水茭白生长，目前种植面积达5000亩，村民亩产收入在7500元以上。大漈高山冷水茭白因个大、肉质脆嫩香甜而名扬各地，备受消费者喜爱，作为"丽水山耕·景宁600"的主打产品之一，不仅远销上海、江苏、杭州、宁波、温州等地，而且成为当地特色美食，游客随意走进一家农家乐，心灵手巧的主妇都能为你烹制出一桌的茭白佳肴："君子之茭""烈日茭阳""绝代双茭""茭香辉映"……单是这菜名，就足以令人垂涎欲滴。

小佐村，"梯田认租"重现生机

小佐村是一座藏于深山里的原始淳朴小村，位于景宁畲族自治县50公里处，古村依山而建，山形似笔架，畈中三峦成品字形，一转一个弯，秀色娇姿构成文人书案状。村中有梯田1000多级，一圈又一圈的梯田依着山势开垦而出，梯田落差700米，斜跨1200米，最宽的有十几米，最窄的只有60厘米，层次分明，线条流畅，曾被称作"江南最美梯田"。

说起小佐严氏，要追溯到宋代，始祖千七公迁自严州府，800多年来传承了聚族而居的传统和"耕可富家""读可荣身"的耕读传家思想，在浙南山区的莽莽大山中创造了古朴瑰丽的小佐文化，固守传承着世代沿袭的生活方式。当年，小佐村可谓人文荟萃、名贤辈出，严氏族人曾出一门五贡生，全省会考第一雅峰书院主持兼清代诗人严用光、清代景宁三大书法家严品端，

| 小佐村

均是景宁历代名贤中的杰出代表。此外，严品良、严瑜等从事教育和水利兴业，在景宁历史上写下了灿烂的一页。目前小佐村尚有严姓人家近百户，古村隐匿于崇山峻岭之间，古道、古居、古树随处可见，村落保护比较完整，山地古民居颇有特色，用最原始的木石材料营造，两层楼屋，开间数奇偶不限，最多的达11间，清一色的悬山大屋顶，山面又搭出坡顶，檐下有外廊，出挑阳台，古朴少雕刻，建筑之间依地势自由组合，灵活多变，完全不同于平地上同时期的合院式民居。由于大山阻隔，她灿烂迷人的文化久居深山，鲜为人知。

翻开历史画卷，旧时丰富多彩、底蕴深厚的文化，洋洋洒洒地展示于小佐严氏宗祠、栏街亭、节孝牌坊、千七公墓等处文化遗址，深藏在象征着五福吉祥的古建筑中。小佐宗祠序伦堂中匾额上挂满了各地文人墨客的贺词，增添了许多神秘的色彩与考究价值。原浙江翰林院院仕读学士提督潘衍桐先生赠金匾："耆年笃学"，该题词概括了严氏博学多才的风尚。祠堂布置得庄严肃穆，"序伦堂"意为尊长爱幼、和睦宗族之地，后厅寝庙端放已故祖先牌位，两侧左右厢用于延师教学、培育人才。古村形同笔架式山庄，有毛竹的清高、杉木的挺拔与梅花傲霜，深沉的族人文化、灵动的地方特色，人物、土地、植物和谐地统一。

随着岁月轮回，无数次演绎的严氏宗谱亦如一部历史巨片，一种原始的文化在这里得到升华。其中祖先制订出来的10条家规足以让后人深感惊讶：尊重长辈、兄弟邻里和睦相处、不准赌博、不准打架斗殴、不准抢掠偷盗、不准无端祸起打官司、不准宰杀耕牛、不准损坏树木，条款清楚地反映出当时严明的律例，为后代留下一笔珍贵的精神财富。在订立宗谱的同时，村贤

| 美丽的梯田

力邀当时的名人名家题留墨宝，其中严州太守、文学家范仲淹题写的"严先生祠堂记"，使原本厚实的小佐村文化增添了浓墨重彩的一笔。范仲淹在宗谱中写道："遂先生之高哉，而使贪夫廉，懦夫立，是大有功于名教也，仲淹来守是邦，始构堂而奠焉，乃复为其后者四家，以奉祀事。又从而歌曰：云山苍苍，江水泱泱。先生之风，山高水长。"

| 依山开垦的梯田

然而，随着大批年轻人外出，近十年来村里劳动力明显不足，逐渐成了"空心村"，梯田出现部分抛荒现象，有着800多年历史、顶着第五批国家级传统村落光环的小佐村，被推向了两难境地。在美丽乡村建设中，文化底蕴浓厚的广大村民觉悟了："保护好古村落，延续古村寿命，让古村落历史文脉永久传承，是我们义不容辞的责任。"2016年8月23日，在小佐村文化广场上，上千村民与游客见证着"小佐宣言"的诞生。小佐村联结26个有严氏后裔的村庄共同发布"古村落文化保护与发展（小佐）宣言"，下定决心在保护中利用、在利用中保护，不仅为后人留下古村落的历史风貌，还要充分利用其特色资源，让传统古村落的文化在继承中创新，让古村焕发生机。

曾被称作"江南第一梯田"的梯田抛荒令人扼腕，那可是老祖宗辛辛苦苦用人工开垦出来的土地资源。村干部也想过不少办法，曾带领村民修缮灌溉排水设施、翻整土地，重新开垦梯田种植稻米，但由于劳动力不足、机械无法施展，流转的土地再次抛荒。2019年4月，一条《高山梯田全球认租》的新闻让小佐村再次成为人们关注的焦点。"一定要让荒芜的梯田再次披上绿装！"乡政府和村里的年轻人想出了"梯田认租"的金点子：通过微信公众号面向全球推出"梯田认租"活动。客户认租一份梯田，付费500元，每份梯田半亩，认租人将被授予小佐村"名誉村民"，可以现场参加劳动，亲近自然、体验农趣。消息发出短短几天时间，180亩高山梯田就被北京、杭州等地的城里人抢租一空。为了更好地服务于"梯田认租"活动，乡政府邀请省农科院专家提供种植技术支持，在认租区域安装摄像头，让认租人可以通过互联网实时观看水稻种植及生长的全过程。等到丰收季节，认租人可获得19公斤梯田红米或44公斤原生态大米，并应邀参加小佐村丰收宴。

思路一改天地宽。"梯田认租"打破了非农则工的农村发展思维，以创新营销变短板为优势，真正让古村焕发出了新的活力。更重要的是，通过这种认亲和结对的方式，让生态农产品走出大山，让更多人走进小佐村，为小佐村的发展带来了无限的可能性。认租的梯田则由当地村民代为种植，留守的村民在家门口就可以创业增收，让老百姓真正尝到了"绿水青山就是金山银山"的甜头，既保住了美丽的梯田，又能给村民带来了真金白银。

如今，小佐村正揭开神秘面纱，"江南第一梯田"美景重现，梯田层层叠叠，金色的稻谷铺满山坡非常壮观，梯田与落村的古民居交相辉映，洋溢着静谧与灵动的气息，摄影爱好者、画家、文学爱好者趋之若鹜，并吸引了大量游客。"如隐·小佐居"堪称网红民宿，它获得过"中国最佳民宿""首批浙江省白金级民宿"称号。这是招商引资项目，从引资洽谈到投入营业，历时两年的时间，总投资500多万元。这座精品民宿由旧院落改造而成，整体风格与周边山水环境融为一体，拥有宽敞的休闲区、咖啡厅、门前院落和10间不同风格的客房，每间客房都能俯视梯田美景，人们可以尽情享受山村的宁静与恬淡。前人留下的"千叠层峦百转弯，鹤溪深山众峰环。竹里风光开画本，桃源仙境隔尘寰"的诗句，眼下成了小佐村的真实写照，为外界震惊和感动。

泰顺廊桥，独特的文化符号

泰顺，位于浙江南部，枕山近海，素有"九山半水半分田"之称。明景泰三年（1452），景泰皇帝赐名"泰顺"，寓意"国泰民安、人心效顺"。泰顺境内山高路远，群峦叠翠，千米以上的山峰就有179座，平均海拔490余米。历史上，许多名人贤士为避祸乱，陆续迁移到泰顺这个群峦起伏、人迹罕至的"世外桃源"，创造了具有山区田园特色的地方文明，留下了无比珍贵的历史文化遗产。

泰顺廊桥，就是其中最杰出的代表。据《泰顺县交通志》记载，全县现有各类桥梁970多座，保存完好的唐、宋、明、清代的木拱廊桥达33座，其数量之多、工艺之巧、造型之美以及与周边环境之和谐，在世界桥梁史上堪称一绝。其中15座古廊桥被列为国家重点文物保护单位，18座廊桥列入省级文物保护单位，成为中国拥有"国宝级"廊桥最多的县，被命名为"中国廊桥之乡"。

廊桥泛指有廊屋的桥，历史上的泰顺，村落分散，交通偏僻，人们出外行走十几里都难以见到人烟。按照泰顺先祖们的"交通

廊桥独特的蜈蚣结构

规划",在相隔一定里程的大路(石砌路)边上,要建上一座供人歇脚的风雨亭。而桥上建造屋檐,不但可以保护木材建造的桥梁免受日照雨淋的侵袭,而且起到凉亭的作用。泰顺廊桥分为编梁木拱廊桥、八字撑木拱廊桥、木平廊桥、石拱廊桥几类,其中编梁木拱廊桥最具文物价值。木拱廊桥木拱架为单孔八字形,比较适用于山区溪流经常暴涨的实际情况,其"三折边""五折边"及"剪刀撑"的木撑拱构架更加坚固,最大跨径达34.5米,比较科学地解决了木拱廊桥力学上的诸多问题。廊屋造型优美,通体鳞叠铺钉"风雨板",梁架多用九檩四柱,五架抬梁式,出檐较为深远,颇具宋风。因为它的结构与蜈蚣形体相似,俗称"蜈蚣桥"。其中在世界桥梁史上占有重要地位的6座木拱廊桥为:泗溪姐妹桥、三魁薛宅桥、仙居桥、筱村文兴桥、三条桥。木拱廊桥以较短的木材,通过纵横相贯,犹如彩虹飞架宽阔水面,其巧妙的结构令人惊叹。千百年来,廊桥已成为泰顺地理文化概念,是泰顺乡民富有特定的生命意味的文化符号,这些极具视觉冲击力的煌煌建筑,潜藏着泰顺古代先民的智慧,贴附着古人精神和思想文化的片段,具有典型的地域特殊性及较高的历史、科学、艺术价值,为研究木拱廊桥的起源与发展提供了重要实物例证。

我们兴致勃勃地来到泰顺泗溪廊桥文化园,首先观赏的便是被誉为"世界最美廊桥"的北涧桥和溪东桥,因两座桥的结构形式和造型基本相同,故被当地人称为"姐妹桥"。事实上,北涧桥和溪东桥是由师徒俩建造的,师父造了北涧桥,徒弟造了溪东桥,由此人们又称它们为"师徒桥"。北涧桥与周边的古居民连成一片,与桥头的两株千年古树及修建于清嘉庆年间、长达144米、有233齿的"仕水矴步"(滚水坝)相映成趣,构成了一幅美丽的画卷。

北涧桥,长51.87米、宽5.37米、高11.22米,单孔跨径29米,为木拱廊桥,有桥屋20间。始建于清康熙十三年(1671),嘉庆八年(1803)重建。上下两桥结构精巧,造型古朴,是我国桥梁建筑史上典型的木拱桥。溪东桥是泰顺造型最佳的木拱廊桥,长41.7米、宽4.86米、高10.35米,单孔跨径25.7米,中央有主檐阁楼,极为雄伟美观,梁架上建长廊式桥屋15间,其间高起为楼阁,两头飞檐翘角,盘龙卧虎、斗角绕云、青龙翘须,颇有吞云吐雾之势。无论是从建筑材料还是桥梁结构的选择,抑或桥与建筑的结合,人文景观与自然景观的结合,都是一个杰出的典范,充分体现了中国传统建筑的空间观

| 北涧桥

念和环境观念。

20世纪70年代,著名桥梁专家茅以升先生组织科学家对浙南叠梁木拱桥进行实地考察与比较研究,确定大量留存于浙南山区的叠梁木拱桥就是北宋时期盛行于中原的虹桥结构,由茅以升主编的《中国古桥技术史》一书记载泰顺木拱桥4座。泰顺廊桥因其结构与北宋张择端所画的《清明上河图》中的虹桥极为相似,又称"虹桥",在中国桥梁史上地位很高,与河北赵县安济桥(赵州桥)、泉州万安桥、潮州广济桥并称中国四大古桥。如今泰顺廊桥这一国之瑰宝正引起国内外专家学者和游客的广泛关注。当然美国电影《廊桥遗梦》也起到了推波助澜的作用,浪漫的爱情故事感动无数人,让人们记住了廊桥。

薛宅桥,位于三魁镇薛外村,始建于明代,为灰色叠梁拱式木廊桥,长51米、宽5.2米,离水10.5米,单孔跨径29米,桥屋14间,是泰顺县内桥面坡度最大的木拱廊桥,造型古朴大气,巍峨挺拔,已被载入《中国桥梁史话》,在世界桥梁史上占有重要地位。为了弄清廊桥结构,我在桥下观察了许久。当地村民告诉我,廊桥的基本组合单元是6根杆件,纵向4根、横向2根,平面呈"井"字形。利用受压产生的摩擦力,构件之间越压越紧。这种结构,不用钉铆,只需用相同规格的杆件,别压穿插,搭接而成。从力学上讲,上端的纵梁压在横梁上,横梁又压在相对一根纵梁上,上下两根纵梁夹住一根横梁,摩擦力使得横梁不能滑动,结构简单而奇妙。这种结构整体为拱形结构,沿拱心线整体受压,不会产生弯矩。就每一根杆件来说,又是最简单的支梁,承受两种集中荷载。这种"蜈蚣结构"有很好的受压性能,只要两端固定,桥就能很好地承受向下的荷载,每当山洪暴发时,村民常常将家中最重的物体或大石头搬到桥上来增加桥的稳定性。

廊桥是当地乡民休息、交流、交易的场所,桥屋也是工匠们精心构作的重要部位。在拱架上建廊屋,增加桥拱的压力使之更稳固,也起到了防风挡雨的作用。同时,桥屋各部位的艺术处理,屋檐及屋脊装饰形式的多样化,更增加了桥梁的整体美感。廊桥中一般都设有神龛供乡民祭祀,祭祀对象有佛教人物如观世音菩萨、门神,也有义薄云天的关帝爷,以及能给读书人带来好运的文昌帝和帮人发财的财神爷赵公明。每月初一、十五可以行祀,每年正月祭祀最隆重,乡民从四面八方聚集,摆一整只猪头,再添两盘时令水果,插几炷香,磕头作揖祈福。

泰顺处在浙江南部山区,天然去雕饰的美丽,山高路远,重峦叠嶂,人迹罕至,对于泰顺廊桥是一种幸运,久居深闺保持了她的完整和本色。廊桥作为泰顺独特的文化符号,与青山、碧水、虹桥、古村融为一体,让人体会画中游的美妙,也不由令人回想起一段段质朴深厚的乡土往事。

| 薛宅桥

深澳村，
洗尽铅华见真淳

踩着凹凸有致的卵石路，抚摸斑驳陆离的石头墙，我们走进浙西桐庐县深澳村。打开陈旧沉稳的台门，站在外拙内秀的天井里，我感受着明清时代的气息，这纯真质朴的气息，如同一坛陈年老酒，洗尽铅华始见真淳。

深澳村，位于浙江桐庐富春江南岸天子岗北麓，地处丘陵，南高北低，村落前迎璇山，后拥狮岩，应家溪和洋婆溪东西分流，七常公路从村中通过。深澳村是申屠家族的血缘村落，凭借其古老的文化，深厚的历史、文化积淀、独特的地理环境，源远留存的文物古迹，成为桐庐著名的江南古村，2007年被列为《中国历史文化名村》，2017年深澳古建筑群被浙江省人民政府列为省级文物保护单位。

深澳村的历史非常悠久，有文字记载的始于南宋初期，主要由申屠氏迁居桐溪而形成，距今已有1000多年。申屠氏先人有着非常先进的环保意识，他们在规划村落建设之初就规划了村落的水系。深澳村民依水而居，应家溪在村东蜿蜒流过，村西有一条叫"洋婆溪"，它将水从应家溪的上流引入，平时可作为灌溉使用，若遇上山中发洪水，又可用来分洪。村地面的明沟用来排除雨水和生活污水，而设在地下三四米深处的暗渠则是供水系统。暗渠高2米，宽约1.5米，拱顶，全用卵石砌成，引山泉水，至今水质仍清澈甘冽。为方便取水，每隔一定距离，建一个水埠，有石阶下至水面深处，有点像新疆的"坎儿井"，当地人称之为"澳"，"深澳"村由此得名。村中有两条与澳平行的水沟，约半米深左右，流经每家每户的门前，以供人们日常使用，同时也将生活污水带走。村中还有大大小小15个水塘，什么苍蝇塘、吃水塘、八亩塘、狮子塘、牌楼塘等，这些塘在当时就已经功能分明了，有些是用来饮用的，有些是用来洗菜的，有些是用来洗澡的。八亩塘是一个面积只有 70 平方米的小池塘，却能用来灌溉 8 亩田的水量，证明了这池塘有丰富的水源。村口的大塘是用来蓄水的，现在已成为深澳村独特的风景。

深澳村的古建筑整体格局基于这套完善的水系逐渐发展起来，这里有一条长 500 多米的老街，南北走向，格子窗，低房檐，又厚又重的木排门，卵石铺就的巷道，使老街充满了韵律和地方特色。老街沿澳穿村而过，蜿蜒曲折，深幽古朴，两侧的建筑为清中后期及民国建造，多为店铺和作坊，是以前附近一带的交易中心，现在仍是一些店铺和作坊，经修复融入了不少时尚元素，集恋旧与时尚于一体，成了游客必去的一条休闲步行街。

深澳村古建筑众多，历史悠久、分布集中、保存完整和设计精致，现有明清时期的古建筑 140 多处，民国建筑 60 多处，其中恭思堂、怀素堂、景松堂等 26 处古建筑被列为文物保护点。这些古建筑多为徽派建筑与浙西民居的结合，外观白墙黑瓦，马头墙高立，砖雕门罩，石雕漏窗，木雕楹框，主体以四合院式天井结构为主，九世堂与儒林堂最为古老，州牧

| 水埠

| 深澳村全景

第和志承、诒燕门楼独具艺术特色。

申屠氏宗祠是深澳村最重要的古建筑，祠堂大门上的楹联"汉庭垂勋在京兆，宋裔承辉到邑南"概括了两汉至今桐南申屠氏的发展史。公元前206年，秦二世推翻，楚汉相争，申屠氏先人嘉公随刘邦东征西战，屡建战功，后官至丞相，封故安侯。嘉公在朝50余年，为人廉直，人称"五朝元老"，功勋传流后世。自嘉公官至宰辅后，族因人望，京兆（今西安）一带便成了申屠氏望族。据《英贤传》记载，当周武王伐纣兴周时，大兴封建制度，曾把贤士伯夷的后裔封为申侯，当时申国的位置在今河南省南阳县的地方，其后这位申侯有子孙被周平王封于安定郡（甘肃固原）的屠源，后来子孙便以申屠为姓。

六世祖文诚公于南宋淳祐九年乙酉（1249）初建衍庆堂，至今已有700多年的历程。其间，衍庆堂经历多年风风雨雨，曾坍塌被毁。清雍正八年庚戌（1730），申屠氏族民商议决定重建宗祠攸叙堂，推选前七房玉文负责采购、外事联系，推选后三房鲁詹负责财务账目，两人结为知交，情同手足。鲁詹身体很虚弱，经常有病，又对建祠工事非常上心，每遇夜间风雨，常提灯巡视查看，约28岁时，终因身体不适突发急病，躺在床上，呼吸停止，被盖上盖脸纸（旧时村中风俗，人去世后脸上盖纸）。玉文在外闻知此事，急忙连夜赶回，看到盖着盖脸纸的鲁詹不禁大哭起来：鲁詹呀，你怎么能这样走了？你家有大小，祠堂又未建成，你怎么忘了我俩的誓言就这样走了呢？玉文哭到伤心时，突然发觉鲁詹脸上的盖脸纸动了，并有了微弱的呼气声，连忙揭开纸一看，鲁詹果真活转过来了。这就是深澳村民代代相传为造祠堂前房祖太哭活后房祖太的故事。此后，申屠氏祠堂历经300多年，几经修建，2011年

| 申屠氏宗祠

最后一次整修，攸叙堂变得更加富丽堂皇，因此被列入国家级文物保护单位。

深澳规模最大的民居为著名的恭思堂，拥有7个天井，被当地人也称之为"七井房"。恭思堂是深澳晚清富商申屠济成在光绪癸巳年（1893）前后建造，占地1165平方米，由主屋和南、北、中3座抱屋构成。恭思堂主屋面阔15米，总进深50米，五间五进，石条作框架的双重大门显得庄重而厚实。走进大门是回堂，再往里走是明堂，明堂前摆有长案，案前摆有圆桌，桌两旁是太师椅，这样的摆设显得规矩气派。深澳堂屋最重要的部分是它的天井，天井起着采光、通风以及收集排泄雨水的作用。天井四周的楼房往往采用重檐，不仅有利于遮蔽风雨，还增加了视觉上的层次感。下雨天，雨水从屋檐上落在天井里，经四周的明沟排入阴沟，随村中的水系排出村外，符合了风水上"四水归堂"的说法。晴日里，阳光照进天井，落在厢房的窗棂、房檐、梁柱上，映出美仑美奂的木雕装饰。老房子内梁棹窗棂间的雕刻图案无一雷同，有二十四孝、十二生肖、八仙过海、神仙瑞兽、三国水浒、吉祥花卉等等。在建筑力学中起固定作用又起支撑作用的牛腿，气度恢宏，上面各种各样的雕刻图案经过了几百年的风雨依然神采飞扬。这些雕刻采用了中国所有的木雕技法，有线雕、浅浮雕、深浮雕、缕空雕、双面雕塑等，给后人留下了无法超越的艺术享受。

近十年，深澳古村在县有关部门的帮助下，以"古"作文章，制定了《深澳国家级历史文化名村和省级历史文化保护区保护工作意见》，政府主体+社会资本，因地制宜积极探索古建筑保护模式，全村游览免费开放，随着慢悠悠的脚步，人们踏着爬满青苔的石板路，历史的痕迹和岁月的沧桑就这样被一步步踩了出来。

衢州古城，
让南孔文化落地

2019年12月，衢州南孔古城入选"浙江首批诗路旅游目的地"，它距孔子第四十八代嫡孙、衍圣公孔端友带领族人迁居衢州近900年。衢州，是一座具有1800多年历史的江南文化名城，一直是浙、闽、赣、皖四省边际交通枢纽和物资集散地，素有"四省通衢、五路总头"之称，1994年被国务院命名为"国家级历史文化名城"。

衢州古城墙是全国重点文物保护单位，一座体现明清时期传统建筑风格的大型防御设施。古城墙的历史可以追溯到唐朝，完整的城墙分为4层，分别为京城、皇城、宫城和外郭，大城郭有8个城门，中城郭有6个，分别为东门、北门、大西门、小西门、大南门、小南门。明代曾数次修葺，衢州城墙雄立，创立了铁衢州的基础。自清代顺治五年（1648）至民国五年（1916）的210年内，对衢州城墙的维修有20余次。从某种意义上讲，一部衢州城墙建设史，也是衢州城市的发展史，折射出政治、经济、文化、民俗等方面非常丰富的内容，城墙的一砖一木都凝聚着历史的厚重。目前保留下来的衢州城墙，历经风雨，在水亭门南边依然保存着两小段古城墙，但中部连接处已全部塌毁，大南门、小南门、大西门、东门经过修缮，基本上保存了城门的本来面目。

因为所处的地理位置优越，衢州自古是军事重镇和兵家必争之地，位于龟峰和峥嵘岭之上的东门，又称"铁衢门"，方腊起义、黄巢起义、太平天国运动、北伐军进攻孙传芳部，曾在这里受挫。特别是太平天国翼王石达开、侍王李世贤等，率军数次围攻衢州，最长的一次达半年之久，但都因城墙高而坚固、易守难攻而损兵折将无功而返。衢州城墙大多高约5米，墙面少滑平整，墙宽约2米，便于车马行走。"峥嵘山突兀，柳宇横烟霞，策杖寻旧戍，苍苔石径斜。"清人王荣俊的诗充分说明了这是屯兵守城的险地。城墙除了以上特点,还有屯兵、存粮的作用,体现了古代修筑城墙的初衷,一切为战争服务。随着科学技术的发展和时代的进步,城墙的功能逐渐淡化,失去了原有的价值。

近年来,衢州地方政府肩负"要让南孔文化在衢州重重落地"的历史使命,围绕南孔古城文化复兴,加强南孔古城的保护与利用,实施以生态修复、城市修补为目标的"古城双修"十大工程,延续文脉、留住乡愁。

北宋末年,金兵南侵,宋高宗赵构南渡建都于临安。孔子后裔第四十八代衍圣公孔端友,抱负着孔子和元官夫人的一对楷木像,从山东曲阜南迁至衢州,建立孔氏家庙,这就是南宗孔氏家庙。从此衢州也就被孔氏称为"第二圣地"。衢州孔氏家庙基本上仿山东曲阜的规制建造,也分孔庙、孔府两部分。庙前有金声、玉振两门,门外左右立有"德配天地""道冠古今"牌坊,上刻"文官下轿,武官下马,锣鼓停息"字样。大成殿是孔庙正殿,建筑十分雄伟,重檐歇山式结构,供奉着孔子坐像,两旁侍立着其子伯鱼及其孙子思像。孔氏家庙,800多年来经三迁三建,历经十余次修葺,近年又进行过一次较大规模的修缮,面貌一新,逐渐恢复了原来的规模和面貌。

2016年9月30日,恰逢孔子诞辰2567周年,衢州水亭门历史文化街区伴随着孔子文化节祭祀典礼的庄重礼乐声正式开街。水亭街的繁华和衢江的水运发达兴衰历史紧密相连,水运兴盛则水亭街兴盛。穿过水亭门城楼就是码头,作为浙、闽、赣、皖四省商贸的重要通岸口,曾经水面千帆竞渡,陆上商贾如流。清波绿水之中,白鹭青鸟的江南水乡恬美之色跃然眼前,而舟楫争渡、渔舟唱晚的美景正是当年水亭门码头风光的所在。而通往码头的古城楼,也因码头可以通航远方,故名"航远门",也称"朝京门"。水亭门历史文化街区保护利用工程是衢州"古城双修"的一个缩影。衢州人有幸请到"古城卫士"、同济大学教授阮仪三主持编制了《水亭门历史文化街区保护规划》,一个以文化创意产业和旅游业为特色的活力街区,一个传统与现代文化共融的复合型社区,一座展示当地传统文化的开放博物馆,一处年轻人向往的城市文化空间跃然纸上。2018年11月,根据住建部《关于加强生态修复城市修补工作的指导意见》精神,衢州市公布了《衢州市区古城双修十大工程实施

孔氏南宗家庙

朝京门

方案》。具体而言,"内修"就是要重振古城活力、重铸古城文化、重释古城生活,"外修"则要重整古城生态、重织古城交通、重构古城设施,最终达到留形、留人、留灵魂,见人、见物、见生活的目标。水亭街是衢州市传统风貌建筑最集中、历史文化遗存最丰富的街区,街区内有全国、省、市重点文保单位14处,历史建筑59处,散布着庙宇、宗祠、会馆、城楼、古迹及成片的传统民居,建筑风格和街巷肌理保留完好,如同一本书,把曾经的风雨烟云不动声色嵌入字里行间。街区占地10万平方米,是衢州国家级儒学文化产业园核心区的重要组成部分,也是古城的中央休闲区和市政府倾力打造的5A级景区主景点。它的保护、利用是古城的复兴,标志着衢州古城历史文化街区的重建与改变,标志着儒学文化产业试验园区向人们打开心扉。

老衢州人常说,先有天王塔,后有衢州城。史料记载,天王塔为六面七层仿楼阁式砖塔,高约35米,建于梁朝天监年间(502—519)。作为旧时衢州最古老的建筑之一,天王塔无疑成为古城的地标性建筑,丈量着这块土地历史文化的厚度。年复一年,天王塔就像一位历经沧桑的老人,成为衢州人心目中家乡的象征。1952年9月,一场台风导致天王塔被拆。2014年8月,天王塔复建成功,独具衢州历史文化内涵的天王塔,重新成为衢州人心中故乡的标志与温暖符号。

周宣灵王庙,全称为"宋孝子广平正烈周宣灵王神祠"。周雄,字仲伟,临安新城渌渚人,生于宋淳熙十五年(1188)农历三月初四。嘉定四年(1211)农历四月初八,为了病重的母亲,周雄千里迢迢赴婺源灵顺洞五王庙祈祷,回城船行至衢境双港,闻母死讯,悲痛不已,仰天捶胸,气绝身亡,身躯却直立不倒。衢州人见此情景,惊异万分,敬奉他为神,如今这里不仅是国家级文物保护单位、省级重点民间信仰场所,也是地方民众识时明理、弘扬民族文化、世代受教纪念场馆。

从水亭街到孔庙,我们跨过县西街,沿着县学街走到钟楼底,路过北门,直接走到孔庙。一路过去,古城美景尽收眼底,不仅体验到了儒学,也观摩了民俗展示和艺术沙龙,俨然是文态、业态、形态、生态融合的多元化时尚休闲文化创意街区。历史文化街区华丽转身,讲述了一个古老又年轻、复古又时尚、内涵又有趣的古镇故事。

| 周宣灵王庙

清漾，毛氏文化熠熠生辉

清漾位于浙江省江山市石门镇，是毛泽东的祖居地，浙赣湘毛氏后裔80%从这里繁衍。2019年1月，清漾村入选第七批《中国历史文化名村》。

走进清漾，呈现在我们眼前的是一座古老的村落，许多屋子的墙上裸露着古旧的青砖，沿着溪水相伴的小路，村里的主要建筑"清漾祖宅"让人眼前一亮。祖宅为三进三堂的古建筑，大门有胡适书写的匾额"清漾祖宅"。门柱上刻着苏东坡题写的对联"天辟画图星斗文章并烂，地呈灵秀山川人物同奇"，恰如其分地描绘了清漾的景致。村里不少民居门楣上挂有"耕读传家"的牌匾，处处彰显着清漾人对文化和教育的重视。村里现存的古建筑群朴素无华，反映了清漾毛氏文化"诗书名世、清白传家"的传统，蓄积着"耕读传家、贵而不富、清正廉洁"的优良传统。

清漾古村历史悠久，早在新石器时期就有人类活动，黄泥岗遗址出土了不少商、周印纹陶器物。史料记载：江南毛氏一世祖毛宝之孙毛璩（三世祖），因平定桓玄有功，朝廷追封璩为归乡公，食邑信安（今衢州）。毛璩后裔毛元琼（八世祖）字公远，号清漾，于梁武帝大同年间（535—544）从衢州迁入须江

| 毛氏祖祠

| 清漾古建筑群

清漾。清漾因清漾公而得名，清漾公后裔居江山者有十三祠，分布各个乡镇，人口5万多，外迁云南、江西、湖南、福建、安徽等省及浙江省的奉化、龙泉、遂昌、丽水、余姚等地。1600年来，清漾毛氏家族耕读传家，人文荟萃，出了8个尚书、83个进士：宋代的礼部、户部二尚书、音韵学家毛晃、毛居正父子；受知于"三苏"的北宋著名词人毛滂；江山第一个状元南宋开禧年间的毛自知；明代礼、吏、刑三部尚书的毛恺和近代国学大师毛子水等。《永乐大典》《四库全书》等典籍中收录的历代清漾名人著作也为数不少，曾经到访过清漾并留下诗词的文人雅士也灿若星辰。

　　1999年，《清漾毛氏族谱》被意外发现，让这个千年古村名声鹊起。当年，峡口镇广渡村清漾毛氏后裔拟将祖传的66本《清漾毛氏族谱》转手卖给外地人，江山市档案局在爱心企业家的帮助下，把它买下作为馆藏。这部族谱的发现，引起了毛氏宗亲和有关专家的关注。后来，通过拜访有关专家和查阅相关资料，清漾、吉水、韶山三地毛氏一脉相承的渊源关系得到进一步确认。据详尽史料考证，毛泽东韶山家谱中所记"毛氏祖居三衢"中的"三衢"，便是清漾村。毛泽东的祖先毛让由衢州江山清漾迁居江西吉水龙城，成为江西吉水毛姓的始祖。吉水仙茶乡人毛太华赴云南从军，因军功从云南来湖南定居，为韶山毛氏的祖先。2002年3月，《清漾毛氏族谱》被列入全国第一批48件（组）《中国档案文献遗产名录》。

　　为了保护、传承和利用好清漾历史文化村，使其重新焕发出生机和活力，江山市邀请同济大学国家历史文化名城研究中心、同济城市规划设计研究院共同编制了《清漾历史文化村保护规划》。这份规划对古村落的名人故居、特

色民居、宗族建筑、宗教建筑，提出具体的保护措施，并对宗族文化、耕读文化等非物质文化遗产也进行详细规划。2006年至今，清漾村按照保护规划的要求，以毛氏文化为主线，完成了清漾村修缮工程，不仅保持了生态与古朴的本色，处处彰显着清漾先祖、毛氏、名人、廉政等众多文化，书香气息扑面而来。

　　修旧如故的"毛氏宗祠"为清乾隆三十五年（1770）重建。平面呈纵长方形，坐东北向西南，三进二天井。沿中轴线依次为照壁、月塘、门厅戏台、合敬堂（中堂）和追远堂（后堂）。两侧的石碑，铭刻着历代毛氏先贤与当时名人往来的书柬、诗文。有南宋诗人陆游的《访毛平仲问疾与其子适同游柯山》，明代文学家李攀龙的《赠毛达和高斋》，文学家、刑部尚书王世贞的《题毛达和书舍》，兵部员外郎杨继盛的《致毛恺书》等。中堂供奉着清漾毛氏始祖毛元琼（清漾公）及其夫人的雕像。后堂悬挂着毛氏历代名人遗像，其中有成语"毛遂自荐"中的毛遂。

　　"毛氏名人馆"为民国时期的传统建筑，内设5个展厅。以史料证实，中华毛氏系黄帝之后、周文王之裔，具体介绍了毛氏自江北至清漾，又从清漾至江南各地的迁徙、流布，介绍了清漾毛氏自唐至清出现的80名进士，及历代其他著名人物。并以《奉化市志》及有

| 源远流长

清漾，毛氏文化熠熠生辉

关史料为基础，说明蒋介石原配夫人、蒋经国生母毛福梅的祖先，于宋代自江山石门迁奉化，为清漾毛氏后裔。第四展厅以《韶山毛氏族谱》为主要依据，介绍韶山毛氏源自吉水毛氏，韶山毛氏始祖毛太华，系吉水毛氏始祖的第14世孙，即清漾毛氏始祖的第30世孙。同时，介绍韶山的毛氏名人、毛氏文化、毛氏宗祠及毛氏族谱等。第五展厅以《东方红》为先声，以九大板块内容介绍伟人毛泽东的世系延脉及其家人："毛泽东的求学历程""革命生涯""建国岁月""闲情逸趣""著述诗词""良师益友""亲情乡谊""领袖风范"等。毛氏名人馆，以系统、翔实的史料，丰富、具体的内容，图文并茂地介绍了以伟人毛泽东为代表的一大批毛氏名人，如"满天星斗""星光闪烁"，震撼人心，令人肃然起敬。2009年5月21日，毛泽东嫡孙毛新宇携夫人来到江山，参加"毛泽东祖居地在浙江江山新闻发布会""江山清漾毛氏研究与开发座谈会"，毛新宇走进清漾村感慨万千，称这是他的"追根寻祖"之旅。

"毛子水故居"建于清末，青砖黛瓦，坐北向南，二进三天井。毛準（1893—1988），字子水，清漾毛氏第56世。毛子水知识渊博，有"东方图书馆"之誉，被尊为国学大师。1949年去台湾大学任教，曾任台湾"国家长期发展科学委员会"咨询委员兼主席等职。如今毛先生的卧室、书房，其父母的卧室及客房中的家具与摆设等乃原物原位，保持完好。上、下堂及左右厢房为陈列室，以实物、图片等资料，介绍毛子水家世、生平事迹、著述及与社会各界的交往。上堂正中摆放着毛子水的雕像，其亲笔书写的"虚静怡淡"是其性格的写照。

在清漾村，每个村民都担当着千年古村保护和传承的重任，他们共同保护祖先留下来的古建筑，为传承毛氏文化贡献自己的一份力量。在传承与保护的基础上，清漾人借助"毛氏文化旅游节"等活动的影响力，精心培育古村落文化休闲旅游业。特别是清漾被考证认定为"毛泽东祖居地"之后，整个清漾村发生了巨大变化，不少村民嗅到了清漾古村带来的商机，纷纷回乡做起了与旅游相关的生意。随着清漾村知名度不断提高，来这里的游客与日俱增，节假日这里到处是游人，有的漫步闲游，有的湖边垂钓，恰似一幅充满欢乐的动态山水画。

皤滩，
古镇保护莫媚俗

古城扬州有一道靓丽的风景线：每当农历十五月圆之夜，瘦西湖上五亭桥15个桥孔每孔各衔一月，15个月亮倒悬湖中交相辉映，别有一番情趣。无独有偶，在浙江台州仙居县皤滩古镇五溪汇合点，月圆之夜居然也有"夜观五月"之景。遗憾的是，我与好友朱恩芹、刘庆浩在春雨中踏入古镇，与"夜观五月"失之交臂。

皤滩古镇是我国古代江南山区农村古镇文化的典型缩影，也是研究我国古代农村集繁荣兴衰的不可多得的典型资料。经过千年的风云、千年的积淀，皤滩仍保存着一条长约3华里九曲回肠的龙型古街，卵石镶嵌的街面似巨龙的鳞片，龙头正对五溪汇合点，龙尾处矗立着一座高3.5米、跨度8米的砖雕坊，上刻一组组玲珑剔透、栩栩如生的龙凤、麒麟、仙鹤、仙鹿等图案。

当地友人、"淡竹记忆"农家乐老板余文武，早年在皤滩古镇当学徒讨生活，对皤滩的前世今生知根知底。他告诉我们，自古以来，皤滩便是水陆交汇之地，沿灵江、永安溪的水路在此拢岸，通往浙西的苍岭古道也在此起步，这种连接东南沿海与浙西内陆的优越地理位置，使得皤滩成为以往浙东南山区的一个著名商埠和古代食盐之路的一个重要中转码头。鼎盛的清朝中期，皤滩古镇除"水埠头"外，还分布着"埠头"5处：武义埠、东阳埠、缙云埠、永康埠和公埠。古街至今仍有大量保存完好的明清古建筑群：威赫的青石雄狮蹲守高耸的门庭，朱漆正门上画着高大威严的彩绘门神，经历了岁月却依然色彩浓艳，威风凛凛，让人油然而生敬畏之心。布局精美的"三透九门堂"、朱熹送子就学过的桐江书院、唐太宗李世民诏词"霞蔚云蒸"的麻布堆灰匾、清雍正年间张若霞的"贻厚堂"匾、清吏部侍郎齐召南的手迹"洛社名高"匾、建于南宋绍兴年间的何氏里宅居里的"大学士"匾与密麻盖壁的"官报""捷报"等榜文真迹，无不折射出古镇博远深厚的文化内涵。

陈氏祠堂与胡公殿当属皤滩古镇保护得最好的古建筑。皤滩陈氏，为历史上仙居望族，于晚唐时迁居于此。陈氏家族历代人才辈出，仅宋朝时就曾出过文武进士22人，包括仙居第一位武状元陈正大。久经年岁的陈氏祠堂，由门厅、天井、大殿、两厢组成，雕梁斗拱建筑样式，天井呈长方形，两侧厢房，门厅左右为房，自上而下供奉着陈氏先祖牌位，肃穆庄严。十几根石柱凿刻着多副楹联，在麒麟花灯式的图案映衬下，诉说着陈氏家族的辉煌。六扇门板上画有6个门神，虽颜色暗淡了，人物表情和衣服线条依旧清晰如昨。柱上楹联有一副是："家法守江州七百口，科名仰宋代第一人。"供奉先祖的牌位上方有"典源维新"横匾，两边立"状元及第"红底金字竖匾。可以想见，曾多少次"报子"骑着快马高举红榜，恭贺的声音萦绕长长的皤滩古街，那红榜抵达陈氏族人手中时，是何等欢欣的场景。胡公，名则，字子正，北宋永康人，官至三司使（北宋前期的最高财政长官，副相）、兵部侍郎等职。据说胡公不是皤滩人，其妻是皤滩人，应是皤滩女婿。早在南宋时，皤滩建胡

| 胡公大帝

| 针刺无骨花灯

公殿，明万历时重修，1992年复修胡公塑像并建造胡公纪念堂。胡公究竟何等人物、何种功绩，竟能名扬至今，还为他塑像建纪念堂？一仰头，前面一块石碑，刻的题目便是"毛泽东论胡公大帝"！碑上有文：1959年毛泽东接见浙江永康县委书记时说，"……永康胡公大帝才是最出名的。胡公大帝不是神，不是佛，而是人，他是北宋的一个清官，为人民做了很多好事，人民纪念他……"胡则生前以整治钱荒、清廉爱民而深受百姓爱戴，更以政绩显著而名重当朝，"为官一任，造福一方"。如今这里辟为廉政教育基地，为官从政者不妨来此"照照镜子"。

蟠滩还有千年传家宝针刺无骨花灯。花灯俗称"唐灯"，玲珑剔透，古朴典雅，最奇特的是制作工艺，整个花灯不用骨架，全是由绣花针刺成各种花纹图案的纸片粘贴而成。我来到临街一个老铺展厅，里面挂满各式各样的花灯，花灯内的灯光透过被刺扎了各种图案的纸面映照出来，色彩纷呈，美妙之极。老艺人告诉我，花灯源于唐朝，由于蟠滩地理位置优越，物产丰富，商贸发达，纸张供应便利，这就为花灯问世提供了"温床"。相传花灯为一对秀才夫妇所创，因造型别致、制作精美，始成雅俗。明朝蟠滩成为重要商埠，更促进花灯的

| 染坊遗存

兴盛。明万历年间，和地方风俗文化水乳交融，皤滩每年都要举办盛大的闹花灯活动。到了清代，花灯式样品种进一步提升，艺术更臻完美，现留存下来的珍贵花灯就是清光绪十三年（1887）制作的。花灯"讲"故事更加丰富，流传更加广泛。在江浙尤其仙居一带，百姓视花灯为镇宅驱邪、消灾除晦之吉祥物，以拥有花灯为荣为贵。20世纪80年代中期，在国家重视传统文化的大背景下，经仙居县文化局、皤滩乡文化站重行挖掘，失传多年的针刺无骨花灯重放异彩，抢救恢复达27种。2000年，仙居县被文化部命名为"中国民间艺术之乡"，仙居花灯图案入选"中国彩灯"系列邮票，并被浙江省博物馆收藏。2006年，花灯被列入第一批国家级非遗保护名录，并荣获"中国民间艺术品博览会"金奖、"第四届国际艺术博览会"金奖等多项荣誉。

自民国初期起，由于交通条件的变异及天灾人祸，皤滩古街逐渐萧条，特别是铁路通车，使皤滩盐路失去了原有的功能，皤滩市面也风光不再，但主体建筑与结构保存基本完好，古街尚有石板柜台100多个、店铺260多家，民居古宅、书院义塾、祠堂庙宇比比皆是。在"色赛春花"牌匾前，我驻足良久，实在弄不清这匾与眼前的"春花院"（青楼）有什么内在联系。走进院落请教当地老人，却燃起了老人无名之火：简直是胡扯！"色赛春花"明明是染坊的店招，却硬生生被说成是"青楼"的幌子，节假日居然弄些女孩子穿上戏装扮成青楼女子招徕游客，古镇要保护，但不能媚俗，更不能无中生有！我环顾整个院落，眼下按妓院格局进行打造，实在是俗不可耐，关键是导游的解说词和门厅里的文字介绍都这么认定，"三人成虎"，这"春花院"竟莫名其妙被坐实了。

廿八都，
警钟长鸣护古镇

廿八都古镇位于浙、闽、赣三省交界处，镇上的古民居不仅数量多、保存完好，而且风格多样，被誉为明清建筑博物馆。步入姜遇鸿旧宅，的确令人震惊；这是一幢仿西洋巴洛克风格的建筑，占地3200多平方米，光天井就有36个。据当地人介绍，姜遇鸿光绪十八年（1892）捐五品同知府，从政之余，创办了"隆兴鸿记""隆兴钱庄"等多家商号，以经营"三籽"（桐籽、茶籽、柏籽）和过载行、钱庄为主，是廿八都最大的商号之一，乃民国时期首富。由于姜遇鸿经常接触外商，受西洋建筑影响，他请工匠精雕细凿，足足花了10年时间，打造了廿八都规模最大、中西合璧的豪华宅第。

而在这豪华宅第对面，却保留着一处火灾后的废墟，过火后的梁柱门窗均化为焦炭，场面令人触目惊心。废墟边放置了3口警世石钟和1块石碑，"2·17火灾遗迹"告诉人们，2012年2月17日，这里曾因点香火酿成大火，使一座古宅永远地消失。强烈的反差让人警醒，也让南来北往的游客感知到廿八都人保护古镇的良苦用心。

廿八都镇，素有"枫溪锁钥"之称，来自各地的历代官兵滞留和商贾云集，古镇繁衍着142种姓氏，有9种方言，专家誉此为"文化飞地"，学者称其为"一个

| 姜遇鸿旧宅

遗落在大山里的梦"。许多人对古镇叫"廿八都"感到奇怪，其实它以前并不叫这个名字，古称"道成"。宋代在乡以下设都，江山设都44个，道成地属二十八都，此后就一直沿用这个名称。

据史料记载，1100多年前，黄巢挥戈南下，在浙、闽之间的崇山峻岭中开辟了一条仙霞古道，从此四周关隘拱立、大山重围的廿八都成了历代屯兵扎营之所，兵家必争之地。最初主要是军事功能的千年古道到了清代逐渐成为商旅要道，溯钱塘江而上的船只装载着来自江浙的布匹、日用百货到江山的清湖码头靠岸，然后转陆路，由挑夫肩头的扁担挑往闽赣，从闽赣来的土特产也要到清湖装船运往金衢沪杭各地，廿八都作为过往货物中转的第一站，一个必经的交通枢纽，迅速成为三省边境最繁华的商埠。鼎盛时期，商行店铺、饭馆客栈布满了整条鹅卵石铺就的大街，日行肩夫，夜歇客商，每天南来北往，熙熙攘攘，富足热闹了数百年之久。

如果说江南古镇是一个妩媚的风情女子，那么独具幽深雄浑之美的廿八都则是位阳刚的睿智男儿。清末民初，古镇上曹、杨、姜、金"四大家族"名噪一时。由于历史上少受战乱，镇上古建筑风貌保存较为完好。站在老街上，最富有特色的是家家户户的门楣。门楣多为楼阁式，由梁、枋、檐、望板和垂帘虚柱构成四柱三楼式，各个部件都有精细的木雕装饰，题材多为福禄寿、和合二仙等吉祥物。徽式的马头墙、浙式的屋脊、赣式的檐橼、闽式的土墙，古道、雄关、小桥、流水、农家，古街沿溪曲折有致，古建傍水高低错落，其规模之大，艺术水平之高，保存之完整，实属国内罕见。

如今，古镇重点保护的明清古建筑民居、厅堂共有36幢，绝大多数是"四大家族"的宅院，公共建筑物11幢，有孔庙、大王庙、文昌阁、万寿宫、真武宙、忠义祠、观音阁、老衙门、新兴社等。在这些众多的寺、庙、宫、殿中，以大王庙规模最大，孔庙最雄伟壮观。孔庙建于宣统年间，占地1500余平方米，整体布局沿中轴线依次为照壁门庭、正门、前殿、天井、正殿、天井、寝殿，共计三进三天井，左右为厢房，以檐廊连结。结构上，明间均为抬梁式，边贴为穿斗式，正殿为两层重檐歇山顶楼阁，四面飞檐出挑，十分高大雄伟。建筑内以精湛的木雕艺术和丰富的彩绘最具特色，所有的梁、枋、脊标、天花板，均绘有山水、人物故事以及龙、凤、花、鸟等绘画作品，几何图形、牛腿、雀替、

| 珠坡桥

　　窗扇、栏板等木构件均有浮雕或镂空雕，题材丰富，形象极为生动，犹如一座艺术宝库。

　　在历史长河中，南北交融的文化在廿八都汇聚、碰撞，形成了奇特的"文化飞地"现象，古镇居民至今守护着祖先遗留下来的对山歌、跳民舞、跑旱船、闹花灯、剪花纸、牵木偶、踩高跷、滑石头等民间艺术，使廿八都民风、民俗更传统、更淳朴。1988年被浙江省政府批准为浙江省历史文化名镇，1991年被浙江省人民政府公布为首批省级历史文化名镇，2002年成为江郎山国家级风景名胜区的重要组成部分，2007年被建设部、国家文物局公布为第三批"中国历史文化名镇"，2008年被文化部评为"中国民间文化艺术之乡"。

　　20世纪80年代以来，随着旅游业的兴盛，古镇人借鉴周庄、同里、甪直、乌镇等古村镇成功开发的经验，高起点规划，高品位修建，着力打造旅游特色品牌。2004年，廿八都古镇保护与旅游开发项目被列入浙江省重点建设项目。2009年10月，古镇保护一期工程竣工，"一口、三线、七大节点及十三个陈列馆"让人们眼前一亮："一口"指完成2500多平方米的北入口区游客中心、6000多平方米停车广场及枫溪十景之一"珠坡轿唱"珠坡桥的建设工程；"三线"指滨水、浔里古街、巷道3条游览线，完成1.5公里长的枫溪景观改造，

| 戏台

  5公里长浔里街、东升路、枫岭路及巷道市政改造，浔里街101幢约130户的房屋降层及立面改造，700米长浔里街旧石板游步道铺设，2公里长巷道游步道铺设，东岳宫、武官衙门、姜守全旧宅、姜隆兴旧宅、姜遇鸿旧宅、关帝庙、万寿宫等10幢共1万多平方米古建筑修缮工程；"七大节点"则完成了游客中心区、文昌宫区、敬老院区、姜守全旧宅区、关帝庙区、杨通敬旧宅区、金同顺旧宅区七大重要节点共3万多平方米的景观亮化和绿化工程；"十三个陈列馆"是指东岳宫、游客中心、农博园、武官衙门、观音阁、文昌宫、洋油店、德春堂药店、姜炳荣旧宅、姜守全旧宅、姜隆兴旧宅、姜遇鸿旧宅、关帝庙及700米长浔里老街商业、文化、军事等方面古镇氛围营造工程。与此同时，基础设施配套工程紧紧跟上，新建4个公厕、3座桥仿古改造、250立方米生态净化池建设、1100多米排水沟、150多个窨井。

  当地政府清醒地认识到，古镇是居民生产生活的依存，古镇保护不仅仅是简单地观摹古建筑、古街道、古文化，其灵魂应该是让人们能够从当地居民特有的生活生产方式和民风民俗中获得精神上的体验。古镇保护不能维持在静态上，如果将居民全部迁出，则有违古镇发展的规律。而今，廿八都古镇保留了居民原有的生活方式，也调动了原住居民的积极性。地方政府出台政策鼓励居民参与古镇保护，通过居民参与保护开发，缓解政府投资压力，解决居民就业问题，提升居民素质、增加收入，为古镇发展创造了良好的社会环境。

龙门古镇，
在活化中重生

一路沿龙门溪而上，只见山道逶迤，山岩森列，两侧奇峰异石凸出，形似钟鼓。谷中溪水萦绕，林木苍翠。漫步其间，身心随之轻盈起来。走着走着，渐有忽轻忽响的水声入耳，循声而去，但见断壁陡峭，飞瀑直泻，落差百米，宛如白练当空，跌入龙潭，珠雾迷蒙，如入仙境。"中国历史文化名镇""中国民俗文化村""孙权后裔最大聚居地""中国古代宗族文化的典型代表""活着的千年古镇"，随便列举一个都是含金量十足，这便是浙江富阳龙门古镇。

古镇之古，迄今已逾千年。据考证，早在汉代，龙门就已形成村落。相传东汉严子陵游历至此，惊叹："此地山清水秀，胜似吕梁龙门"，故得名"龙门"。古镇的格局，始于宋代。公元980年，孙权第27世孙孙忠首迁龙门，至今仍留有孙氏宗祠和龙门禅寺等。随着宗族的兴旺繁衍，不断扩建，日趋繁华。尤其是嘉靖至清康乾年间，"半列儒林，咸饶富有"。经各房一代又一代的建筑，从一个大家庭的聚居地，形成今日2平方公里的古镇。

金秋时节，我和好友熊梅生夫妇踏着卵石路，有幸探访龙门，感受江南特有的民俗风情。窄巷深道，曲径通幽，层层佳景，别有韵味，犹如欣赏优美的交响乐。依山傍水，坐北朝南，古镇以孙氏宗祠为起点，向北、东两侧延展。剡溪与龙门溪将古镇一分为二。民居沿溪堤次第胪列，参差错落。有巷弄数百条，弄狭巷深，卵石铺就，外人进入，宛陷迷宫。以防御性极强的发散状街巷为骨架，以宗祠、厅堂为中心，相互衔接的厅屋组合院落，堪为我国古代宗族聚居形态的典型。古镇至今留存着明清以来的古民居300多栋，保存完好的古厅堂30多座，以及砖砌牌楼、古塔古寺。承恩堂、孝友堂、咸正堂、慎修堂、山乐堂、义门和民居等古建筑群，种类多样，江南少有。大

| 龙门牌坊

天井、小花园、高围墙、硬山顶、人字线等,为最正宗的杭派民居标本地。十房弄、三房弄、七房弄等以宗族房系取名的弄堂,各有其历史文化故事。厅堂多为"井""回"字形,四周环以本房成员住宅,再筑以高墙,形成封闭式院落。厅堂宅居相连,门廊相通,雨天串门不湿鞋。

"业商贾、咏诗书、尚民俗"。龙门素为浙西、皖南与浙东南的交通枢纽和商贾重镇。米盐业、南北杂货、纸业、竹木山货、布业、医药和砖瓦石灰等商贸业,繁盛一时。苏轼、王十朋、董邦达、董浩、朱熹、程卓、周思备等显官名人,在古镇留下众多印记、诗文。镇里7000多人中,90%以上姓孙,为三国吴帝孙权后裔的最大聚居地,繁衍至今已68世,世所罕见。这里文化积淀深厚,留存着浓郁的宗族氛围,祭祖、庙会、同年会、小调、二尺谱等,独具特色。龙门九月初一庙会被列入省级非遗,"孝悌勤俭""积善余庆"和"耕读传家",为龙门孙氏所坚守和传承。

今日龙门,风景独特得益于自然造化,更借助于人们的珍视,一以贯之的有力保护。为了延续古镇文脉,保留古镇原真风貌,早在2001年,龙门人便开始实施《古镇保护办法》，严格管控建筑物的立面风貌。2004年，邀请著名古城保护专家阮仪三教授领衔，修编古镇保护规划。2005年，拿出近1.25亿元巨资，实施一期保护开发工程。尤其是2008年荣膺"国"字号名镇后，他们更重视保护性开发。2011年，《龙门历史文化名镇保护规划》经省政府批准实施，自此龙门进入依法循规全面保护的新时期，高标准规划，大力度整治，全方位保护传承。在一期保护中，他们先后实施了古建筑修缮、基础设施完善、文化挖掘、非遗保护等十大综治工程，老街东段维修，明哲堂、山乐堂、明前园、庆锡堂等区域整治，龙门溪两侧房屋改造，厅堂整修布置，剡溪、龙门溪整治，累计拆迁面积近4万平方米，征用土地200余亩，江南山水田园古镇的格局风貌与古建筑肌理得到了较为完整的固化保护。

"修旧如旧，以存其真"。修缮维护后的古厅堂，焕发了活力与生机，堪称传承中国传统小城镇宗族文化的空间聚落、生活方式的典范。承恩堂，又称"工部""冬官第"。初建于明，后毁于战乱，为孙权第41世孙孙坤的后裔所建。孙坤（1373—1427），自小勤奋好学，明永乐四年（1406）中举人，入太学，不久进工部，因清廉谨慎、勤敏练达，被提拔为工部都水清吏司主事。

| 承恩堂

郑和七次下西洋是中国古代规模最大、船只和海员最多、时间最久的海上航行，也是15世纪末欧洲地理大发现的航行以前世界历史上规模最大的一系列海上探险。最大的宝船长44丈4尺、宽18丈，载重量800吨。人们殊不知郑和宝船督造官就是孙坤，他在南京一个月内督造船只80余艘，不劳死一民工，为郑和下西洋立下了汗马功劳。明宣宗宣德二年（1427），孙坤因积劳成疾，逝于任上。孙坤后裔为牢记祖先的功绩，获朝廷恩准建造"工部"牌楼。

明哲堂为孙权第48世孙孙润玉所建，俗称"五边厅"。明哲堂建于明，规模宏大，占地940平方米。前后三

| 孙权后裔孙坤塑像

进，梁柱结构清晰，是粗犷无雕饰的明代建筑风格，正厅面阔3间，柱础坚实，结构简单，柱上梁架不用榫头、卯眼。丁字形的架梁方式，不用巨大的木材劈成两头孝的梳形梁。梁柱少雕饰，是典型的明代建筑。前后3进，为门厅、正厅、后堂，间以2个天井，四周环以本房民居。大门外道地有围墙，独立成院，是龙门古建筑"厅堂组合院落"的典型代表。

为了活化利用闲置厅堂，使古镇延年益寿，耕读堂、旧厅等一批濒临倒塌的厅堂被加固修复，被大火吞噬的百步厅在原址上复原，诚德堂、余荫堂、孝友堂先后投资建成两岸交流馆、孙晓梅烈士纪念馆、廉政文化馆，积善堂则辟为文化名人陈逸飞展馆，保忠堂建成龙门非遗产业园，山乐堂成为民间艺人传承剪纸等非遗技艺的场所，丰受堂开展"文创+体验"的文化旅游。孙氏宗祠作为展示"东吴战马"等民俗节目的舞台，每日向游客演出，大大丰富了古镇历史文化内涵。眼下，龙门古镇正在与中国美院合作建设"中国传统手工艺小镇"，打造古镇活化保护与产业发展的样板。

高迁古民居，招募新院主

2019年12月1日上午，"人在仙居心随高迁"高迁古院院主全球招募会在浙江仙居举行。国家级历史文化名村高迁村面向全球招募有想法、有目标、有干劲、有能力的创客，聘任为高迁院主，共同探寻高迁文化、品味高迁记忆、实现乡愁梦想。高迁村委会主任开宗明义：文化是高迁古村的灵魂，耕读传家的优秀文化是造就高迁辉煌的真正原因，值得发扬光大。在招募新院主过程中，我们将注重对文化的挖掘，将古村的历史与旅游、影视、民宿等项目结合，提高古村出镜率，打造好自己的名片，将古民居的保护开发利用和乡村振兴结合起来，鼓励乡贤回归，为家乡服务，让特色古村留住乡愁。

在此之前，我曾寻访过高迁古村，它始建于元代，现存村落格局为清乾隆至咸丰年间，总面积约35公顷，古村建筑由吴白岩、吴应岩两兄弟及其后裔仿照北京四合院的格局，每一座宅院都是"回"形建筑，先后建成六翼马头四开檐的楼房13座，除烧毁2座外，仍有11座宅院，它们是新德堂、里慎堂、省身堂、慎德堂、日新堂、积善堂、余庆堂、旗杆里等民居院落。各院落中心轴线对称，中心轴线上一般布置门厅、外院、正堂、中院、后花园，诸多院落，建筑风格大同小异，层次错落有致，粉墙黛瓦、连绵成片，翼角马头气势非凡，立面轮廓，丰富多彩，完整的格局一如往昔。目前村内拥有各类保护建筑27处、历史建筑100多处，2011年荣获"中国历史文化名村"称号，2012年高迁上屋村被列入《浙江省首批历史文化村落保护利用重点村》，2013年该村被列为首批《中国传统村落》。

高迁古民居是吴氏家族的聚集地之一，山水环绕的院落民居，白墙灰瓦与流水垂柳相互映衬，雕梁画栋的窗户、石子门堂、巷道深深、世外桃源的

| 古民居

景象令人留连忘返。这里至今仍有村民在其中生活起居。村民天性开朗、心灵手巧、生活淳朴，尚留有相当多的传统习俗，如纺纱、结带、编草鞋、捣年糕、做佛事等。人与古居相得益彰、与世无争的和平景象令人羡慕不已。

开放的7座宅院中，居住着的大部分是老人与孩子。我们小心翼翼地走进慎德堂，院子为四合院，宽敞的天井铺着细滑圆润的石子，这些鹅卵石被拼凑成了各种各样的图案，有的像莲花，花瓣绽开，优雅精致；有的拼成太极八卦图，中间围成了一个很大的圆形，四周各式精巧的小图排列有序，看起来整齐而又趣味盎然，让人一眼便能窥见古时工匠和主人的心思之巧。年逾古稀的吴姓老人系吴白岩、吴应岩后裔，他用慈祥的目光注视着我们，外面的纷扰仿佛与他无关，屋内灶台冰凉，黑黑的烟灰从梁顶悬下，古宅木质楼面有些松动，走在上面吱吱呀呀，更显出这里的宁静。据老人介绍，吴氏一族始于五代（梁）光禄大夫银青，史上曾涌现出北宋龙图阁直学士吴芾、南宋左丞相吴坚、明代左都御史吴时来等杰出人才，至第17世浙东副元帅、怀远将军兼仙居县尹熟公来高迁居之。慎德堂是真正的书香门第，以德养人、以俭治家的理念体现在堂名中。此堂为吴熙河所造，建于清嘉庆年间（1796—

1820）。堂内房子侧窗上分别刻着以春夏秋冬为题的诗句："春游芳草地，夏赏绿荷池，秋饮黄花酒，冬吟白雪诗。"真切地反映了主人高洁雅致的生活情趣和淡泊恬静的人生襟怀。前厅挂有"中书第"匾额，中堂板墙上，墨迹斑斑的各类学报和官报，无不诉说着村庄源远流长的文明。

新德堂是古村保存最完整的院落，为二透六门堂，建成于清嘉庆年间（1796—1820）。一进大门，只见廊前大柱一字排开，厚重而古旧，虽然岁月的痕迹略有浸染，可是依然挺立。厅堂在正面，两边是厢房，厅堂和厢房都有一排大窗户。走近这些雕刻着花纹和图案的窗棂，细细地观察这些透着古朴风韵的手工艺术，不得不佩服古人的巧妙和聪明才智。新德堂外型优美，立面简洁，构架坚固，尤以镶嵌在门窗棂台上精美的石、木雕刻闻名遐迩。这里的石、木雕刻玲珑剔透，风格多样，或古拙，或匀称，或简洁，或繁复，或遒劲雄奇，或细密工整，是我国古代民居雕刻艺术的集中体现，具有高度的观赏和研究价值。其中木透雕动物花卉、木浮雕人物故事更让人叹为观止。窗棂都是镂空的，上面或雕着花鸟鱼虫、人物故事，或巧妙地嵌入福禄寿喜和古诗词，这些雕细刻的花纹古朴精美，雅致沉稳，虽然经过了岁月的变迁，

| 中书第

高迁古民居，招募新院主

| 精雕细刻的窗棂

显得那么陈旧和寥落，仍让人一眼就喜欢上它的精致和唯美。穿过两重厅堂，直达后花园，园内的花墩完好如初，正面是一整块石板，分别雕刻着菊花、荷花、凤凰、月季、牡丹5种花卉，虽然经受了近一世纪的风雨，依旧栩栩如生。可想而知，当年的后花园必是繁花似锦。

走过一座座院落，抚摸着那些驳斑的青砖灰墙，看着高高翘起的马头墙、雕花的门窗、厚重古旧的老屋，内心生出几分怀旧和幽思。试想，在这些高高的院落之间曾经演绎过多少故事，时光一点一滴地走远，留给后人的又将是怎样的回味和眷恋呢？高迁村面向全球招募新院主，是拯救岌岌可危的古村落的一种新尝试。

| 高迁古民居

河阳古村，
看得见乡愁

浙江缙云是"八山一水一分田"的山区县，仙都风景区集奇峰异石、田园风光、黄帝文化于一身。当地友人吕设忠此前是缙云广播电视局局长，对当地的历史文化烂熟于心，听说我们正在进行古村落田野调查，他热情推荐：河阳古村值得一看！

最初了解河阳是在央视播出的节目中，《中国年俗》《记住乡愁》《美丽中华行》，甚至在春晚外景上都有它的"身影"。河阳，距缙云仅半个小时车程，这座拥有1000多年历史的古村落，清一色的灰色建筑群落，马头墙高耸，大宅院错落有致，青砖粉墙黛瓦画栋雕梁。10大宗族庄园式建筑、15个古祠堂、6座古庙宇、1座古石桥、1500余间明清古民居，数量之多，规模之大，堪称江南一绝。千余年来，河阳虽屡遭兵祸劫难，几番兴衰，但古村始终屹立在缙云西乡，成为首批"中国传统村落""中国历史文化名村""全国乡村旅游重点村"，河阳村乡土建筑则被列入第七批"全国重点文物保护单位"。2006年，著名古建筑专家罗哲文先生考察了河阳古村，由衷地赞叹："稀有的古村文化，罕见的建筑艺术！"

据当地人介绍，古村始建于五代末期。公元932年，原吴越国掌书记朱清源、朱清渊兄弟为避五季之乱，定居缙云，因其原籍河南信阳，故取名"河阳"。他们耕读传家，渐渐繁衍出一个望门大族：自北宋绍圣元年（1094）开始，291年间中了8位进士。这样的辉煌在中国科举历史上不多见，就连明朝开国皇帝朱元璋也感念河阳朱氏祖先的荣耀，命名"八士门"，以褒奖勤耕苦读的河阳人，河阳人感恩戴德，将牌嵌在了村口的牌坊上。

"不入八士门，不算河阳人"。八士门街并不宽，却承载了河阳人的喜怒哀乐，既是村里婚丧嫁娶、走亲访友的必经之地，也是村民谈天说地的最佳场所。"八士门"前有一对无头的石狮，乃朱元璋所赠，取名"稀罕"，意指河阳一村出了八进士实属稀罕。关于这对怪异的石狮子，则有一段与朱元璋有关的轶事：河阳人朱维嘉官至国子监丞，当了太子先生。一日朱元璋看他闲暇时在修家谱，得知了河阳八进士的事迹和八士门的由来，便恩赐一对"稀罕"放在八士门前。朱维嘉左思右想不得要领，倒是书童悟出了其中的道理：将王公贵族门前的石狮去了头不就"稀罕"了嘛！如今在八士门前安放的狮身蛙脚无头怪兽便是"稀罕"。

"八士门"前的无头石狮"稀罕"

　　漫步古村，随便撞进眼帘的一口古井、一段残墙，背后都有着一段令当地人津津乐道的故事。

　　距八士门较远的"义田公所"是古代的慈善机构。清光绪年间，由于旱涝灾害，村里出现不少贫困的饥民，村里富翁朱虚竹创立了义田公所，他将自家的100亩田拿出来出租，所收的谷租全部用来救济灾民。

　　古人打井，总是要打在自家院子里，有的人家考虑到风水地气等问题，

通常将水井打在院子里。但是河阳古街上有一口井,却打在家门外的路边上。"这叫陪嫁井!"当地村民告诉我,河阳曾经富甲一方,当时流传着一句话:"有女嫁河阳,赛过当娘娘。"河阳女方陪嫁时,会将所有要用的生活必需品都陪嫁上。因此,有夫家便会嘲弄:"什么都陪了,水总要喝我们家的吧!"谁知老丈人听了这话,立刻雇人在男方家门前凿了一口水井,意在告诉对方,"连水都不喝你们家的。"于是,这井便成了"陪嫁井"。

"气象钱",堪称河阳一绝。它看上去不过是大户人家门前的普通地面装饰,人们殊不知聪明的户主在拼造地砖时,将鹅卵石用盐卤浸泡过,每天通过观察鹅卵石的干湿程度预知天气的阴晴,这便是千年前河阳人发明的与自然和谐相处的方式。

河阳宗族庄园主要分布在古村北面,大多是砖木结构,四合院式设计。穿堂过弄,从这幢到那幢,一样的青瓦白墙,一样的雕梁花窗,随处可见梁上的蛛网尘灰和墙上的斑点黯迹,间或还有几间破败无人的房子,但散落的记忆碎片和历史厚度依稀可辨。这里大多建筑都有十八间房,故叫"十八间",而建筑最精致、设施最完备的当数"廉让之间"。"廉让之间"意指廉洁谦让的人家,建于清道光二十九年(1849)。轻轻叩开这千年古宅的木门,仿佛打开了一个已经隔了很久的世界,一种清幽闲适的生活韵味扑面而来。卵石铺砌的庭院中有一口水井,幽幽的井水映照日月,给整幢古宅平添了几分灵气。片片浮雕,丝丝彩绘,浓缩着民风民俗的神韵。廊下、神龛、牛腿上都刻有梅花、牡丹、白鹤、飞鸟,精致的传统图案栩栩如生,窗户上的方格子木雕细如筛洞,手指不入,雕刻十分精细。那门楣上的题刻,笔法飘逸,刚劲有力,令人惊叹。

"答樵路"乃河阳古民居的精华，一座座如桅似帆的马头墙争先恐后地述说着古代河阳人的生活细节，32座马头墙倒映在清澈的池塘里，气势非凡，别有一番古韵。仔细观察，人们会发现马头墙飞檐之下的砖雕各有不同，有高昂的马头，有跃起的飞兽，形态身姿各不相同，马头墙已成为当地旅游的名片。

河阳宗族庄园

"河阳剪纸"有400多年的历史。相传在明代，缙云望族河阳朱氏，大家闺秀待字家中花楼刺绣、剪纸镂金风俗颇盛，其剪纸风俗流传至今。河阳剪纸内容多为民间的吉祥图案，以琴棋书画、麒麟送子、蝙蝠蝴蝶和戏曲故事为主。相较于北方剪纸，河阳剪纸更注重艺术性表现，刻画人物，脱形取神，衣褶阴刻，背景阳刻，恰成对比。河阳剪纸人物的特点，面部不剪眉毛、眼睛等五官，而细部却剪得极精致，给人以充分的想象空间。

近年来，随着社会经济的发展，河阳发生了翻天覆地的变化，在城镇化大潮中，偏安一隅的古村如何独善其身？自2013年以来，在文化部研究资金的支持和当地县政府的配合下，中国美术学院建筑艺术学院卓旻教授带领学生来到这里进行田野调查和乡村设计。该设计团队一边对河阳古村进行细致的测绘，一边通过村民调查了解真正的乡村问题，将问题的切入点扩展到古村规划、建筑、景观、公共艺术等学科，围绕着乡村建设中从文化到经济、从资源到伦理等各种不同的议题，深入挖掘和提炼河阳乡村独特的地理、历史和文化意象，从而建立起对于古村的研究和设计的一套具有实验性的方法体系，充分展示了抢救与保护古村的不同思路，令人耳目一新。如今，绿韵盎然的河阳，每家天井里都养着花花草草，那是一种静谧之美，移步易景，如在画中，潺潺溪水贯穿整个村落，妩媚清澈的水、散发古韵的明清建筑、纯朴的民风，在这里人们看得见乡愁。

盐官，
一城故事一江潮

盐官镇是浙江省首批15个历史文化名镇之一，自古以来，每年农历八月十八的钱塘江大潮堪称天下奇观。这一天，太平洋潮波浩浩荡荡进入东中国海，其中有一路潮水径直扑向连接钱塘江口的杭州湾，在这个呈喇叭口状的海湾里，潮水鬼使神差地变得异常汹涌，转瞬间涌现出一派排山倒海的气势。尤其神奇的是，当潮头到了盐官附近就壁立着排列成一条直线，其声似万马奔腾，其势如摧枯拉朽，雪浪凌空，洪流滚滚，这便是著名的"盐官一线潮"。

盐官自古西垂通衢，物华天宝。早在新石器时代，西汉水上游盐官水流域内就有多部落定居融合，密集分布着新旧石器时期遗址30余处，明证这里是黄河仰韶文化和长江巴蜀文化的交汇点，其中包含了前仰韶文化和大地湾文化等多种文化类型，多民族部落冲突融合，开放而兼容并蓄充分孕育着秦人发展壮大的基因。盐官镇始建于西汉，因吴王刘濞煮海为盐，在此设司盐之官而得名。在唐朝，盐官就以其发达的经济和盛行的宗教而名扬海内，是当时全国著名的三个繁荣县市之一。从地理位置上看，盐官镇的确是一块"风水宝地"，由于地处钱塘江入海口的咽喉，它是重要的物资集散地。自古以来经济繁荣、文风鼎盛、名人荟萃。这里曾经诞生了戏曲家陈与郊、"瘟病医圣"王孟英、训诂学家朱起凤、女作家陈学昭、教育家郑晓沧、音乐家刘质平、古书画鉴定家钱镜塘、徐邦达与校勘学家赵万里等名人雅士。说起盐官的名人不能不提王国维，这位享誉世界的学术大师，正是从这个小镇走出去的，走上了国学的九仞高台。王国维著有《人间词话》《宋元戏曲史》《观堂集林》等皇皇大作。其学术涉及62个领域，在文学、戏曲、红学、考古学等诸方面成就斐然，学术界盛赞他"博大精深、学贯中西"。

| 王国维故居

盐官不仅是一个蕴藏着千年文化历史的古镇，也是一个充满江南水乡情致的小镇。走在盐官老街上，光可鉴人的石板路、青苔斑驳的河埠头、临水而设的美人靠、咿呀作响的舟楫声，都会让你体会到它民风淳朴的另一面。走进茶馆，听老人们闲话古今，我们讶异地发现这个小镇居然和历史上好几位皇帝有干系。唐宣宗大中年间（847—859），李忱在当了14年皇帝后，看破世间滚滚红尘，自愿放弃了锦衣玉食的皇位，甘愿来到盐官古城削发为僧。他圆寂后的灵塔至今还在盐官古城上屹立。清代的雍正帝曾在盐官大兴土木，建起了一座气势恢弘的海神庙。这座海神庙因其建筑形制酷似皇宫，故而获得了"庙宫"和"江南紫禁城"的称呼。而另一个为盐官增添传奇色彩的皇帝是乾隆，坊间传说他原是海宁陈家的血脉，所以6次下江南，4次驻跸于"宰相府第"安澜园，为的是与生身父母相聚。乾隆与海宁陈家的渊源给小镇留下了耐人寻味的佳话，身为海宁人的金庸，以此为题材演绎了一部名为《书剑恩仇录》的武侠小说。清朝，号称"江南第一世家"的海宁陈家出现了"一门四阁老，六部七尚书"和300多位大小官员的奇迹。

盐官一线潮

其中陈阁老宅的主人陈元龙更是海宁陈家的代表人物，他便是那个在民间广为流传的"乾隆之父"。

名胜古迹众多是盐官的最大特色，除著名的海宁潮外，被列为省、市级以上的文物保护单位就达10余处，故有"袖珍式历史名城"之称。从规模宏大的海神庙到富有神秘色彩的镇海铁牛，从雕镂精细的汉白玉石狮到精巧多姿的唐代建筑，从海宁故址的拱辰门到有历史意义的中山亭，都为盐官增添了古朴、独特的风格。盐官有许多传统民俗，其中一宝便是皮影戏。海宁皮影戏是江南皮影戏的典型代表，自南宋时从当时的国都杭州传入海宁，至今已有上千年的历史。循着咚咚锵锵的锣鼓声，步入镇上的皮影戏馆，看一场正在上演的皮影戏，你会感到这门古老艺术如今在盐官获得了传承的生机。在这里，无论帝王将相还是才子佳人，只需借着一幅素布、一盏灯火就能够粉墨登场。而躲在小不过盈尺空间里的民间艺人，以一双巧手、几根竹棍和用纤薄牛皮制作的"生、旦、净、末、丑"，便将天上人间的故事演绎得活灵活现。

光阴在这里走过了2100多个春秋，古镇盐官在江南丝竹里轻歌曼舞，在唐诗宋词中浅吟低唱，它的一砖一瓦里凝聚着海宁城的荣辱兴衰，它的风声潮声中挟带着钱塘江的喜怒哀乐。盐官集自然奇观与人文盛景于一身，以其悠久的历史、灿烂的民俗文化、动人的民间传说和壮观的海宁涌潮闻名于世。从捍海长城到镇海古塔，从千年古刹到皇家御花园，从宰相府第到海神庙宫，无不与皇族有着密切的关系，悠远、神秘，处处隐现皇家之气。2012年以来，当地政府按照"历史的真实性、风貌的完整性、生活的延续性"要求，以各种历史文化元素为主导，全力对盐官古城进行保护开发，围绕"一江潮"讲好"一城故事"，再现千年古城魅力。在这期间，他们修编了盐官镇历史文化名镇保护规划,研究制定了历史建筑移交办法及维修管理规程,先后征收、维修历史建筑41套,成功复建了古邑风情、衙前书香、西城国学共3个区域,更加凸显了杭嘉湖平原特有的古邑风情:城楼、吊桥、点将台、武库组成了城楼区;廊桥、茶楼、酒肆组成了茶楼区;陈阁老宅、杨兵部宅和郑晓沧故居等组成了人文区;城隍庙及两侧传统商业建筑则组成了邑庙区。整个街区集名人

| 陈阁老宅

故居、官僚豪宅、城隍古庙、传统商铺、特色民居于一体,可谓是古风犹存,风情别具。孔庙学宫、海神庙广场、宣德水门、镇海门城楼等历史景观则愈发靓丽。

近年来,中央电视台对海宁观潮进行多次全球直播,使海宁潮名扬海内外,观潮不再是单纯的赏景,更是一场因潮而兴集文化、体育、旅游为一体的综合性盛事。海宁人借势而上,观潮露营大会、百里钱塘全民骑行、钱江追潮马拉松、钱江大潮特种邮票首发式、国际环太湖自行车比赛、"潮起东方"中国海宁百里钱塘国际雕塑大展等特色活动应运而生,让游客目不暇接、激动不已。

文化搭台,经济唱戏。在各类活动层出不穷的基础上,盐官镇通过举办海宁文化旅游项目推介会、百里国际旅游长廊上海推介会、海宁市全域旅游招商介会、海宁现代服务业对接会、盐官百里钱塘精品酒店专题推介会等活动,围绕旅游文化产业实施精准招商,吸引民营资本参与古镇开发建设。近年来,他们先后引进影视企业233家、基金公司9家、酒店3家,不仅丰富了度假区的业态,更完善提升了古城的配套功能与接待能力,盐官"一城故事一江潮"新名片越擦越亮。

月河老街，
勾起老嘉兴往日回忆

因为一条街，爱上一座城。月河老街是嘉兴现有保存风貌最为完整、规模最大、最能反映江南水乡特色的历史文化街区。在表兄汪永明的引领下，我们徜徉在嘉兴月河老街，千年运河如同一幅画卷舒展开来，古朴、凝重、江南味道十足，让人顿生几分怀旧的饥渴与冲动。

嘉兴作为中国历史文化名城，具有深厚的历史积淀和文化底蕴。1700多年来，京杭大运河从嘉兴穿过，月河是运河的支流，京杭大运河、外月河、秀水兜"三河"和中基路、坛弄、秀水兜街"三街"构成了极具特色的月河

| 嘉禾水街

埭空间布局。据清光绪《嘉兴府志》载：其河抱城，弯曲如月，埭以月河而得名。月河埭东起朝东埭，西至最乐亭，长100米，明清以来便形成了繁华街市。月河上曾经灯火万家、官舫贾船穿梭不绝，传统的民居依水造势，古街深巷迂回曲折、纵横交错，小河、古桥、狭弄、旧民居、廊棚展现了浓厚的水乡古城风情，众多百年老字号透射出旧时嘉兴"江南府城"的繁华，布满历史年轮的古老街道，镌刻岁月风雨的门楼花窗，在朴实无华中展现着超凡脱俗的魅力。让人惊叹的是，这些建筑群虽然年代久远，但并没有被大范围破坏，其"鱼骨状"的巷弄布局保存较为完好，依然留有水乡古城的痕迹，具有鲜明的江南地方传统特色和古城文化、运河文化、人居文化的特点。

在月河老街9万平方米范围内，清末民初建筑总面积达8万平方米，其中月河历史街区建国北路传统商业街约3200平方米。老街街巷的屋瓴、屋檐、门槛、窗檐、窗柜，一直到门前石级，一线一条，一律笔直，街巷好似"一线天"，二层楼房门面采用一门二吊窗，门楣上饰以精美浮雕，窗棂以镂空花格装饰，两边房屋之门梁一侧为方木，一侧为圆木，以示阴阳合对，凹凸有致，建筑艺术粗中藏细，紧凑整齐，充分展现了江南水乡"枕河而居"的民居建筑文化。民国时期，中基路是嘉兴繁荣的商业区，曾有商铺、作坊数百家，民房稠密，有名望的当铺、茶馆、洋货店、商校、农具制造店随处可见。

作为嘉兴市政府重点保护项目，月河历史文化街区保护始终坚持原真性、可识别性、可逆性和修旧如旧的原则，充分挖掘老街的文化内涵，努力保持独具魅力的历史人文景观，使月河老街成为江南传统民居博览园。为凸显江南水乡的灵秀气质，当地政府做足水文章，将外月河、秀水兜等水系在区域内逶迤相连，并与古运河环通，12座造型古朴的石桥让老街更增添水乡韵味。"老房子"除了屋面和门窗进行了一定的维修外，其余均不作雕琢，线条细腻的木刻浮雕、青砖墙上端的"云头"屋脊都被原封不动地保留着，让人感叹时光的久远和岁月的沧桑。街区陆路以中基路和坛弄至杨家廊下为主骨架，众多小弄为支架，营造出"鱼骨状"的江南水乡特有的交通格局。

月河老街承载着老嘉兴人太多的回忆，它唤起了老嘉兴对往昔生活的怀念。如今，老街成为复兴中华百年老字号的重要基地，小巷小街迂回曲折，纵横交错，小河狭弄、旧民居等还原和展现了浓厚的水乡古城风貌。老街汇聚了江西会馆、金鱼院、大昌当铺、嘉禾水驿、高公升酱园、财神堂等六大场馆，真真老老粽子店、嘉兴特产文虎酱鸭店、陆稿荐糕点店、金华酥饼店、蒲鞋弄茶馆、江南丝绸店、嘉韵画廊、金葫芦乐坊、怡糖坊糖果店、龙缘湾土特产馆、金字火腿店、金福缘珠宝行、衢州麻饼店、丰同裕染坊、古今斋糕点店、灵璧石雕塑店、翠玉轩玉器店、竹品轩竹器店、野娇娇特产专卖店、如意居皇家收藏店、五芳斋粽子店、三真斋、南湖牌嘉兴食品特产店等数十家沿街商铺纷纷展出各式端午民俗特产，琳琅满目，一个个曾经辉煌的老字号开始了它们的新传奇。

　　人类进化的历史表明，休闲与社会的进步、生命的质量、生活的品质紧密相连。人在安居乐业、丰衣足食后，便更多地向往富有意义的精神生活，享受文化、科学、艺术、礼仪等有价值的东西，并在休闲中享受自由和创造的快乐。既然是历史文化街区，月河老街更多地凸显了当地的文化特色。对于我这个非遗抢救志愿者来说，嘉禾端午民俗文化体验馆、粽子文化博物馆、嘉禾水驿、玉穗丰米行等，尤其有吸引力。

　　嘉禾端午民俗体验馆为人们打开了一扇亲身体验端午民俗的大门，游客可以亲身参与其中：第一进是"龙舟竞渡"。龙舟是体验馆的镇馆之宝，威武的龙头、庄严的龙身，气势如虹。龙舟最大的秘密是，人们可以钻到"龙"肚里，体验一回赛龙舟划桨前进左右摇摆的感觉；第二进"以砖测午"，以聚光色灯、屏风隔断、江南剪纸等艺术手法，营造时空交错流转的形态，正中央一块青砖竖立在罗盘上，在灯光的照射下模拟时辰的变换。其原理是：在院子当中竖砖一块，当看不到砖影时即为正午。第三进是"踏瘟神"。一幅钟馗像，数十副面具，营造了几分神秘气氛。据说，早期的面具一般

| 嘉禾端午民俗体验馆

嘉兴粽子文化博物馆

用于丧葬和驱邪仪式或原始乐舞之中，这个取意正好契合了踏瘟神的情景。地板上设置有一格格的瘟神脸谱，游客可以上去踩踏，传说踩瘟神可踩去晦气。第四进是"拜嫘祖"。嫘祖是中华民族之母，是中华文明始祖轩辕黄帝的正妃，她开创育桑养蚕，抽丝织巾，肇造衣饰文明，著称"蚕丝鼻祖"。一尊晶莹剔透的嫘祖像在多匹凌空舞动的五彩绸布之掩映下，为馆内增添了几分仙气。第五进是"香囊祈福"。馆内左是民间土灶头，右为传统中药房百子柜。据悉，端午时节在江南意味着夏季和雨季的到来，"蛇虫百脚"从地底钻出来，是疾病的高发季节。嘉兴百姓有佩香囊之俗，每逢端午佳节，中药房也出售包有中药材的香囊，或佩带在身，或悬挂灶头，以强身健体、趋避百邪。

　　嘉兴是中国"粽子之乡"，粽子文化源远流长。千百年来，嘉禾之民种稻食米，讲究精耕细作、食不厌精。作为"嘉湖细点"典型代表的嘉兴粽子更是内外兼修，是本土饮食文化的杰出代表。包粽子、吃粽子，留在每一个嘉兴人的儿时记忆中，小小粽子亦是维系亲情、友情等人间真情的纽带。嘉兴粽子文化博物馆则是一个以反映嘉兴粽子历史与粽子文化的专题博物馆，它以挖掘和展示嘉兴鲜明的特色历史文化、建设文化大市为宗旨，通过科学的展陈手段，全面反映粽子的历史、文化和制作工艺，弘扬粽子文化，振兴传统产业，真实演绎了江南文化、嘉兴民俗文化的特质。

绍兴，
"桥都"弘扬"桥文化"

中国是一个具有5000年灿烂文明的国家，勤劳智慧的中国人在这片神奇的土地上修建了数不清奇巧壮丽的桥梁。这些桥梁横跨在山水之间，便利了交通，装点了河山，为中华古代文明增添了绚丽的色彩。绍兴，一座拥有数千年悠久历史的古城，不仅有着"东方威尼斯"的美誉，更是因其超过1万座古桥、新桥而闻名。绍兴境内水道纵横，桥梁量多面广，据统计全市有桥10610座，堪称"万桥之乡"。在这众多桥梁中，古桥占有很大比例，是国内保存古桥品类、数量最多的地区，从而构成了一个极完整的古桥系列，成为中国古代桥梁发展的缩影，被誉为"桥都""中国古桥博物馆"。

多次到绍兴，除了饱览典型的江南水乡风光，我更喜欢细细品味独特的绍兴桥文化。绍兴桥文化的发展史也是一部绍兴社会政治经济的变迁史，它犹如一幅幅美丽隽永的画卷，默默地诉说着绍兴这座千年古城的厚重历史和繁华今生。透过桥的发展变迁，我们更可以深刻地了解绍兴乃至整个杭州湾的社会化进程。古桥承载着绍兴悠久历史，也传承着绍兴独特的古越文化，我渴望了解桥和桥背后的历史与文化，便和老同学叶国昌、堂兄王其章放慢脚步在桥上坐一坐，与当地人聊一聊，他们不仅能如数家珍般地告诉我每座桥所蕴含的动人故事，也会告诉我古桥背后的美好传说。

"垂虹玉带门前来，万古名桥出越州"，这是不争的事实。在绍兴现存的604座古桥中，宋以前的古桥有13座，明以前古桥有41座，清代重建、新建的古桥有550座。按材料与结构分：有古木桥（包括木梁桥、木拱桥）10座，石梁桥（包括三折边桥）348座，石拱桥（包括多折边拱、半圆拱、马蹄形拱、椭圆拱、准悬链线拱）241座，多桥型组合桥4座，纤道桥1座。绍兴古桥不

| 廊桥

仅门类齐全，而且许多桥取得了国内"桥梁之最"称号：国内现存最早的城市桥梁——宋代八字桥；国内仅有的唐代特长型石梁桥——纤道桥；国内仅有的连续三孔马蹄形拱桥——泾口大桥；国内首次发现的准悬链线拱古桥——玉成桥、迎仙桥。这些"之最"印证了绍兴古桥在桥型、建桥工艺上达到了当代的最高水平，充分体现了它的历史、艺术、科学价值。2013年5月，绍兴古桥群被国务院公布为第七批全国重点文物保护单位。

　　绍兴古桥所具有的环境布局美、结构装饰美和桥楹诗文美，构成了特有的水乡交通景观。桥是最基本的交通设施，有了桥，绍兴水乡因河流阻隔而分割的地区形成了一个整体，使深壑巨谷中因溪流奔泻而相见不相通的山村互通往来，它促进了生产发展、社会进步，为人民生活带来了方便，因此，建桥修桥是民众的呼声，是繁荣经济、发展生产力的必要条件。一座座桥又如一座座历史丰碑，展示着绍兴各个时期经济、文化和科技的实力，它不仅作为一种建筑物、生产与生活必需品出现于社会，而且在它的身上又体现了桥梁科技、桥梁美学、咏桥颂桥的各种文艺样式以及各地的民俗风尚、伦理道德等，这种以桥的物质外壳与丰富的文化内涵的结合，便构成了绍兴的"桥文化"。

绍兴桥文化特色非常鲜明，它是大众的文化，桥由大众建造、大众保养、大众使用，桥文化也由大众创造、大众欣赏、大众发展。桥是静止的，但使用它、歌咏它、观赏它的人是不断的，有人用诗画描写它，有人用故事传播它。古代先人为我们留下了无数桥的瑰宝，文人墨客写出了许多咏叹绍兴桥的诗文碑画，流传许多关于绍兴桥的风俗故事传说、桥谚桥联，这是绍兴桥文化的基石，随着时间的推移，绍兴的桥展现在世人面前的并不是交通工具这一简单含义，桥文化的内涵越来越丰厚。

八字桥，国内现存最早的城市桥梁。据《嘉泰会稽志》记载，始建于南宋嘉泰年间（1201—1204），南宋宝祐四年（1256）重建，"两桥相对而斜，状如八字，故得名"。桥以石材构建，结构造型奇妙，八字桥陆连三路，水通南北，南承鉴湖之水，北达杭州古运河，为古代越城的主要水道之一。这里位处三街三河四路的交叉点，桥呈东西向，为石壁石柱墩式石梁桥，三向四面落坡，其中二落坡下再设二桥洞，解决了复杂的交通问题。八字桥作为我国最早的"立交桥"，备受海内外游客所青睐和赞叹。

纤道桥，为石板石墩组成的长桥，建于清同治年间（1862—1874），长达386.20米，共有115孔，其主要作用为纤夫拉纤用。它顺着运河，水岸交杂相衔，似玉带飘逸，蜿蜒伸向水天极目之处，形成路、桥、水、船浑然一体的优美景致，如今已列为全国重点文物保护单位。

题扇桥，因书圣王羲之为老妪题扇而得名。相传有一位穷苦的老妇曾在此卖六角扇，生意清淡。王羲之见了，就在每把扇上都题了词，并嘱

| 八字桥

老妇提价出售。大家一时竞相争购，老妇因此发了财。如今桥上还竖着"右军题扇处"的石碑。

随着社会的发展，绍兴的桥也不断地变迁。随着城市建设大规模的开展，有些著名的桥如昌安桥、望花桥都被拆去，许多古桥面临消失的危险。当地政府为了维护和弘扬绍兴桥文化，采取了相应的保护措施，迁址就是一种很好的保护方法，这样有利于保护和管理。既然城市建设迫不得已要拆除古桥，何不将它们迁址，即使无法保留它的使用价值，至少可以保护他们的延伸价值，

东双桥

让后代子孙永远能看到祖先们的文化遗产。坐落在柯桥的运河公园，就有好多迁址的古桥，有乌龙桥、凤林桥、东安桥、通济桥、中兴桥、民建桥、锦鳞桥、春云桥、大顺桥、高桥等，这些桥有咸丰光绪年间的，有民国时期的，年代都十分久远，还有的已经字迹模糊，无从考证。公园里专门为它们立了碑："古越多名桥，然时代进步，不变有碍于与时俱进，今迁而存之，既保护文物又类聚群分，以清脉络，子孙永宝，岂不快哉！"绍兴市区的好多古桥也采取了这种方法，既不妨碍城市建设，又能保护文化遗产。在稽山公园里，新建了18座仿古桥，浓缩了桥乡特色，传递了历史文化。

今天的绍兴，是一座现代化程度很高的城市，但同时又保持了中国传统文化城市的那分闲适、那分优雅。当我乘着小巧玲珑的乌篷船，听着摇橹的船夫随口哼唱的小调，穿过一座又一座古老的石桥时，我觉得，生活在这样的城市里是一种享受。因为每一条水巷都把生活引向了曲折而精致，每一座古桥，都像一个历尽风霜的老人，悠闲地向人们叙述着温婉而动人的故事。先知桥，后品桥，再悟心，桥已经成为绍兴文化的重要内容和载体。

新市，
擦亮运河文化名片

2008年，是浙江德清新市古镇建镇1700周年，同年新市跻身中国历史文化名镇行列。新市古镇东去60里，有乌镇和西塘，往北60里，有南浔与同里。与这些赫赫有名的江南古镇相比，新市隐于市略显寂寥，却也多了一分不被打扰的安详与宁静。当其他古镇风生水起时，新市低调内敛，淡定从容，其追寻的目标不只是一个热闹的旅游景区，而是要留下一个活着的古镇。

新市历史悠久，古迹繁多，早在秦汉已形成村落，至三国两晋形成市井。西晋永嘉二年（308）始有"新市"之名，至北宋太平兴国三年（978），朝廷立名新市镇，其建镇历史为江南古镇之冠。千百年来新市百姓临河而建、傍桥而市，形成典型的江南风情，乃浙北地区大运河侧的重要商埠。古镇地貌为3潭9井18块、36条弄、72座桥。镇区现存古桥梁14座、唐宋寺庙3座，堂、祠4处，古河道3000米，明清驳岸近千米，明清石砌河埠上百个，家家临水，户户通舟，形成江南水乡古镇独特的"小桥、流水、人家"的自然景观和"店宅合一"的商贸特征。在陆路不发达的古代，新市依托大运河迅速发展起来。如果说威尼斯是水上城市的代表，那么新市古镇就是典型的水上集市，几条河道将古镇分割成几个区域，各色店铺在河边依次排开，划着乌篷船逛集市的场景仿佛浮现在眼前。街道与街道之间有弄堂贯穿，石库墙门、砖雕民居、封火围墙、堤岸河埠，古朴相映。弄堂内宅第优美典雅，古色古香，几乎每条弄堂都有一个古老的故事。电影《林家铺子》《蚕花姑娘》均有新市古弄和古桥的画面，一派原汁原味的水乡风貌。

新市历史文化底蕴深厚，其宗教文化、运河文化、蚕丝文化、饮食文化在周边有一定的知名度。出生在新市的历史名人有东晋镇国大将军朱泗、南朝道学家陆修静、陈国皇后章要儿、南宋状元丞相吴潜、参知政事（副丞相）吴渊、明代学者诗人陈霆、江西布政使胡尔慥、清代大画家沈铨。近代基督教理论国内研究学术权威赵紫宸、科学家钟兆琳、少年爱情小说家王嘉仑均在新市留下人文胜迹。

站在会仙桥上举目四顾，这里是古镇水系的四路岔口，全镇河道如网，水街相依，纵横的溪塘穿街傍市，溪上众桥飞跨，塘畔绿树成荫，河中舟楫不绝，市上笑语不断。西河口，南始陈家潭，北至朱家桥，清波粼粼的市河缓缓淌流，将老街一分为二，分朝东朝西街。河西靠街，骑楼与风雨廊棚紧密连接，下雨下雪不湿鞋。跨越春秋，古镇变了也没变，变的是有了更多现代气息，没变的是生活其间的人们，依然淡泊宁静、怡然自得，没有千篇一律的商家，没有此起彼伏的叫卖，一切自然流露。

太平桥，横跨西河单孔桥。晋始建，宋改建，清重建。两侧栏保留石狮数个，桥联："市尘要道路接东西，舟楫通渠港分南北"，数百年来，镇上凡是婚嫁喜事必过此桥，婴儿满月也由亲人抱过桥，以保终生太平。

驾仙桥为新市现存最古老的石桥，工艺精湛，有唐宋石刻之风。驾仙桥附近有南圣堂、德源当、陆仙楼、曹家花园。新市一直是江南道教的重要活动区，南圣堂是道教祭神建筑，和新市河埠群一道列为国家级文物保护单位，它承载着当地百姓对"五方神圣"的祭祀，用于祈愿平安与农事丰收。德源当，清同治年间湖州府南浔镇富贾刘家开设的当铺，为新市现存典型的明清建筑代表作之一。陆仙楼，为纪念南朝著名道教学者陆修静而建。据载，陆修静建庐居于此，某日忽闻潭底琵琶声隐隐，水面灵光烁烁，便沐浴投水步

| 堤岸河埠

| 太平桥

云升仙而去，由此古潭便成了仙潭，就有了通仙桥、驾仙桥、会仙桥、望仙桥。曹家花园建于清代，当年秋瑾、柳亚子常来曹府做客。新市河埠群现有3万居民生活其间，正是有了他们，古镇才有了生气。

新市人喜欢吃羊肉，新市羊肉的制作十分考究，原料选自一年生嫩湖羊，用文火加老姜、酱油、红曲、大枣、红糖、饴糖等数十种调料，傍晚以炭火炖煮一整夜，凌晨再加一次配料，用炭火余温焖至早晨开张。新市羊肉，名声在外，酥而不烂，肥而不腻，已入选中国名菜谱。

德清历来被称为"鱼米之乡、丝绸之府"，新市是德清县一处重要的蚕桑养殖基地，也是古丝绸之路的发源地之一，留存至今的丝行、旗袍铺像一间间丝绸展示馆，精美的丝绸品琳琅满目。新市之吸引人，除了水乡的古朴恬静，茶糕、酥羊、黄酒、丝绸等特产，更有传承至今的热闹民俗，最具影响的是蚕花庙会与花灯会。

清明过后，我和堂兄其章来到新市，一年一度蚕花庙会的气氛还未散尽。新市蚕花庙会是浙江省非物质文化遗产项目，每年清明，蚕农们祈求蚕神为蚕宝宝清病祛灾，赐给丰产年。这一天新市邻近村镇的蚕农，都涌到古刹觉

| 河埠群

海寺、司前街、寺前弄、胭脂弄、北街一带，祈祷五谷丰登，蚕农怀装蚕种，头插各式蚕花，引得人们前来观看，人山人海，你轧我轧，故曰"轧蚕花"，庙会结束后人们就开始春耕育蚕。如今，它不仅是一项当地民众祈求蚕桑丰收的祭祀活动，而且成为文化交流的一张名片，将"蚕桑"与"运河"两大文化元素相结合，用一场丰富的文化盛宴发扬传统文化，让新市蚕桑文化和运河文化走向世界。

如何从流淌着的遗产中挖掘活的历史？新市的温润与独特，从古镇西河口的市井烟火与历史文脉传承中可以得到印证，但新市人早已不局限于"小桥流水人家"的江南风情。当地政府通过整合古街老宅、河埠群、沿河广场等一系列历史元素，打造一条古色古香的历史风情街，注入当地非遗产品、手工艺品等，让游客体验新市文化氛围。行走在古镇文化长廊，黄酒的香气氤氲不散。当地人告诉我，古镇将在运河边的老酒厂房上建造黄酒文化博物馆，希望以工业遗存作为展示内容，弘扬传承运河文化。为推进美丽城镇建设，地方政府投资8000万元，建设运河公园、文体中心、中西医结合医院。如今运河公园不仅成了古镇居民茶余饭后的"网红集聚地"，而且新增300多个免费停车位，为居民和游客带来了更多的便利。近年来，新市镇以"复兴运河名镇"为目标，以小城市试点镇创建为契机，进一步发挥产业优势，打造历史文化街区，丰富古镇旅游业态，不仅成功创建了4A级景区，而且启动了运河新天地旅游综合体项目。该项目占地面积约110亩，计划总投资9亿元，力图通过民俗、文化、艺术、产业、资源等的有机互动，将新市古镇从单一的观光小镇升华为有特色、有内涵的度假小镇、文化艺术的魅力古镇。

山凹村，
华丽转身凸显"中国风"

　　山凹村"深嵌"在南京溧水无想山山谷，那里四面环山，有着深藏数百年的绝世风光，层峦叠嶂的远山与波光粼粼湖水交相呼应，被誉为"金陵桃花源"；那里有源自南朝的无想禅寺，至今香火未断，寺旁一道"百步天梯"可直通山顶古火山口的天池，那是古时僧人取天池之水留下的。山凹村至今仍是一个小自然村，也就30多户人家。走在山凹村的路上，处处可见徽派建筑，那颇具特色的马头墙、灰色的瓦片和雪白的墙面似乎诉说着山凹村的蜕变。再往前行，不由得让人眼前一亮：飞檐斗拱、雕梁画栋、亭台楼榭、小桥流水，美不胜收，一派江南水乡风情。"遇园"，一个好雅致的名字，古色古香的传统建筑群，在山凹村华丽转身中尽显"中国风"。

| 遇园，水墨丹青

| 金碧辉煌古戏楼

　　"遇园"主人是年逾花甲的袁绍林，湖南邵阳人，曾是政府工作人员，下海后当过"煤老板"、搞过房地产，30年来，他投入巨资，矢志不渝致力于中国古民居的抢救与保护，他的足迹遍布全国古镇古村落以及城镇乡村拆迁工地，将那些倒塌、废弃、残损的古建筑构件收购下来，一一编号妥善保管。这些年，他以"传承、应用、创新"为宗旨，以传承中华古建筑文化、让古建筑活起来为使命，以迁移性保护异地复原为突破口，用心做好中国古建筑"搬运工"，先后抢救性地收购了800多栋徽派、闽派、京派、苏派、晋派、川派古民居及建筑材料，收藏了一批不同年代、不同艺术风格的木雕、石雕、砖雕、楹联、匾额和屏风，聘请能工巧匠将历经风雨侵蚀、面目全非的画栋雕梁按原样修复，尽力保持古建筑的原有风貌，确保历史信息的原真性、完整性，相继在安徽绩溪建造了"紫园"，在安徽马鞍山建造了"江东遇园"。2016年，他有幸与溧水山凹村结缘，经过4年的精心打造，投资3亿元、首期总面积1.8万平方米的"遇园"揭开神秘的面纱。三月草长，四月莺飞，梅花遇见"遇园"，给典雅的古建筑平添了许多诗意，从雕梁画栋的窗口望去，梅花层层叠叠映在眼前，美得让人窒息，梅花与粉墙黛瓦的中国古建筑构成了一幅"水墨丹青"。

　　置身"遇园"，一潭池水碧波荡漾，池边分布着古戏台、曾家大院、周邦彦纪念馆、寄梅亭、揽月楼、古石桥，传统建筑中"三雕艺术"呈现得淋漓尽致。位于水池东面的古戏楼，黑柱赤梁、金碧辉煌。戏楼为五开间九脊翘脚双面戏楼，晴天可用外台，雨日可用内台。整个戏楼为三进两天井，戏楼前天井视野开阔，便于观赏，两面建有两层高的观戏楼，全为传统木结构建筑，并配以大量雕饰，有人物、有花卉，精美细腻，栩栩如生，古朴奢雅。据袁绍林介绍，该戏台用材极为讲究，中堂前两根直径达60多厘米的红木立柱为鸡翅木，中堂承柱石墩是名石黟县青雕琢而成，且饰有浮雕精美图案，整个戏台共有20多万个构件，最老的构件已有700多年历史，由100多名工匠历时3年零8个月才得以完成。东南大学建筑学院专家认定：该建筑是典型的明清时期徽派建筑，所用构件为老旧木构件，为一个完整建筑的木构件，具有重要的历史价值、艺术价值和科学价值。

"曾家大院"是整个建筑群的中心，包括6巷1路2条街，有大小建筑19栋，庭院30多个，房屋数百间。主楼诚静堂正门前立有一座影壁，雕刻了曾国藩手书"思诚""慎独"四字，诚静堂两侧分别有百子堂、香榧楼和毓秀楼。整个大宅院用材讲究，可谓意物两全，不仅选择耐腐、抗裂、防虫材料，还根据使用人特点选用不同木材。百子堂是家中男子居住的地方，故大多选用上百年的柏木，香榧楼是女性居住的地方，多选用名贵的香榧木，而在主楼

| 曾家大院

诚静堂中，整个三进两天井及两中堂所有梁柱都为数百年的银杏、柏木、铁力、红心樟木等，直径在40厘米以上，且柱高达13米。走进曾家大院，随处可见大量砖雕、木雕、石雕等雕刻艺术，诚静堂三进梁枋上分别是砖雕《二十四孝图》《韩熙载夜宴图》《三国故事》，人物栩栩如生，构图精美。这些砖雕跟遇园的大多数建筑构件一样，因为年代久远，破损严重，为了恢复如初，袁绍林特地请来多位建筑和文化机构专家对雕刻构件的年代及内容进行考证，再请各地雕刻技艺传承人前来修复。一幅石雕《苏武牧羊图》，当时破损度达60%，画面不清，他聘请徽州砖雕传承人吴林水，花了一年多时间终于将它完整修复。联合国教科文组织世界遗产委员会专家成员、比利时鲁汶大学建筑系教授托马士·高曼士到这里考察后，对"遇园"的修缮工艺和水平给予了极高的评价。国家住建部城镇化专家委员会委员、清华大学建筑学院单德启院长考察"遇园"后深有感触地说："遇园"建筑让我深感"文化迁移真是民族的进步"，"遇园古村落的创新保护方式值得肯定和推广"。

袁绍林坦言：传统建筑是中国古代历史的"活化石"，生动具体地承载了不同历史时期的社会发展实况，传统建筑具有独特优美的外在形态，处处浸透着中国古人的精神内涵和文化气质，以其蕴含的丰富的历史、文化、艺术内涵，正迅速成为人们观光旅游的首选，是国人了解、学习传统文化的重要载体。我们要因势利导，结合当地人文风貌和现代人的生活节奏，不断完善园区功能，既传承和保护古建筑文化，又对其创新再利用，打造全新的乡村文旅目的地，充分展现当地自然风光与传统建筑艺术，再造融通历史和当下的活态乡村生活，真正让传统村落"留得住乡情、记得住乡愁"。

袁源，袁绍林的儿子、海归、"遇园"新一代扛鼎人。他向我透露，"遇园"规划面积为6.9万平方米，分两期建设，整个建筑群利用无想山桃花潭作为上水口，山凹村神山湖为下水口，活水贯穿溪花街，在村庄内部弯绕而行，呈现"一溪穿村，城郭绕水"式水乡古村落格局，村内有牌坊、乐坊、商铺、民居、戏台、亭廊、楼阁等建筑，内容丰富，形态各异，与当地青山、溪水、人文典故融为一体。尽管前行的路上充满艰辛，我们不忘初心、砥砺前行、崇实黜虚、求真务实，努力挖掘整理底蕴深厚的建筑历史文化资源，让优秀的中国传统建筑文化在中华大地上绽放异彩。

周铁，
儒风湖韵寄乡思

好友史惠明是位画家，在他画室里我们见到一幅名为《银杏古韵》的国画，画面上一棵古银杏树高耸入云、枝繁叶茂，金黄色的树叶如同巨伞撑开，遮天蔽日，蔚为壮观。就冲着这棵树，我和好友朱恩芹、刘庆浩驾车直奔宜兴周铁古镇。

周铁，坐落于江苏宜兴太湖西岸，因周朝在此地设置铁官而得名，迄今已有2700余年历史。"流光容易把人抛，红了樱桃，绿了芭蕉"，曾隐居周铁的南宋著名词人蒋捷的这首词流传至今。我们漫步周铁古镇，竺西书院、程天民院士旧居、古码头、牌坊、古桥、古庙等一个个经过修缮保护的历史文化遗存一一呈现，如同一扇扇历史之窗轻叩着人们的记忆。清澈的横塘河贯穿整个周铁镇，小桥流水人家的精致随处可见，江南水乡的温婉细腻感染着身处其中的每一个人。水墨画一样的古镇，孕育出的文人墨客不胜枚举。从南宋著名词人蒋捷到清末举人沙彦楷，再到中国留英硕士第一人曹梁厦的"一门子侄七博士"，都出自周铁。新中国成立以来，周铁走出了2位中央委员、3位全国人大代表、6位全国政协委员和2位中国工程院院士。据统计，目前分布在全国各地的周铁籍教授、高工有531人，故有"阳羡状元地，周铁教授乡"之美誉。

在古银杏树下，我们邂逅家住城隍庙旁、被誉为"银杏卫士"的沈顺荣老人，他从小听着老街的故事长大，每每有外地游客前来，总是热情地为人们介绍周铁古镇的历史变迁和人文故事。他告诉我们，古银杏是周铁镇的标志，相传为三国东吴孙权母亲吴国太为纪念孙权15岁到宜兴任阳羡长代行奉义校尉而亲手栽下，至今1700多年仍生机勃勃。走近细看，树上树瘤呈钟乳状，有碗口那么大，树3米高处有一平台，放一张八仙桌绰绰有余，人可以坐在平台上喝茶聊天。古银杏树每年仍结出满树的银杏果，实为大自然赋予的奇景，如今已被列入《江苏省一级珍贵古树名录》。古树后面的城隍庙乃大明太祖高皇帝敕令而建，整体占地面积数百平方米，为两进院落，供奉的是战死沙场的元帅杨国兴。

| 1700多年古银杏

周铁与其他古镇不同，它的商业气息并不浓厚，古色古香的房屋里居住着原住民。古镇老街共有两条，一条东西向，一条南北向，呈"丁"字形。沿街的房屋和街面店铺保留着明清时代的格局，以二层居多，局部三层，错落有致。沿街的店铺，大多已退去了商业功能，变成了纯粹的住家，门前架着竹竿，晾着衣裳。老街还是日常生活的样子，所有商业都出于生活的必要，铁铺、酒铺、裁缝铺、殡葬铺、点心店、理发店，柴米油盐酱醋茶，从生到死都可以在这条街上解决。横塘河穿镇而过，站在古老的周铁桥向横塘河的两侧望去，河的两岸都是古朴的房屋，参差错落的白墙灰瓦，构成了一幅古韵悠悠的水墨画。这样的景色宁静不嘈杂，坐在河边的树下发发呆，也是一种不错的选择。

自古以来，周铁老百姓一直秉持着"积钱不如教子"的传统，父母把孩

| 小桥流水人家

子的教育视为头等大事,在良好的人文环境熏陶下,竺西书院走出了众多学者名流。周铁东边有座竺山,竺西书苑建于清光绪六年(1880),为的是纪念周铁历史名人"竹山先生"蒋捷。蒋捷,字胜欲,号竹山,南宋词人,宋末元初阳羡(今江苏宜兴)人。先世为宜兴大族,南宋咸淳十年(1274)进士。南宋覆灭,深怀亡国之痛,隐居不仕,其气节为时人所重。蒋捷长于词,与周密、王沂孙、张炎并称"宋末四大家"。其词多抒发故国之思、山河之恸、风格多样,而以悲凉清俊、萧寥疏爽为主,颇富忧患意识。其一生饱经战乱流离之苦,现存90余首词,多体现人生遭际,表达故国之思。如今修复翻新的竺西书苑中供奉着蒋捷神位,其意则在希望执教者应以蒋捷为榜样,崇文重教,关爱弟子,献身教育事业。庭院内芭蕉在风中摇曳,展厅里明代"双溪争艳,二杭同芳"的杭济、杭淮两兄弟,清代张霖,以及中国最早的留英硕士曹梁厦、中国工程院院士程天民、中国现代法学家沙彦楷等学者名流的介绍历历在目。

　　为了无愧于"中国历史文化名镇"的称号,近十年来,周铁镇地方政府花大力气修复文物古迹、修缮历史文物,重塑古镇"骨血",用历史文化为古镇注入"精魂"。古镇现有历史建筑80余处、文物重点单位19处。2010年以来,周铁镇依托自身深厚的文化底蕴和特有的文化资源,邀请东南大学、苏州园林院编制了《历史文化名镇保护规划》《城隍庙修缮保护规划》等历史文化保护规划,在核心保护范围5.66公顷的历史文化街区内,先后投入亿元组织实施市政综合改造、城隍庙修缮、历史街区修缮、"塘河水韵"重现等工程,让一度破败的老街重新焕发生机。如今,程天民旧居、沙彦楷故居、尹瘦石故居等均已免费对外开放。

　　走进程天民院士旧居,这座木质结构的两层小楼,显然已进行过精心修

"竹山先生"蒋捷神位

缮，尽量保存了原貌。程天民 1927 年 12 月 27 日诞生在这座小楼里，1951 年毕业于第六军医大学，1958 年开始研究放射病，1986 年担任第三军医大学校长，1996 年当选中国工程院院士。他首创中国唯一的复合伤研究所，被誉为中国防原医学特别是复合伤研究的开拓者。程天明院士旧居斜对面就是曹梁厦故居。曹梁厦是近代中国第一位留英硕士，是第一家私立大学（上海大同大学）校长，他严格要求子女勤奋学习，立志"造福中华"，他的子女子侄中有 7 人先后获得博士学位（一门七博士）。

　　赋予古镇历史文化新的内涵，这是周铁人孜孜以求的方向，在保护历史建筑和重点文物单位的同时，他们将非物质文化遗产保护传承同样开展得有声有色。宜兴道教音乐历史悠久，为了发展和推动道教音乐，周铁镇成立了道教文化研究会，以现场道教音乐表演的形式进行展示宣传。目前道教音乐已经融入到古镇的当代文化发展中，八方来客在城隍庙便可欣赏到周铁特有的道教音乐。与此同时，该镇宜兴说大书、竺山庙会、太湖扯篷船制造技艺、太湖风筝等 10 项传统技艺被列为省非遗项目。"蝶变"后的古镇，诸多荣誉接踵而至，中国历史文化名镇、全国文明镇、中国最美村镇，儒风湖韵的周铁不仅能寄托游子的乡思，而且正在成为首创太湖治理、生态文明和文化元素有机结合的成功范例，成为全面展示周铁历史人文、自然生态景观的窗口。

长泾，
续写刚柔并蓄华章

走进无锡江阴长泾镇，宛如走进一幅色彩绚丽的泼彩水墨画，这里粉墙黛瓦、小桥流水，千年不朽的湖光水色，以其吴韵楚风的独特魅力，向世人展示她迷人的风采。

长泾古名"东舜城"。据西晋周处编撰的《风土记》记载，舜曾居此，刀耕火种，开化先民，自此开辟了长泾的古文明，至今东舜城遗址已成一景。梁武堰坐落在长泾实验小学校园内，那是南北朝时一项重要的农田水利工程，距今已有1500多年历史。由于长泾地势较高，遇到旱灾常常颗粒无收，梁武帝萧衍前来寻访舜城故址，见到旱灾严重，便派昭明太子萧统前来实地考察。萧统与老农商量抗旱之策，率领民工修筑一道长16米、宽2米、高6米的堤堰，将西泾河上游4条河流的来水拦截于龙集嘴，用于农业灌溉，受益面积达四五千亩。为纪念梁武帝的恩德，老百姓将这道堤坝称为"梁武堰"，此乃长泾镇开埠之源。明成化元年（1465），夏希明、夏良惠父子在长泾河两侧结庐造舍，聚族而居，连亘数十里，号称"夏半天"。康熙年间确名为"长泾镇"。

悠久的历史，深厚的历史文化，孕育出一代又一代杰出人物，他们走出长泾，走出江阴，在全国甚至世界的舞台上展现长泾人的魅力，给世人留下深刻印象。如今长泾保留着不少名人故居，徜徉其间仍能看得到故人生活的痕迹，闻得见古镇浓郁的醇香，感受得到古镇那分淡淡的优雅。

踏进5进25间徽派建筑，处处儒雅，雍容而不失清丽，这便是张大烈故居。张大烈先祖来自安徽，被称为"徽张"。张家大屋坐西朝东，始建于清咸丰十年（1860），建筑面积1176平方米，由正房和南北偏房三部分组成。张氏以经商发家，然对后代以书香爱国濡染，崇尚训读，报国为民，所以张家

| 上官云珠纪念馆

人才辈出,有抗日英雄、科学家、教授、高级工程师,还有电影表演艺术家。老大张大烈是一位抗日英雄,早年考入上海美术专科学校西洋画系,1929年留法深造,学习雕刻艺术,后在旅法革命家何香凝的启迪下,关心祖国命运。何香凝回国前,曾亲绘梅花、猛虎相赠。1936年10月,张大烈学业有成,携妻爱伦转道苏联回长泾,致力于家乡的教育事业。1937年冬,江阴沦陷,长泾初中校舍被毁,他捐卖田产,抢修校舍,才使学校得以复课,并在两年后出任长泾中学校长。伪政权趁机以发放教育补助费为诱饵,要他开设日语课,却遭其拒绝。1940年6月,"江抗"东路指挥部司令谭震林率部开辟澄锡虞抗日根据地,邀他为抗日救国出力。张大烈满怀爱国热忱,表示赴汤蹈火在所不辞,多次在中小学及群众集会上斥责消极抗日、热衷摩擦的国民党顽固派,遭"忠义救国军"澄锡虞特派员包汉生忌恨。8月30日晚,张大烈被杀手枪杀于长泾镇龙园茶店。他的弟弟张大煜是位科学家、催化科学奠基人、中科院院士。50年代初期,从事开发人造石油、煤气合成液体燃料,被誉为"科苑精英""攻关典范"。张大煜的结发妻子鲜为人知,她就是后来声名鹊起的电影表演艺术家上官云珠。

上官云珠原名韦均荦,小名亚弟,1920年3月2日出生在长泾老街,

1936年与张大煜结婚,生一子张其坚。1937年全国抗战爆发,为避战乱,她与家人一起离开长泾来到上海。之后的30年,她把全部身心投入到表演艺术的追求中,在中国的话剧舞台和银幕上塑造了一个又一个生动鲜明的形象。1952年在全国第一届优秀电影评比中,《乌鸦与麻雀》获金质奖,受到毛泽东和周恩来的亲切接见。1968年11月23日,她不堪忍受非人的迫害,戛然结束了年仅48岁的生命。2007年11月9日,上官云珠纪念馆在长泾镇正式开馆,老街旁度过百余岁的木楼,在今人的呵护下焕发出了青春的光芒。离别家乡几十年的亚弟、坎坷一生的一代影星上官云珠,终于回到了魂牵梦绕的故乡。

"长泾老街"长约千米,相传始建于明代,由当地的七大富豪、乡绅和民众发起而建,选用的都是坚硬防滑的江南山磨石。石板长约1米,宽约0.4米,厚约0.2米,石板上面行人,下面泄水,雨过街净,设计十分科学。

长泾老街最东端是江苏省文物保护单位长泾大福蚕种场,苏南是鱼米之乡、蚕桑之都,大福蚕种场1928年由长泾人宋楚英、宋楚材兄弟创办,总建筑面积14500平方米,主楼前墙镶着一方石碑,上刻"第一蚕室,中华民国二十四年,吴楚材建"。如今这里设有"养蚕知识陈列馆",以大量图片和文

长泾大福蚕种场

字介绍家蚕传说、桑叶品种、蚕体解剖、养蚕过程、养蚕工具、长泾与养蚕、长泾纺织业的历史等。

老街最西端有家缪氏义庄，是明代进士、东林党领袖缪昌期四世孙缪绳孙、缪肤敏等于清康熙四十一年（1702）创办的社会保障机构，它定期对生活贫困的族人和乡邻发放救济粮、衣物等生活必需品。义庄，是农业社会的产物，一个大家族之中有穷有富，富有的拿出钱来办义庄，义庄之中包括私塾、公田、祠堂等设施。在历史文献上，最早有记载的义庄是北宋范仲淹在苏

| 缪氏义庄

州所置，随着社会结构的改变，义庄的内容渐渐变窄，到了近代以祠堂为主。缪氏义庄为清代建筑，下建码头与泾水相连，上有庭院与老街相接，如今陈列室详细介绍了该义庄的救助范围、管理规章，陈列着缪昌期生平事迹。

2010年，长泾镇被授予第五批"中国历史文化名镇"荣誉称号，应当归功于长泾人对历史文化资源的抢救和保护意识。2009年11月，长泾启动历史文化街区建设工程，开展"保护母亲河、留住城市记忆"300天行动，综合整治长泾河，改造长泾老街。由南京大学建筑规划学院等单位规划设计的长泾历史文化街区，秉持保护利用、修旧如旧、完善功能、注重品质的理念，总投资1.1亿元，改造后的长泾历史文化街区形成了四大功能区：河北街西侧为艺术文化区，中段为影视文化区，东段为蚕桑文化区，河南街为饮食文化区。为保障历史文化街区建设的顺利完成，社会各界捐款2800万元，广大居民踊跃捐献古树名木，在长江和太湖之间展示其独特的历史文化内涵，续写刚柔并蓄华章。

余东，
留住历史文化之根

　　门神，是年画最重要的表现形式，从唐代开始，民间广泛将秦琼、尉迟恭的形象贴在门上驱凶辟邪。而余东古镇的人家贴门神不仅仅是为了驱凶避邪，更是出于对祖先的崇拜，他们认定尉迟恭是自己的祖先，对尉迟恭顶礼膜拜。传说，尉迟恭的后裔尉迟宝庆，曾在这里避难，并在此围垦筑寨、耕种渔猎，取其姓名首尾二字为"余庆"。此后逐渐有移民定居，并形成了沿海村落。元代由于潮起潮落，大片陆地相连出现，余庆因位于余中沙之东，更名为"余东"，此名一直沿用至今。

　　余东古镇，位于江苏南通海门区，古称"凤城"，是一座拥有1300多年历史的古老城镇。古镇内外曾经有4座城楼、5座牌坊、10座庙，还有众多堂、会、院，这些建筑大多在历史的长河中消失，可以想象曾经的余东镇是一个繁华之地，而且风光无限。如今走在古镇用2146块石板铺成的876米南北长街上，时而能发现不少保存完好的明清古宅：张氏私塾、震丰恒布庄、武进士故居、宋代姐妹井、崔桐故居等等。遥想当年这里也是热闹之地，朗朗读书声，银楼进进出出的人，客栈前过往来去的游人，人潮喧嚣不止。

　　由于古代的余东处于江海交汇的位置，具有盐业生产的天然优势，这处偏僻村落在先民的开拓下，在唐朝末年成为了黄海之畔的盐业小镇，从此盐与余东的命运被紧紧联系在一起。唐代以后，余东的盐业逐步发达，产量逐年增加。清代中后期，由于这里所产的盐品质特别优良，"真梁盐"曾作为贡盐，朝廷在这里有专门的供应链负责盐的运输和销售。如今在古城外，绕城而过的河流已鲜有船只往来，岸边芦草丛生，码头早已废弃。这条河流曾是当年的运盐河，开挖于明朝初年，上游连接海滨大盐场（吕四），下游与通扬运河

| 盐仓库遗址

相接，全长30公里，是当时沟通沿海与内地的主要运输通道，承载了几百年的食盐和其他货物的运输功能。由于这条运盐河的兴建，使余东同时具备了盐产地和盐业运输枢纽以及商品物资集散地的多项功能。就在运盐河挖成后不久，明嘉靖年间为了抗击倭寇在这里大兴土木修筑城池，设置了"余东场"地方盐业最高管理机构和政官署。由此，余东由盐业小镇跃成为两淮盐业的工商业重镇，开启了它的繁盛岁月。

历史上余东城虽有多次修建，但几个世纪后的今天，这条老街和部分城池建筑仍保持着当年的旧貌。步入盐店弄，时任余东镇党委副书记朱永飞告诉我们，这条弄长达205米，周边还保留着宝记盐店、盐仓库、钱粮库等遗址。"泰安桥"是运盐河上的古桥，始建于明嘉靖二十四年（1545），桥宽3.3米，全长23米。清代重建后，桥名相传是乾隆所题，从侧面

| 泰安桥

探访中国古村镇

说明了这座盐业镇在那时关乎"国泰民安"的显要地位。

作为古代两淮盐业小镇,这里曾商贩云集,城外运河上舟楫往来整日不息。城内开有400多家商户,它们主要分布在石板街两侧,今天的老街上还有许多当年的历史遗存。盐贩出身的元末起义军领袖张士诚,经常往来于盐场与泰州和扬州之间,深知盐民的疾苦,由于他生性豪爽仗义疏财,余东的商家和百姓对他十分敬仰,那时的余东都亲切地称呼张士诚的乳名"九四"。后来,张士诚揭竿而起,在江浙一带建立政权,他在包括余东在内的统治地区广泛推行惠民政策,减税减租,深得民心。在明朝建立过程中,张士诚战败并被朱元璋处死。然而余东的百姓并没有忘记这位广施善政的平民领袖,他们特意制作了造型奇特的香来秘密祭拜他,这种香就以张士诚的乳名"九四"命名。为瞒过明政府,他们就以余东方言中的谐音"狗屎"称呼它。直到现在古镇上仍有人家中制作并焚烧"狗屎香"。岁月在老街流淌,历史在光阴中沉浮,如烟往事和民间传说已融入了一代代居民的记忆和生活习俗之中。

在老街的西侧,有一座张姓文人开办的私塾,据同行的《海门日报》原总编成锦如介绍,它是余东历史上第一座民间教育设施。到了20世纪初,身为秀才的张氏后人张兰轩把它改造成余东地区第一所近代学堂,古镇上的许多孩子就是在这里接受了新知识的启蒙。明代中期,从这里走出了一位至今让海门人津津乐道的人物崔桐,正德年间他在科举考试中金榜题名位列探花,授翰林院编修,官至礼部右侍郎。晚年回乡后潜心治学,编修了第一部《海门县志》,著有《东州集》《东州续集》。如今老街上仍保留着"崔桐故居遗址",旧屋已改,门枕石犹在,显然为名门望族之遗物。

古城中留下的不只是记忆和传奇,这里还有许多世代相传的手艺,它们与余东人的生活息息相关。脆饼散发的香气将我们引入了深巷,这是一家店面很小名气很大的脆饼店,年过七旬的老师傅热情地将一块块刚出炉的脆饼递到我们手里。为了保持传统工艺特色,他每天只做一炉,每炉130只,通常需要三四个小时,自然供不应求。古镇还有一种食品叫"红印糕",这是余东地区的传统糕点,在过节和团聚的时候是每家餐桌上必备的食品,现在只有古镇的老作坊能做出地道的"红印糕"。

穿行在余东古镇的街巷,老街显得格外清净,仿佛在喧哗之后已归于平淡,

| 南城门

房屋尽管破旧,却给人一种古朴、清寂的印象。如何对古镇进行抢救性的保护和修复?这是一项艰巨而浩大的工程。在复建的南城门前,朱永飞告诉我们,南城门其实早已坍塌,这一块块古城砖一部分从供销社仓库里找来,还有的是从下水道中抠出来的。为了保持原来的风貌,我们请东南大学朱光亚教授主持复建设计,原址原貌复建。近年来,作为中国历史文化名镇,镇党委和政府高度重视余东古镇保护工作,邀请东南大学及扬州大学教授参与多轮论证,聘请南通规划设计院编制古镇保护规划,相继投入1000多万元对重点文保单位及明清古建筑进行修缮保护。同时,运盐河景观提升、核心区巷道改造及三线入地"净空"工程正在抓紧实施,努力重现古镇昔日辉煌是我们提升文化自信的重中之重。我们坚信,祖先留下的这份遗产不会在时光中暗淡,它特有的魅力就是它存于世的保障。留住古镇历史文化之根,是我们这代人义不容辞的责任。事实上,如今许多人已看到了余东古镇的魅力,节假日江浙沪游客纷至沓来便是印证。

西溪古镇，见证海盐文化

"锦绣河山美如画，祖国建设跨骏马，我当个石油工人多荣耀，头戴铝盔走天涯"。1971年2月，刚满17岁的我唱着这首歌踏上东台大地，迈出了人生第一步。东台地下蕴藏着丰富的石油资源，1956年地质部组建华东石油普查大队，江苏地区系统的石油普查勘探由此起步。东台作为石油勘探基地，为江苏找油作出过巨大贡献，如果将它命名为"江苏石油勘探功勋城"，我举双手赞成。

野外施工期间，我们踏遍了东台乡村的沟沟坎坎，在地质草图上，东台西溪附近有个村庄叫"鹤落仑"，引起了我浓厚兴趣。仔细打听，在这块古老的土地居然流传着董永与七仙女的传奇故事：七仙女为了替董永还债一起来到债主家，债主故意刁难七仙女，给了她一大堆乱丝。七仙女没有办法，只好请众姐妹帮忙。丝理好后，要一夜织18匹绢缎，没有天梭不行。这时，正好有一只白鹤从天空落下，仙女就叫它到天上去取天梭，鹤落脚

| 董永七仙女文化园

的地方被人们称之为"鹤落仑"。自西汉始,董永与七仙女爱情传说即在东台广为流传,2006年董永传说被国务院列入第一批《国家级非物质文化遗产名录》。近年来,东台西溪以爱情文化为主线,倾力打造董永七仙女文化园,兴建了董孝贤祠、浮雕长廊、十八里亭、老槐树、凤凰池、摹云阁等景点,一个充满活力的"影视特色小镇"正在崛起。

　　西溪历史上曾经是盐税的主要征集地,当地意趣相投的友人对西溪传说与盐文化都颇有研究,谈论起这个话题,援引典说,如数家珍。早在吴王阖闾时代(前514),江苏沿海就开始煮海为盐,汉武帝招募民众煎盐,刈草供煎,燃热盘铁,煮海为盐,昼夜可产千斤。唐代开沟引潮,铺设亭场,晒灰淋卤,撇煎锅熬,开始设立专场产盐。到了宋仁宗天圣元年期间,西溪产盐进入黄金年代、鼎盛时期,成为两淮产盐之冠,"烟火三百里,灶煎满天星"就是当时的真实写照。北宋时期的三位名相吕夷简、晏殊和范仲淹早期都曾在泰州的西溪做过盐税官员,他们榷盐惠民、兴教化民、筑堤利民,传为美谈。至元代江苏盐业已发展到30个盐场,煮海规模居全国首位。清代,东台一直是海盐生产中心,乾隆时期东台的产盐量达到全国总产盐量的1/4,西溪盐仓曾创下一仓年支盐1.2亿斤的全国历史最高纪录。西溪产盐不仅早,而且质地非常好。据《宋史·食货志》记载:西溪产盐居淮南

| 海春轩塔

| 犁木街

之冠,西溪盐色白、粒大、水分少,西溪盐被人们视为上品食盐。如今东台沿海乡镇仍保留着灶、堰、冈、仓、团、盘、圩、滩、垛等地名,成了海盐文化非物质遗产最鲜活的符号。随着海岸线东移,西溪逐渐成为陆地,1987年东台盐场正式停办,从此西溪彻底结束了盐业生产历史。

在漫漫历史长河中,海春轩塔见证了西溪盐文化的兴衰。该塔为七层八角密檐式砖塔,高20.55米,底层直径6.4米,每边长2.54米,仅西侧有一宽1.35米拱门,每层叠涩出檐,塔体为"空腔式"结构,塔刹由铁覆盆、相轮、铜宝顶组成,塔外部除底层外,其他六级每面辟圭式壁龛一个,共48龛。1982年海春轩塔列为"江苏省文物保护单位"。东台市政协原副主席卢冬红曾对该塔进行考证:海春轩塔初名为"孝母塔"。相传唐代开国元勋尉迟敬德幼时随母逃难曾住过西溪。那时,西溪为海边渔村,渔民出海捕捞,每遇浓雾或风浪,便有海难发生。此时,海滩上老弱妇孺哭声一片,十分凄惨。尉迟母是一位心地善良的老人,每见此景总是泪流满面,但又无力相助,只好嘱咐尉迟敬德:"今后如有出头之日,定要在这里建座塔,塔上点起大灯,让渔民出海能辨个方向,少出人命事故,这是你的为人之道啊!"尉迟跪拜答道:"孩儿谨遵母命,铭刻在心。"后来,尉迟敬德果然出人头地,辅佐李世民开国平天下,发迹后的尉迟敬德没有忘记幼年的遭遇,牢记母亲的嘱托。他奏请唐太宗李世民,在西溪建塔,太宗准奏。当时建塔的目的是为了镇海和导航,故又称"镇海塔",当地百姓则称它为"孝母塔""尉迟塔"。该塔不仅是境内现有最古老的建筑物,也是中国唐末过渡时期,南北两建筑体系衔接在古塔建造方面的典型代表,具有重要的历史、科学价值。

由于盐业的兴旺，当时西溪成为商贾云集、人文荟萃、市井繁荣、寺庙密布的海滨重镇。时任西溪盐仓监盐官的范仲淹，看到每天海盐的吞吐量，看到数以万计的盐丁，心中感到无比的畅快，连声赞叹："天下海盐仓啊！"因为有了盐及其丰厚的盐文化底蕴，乾隆年间，东台由一个普通小镇升格为一县治所。"天下财富之巨，首推两淮，两淮之富，又数扬州，扬州之根，又在东台"，足见盐文化孕育下的东台曾经在历史上有过极其辉煌的一页，时有"小扬州"之称。

传承东台千年记忆的犁木街，是西溪古镇历史的重要地标，也是西溪海盐文化由咸变淡的见证者。犁木街位于西溪晏溪河北侧，明初至晚清年代，这条小街上40多家门面房皆是清一色从事犁木生意的店铺，河面上停靠一条条运送犁木的船只，家家门庭若市，装装卸卸热闹得很，人们称其为"犁木街"。为再现古街千年盛景，2018年7月，东台地方政府特邀上海同济大学阮仪三教授牵头规划设计，致力打造晏溪河两岸古民居，复原当年犁木街的繁华盛景。走进犁木街，首先映入眼帘的便是位于晏溪河南边的通悟桥，这是一座花岗岩石桥，桥墩上浅雕图案栩栩如生、呼之欲出。几只木船在河边停靠，古塔夕照，飞檐翘梁，波光潋滟，绿水轻漾，在高大的宝塔下，古运盐河在时光的河床上静静流淌，让人觉得自己不过是沧海桑田一过客，来去是那么的微不足道。夜幕降临，此时的犁木古街虽不似都市生活那般奢华和迷离，也不乏浓浓的浪漫气息。红红的灯笼高高挂起，青砖黛瓦、小桥流水，灵动无比。仙缘小屋、幽深见薇、红玉探窗、紫玄洞天、映荷摇竹、雨打芭蕉、清风扶柳、聆风望月、听雨说禅，各具特色的民宿仿佛披上了红色的"外衣"，暖色的灯光和犁木街的古建筑构成了一幅幅美丽的画卷，散发着别样的情调。

面对未来，卢冬红信心满满："以文为脉、以文聚力、以文兴产，文化传承与发展创新已成为东台西溪景区的核心竞争力。高铁时代的到来，缩短了西溪与海内外游客相遇的时间，增进了彼此的感情。西溪将着力进行人文资源的挖掘和保护，搜集整理历史遗迹、传说、诗词、佛教、古物，坚持文化自信，提升运营管理水平，推动旅游与文化、影视等领域深度融合，创建国家级影视基地和国家5A级景区，成为华东地区知名度较高的旅游目的地，留下新时代的历史文化印记。"

千华古村，
体验民俗文化

　　2016年5月1日，在江苏省句容市宝华山国家森林公园山下，一条仿明清古街区——"千华古村"正式对外开放。古色古香的小街小巷、热闹非凡的中国民俗大展演，吸引了来自各地的游客。

　　千华古村前身是久负盛名的明清古镇杨柳泉村，为了展示中国明清时代的民俗文化和古代市井生活，当地政府经过多年筹划，依托宝华山山水风景，精心打造了一座近4万平方米的明清文化古建筑群，并从海内外邀请了百余位民俗艺术家，沿着古镇街道展示异彩纷呈的民间艺术，让游客一路目不暇接。

　　为了让文化古街更具吸引力，当地政府联手媒体打造的"丝路千华"系列纪录片也于当天启动。该项目将通过电视镜头，以纪录片的形式诠释"丝绸之路"上的人文故事。摄制组将按照"丝绸之路"的时间和空间顺序，从千华古村出发，重走"丝绸之路"，一路寻访中国、印度、伊朗、俄罗斯等十多个国家的民间非遗传承人，并邀请他们到千华古村表演。

　　穿过牌楼，我们来到入口广场，千年国槐前面刻着"有求必应"4个字。据说，乾隆二十七年（1762）正值乾隆皇帝的母亲孝圣宪皇后七十大寿，乾隆在这一年第三次下江南。他来到宝华山下，听当地百姓说，这里有一棵几百年树龄的国槐，祈福特别灵验，于是便在此树前为皇太后祈福安康。后来孝圣宪皇后活到85岁寿终正寝，她寿数之高，在清代皇太后中居于首位，在中国历代皇太后中也是罕见的。于是，人们认为这棵国槐极其灵验，便在这里立上"有求必应"的石碑。

　　古村集山镇、水镇、佛镇于一体，将"乾隆六幸"与市井文化、秦淮文化、佛教文化相融合，按照历史背景还原明清文化的气息，乾隆御笔牌坊、水秀

秦淮水阁

舞楼、香艳酒楼、秦淮水阁、放生廊桥、宝志祠、乾隆同乐古戏台、树梢佛阁、杨柳茶馆点缀其间，显得清静秀雅，时时处处展露着浓郁的文化气息。

从入口广场到到龙藏浦街，是千华古镇的前街部分，这里没有车水马龙，只有古朴宁静，逼真的彩塑"情景再现"与实实在在的市井生活体验，让人流连忘返。豆腐坊、米行、钱庄、酒馆、成衣铺、中药铺、国医堂、石斛坊、糕点店、麦芽糖坊、伞行、镖局、博彩坊、灯笼铺、客栈等等，百业百坊，几乎每家店铺都有一段动人的故事，游客穿越时空，体验浓浓的明清时代氛围。

豆腐坊有啥稀奇？但这里的碟泉豆腐坊有故事，游客乐意洗耳恭听。相传千华村上有一个特别会做豆腐的农家女，生得肤嫩貌美，勤快能干。这位农家女特别会做豆腐豆花，每天天亮前去秦淮河源头天井泉挑水，天井泉水自乌龙洞内流出，富含各种矿物质，非常适合用来做豆腐。因此她做的豆腐豆花在远近闻名，慕名前来品尝者众多，镇上有一秀才，独爱吃她做的豆花，日日来尝，赞不绝口。赠联"味超玉液琼浆外，巧在煮豆燃箕中"，二人渐生情愫。后来秀才进京赶考，得中探花，娶一品大官之女。豆腐女知悉后，叹天下男儿皆陈世美，遂弃情绝爱，专研豆腐。豆腐女一生醉心于各种豆腐制品的研究，创造出许多种吃法，堪称一绝，流传至今。一碗豆花味道鲜美，听故事尝豆花，别有一番滋味在心头。

开源钱庄门口硕大的铜钱，尤其夺人眼球。相传乾隆年间，山西商人陈友志在此设钱庄，取名"开源"，想借此宝地广开财源。乾隆皇帝第六次下江南，微服私访至此，见钱庄门口百姓、商贩汇兑络绎不绝，便问随从，一个小山村，钱庄门口为何如此热闹？随从答道，"禀主子，我朝天佑，朝纲法令得度，百姓安居，商贾繁荣，这个千华不过我大清千千万万之一耳"。乾隆大悦，即命随从将银票多兑换些银两铜钱，要好好体验一下这里的风土人情。游客在这里，可以换上几吊铜钱，喝茶、看戏、吃饭、购物，穿越清王朝，重走乾隆路。

丹阳封缸酒是地方特产，坊间传说流传了几百年：丹阳城有一家酿酒小作坊，有一年他们采用新的酿造法做了一批酒，由于是新酒，入口太冲，酒贩品尝过后纷纷摇头而去。这家人舍不得将其倒掉，只好将酒放入缸内，用泥封上，继续用老法做酒。过了几年，城内缺酒应市，这家媳妇聪明机灵，讲坊内还有一些陈年的酒在缸内。于是大家一起到酒坊，揭开封泥，香气四溢，大家赶紧问如何做的。媳妇随口讲"封缸的酒"，自此"封缸酒"名声鹊起。人们进入酒坊，品尝"封缸酒"成了一种享受。

昌隆镖局门前，刀枪剑戟十八般兵器陈列其间，显得威风凛凛。人们在

| 民俗风情图

千华古村，体验民俗文化

| 踩高跷

影视剧中经常听说镖局,但走进镖局仍然备感新奇。镖局是中国特有的一种业态,旧时交通不便,旅途艰辛且不安全,镖局应运而生。镖局受人钱财,凭藉武功,专门为人保护财物或保障人身安全。镖局讲究三硬:一是官府有硬靠山;二是绿林有硬关系;三是自身有硬功夫,三者缺一不可。到了清朝末期,镖局的主要业务,为一些有钱的客人押送一些衣、物、手饰,确保人身安全,这就形成了:信镖、票镖、银镖、粮镖、物镖、人身镖六大镖系。古代镖局运镖,如今已发展成了现代物流,游客进去了解一下我国的镖局文化,倒也长见识。

民俗表演广场,每天总是人头攒动、欢声笑语不止。民俗表演积累了丰富的民俗文化,随着城市化的进程,很多传统技艺已经失传,但在千华古村,人们可以领略中国古代民俗技艺的魅力。杂技、古彩戏法、木偶戏、二人转、变脸、舞狮、特技高跷、喷火、爬刀山、训狗、训鼠等民间传统节目轮番上演,技艺惊人。

高跷,2006年列入第一批《国家级非物质文化遗产名录》。一帮来自河北的年轻男女,组成一支高跷队,专门为游客表演特技高跷,堪称一绝。艺人们个个身怀绝技,仙人过门、五子登科、二龙戏珠、黄龙盘柱、五龙捧圣、张果老骑驴、倒挂金钩,加上大劈叉、后滚翻、单腿跳、叠罗汉等特技,气势恢宏、轻快细腻,笑得观众前仰后合,相机、手机、摄像机轮番上阵,人们要记录下这精彩的瞬间,同样赞美这帮抢救和传承非物质文化遗产的年轻人。

荣巷，
重现荣氏家族辉煌

从无锡梁溪路拐进荣巷老街，远远看去，只见昔日的古巷已经被周围大片的现代建筑所包围，一进巷口，我眼前一亮，仿佛回到了20世纪三四十年代。

据好友刘庆浩介绍，这条具有近代风貌的老街长约380米，至今保留着157座具有时代烙印的近代建筑。这些建筑大致分为三类，一类是传统的中式，砖木结构，粉墙黛瓦，马头墙高耸，砖雕门楼精致；一类是中西合璧，半古半今，外墙一般是清水做法，西式造型，而里面则保留着砖雕门楼；另一类比较西化，建筑全部采用钢筋混凝土结构。三类建筑充分体现了当时的民族工商业者的审美情趣。这条呈东西走向的"龙"形老街，深深烙下了中国民族工业先驱

| 教堂

留下的足迹,无时不在向人们诉说着历史的沧桑。

据史料记载,明朝初年,荣氏始祖荣清带着3个儿子从湖北迁到南京,15世纪初又从南京迁到无锡梁溪河下游北岸。荣清来时已经80多岁,他督率子孙辟草荒、筑河坝、建家宅,逐渐使之成为有粮田、鱼池、桑竹、阡陌交通的安身立命之所,逐步形成了上荣、中荣、下荣3个自然村落。进入清代以后,随着外出经商者日渐增多,赚钱归来建房者愈来愈多,3个自然村逐渐联成一片,"荣巷"之名出此而来,在本邑西乡小有名气。1860至1863年,由于太平军与清军作战,战火焚毁了大半个荣巷,人口锐减一半。荣氏家族中的人员因避战乱而出奔上海等地,开始从事棉花、铁、钱庄、海运等商业活动,男劳动力外出开拓经商,妇女在家饲农桑,带动了荣巷地方经济发展,人们在废墟上重建家园,才有了精美的华屋和楼宇。1900年前后,荣氏家族有人成为洋行买办,荣广大花号是当时全国四大花号之一,在日本设有出口办事处。以荣宗锦、荣宗铨兄弟为代表的荣氏家族,在百余年的生存演化中,产生了"面粉大王""纺织大王""颜料大王",从事电讯、洋行、盐业、花号、钱庄、粮食、瓷器、木材、药材、铁号等行业,同时他们热衷于投资办学和济贫等善事,在荣巷增添了小学、中学、图书馆、义庄等建筑群,从而使荣巷成为无锡西郊最大最有影响的水乡集镇。

荣巷中心小学前身是荣氏公益学堂,由民族工商业家荣宗敬、荣德生为首的荣氏家族于1906年创办,至今已有100多年的历史。这所小学有一个独特的建筑,那就是晴天和雨天都能开展活动的晴雨操场。它建于1915年,占地约400平方米,操场为独特的两层钢筋混凝土建筑,底层为礼堂,也可兼

| 荣氏公益学堂

作操场使用，上层纯为操场。由于荣氏家族财力雄厚，建筑的时候选用的都是上乘材料，水泥、钢筋和马口铁都是进口的，所以经过多少年的风风雨雨，建筑基本保持完好。

在荣巷还有一个亮点，那就是荣德生先生创办的大公图书馆原址。大公图书馆1915年开工建设，1916年建成开馆，它是一幢中西合璧两层方方正正的建筑。荣德生与其兄长为办图书馆投入了巨额资金，大公图书馆成为当时无锡地区最具规模、最有影响且管理最完善的私人图书馆。1921年编制出版"藏书目录"时，藏书已有11.7万卷，其中有很多是善本。1952年荣德生去世，遵照他的遗嘱，其家属将大公图书馆的全部藏书捐赠给无锡市图书馆，大大充实了图书馆的馆藏。据了解，荣宗敬、荣德生兄弟为办公益学堂和大公图书馆两项事业投资达100万银元，并以茂新面粉厂下脚料麦灰收入捐作常年经费。

随着岁月的流逝，大多数人似乎已经忘记了当年荣巷的荣耀，又因为它处在喧嚣的城市边缘，几轮城镇大开发的浪潮都没有波及到它。可以说，荣巷被抛在了城市和乡村之间，在朴素中展现沧桑，默默地维持着旧貌。

为了重现荣氏家族辉煌，2002年10月"荣巷近代建筑群"被列入江苏省级文保单位。2006年无锡市有关方面本着"谨慎谨慎再谨慎"的态度，编制《无锡历史文化名城保护规划》，将荣巷历史文化街区作为重点加以保护，总保护面积达43公顷，以"修复为主、修旧如旧"为原则，注重历史建筑与周边建筑的一致性，主要包括无锡近代工商业发展历史展示区、荣氏家族史展示区、民居民俗旅游区。

| 荣巷近代建筑

　　上海同济城市规划设计研究院教授阮仪三对荣巷保护十分关注，经过认真考察，他认为荣巷古镇是华东地区保存较为完整、价值较高的近代建筑群落，在如此小的范围之内，集聚如此多的同"姓"建筑单体实为罕见。荣巷的近代建筑是当时历史凝固的艺术缩影，既反映了时代的特征，又映衬了家族的发展史，是一本反映荣氏家族发展壮大的历史书本。从整个建筑群落的规模到每一个建筑单体，都折射着荣家的发展史、中国近代民族工商业的发展史。因此，从某种意义上讲，其开发价值甚至优于乌镇和周庄。

　　荣巷古镇不仅是我国著名爱国实业家荣宗敬、荣德生兄弟的故里、原国家副主席荣毅仁的出生地，也是我国近代开风气之先、崛起大批民族工商业家的摇篮之一。荣毅仁纪念馆坐落于荣氏故居旧址，荣毅仁事迹陈列展示厅、荣氏故居、荣毅仁北京故居、大公图书馆，真实展现了荣氏家族的往日辉煌和生活历史场景，讲述着荣毅仁先生的生平事迹及爱国创业故事。

瓜洲，呵护文化遗存与文化精髓

多年不到瓜洲，心里仍惦念着有百年生产历史的"瓜洲铁锅"。在老扬州人的记忆里，每逢过年家中必定要添置一套瓜洲铁锅，挑选时还要看锅内有没有"甲"字印，那是1924年第一次中国国货展览会上荣获"甲"奖的标志。瓜洲铁锅具有纯、美、轻、薄的特点，被人们称之为"省草锅"。眼下，家庭厨房是不锈钢锅、不粘锅的天下，"瓜洲铁锅"传统手工艺还有什么生存空间？带着这一悬念我们径直来到了瓜洲铁锅厂。在铸造车间，我们见到老师傅挥汗如雨正带着几名徒弟从事铁锅手工制作。老陈师傅在这里工作了近50年，见证了锅厂的兴衰，他告诉我，瓜洲铁锅至今仍坚持手工打造，市场不算太好，但也不算差，如今拥着了"非物质文化遗产"这块金字招牌，就得将传统制作工艺一代一代传下去。

瓜洲是中国历史文化名镇，瓜洲渡与对岸镇江的西津渡同为古代航运交通要点。"汴水流，泗水流，流到瓜洲古渡头""京口瓜洲一水间，钟山只隔数重山"。有张若虚、李白、白居易、王安石、陆游这等文人墨客为瓜洲做形象代言，瓜洲古镇怎能不吸引中外宾客来此寻幽探古！

| 瓜洲古渡头

| 瓜洲古渡公园

  瓜洲最初为长江中流沙冲积而成的水下暗沙,随江潮涨落时隐时现,晋朝露出水面,成为长江中四面环水的沙洲,因形状如瓜而得名,又称"瓜步"。岛上逐渐形成渔村、集镇。此后由于泥沙淤积,到唐代中期已经与北岸陆地相连。开元年间,齐浣开伊娄河25里,连接原有运河,从扬子津南至瓜洲通长江,从此瓜洲作为南北向运河与东西向长江十字形黄金水道的交汇点,漕运(南方的粮食北运京城)与盐运(沿海两淮盐场的海盐西运内陆)要冲,成为长江北岸重要的渡口,一时帆樯如织,无数客旅经此南来北往,迅速发展为江边巨镇。自唐末,瓜洲渐有城垒。清康熙末年,由于长江中在仪征、瓜洲之间涨出了北新洲,致使长江江流北移,镇江、扬州段长江开始出现南岸淤涨、北岸坍塌的情形,南岸的镇江附近涨出大片江滩、沙洲,北岸的瓜洲则成为顶冲点,江岸开始不断坍塌,到光绪二十一年(1895),瓜洲全城最终全部坍入江中,昔日的繁华街市连同众多的名园佳景,一同付诸江流。民国初年,兴建新城,沿河形成江口街、江口后街、关下街、陈家湾街、高桥街、商会街,逐步和老四里铺相连形成了瓜洲"四里长街"。如今,千年古渡胜境犹存,康、乾二帝及历代文人墨客途经瓜洲留下的诗篇,相继走进了碑林。古渡遗址、御碑亭、杜十娘怒沉百宝箱的沉箱亭,古渡公园用文化遗存向人们诉说着一个个传奇故事。

  作为历史文化名镇,瓜洲历届党委、政府视古镇保护与传承为己任,专门成立"瓜洲历史文化研究中心",编印出版了《瓜洲》《名镇瓜洲》《瓜洲民间传说》《瓜洲历代诗词》等历史文化书籍。同时,他们高度重视历史遗迹的

保护:修建御碑亭保护乾隆御诗碑,对江口老街、青龙巷、四里铺路古民居进行调查,将11处有价值的民居申报市、区文物保护单位加以保护;传承瓜洲庙会民俗,举办新春民俗文艺踩街,至今已坚持30多年;积极做好非遗申报,杜十娘传说、瓜洲铁锅制作技艺列入市级非遗项目,瓜洲古渡民间传说、瓜洲舞龙列入区级非遗项目;努力做好诗渡传承,瓜洲诗文社30年来正常开展活动,2012年跻身"中华诗词之乡"。

瓜洲位于京杭大运河与长江交汇处,是京杭大运河入长江的重要通道之一,如何提升长江防洪能力是古镇工作重中之重,2019年长江防洪二期工程稳步推进,加固长江堤岸、建设防洪通道,涉及江口街部分古民居。为了保护古民居风貌,镇政府对江口街不可移动文物点,专门编制保护和修缮方案,将之迁移到孙氏烟商住宅群两侧。在保证防洪需要的基础上,适当植入瓜洲历史文化元素和景观建筑,与江口街风貌保持相对一致,为今后老街开发打好基础。

"春江潮水连海平,海上明月共潮生"。1000多年前,唐代诗人张若虚一首《春江花月夜》横空出世,被誉为"孤篇盖全唐",千百年来被历代文人墨客所传颂。2019年9月22日,全国首家以唐代诗人张若虚和《春江花月夜》为内容的主题展馆——张若虚纪念馆暨春江花月夜艺术馆在瓜洲古镇对外开放。艺术馆馆长徐振宇兴奋地告诉我,这是镇党委、镇政府呵护文化遗存与文化精髓的神来之笔!据多方考证,张若虚《春江花月夜》描写的景致就在瓜洲一带。这首诗既有对景物的深情赞美,又有对人生的无限感叹,也有对爱情的热情讴歌,更有对宇宙的神往探究。全诗境界阔大而高远、情思深邃而清纯、辞语俊朗而绚丽，立意清高、充满哲理。为此，我们深挖本土人文资源，开辟文化记忆的展示空间，高质量打造文旅融合项目，为市民和游客献上一场文化盛宴。该馆总建筑面积达2000平方米，分为序厅、张若虚与"吴中四士"、歌辞缘起、画意乐韵、艺魂匠心、瓜洲记忆、千年对话七大展区，采用声光电、诗书画，全方位、立体式介绍张若虚，解读《春江花月夜》这首经典古诗词的魅力。同时，展馆还展陈以《春江花月夜》为题材所创作的书画、扬州剪纸、玉雕、漆器、雕版印刷工艺和扬派盆景等国家级非遗技艺作品，让人们领略中华传统文化的魅力。

| 春江花月夜艺术馆

　　如今，大运河文化带建设如火如荼，曾因运河而兴的瓜洲正抢抓机遇，努力再一次成为大运河上的"诗与远方"。镇长冯科对未来充满信心："千里大运河上，没有一个古镇像瓜洲拥有这么多的古诗词、这么多的文人墨客遗迹。在建设大运河文化带的过程中，瓜洲这个文化节点是不能少的。当下我们要抢抓大运河文化带建设的国家机遇，充分挖掘瓜洲江河交汇的历史地理位置、文化遗存与文化精髓、水工智慧与水利设施等核心价值资源，通过建设瓜洲古渡公园，保护好、传承好、利用好这些资源，以现代建设反推古镇发展。同时，我们将依托西区水网密布和田园风光的优美生态，依托南部片区已建成的途居露营地、太阳岛高尔夫俱乐部等，丰富项目内容，促进质态提升；依托中北部片区紧靠高速出口的区位优势，打造大型主题乐园，以现代文旅项目与东侧古镇区域形成互补，集聚人气。未来我们以智慧社区为基础的现代化新镇区，引入科创、研发等高端智慧产业，打造古代文化与现代文明交相辉映的旅游名镇。"

　　事实上，近年来瓜洲的文旅新变化，表明古镇文化遗存与文化精髓呵护方兴未艾。

船村，
寻访圩村文化研究第一人

打开卫星电子地图，检索扬州沿江圩村地区，不经意间你会发现一个弧状船形村庄轮廓跃入眼帘，随着按键逐渐推大地图，清晰可见村庄四面围水，如舟泊岸，故被人们称之为"船村"。

"船村"位于江苏扬州杭集镇双隆村，南北进深130米，东西总长1200米，两端较窄，中间较宽，庄台按船的分舱结构，由康家庄、史家大庄、韦家庄自然划分出前、中、后三舱，庄台上还有象形的桅杆、锚墩、锚链，

| 航拍船村

进村的桥梁亦似登船所用跳板，被媒体誉为"世界上最大的船"。

陈宜林，扬州新华中学退休教师，土生土长的史家大庄人，长期致力于扬州圩村文化研究，殚精竭虑推动船村文化保护和利用。经过十几年的深入调查研究，他充分挖掘散落在民间珍贵的物质文化遗产和非物质文化遗产，编辑出版了20多万字的《水韵船村》专著，为尘封数百年的"船村"留下了一笔难能可贵的精神财富。

聊起"船村"的前世今生，陈宜林如数家珍：扬州沿江圩村地区的地势均低于潮水面，民众日日悬心的是唯恐洪灾泛滥冲毁家园，建房必先挑筑高高的庄台，船村先民便将庄台挑筑成船的形状，蕴含避水理念，以期达到人居

船上、水涨船高、永避水患的精神寄托。船村的村前河对岸原有与庄台对称的两个大土墩，村民称其为"锚墩"。现存东锚墩，四面环水，卧于村外水边，墩北河沿有磨桥与村庄相连，墩南是一湾荷塘。墩是先民专为拴船村这艘大船而挑筑的，锚墩总面积近 3000 平方米，号称"天下第一锚墩"，这是村民心里护佑船村永不沉没的定水神墩。船村民居与城市民居在风格上存在明显差异，平常人家一般以三间两厢带小门厅为组合，形成一个农家小四合院，房屋体量规模普

圩村文化研究第一人陈宜林

遍不大，很少雕饰，显得质朴无华。也有民居不惜重金将屋顶打造成船轩式结构，人在屋内如在船上，以祈永避水患。

陈宜林告诉我，旧时史家大庄曾有 13 座大宅门，每户三五进，连成一片，雕花门楼、花墙福祠，房前桃红柳绿，屋后翠竹扶疏。最典型的是船村"中舱"的一座大宅子，建于清朝，厅堂上挂有御赐的"进士及第"匾额，这是史家大庄第一位进士。主人曾参加过"甲午上书案"，力谏光绪帝在甲午海战节节败退的形势下停建颐和园，还军费于战事，购买军火到前线，遭慈禧贬杀。进士府后人人才辈出：有的追随孙中山参加革命，有的担任黄埔军校教官，所教学生后来成了北伐将军。大宅子有前后五进，外加两边十余间包厢。这种正屋加包厢的建筑，在扬州城所有府第中均无踪影。1938 年 8 月，这座大宅由于抗战时期府中有人主张抗日，惨遭日寇报复焚毁，酿成"杭集惨案"。

所幸"中舱"还有一座保存完好的老宅，那就是陈宜林的祖宅"陈氏庭院"。庭院原为明代史姓主宅第，明末清初售予陈氏，光绪三十三年（1907）主人陈世康聘人重修。院落仪门外观顶部呈山字形，门墙置拴船铁环，门内有船篷轩。如今"陈氏庭院"已辟为"船村讲堂"和"船村历史文化陈列馆"。

继续西行百余米，便是船村的"后舱"，这里有"茅氏书屋"的旧址。据陈宜林介绍，最早的"茅氏书屋"创办于清代中后期，距今已近 200 年，绵

延七代，茅家因此有"七代书香"的美名。"茅氏书屋"建于民国，为"金融巨子"胡笔江所赠。胡笔江曾经在史家大庄读过书，当上了交通银行董事长后，为了感谢恩师茅先生，捐建了"茅氏书屋"。在新建的楼房院子内，我们见到一堆木料，女主人坦言，保留这些木料就是想有一天在原址复建"茅氏书屋"。

在船村，熟悉陈宜林的乡亲都知道，他是"扬州江豚保护第一人"，还被生态环境部、中央文明办评为"2020年百名最美生态环保志愿者"。十余年来，他为保护长江江豚，从一个人的守望到一个群体的战斗，从江豚保护民间行为到政府和社会各界共同参与，形成长江大保护的浓厚氛围，受到社会各界的关注和尊重。

年过七旬的陈宜林谈起往事，仿佛又回到了孩童时代：我们村子紧靠水边，小时候家人担心孩子下江戏水被淹，总是说"江猪子会吃人"，我们只好敬而远之。后来我到扬州上中学，每天乘渡船过廖家沟，经常能看到江豚在江中一上一下追逐嬉戏，成了我青少年时代的一段美好记忆。

2010年，刚刚退休的陈宜林看到一条电视报道：长江江豚已在地球上生活了20余万年，但本世纪以来，随着航运的发展和沿江地区的过度开发，江豚种群数量急剧下降，专家经科考估计，现存长江江豚的总量仅剩一千多头，被世界自然保护组织列为"极危"物种。如果按照这个下降速度，专家推测，不出10年江豚就要灭绝了。当时他很震惊，暗自决定"发挥余热，全力保护江豚！"廖家沟位于扬州东区广陵新城境内，上游为邵伯湖、高邮湖以及宝应湖，下游与长江毗邻，这里水域宽、水质好、环境佳，上游的湖泊来水可与长江潮水自然交换。陈宜林觉得，扬州市廖家沟水域就非常合适。为了取得科学论据，他上网查资料，了解到中国科学院有类似的专题研究组织，于是立刻发邮件至中科院，联系到中科院水生生物研究所水生生物专业博士、研究员王克雄。王克雄博士很快回复了他，告诉他江豚活动需要满足哪些条件。2011年7月，长江江豚保护向全国招募志愿者，陈宜林成为扬州最早的报名者。随后，他开始建QQ群，通过QQ群联系更多的社会人士与大学生志愿者，自发成立"扬州市江豚保护志愿者组织"，与扬州其他公益社团共同策划"扬州市首届公益文化节"，将江豚保护主题带入公众视野。为招募江豚保护志愿者，他还经常跑学校、进社区、进企业，宣传江豚保护的理念，自掏腰包印海报、

| 扬州船村

办展览,举办知识讲座,组织调研考察活动,陈宜林逐渐成为扬州市江豚保护的一面旗帜。2013年9月10日,中科院派出4人专家组来扬州廖家沟考察。考察活动从勘察线路、联系租船到担任向导,全部由陈宜林一个人承担。

"扬州廖家沟水域环境出乎意料。"专家组给出的评价让陈宜林激动不已,他的热情和坚守也深深打动了专家。打这之后,中科院水生所、中国水产科学院淡水研究中心多次对廖家沟水域自然与社会环境进行全方位调查与评估,最终认定,扬州廖家沟、邵伯湖、高邮湖可以成为江豚保护区。如今,扬州的江豚保护志愿者队伍像滚雪球一样越滚越大,已拥有3个民间江豚保护组织,成员超过千人。海事部门先后出台方案,对江豚可能出没的水域加强保护,环保部门严控企业排污,江豚保护从民间行为到政府和社会各界共同参与,迅速形成"长江大保护"的浓厚氛围,扬州沿江水域的生态环境越来越好,久违的"江豚拜风"场景在扬州频频出现。

"最美生态环保志愿者",陈宜林当之无愧!

杨氏兄弟与浡泥国王墓

1991年9月30日,中国外交部长钱其琛与文莱达鲁萨兰国外交大臣穆罕默德·博尔基亚亲王在美国纽约联合国总部签署联合公报,中国和文莱正式建立外交关系。而在两国建交的背后,却有一段鲜为人知的故事。

1991年5月,由杨建华、杨新华撰写的《浡泥国王墓探源》正式出版。杨新华时任南京雨花台区文化局干部,负责文物保护工作,杨建华是杨新华大哥,在新华日报社《扬子晚报》工作。该书以史料和实物为依据探寻古今,乃中国和文莱历史上第一部全面反映中、文历史文化的著作,出版后在国内外史学界引起了强烈反响。当年8月,杨建华接到省委有关部门电话,告知文莱历史中心主任陛亨·贾米尔来宁考察浡泥国王墓,指名要见《浡泥国王

| 杨建华、杨新华弟兄

墓探源》两位作者。当晚,杨氏兄弟在南京中心大酒店会晤了文莱客人,双方进行了友好交流。9月12日,文莱外交部常务秘书达图·林玉成一行来南京拜谒浡泥国王墓。看到浡泥国王墓保存完好,达图·林玉成非常感动。他说,国王墓象征着我们两国之间悠久的友谊传统,我们要以两国建交为契机,进一步发展两国人民的传统友谊。1993年3月,中、文两国互派大使,中国首任文莱大使刘新生赴任之前,携夫人专程到南京拜谒浡泥国王墓,并拜访杨氏兄弟,他赞叹《浡泥国王墓探源》为他出使文莱开展工作提供了宝贵的史料。

| 浡泥国王墓

文莱,全称"文莱达鲁萨兰国",中、文交往的历史久远,两国关系最早可追溯至西汉时期,唐宋明时期交往日渐频繁,郑和船队曾两次到访过浡泥。明永乐六年(1408),浡泥第二任苏丹麻那惹加那乃携王室、陪臣共计150多人,来中国进行友好访问。明成祖朱棣在奉天殿接见了使团,并且将其进贡的礼品陈列在文华殿展览,还多次宴请使团。可是,麻那惹加那乃突然患病,朱棣命御医治疗,并天天派人探视。同年10月,麻那惹加那乃在会同馆不幸去世。朱棣异常悲痛,"辍朝三日",赐谥号"恭顺"。麻那惹加那乃去世前,有"体魄托葬中华"的遗愿,朱棣遵其遗愿,以王礼将麻那惹加那乃安葬于南京安德门外石子岗乌龟山南麓,建祠祭祀,并以西南夷人身份入籍中国坟户,设置守坟户,世代为之守墓,每年定期祭祀。从此,这座安葬在中国土地上的外国国王陵墓,成为中华民族在历史上与其他国家友好交往的历史见证。

明初至今,历经多场战乱,浡泥国王墓一度渺不可寻,就连附近的村民也不知其墓主身份,人们根据墓前石人的脸部高鼻梁、拱嘴唇、八字胡翘起的形象，称其为"马回回坟"。1958年5月12日，南京市文物工作者在对南郊文物普查中，有幸发现了"湮没"600年之久的浡泥国王墓。它位于安德门外乌龟山南麓东向花村，原由墓冢、祀祠、神道石刻三部分组成，现仍存墓冢和神道石刻以及祭祠石柱础等，祭祠早已圮毁。墓前神道石刻呈弧形排列，共6对，包括二武将、二石虎、二石羊、二马夫、二石马、二石柱础以及"浡泥国恭顺王墓碑"。

浡泥国王墓从历史的尘埃中被抢救出来，具有中外交往史料价值。《新华日报》《南京日报》《人民日报》相继发表题为《南京市南郊发现浡泥国王墓》的报道，在海内外引起巨大反响。报道特别强调，这座墓的发现，说明了中国和印度尼西亚人民有悠久的传统友谊。印度尼西亚驻华大使馆对浡泥国王墓发现产生浓厚的兴趣，他们派出了文化专员来到南京，现场调查、摄影，随后印尼议会代表团、工会代表团、青年代表团等陆续前来谒墓。

其实，这是一场误会。历史上的浡泥国，实际上是今天的文莱苏丹国的前身，浡泥国位于号称南洋群岛中第一大岛的加里曼丹岛的北部，西起那智岬、东至山打根湾。在明代，它是和婆罗洲南部的假里马丁对立的，假里马丁即印度尼西亚的卡里马塔。记者对国籍判定失误，未弄清加里曼丹岛南北方之别，导致印尼友人误拜。

这场误会后来虽然得到更正，但引起了杨氏兄弟的深思：正本清源，还原历史的本来面貌，是文物保护工作应有的责任。1988年清明节，杨新华陪著名诗人、南京师范大学教授吴奔星拜

浡泥国恭顺王墓碑

杨氏兄弟与浡泥国王墓

谒浡泥国王墓，吴教授大为惊叹：浡泥国王来访实开中外友好之先声，值得大书特书！打那以后，杨氏兄弟充分利用文物保护工作者和记者的优势，几乎翻遍了中国与文莱文化交流的历史文献，参与了有关浡泥国王墓的修葺、地方政府与文莱一切交往活动，掌握了大量历史资料与实物，还原了中国与浡泥国友好交往这段鲜为人知的历史。相关专家在前言中写道：正当我国与文莱即将正式建交之际，杨建华、杨新华《浡泥国王墓探源》一书与广大读者见面，它为中国与文莱友好交往提供了有力的例证，具有重要的历史价值。

自 20 世纪 90 年代以来，中、文交往密切，南京更是文莱贵宾必到之地，浡泥国王墓成为体现两国友谊的重地。1995 年 8 月，身为南京市雨花台区文化局副局长的杨新华，护送浡泥国王墓神道碑复制品运抵文莱首都斯里巴加湾市，陈列于国家历史研究中心展览厅。这一以历史为载体的交互活动极具现实意义，在当地产生强烈反响，一时观者踊跃，它让文莱国上下再次感受到中国的友好，进一步拉近了彼此间的距离。2006 年，文莱玛斯娜公主一行拜谒浡泥国王墓，并为"中国—文莱友谊馆"揭幕，拉开中、文建交 15 周年纪念活动的序幕。2008 年，浡泥国王逝世 600 周年，玛斯娜公主再次率团拜谒浡泥国王墓。2016 年 5 月，中国与文莱历史文化研究中心在南京成立，同年 10 月，杨新华一行应邀对文莱进行考察访问。在文莱历史中心、文莱理工大学等地，杨新华围绕中、文关系和《浡泥国王墓的维修与保护研究》分别做了 6 场学术报告，受到了当地媒体的热情关注，《文莱时报》在显著位置发表长篇报道，杨建华、杨新华走进文莱电台中文播音室直播，听众反响热烈。访问期间，杨氏弟兄将《浡泥国王墓探源》手稿赠予文莱博物馆永久保存，在中、文文化交流史上又留下一段佳话。

2001 年，浡泥国王墓被列为国家重点文物保护单位，地方政府投入巨资对景区整体升级改造。2012 年 11 月浡泥国王墓作为中国海上丝绸之路项目遗产点之一，列入中国世界文化遗产预备名单，2016 年正式送交世遗大会审议。杨氏兄弟感慨系之：当下中国"一带一路"建设正在稳步推进，国之交在于民相亲，而民相亲在于心相通，文化交流无疑是"一带一路"建设的重要内容和人文基础，以此来推动双方合作共赢，文明将永续发展。

柴墟，
历经沧桑展新容

高港濒临长江，乃江苏省泰州市南大门，早年我随母亲乘客轮从上海途经镇江回故乡，中途必停南通、高港，因为是夜间停靠，我仅记住了地名，不识高港真面目。如今高港是泰州的一个区，区政府设在口岸镇，"柴墟"是口岸的古称，柴墟古镇成为泰州的一块金字招牌。

如果说，长江是祖国的母亲河，那柴墟河便是高港的母亲河。柴墟河从远古流来，其历史远比古镇柴墟悠久，千百年来，它以其甘甜的乳汁滋润了这块土地，哺育了两岸勤劳智慧的人民，它见证过县治自济川迁来的历史一幕，亲历过岳飞抗金的金戈铁马，饱览过庆元建桥兴街的繁荣，历经过大军渡江的赫赫声威。这里曾留下了众多旧宅大院，涌现过众多名士乡贤，它以其坚强的臂膀建造起繁荣富裕、文明昌盛的千年古镇。柴墟河呈"S"形从镇区流过，它是古柴墟的聚集区，这里历史悠久、人文荟萃、商贾云集、物阜民丰，市井繁荣，以"四多"闻名于世：桥多、庙多、名门望族多、乡贤名士多。

桥多。从东向西，依次建有跨鹤桥、宝善别墅桥、庆元桥、大会堂桥和金记桥等5桥，其中尤以跨鹤桥和庆元桥最为有名。跨鹤桥建于明末，相传因有仙鹤引领赵氏应试举子赴京高中而得名。庆元桥建于南宋庆元年间，后屡有废兴，至清嘉庆、道光年间翻建成单孔拱形石桥，成为当地一景。

庙多。从东向西有位于现口岸中学后的寿胜寺，位于正阳门外的都天庙，位于庆元桥西头的火神庙，位于古江边的关帝庙，此外，还有慈善机构体善堂和祭奠祖先的姚氏宗祠、薛氏宗祠和李氏宗祠，其中寿胜寺、关帝庙和都天庙还跻身口岸镇区"十庙"之列。

名门望族多。这里居住着口岸赵、姚、李、戚"四大家族"。赵家场为赵

| 姚家祠堂

氏集中居住区，古江边一带，有著名的"戚家大门"和"李家大门"，合族居住着戚氏、李氏后代，在姚家祠堂附近，居住着众多姚氏族人，这些姓氏都建有自己的连片住宅，在当地有"姚半街""戚半街"之称。

乡贤名士多。民国以来这里乡贤名士群星璀璨，有大兴帮木号首领王轶林，曾任北伐军混成旅长的李尧夫，大木商李松如，泰昌生木号主人刘汉舫，抗战初期国民政府泰兴县县长姚序东，民族实业家侯颂南，著名教育家赵友琴及他的儿子、口岸地区共产党地下组织最早负责人赵鑫元等。

1972年，当地疏通拓宽柴墟河，人们的文物保护意识十分淡泊，有着近千年历史的庆元桥和大批古民居被拆除，口岸的文脉遭到严重破坏。2008年，柴墟老街进行旧城改造，嗅觉灵敏的文物贩子纷纷进驻，姚氏旧宅的清代旗杆石、石鼓、花台石，体善巷砌于墙上的古代石碑，口岸文化站花2000多元从柴墟港打捞出的数块雕刻精美的庆元桥遗石等文物，均不知下落。更让人扼腕的是，柴墟街城隍庙内现存的一尊距今900多年的莲花座就此丢失。

高港区政协文史委的一帮老同志，多年来一直重视研究、挖掘本地历史文化，对柴墟古街区历史遗存遭到破坏心急如焚。很快，一份《社情民意》

摆到了高港区委书记的案头："历史文物是不可再生的宝贵财富,饱含着城市的文化底蕴。由于有关部门缺乏统筹考虑,加上拆迁队伍无文物保护意识,致使其中的文物遭到不同程度破坏甚至遗失,令人痛心。"区委书记看完建议,立即赶往现场察看,当即要求相关部门派员现场督查,明确提出没有督查认可不得随意拆除。随后区政府专门成立建设、文体等部门组成的古街区文物保护领导小组,政协委员全程参与监督。同时,二期拆迁暂时停工,由专门聘请的文物专家组进场,挨家挨户走访调查,开展文物鉴定,并逐一编号、登记造册,所有文物实行统一收集、专人保管、集中存放。针对文物贩卖现象,区公安、文体局等部门联手打击,追索丢失的珍贵文物。经过多方努力,柴墟古街区整体保留了4处重点遗存,挂牌保护了近100件散落文物,包括花窗、花板、木雕构件及古井、古石碑、古石桥、古树名木等遗存。经过多方查找、追踪,城隍庙莲花座被顺利追回,重新安放在始建于北宋的城隍庙内。

"雕花楼",堪称柴墟古镇精华。它始建于清乾隆年间,距今已有近300年的历史。据当地友人许宁娜介绍,雕花楼因其园内大量的雕刻作品而得名,门、窗、楼、厅各式精美的木雕随处可见,主人将大量历史典故雕刻于门窗上,以史为鉴、以史为师。雕花楼由做木材生意的姚氏所建,从选址到建好历时2

| 古雕花楼

年多,于清朝乾隆四年(1740)正式落成。这座姚家大院天井四周全用雕花格扇,楼上格扇窗心是圆的,楼下窗心格扇是方的,取"天圆地方"之意。园内亭台楼阁百媚千娇、雅致玲珑、轩榭廊坊曲水流觞、锦绣华章。重檐门楼"五福临门前"是泰州雕工的杰作:门口1只蝙蝠口衔一串铜钱,门右下部雕回首张望的麒麟,门外还有4只蝙蝠,这4只蝙蝠都从附近向门楼飞来。"福"蝙蝠,"五福"用5只蝙蝠,"临"是麒麟,"前"是一串铜钱。这样就构成了"五福临门前"的祥瑞气象。雕花楼主人李松如靠水运而发家,对船有特别的感情,特意在自家的后花园建起一座画舫。画舫和雕花楼一样,各种精美的雕花漫布其上,不仅美观而且很实用,每到八月十五中秋节月儿圆的时候,楼主人便会和家眷一起,在画舫上吃月饼、赏月、猜灯谜、作诗,别有一番情趣。2002年,雕花楼被列为省级文物保护单位。

"戚氏进士第"是戚氏第九世公戚世光于明朝天启二年(1622),高中武科进士后所建。宅第坐北朝南,现存大门堂、对厅、敞厅、卷屋、堂屋等前后5进,其中敞厅正梁上方挂一对贴金雕龙纹"圣旨诰命"木龛。2010年戚氏进士第被列为市级文物保护单位。

如今,柴墟老街焕然一新,楼景奇异别致,水景秀丽灵动,桥景美仑美奂,再现了明代储罐《柴墟闲行》诗中"临流聊寄傲,信步到花村"的怡然景象。我等一帮票友登上茶楼临窗而坐,泡上一壶清茶,悠然自得地哼上几句西皮二黄,好不惬意!

| 观渊阁

七彩曹山，
"地瓜文化"唤醒牛马塘

福州乌石山有座先薯亭，它淡然朴实，并不引人注目，亭柱上的楹联："引薯乎遥迢，德臻妈祖；救民于饥馑，功比神农。"不禁令人刮目相看。是谁功德能与神农和妈祖比肩？他们就是明朝万历年间引种番薯的华侨陈振龙和推广番薯的福建巡抚金学曾。

沿着时光的河流回溯，我惊奇地发现，1593年是个重要的年份，在吕宋岛（菲律宾），一位名叫陈振龙的福建商人注意到了番薯这种特殊的植物。当土著从地上掘出一块番薯递给他时，他想起了汹涌海涛那边被贫瘠和灾荒连年折磨着的故土。就在这一年，他历经艰难险阻把番薯带回了中国。它最早的"中国乳名"叫朱薯和金薯，之后的别名有红薯、山芋、甘薯、地瓜、红苕、白薯等等。闽南话称作"地瓜话"，地方戏曲则叫"地瓜戏"的"地瓜文化"源远流长。有诗赞曰："原野土坡地几垄，披蓑戴笠谷雨种。绿叶玉茎阳光照，藤蔓根壮雨露浓。风暴雷电烈日烘，埋头挣扎泥下红。苦难贫穷救命时，香沙充饥立大功。"如今，随着人们对健康养生的关注度不断提高，地瓜以其新的价值受到越来越多城乡市民的青睐。

溧阳牛马塘村，原本是一个交通闭塞、不为人知的古村落。牛马塘人很好客，当地一位老人与我交谈，虽然言语中夹杂不少听不懂的温州方言，但我听懂了他的意思：150多年前，我们的祖先——浙江温州的王姓村民，扶老携幼从某个不知名的山村出发北上，开启了他们的逃荒之路，经过几个月的艰苦跋涉，他们最终来到曹山脚下，这里有山有水、牛马成群，这里的砂质土壤和故乡的山地一样特别适宜种植地瓜，于是他们结草为庐，开垦荒地，以种地瓜为生，繁衍生息，于是曹山脚下多了一个村庄叫牛马塘。

| 地瓜广场

　　经历了一个多世纪的风风雨雨，牛马塘人换了一代又一代。由于此处地势偏僻，交通不便，离集镇和县城遥远，牛马塘显然是贫穷与落后的代名词。年轻的牛马塘人不再满足于温饱，他们无法忍受祖辈们脸朝黄土背朝天的乏味生活，像离巢的鸟儿一个接着一个远走高飞，只留下一些老弱病残守候在故乡的风雨里。2017年，牛马塘入选江苏省首批特色田园乡村试点，溧阳上兴镇政府通盘考虑村里的土地利用、产业发展、居民点布局、人居环境整治、生态保护和历史文化传承等实际情况，通过细致科学的规划，深入分析牛马塘的优劣势，最终决定打造"中国地瓜村"这一文化品牌，以中华薯文化特色文创农业为基础，以温南文化传承为灵魂，以山水田园和乡村生活为载体，以乡村民宿、田园体验、文化驿站和文创活动为纽带，打造以特色农业、田园生活、民宿文化等功能于一体的具有传统意蕴的乡村居所。经过两年的打磨，山芋博物馆、文创山芋农场、文创山芋坊、文创山芋专营店、山芋酒庄、现代农业示范园、亲子农庄、薯粉铺子、地瓜酿、垄上观田、民间艺术家创作基地、牛马塘艺术中心、耕读民宿等多个文化景点如雨后春笋崭露头角，它们全面展示牛马塘村的文化传承、文化特色，并带动相关产业发展，解决村

民就业,引领村民创业,走出了一条强村富民的新路,成为处处皆景、幸福和谐的美丽乡村。尤其2019年4月10日牛马塘特色田园乡村正式开村以后,村里几乎天天游客爆满,成为众多外地游客的网红"打卡地"。

　　牛马塘村位于溧阳曹山旅游度假区境内,自然风景优美,生态资源得天独厚,地势起伏变化有利于造景,村中植被覆盖率高,有大片的原始松林及梯田,中心村落被牛马塘、上兴塘及雅雀塘三大水库所包围,保留着纯农业田园环境,为溧阳鱼米之乡典范。为了在乡村振兴过程中留住绿色,打造富有特色的生态品牌,牛马塘人一方面加大对现有生态资源的保护,竹子、古柏、榉树等原有植被都尽可能保留,适当点缀之后变成了老人乘凉、孩童嬉戏之地,不仅有效节约了人力、物力和财力,更留住了原生态的村味和乡愁。同时,他们加大对原有的一些脏乱差环境整治,铺设污水管网、修建河堤驳岸、整治黑臭水体、新建垃圾岗亭、推行垃圾分类,在全面改变村庄环境面貌的同时提高村民自觉保护环境的意识,以不断提升绿水青山的"颜值"来实现金山银山的价值,让绿色成为乡村振兴的最浓底色。

　　在牛马塘,我惊奇地发现村民房屋外墙上别致新趣的墙画,谐趣、温馨、充满个性。满村的地瓜雕塑别具匠心,绿油油的青藤盘曲在屋前檐后,大大小小的地瓜安静地聚集在村头场院,就连垃圾桶也塑造成连体地瓜模样,像顽童的脑袋憨头憨脑地四处张望,"地瓜文化"让整个山村充满了田园诗意。江苏民间艺术家协会曹山采风创作基地负责人李敏告诉我,根据乡村振兴规划先行的原则,地方政府十分重视乡村规划,他们邀请江苏省城镇与乡村规划设计院通过前

| 妙趣垃圾箱

七彩曹山,"地瓜文化"唤醒牛马塘

| 地瓜雕塑

期走访、专家起草、政府商议、村民讨论、学者评审等程序，立足牛马塘实际，力争高点站位。村庄改造由专门的文创公司进行规划设计，每户房屋改造前都根据实际情况精心设计，一户一方案，精心构建了田园乡居、乡村民宿、田园体验、地瓜文化文创等功能板块，整片打造具有传统意蕴的乡村居所。游客来到这里不仅加强对农业、对地瓜文化的认知水平，还带来完全不同的亲身体验。

　　昔日那些放飞的鸟儿又自动回巢了，当初因为穷乡僻壤跳出农门的大学生、海归学子、企业家看到了七彩曹山、美丽乡村的开发机遇，成为回乡创业的一股新势力。徜徉在文创地瓜专营店，供游客小憩的桌子上，放置着一个长方形餐盘，里面有地瓜干脆片、地瓜饼等各种红薯制品供游客随意品尝，旁边的陈列柜里更是有着琳琅满目的地瓜加工食品：地瓜脆脆、紫薯肉松小贝、地瓜干、地瓜粉条、地瓜酒等让人目不暇接。地瓜，这份来自土地的至简美味，正以多种方式丰富着人们挑剔的味蕾。牛马塘人用勤劳、淳朴、坚强、友爱、善良、向上、奉献7个音符组合成乡村田园的主旋律，相信牛马塘在不久的将来日子会越过越红火。

杨柳村，
非遗传承古韵长

　　湖熟杨柳村，南京市保存最大最完整的明清古民居群，以"小九十九间半"闻名于世。它建筑古朴精美，空间格局布局合理，带有典型的南京地域特色，当地人通常叫它"朱家大院""三堂上"。相传它是明朝开国皇帝11代孙朱侯山及后人所建，朱侯山当时是名闻金陵的大富翁，在城里拥有十八家当铺、十八家钱庄、银钱、田地不计其数。朱侯山有3个儿子，"朱家大院"是朱侯山为儿子所建造，后来朱家子孙繁衍人丁兴旺，房子越盖越多，以至于整个杨柳村都成了"朱家大院"。

　　杨柳村位于南京市南郊秦淮河平原，整个村子为东西长南北窄的狭长村

| 杨柳村明清古民居群

落，全村人居住在中杨柳、前杨柳和后杨柳3个自然村。按照时代顺序排列，中杨柳最早，大约建于明代早、中期；其次是前杨柳，始建于明万历七年（1579）；后杨柳则为清代咸丰以后所建。清咸丰年间，中杨柳村毁于兵火，只有前杨柳村36座宅院组成的古建筑群得以保存。那时杨柳村人多出外经商，人在江湖，心系故土，难免起莼鲈之思，怀落叶归根之念，于是便在村里精心构筑憩息归老的一方宅院。杨柳村的36堂，凝聚了多少深受农耕文化影响的村民的人生理想与寄托。

| 走进博物馆的箍桶担

据当地友人李祥波介绍，"朱家大院"现存比较完整的有17个宅院，均为坐北朝南的多进穿堂式高墙深院，一般为3至5进，最多的"翼圣堂"是7进，18道门槛，前后近百米。在中轴线上建门厅、轿厅及住房，并在左右纵轴线上，布置有客厅、书房、次要住房和厨房、杂屋等，成为中、左、右三组纵列的院落群体。后部住房大多为二层建筑，楼上迂回相通，它和江南其他地方的建筑结构基本相似，但又有其独到之处，一般采用穿斗式木构架或斗式与抬梁式的混合结构。外围砌较薄的空斗墙，厅堂内部根据不同需要，用隔扇、屏门等自由分隔，上部天花

| 杨柳村，南京市保存最大最完整的明清古民居群

除采用"望砖"之外，还做成各种形式的"轩"，精巧美观，富于变化。并在梁架上饰有精美的图案雕刻，梁栋均不施彩绘，素雅明净。在各个群体之间，有前后相通的"备弄"，既可起防火作用，又便于巡逻。为减少暑热的辐射，宅院采取东西横长的平面，围以高墙，还在院墙上开漏窗，以及在房屋前后开窗的办法，以利通风、采光。每座门楼有题额，每座宅院有堂名，宅和院的规模以及格局保存了江南水乡民居建筑的传统风格。

杨柳村的发现纯属偶然，1982年10月，南京市开展文物普查，在江宁县杨柳村发现了一组古建筑群。它之所以能得以完整地保存，是因为从新中国成立初期起一直被公家征用，1949年这里曾被海军医院用来安排那些受伤的战俘，五六十年代改成学校，后来又变身河道整治指挥部、福利工厂等。"朱家大院"经专业文物工作者和古建、考古专家现场考察，认定这一建筑群规模之大、建造之精巧，为南京地区所罕见。2002年被评定为江苏省文物保护单位，2007年由江宁区政府斥资千余万元，历时4年修缮一新，于2011年年底正式对外开放。2013年被国务院列为国家第七批重点文物保护单位，被国家住建部列入第二批《中国传统村落名录》。2014年被国家住建部和国家文物局公布为第六批中国历史文化名镇（村）。

这些年，杨柳村除了注重古建筑的保护，非物质文化遗产保护与传承也是重点对象。他们不仅在一些重大节日，组织民间艺人进行现场非遗技艺展示，还通过对青少年技艺培训活动，让更多的人感受非物质文化遗产的魅力。步入"朱家大院"非遗技艺展示体验区，人们仿佛回到了从前。布艺原为"女红"，几千年来在江浙一带广为流传，长此以往，现已成为一种手艺。过去"女红"

的好坏，曾作为衡量成年女子相夫教子、贤妻良母的标准。"女红"体现着长辈对晚辈的爱，晚辈对长辈的敬，绣花被、绣花枕、绣花裙、虎头鞋、纽扣结以及各种吉祥物件便成了爱的传承。"脸子手工坊"曾经是杨柳村"脸子会"的重要支撑，每年农历三月十四请神日，会长率领"脸子会"成员，浩浩荡荡奔赴前阳大庙。焚香点烛，叩拜十八金刚，请神显灵，保佑村民平安。第二天是社火日，"脸子会"成员戴上彩塑木雕面具，从前阳大庙出发，一路吆喝，绕村巡游，场面十分壮观威武。

南京板鸭历史悠久，闻名全国，其发源地就在湖熟镇杨柳村，所以称"湖熟板鸭"。它皮白肉嫩，油而不腻，香酥可口，相传已有500多年的历史。明清时，南京板鸭是进献皇家的贡品，名曰："官礼板鸭"。板鸭文化也成为金陵饮食文化的重要组成部分，据说如今南京人每年食鸭达1亿只。古老的板鸭虽然被盐水鸭、烤鸭所代替，但制作技艺则入选江苏省非物质文化遗产保护项目，永久保留在非遗技艺展示区。

江宁有着50万年的人类史，4000多年的文明史，1000多年来与南京同城而至，江宁区首批非物质文化遗产项目共有43个，石刻技艺、木雕技艺、皮毛加工、绳艺、纸扎、烙铁画、裱画、方山打鼓等非遗项目，融实用性、观赏性于一体，堪称金陵一绝。其中南京金箔锻造技艺2006年入选国家级非物质文化遗产。江宁堪称中国金箔故乡，生产历史已有两千多年。早在东吴或东晋时期，金箔即被用于佛像、神像贴金以及建筑业。到明清时，有了进一步发展。清朝末年，金陵金箔已行销全国各地。南京金箔生产工艺独特，技艺精湛，锻制过程是用真金经过倒条、下条、拍叶等十几道工序捶打之后，薄如蝉翼，软似绸缎。经科学测算，943张金箔只有1毫米厚，一万张金箔也仅重178克，有"一两黄金能覆盖一亩三分地"之说。北京中南海、天安门、人民大会堂、故宫，河南少林寺、西藏布达拉宫等地建筑装饰的金箔均为南京所产。世界上70%的金箔产量来自江宁，南京成为世界四大金箔中心之一。

目前，江宁丰富的非遗项目和逐步完善的非遗传承制度让非遗保护得以阶梯式的传承发展，杨柳村人则以实体展示和传承演绎，让非遗的保护走在了全市的前列。杨柳湖畔，非遗传承古韵长，金陵古镇，民俗传统一脉承。

高淳老街，
民俗文化富矿区

  第一次走进南京高淳老街，我对被人们誉为"金陵第一街"的明清建筑群，以及傍水而列的粉墙黛瓦、飞檐翘角，真的没有太在意，江南古镇、明清老街大同小异。我一头扎进老街上的梅家鞋铺，与鞋铺掌门人、86岁的梅位炳侃侃而谈。梅位炳15岁出师开办鞋铺，是老街上制鞋业的代表，2014年8月国际奥委会名誉主席罗格参观高淳老街，在梅家鞋铺停留，梅位炳老人特地赠送罗格夫妇两双布鞋，令罗格十分兴奋。许多游客逛高淳老街，就是冲梅家鞋铺而来，他们说穿梅师傅的布鞋能勾起童年的美好回忆。在我记忆里，母亲曾经亲手为我制作过一双布底、黑灯芯绒、兔鼻梁的棉鞋。母亲过世后，我寻遍千百家鞋铺也没见过兔鼻梁棉鞋，这次在梅家鞋铺终于如愿以偿，它不仅式样好看，而且是用麻线一针针衲出来的千层布底。

  高淳老街宋朝正式建立街市，至今已有900余年的历史。老街东西全长800多米，宽四五米不等，因呈"一"字形，又称"一字街"。老街以古典建筑而著称，街中的店铺一般都为楼宇式双层砖木结构，挑檐、斗拱、垛墙、横衍、镂窗齐全，造型别致，古朴华丽。由于明清时期有大量商贾来自皖南徽州地区，故建筑风格带有明显的徽派特色，形式多样，风格各异。街道全用青石和胭脂石铺墁，两侧用青灰色石灰岩条石纵向铺砌，中间用胭脂石横向排列，整齐美观，色调和谐。老街周边有"乾隆古井""关王庙""土地神楼""道教神像""高淳民俗馆""杨厅""耶稣教堂"以及"保圣寺塔""聚星阁"，各具特色，具有很高的观赏价值。

  淳溪老街房屋大多是前店后宅，楼宇式双层砖木结构，挑檐斗拱，木排门板，镂花窗格，马头火墙，蝴蝶小瓦，典型的江南韵味，又揉进了徽派风

高淳老街

格,使这些建筑博大精深、隽永持重。老街的店铺多为三间,纵深数进,两进之间有厢房连接,中间是天井,形成一个院落。这种结构就是江南古建筑中较为典型的"一颗印"式建筑,房屋都为两层砖木结构,单檐悬山,青砖小瓦马头墙,白色墙壁,黑色屋顶,虽少几分华丽,却陡添了许多典雅与古朴。老街建筑上都有精美的砖雕、石雕、木雕,反映出古代高淳工匠的高超技术。这些雕刻,线条流畅,刀法细腻,布局合理,神态逼真,惟妙惟肖,巧夺天工。斜撑和额枋部位施雕"五路财神""连年有余""麻姑献寿""玉川品荣""太白醉酒""八仙过海""刘海戏金蟾""郭子仪做寿"等历史典故与花草吉祥文饰。门面两侧墙伸出檐柱外处,山墙侧的上身墙处,墀头分上、中、下三部分外挑,上部分砌成龙口含珠,中下两部分雕垫花,圆线凹进凸出,变化多端。高淳老街建筑是江苏省内保存最完好的古建筑群,被专家誉为"金陵第二夫子庙""古建筑的艺术宝库"。

老街还是一处革命圣地。抗日战争时期,陈毅司令员亲率新四军一支队东征路过高淳,曾在老街中段的"吴氏宗祠"内设立新四军一支队司令部。陈毅在高淳逗留期间,做了大量抗日统一战线工作,并留下了《东征初抵高淳》

的诗篇。高淳老街由此成为全国重点影视拍摄基地，电影《黄桥决战》《将军的抉择》《张文祥刺马》《银楼》及《半个冒险家》，电视连续剧《大江风雷》《红与黑2000》《风雨中国心》《无懈可击之高手如林》等均在此取景拍摄。

为保护这一历史文化遗产，1984年，高淳区政府将老街原貌保存较好的部分公布为文物保护单位，建设控制地带，秉承修旧如旧的原则，使老街仍保持了昔日的风貌，依旧飘逸着古色古香的韵味。2012年，高淳老街入选"中国历史文化名街"和"新金陵四十八景"，2013年2月，全国旅游景区质量等级评定委员会发布公告，批准高淳老街历史文化景区为国家4A级旅游景区。

如今，人们来到这个被誉为"中国第一蟹乡"的地方，除了品尝鲜美无比的大闸蟹外，还能感受这里独特的民俗文化。6000多年前，当土生土长的高淳人在这里生活时，就开始用原始的高淳方言交流，至今这里还流传着不少唐音，不少唐诗用现代普通话朗诵没有了韵感，但用高淳方言则句句押韵。高淳为此成立了申报小组，抽调一批教育、文化界的老同志对高淳方言进行科学、全面、典型的搜集整理，积极申请作为非物质文化遗产加以保护。对高淳民俗作了长达12年研究的东南大学东方文化研究所所长陶思炎博士称，高淳是江苏民俗文化的"富矿区"。究其"富矿区"的形成，陶思炎认为：历史上高淳虽离南京不远，但因交通不便，长久以来主要靠水、陆两路与溧阳、安徽宣州等横向地带进行文化、婚嫁等方面的密切交流。由于地域原因，与南京的纵向来往不多，几乎没受到什么六朝都市文化的辐射。历史上高淳也无大量的外地人员流入，本地人

牌坊

高淳老街，民俗文化富矿区

也很少到南京来,直至今日,其语言体系仍属于吴语区,其封闭性可见一斑。

在高淳,除了有古老的遗址和方言外,吴国宰相伍子胥两千多年前率部在这里开凿的胥河,是世界上最古老的并仍在发挥航运作用的人工运河;古固城遗址乃是春秋吴濑渚邑所在地,比南京古代的金陵邑还早两个多世纪;总数达 320 幅的清末道教神像画,至今保存完好,色彩十分绚丽,是国内保留最完整、内涵最丰富的道教文化遗产;东坝戏楼、沧溪戏楼为苏南地区罕见,折射出当时多姿的民间娱乐活动和鲜明的建筑文化特色。另外,双女抗婚的美丽传说和韩国大诗人崔致远的动人诗篇令人鬼共泣,在韩国流传甚广。

近年来,高淳地方政府认识到民俗文化的独特魅力,组织当年亲身经历的老人们回忆、整理,同时对民间文艺表演形式、套路、音乐等方面加强指导改进,克服原来程式化的表演模式,丰富了表演内容,并在指导中注重对民间文艺特色的保留,强调原始性、民间化。由此,高淳老街市民对民俗文化的认定与保护力度逐步增强,他们把民间宗教活动上升到传统文化的高度,加以开发利用,转化成文化资源、旅游资源,对民俗区的开放与进步、传统文化的保持与发扬,高淳老街开了个好头。

| 戏台

镇江西津渡，
一眼看千年

"到镇江，不可不去西津渡！"友人说到这份上，不去似乎有点说不过去。西津渡位于镇江城西的云台山麓，是依附于破山栈道而建的一处历史遗迹，西津渡古街是镇江文物古迹保存最多、最集中、最完好的地区，是镇江历史文化名城的"文脉"所在。这里曾经是长江的一座极其繁荣兴旺的码头，毗邻京杭大运河，自三国、唐宋到明清，以至民国初期，这里樯桅往来不断，车水马龙，商贾云集。古街完好保存了明清时代商铺，飞檐雕窗，游人置身狭长曲折的巷子里，有一种穿越时空隧道回到远古的感觉。不仅如此，更令人兴奋的是这里还有德士古火油公司、英国领事馆等早期西洋建筑，因此，西津渡是集中国传统古建和欧式建筑于一地的极具特色的景点，充分承载了不同时代的历史文化层，展示着城市个性风貌，反映着城市发展脉络。中国古建筑专家罗哲文先生因此称它为"中国古渡博物馆"。

古渡是西津渡的灵魂和精髓，它始成于三国，唐代起具有完备的渡口功能，距今约1400年历史，街区中有国家级文物保护单位3处、省市级文物保护单位38处，保存着自唐朝以来大量的历史文化遗存和成片的传统民居，被誉为"天下第一渡"。

待渡亭，顾名思义就是古人迎来送往或者小憩避雨等待摆渡的场所。千百年来，众多文人墨客对西津渡的山水人文低吟慢唱，唐代大诗人李白、孟浩然，宋代王安石、陆游等人都曾在此候船等待过江，并留下了许多动人的诗篇。其中脍炙人口的便是唐代诗人张祜的那首客家诗《题金陵津渡》："金陵津渡小山楼，一宿行人自可愁；潮落夜江斜月里，两三星火是瓜洲。"这首题壁诗意境凄美，画面感极强，与唐张继写的《枫桥夜泊》同写"客愁"，各臻妙境。

昭关石塔。据专家考证，该塔为元武宗海山皇帝命建造元大都白塔寺工匠刘高主持建造。石塔塔基的东西两面都刻有"昭关"二字，故称"昭关石塔"，也有人称"观音洞喇嘛塔"或"瓶塔"。昭关石塔高约5米，分为塔座、塔身、塔颈、十三天、塔顶5部分，全部用青石分段雕成。按照佛教的解释，塔就是佛，所以我们从塔下的券门经过就是礼佛，是对佛的顶礼膜拜。

救生会是古代救护各种船只和渡江人员的社会慈善机构。京口救生会，专司打捞沉船和江上救生事宜，且影响遍及大江南北。江西、湖北、安徽各省纷纷仿效京口救生会，打造救生红船，实施救生事宜。该会成立后持续活动长达200年之久，在我国水上救生史上以及古代民间慈善事业中均堪称奇迹。

随着社会的发展，环境的改变使西津渡逐渐淡化和削弱了作为渡口的功能，但是它活化石般的风貌却得以基本完整地保存了下来。沿着古街一路西行，街道两边鳞次栉比的小楼把我带回到那笙歌曼舞的年代。古街上的建筑多为明清时期的遗迹，砖木结构，飞檐雕花

| 昭关石塔

| 车辙尚存

的窗栏一律漆成朱红色，给人以"飞阁流丹"的感觉。现在，人们仍能清晰地看到沿街"民国元年春长安里""德安里"等题额。青石板路面上那深深的车辙足以证明这千年古渡、千年老街当年的繁华。走在这条被车轮磨砺出深深印辙的青石板路上，让人情不自禁地激发出无限的遐想和思古之幽情。就连见多识广的英籍华人女作家韩素音置身西津渡，也由衷地发出赞叹："漫步在这条古朴典雅的古街道上，仿佛是在一座天然历史博物馆内散步。"

　　由于年久失修，到20世纪末，许多文物建筑、历史建筑残缺不全、房屋建筑岌岌可危，街区百姓仍然过着生煤炉、倒马桶的生活；周边企业污染严重，环境极差。镇江市政府清醒认识到，历史街区需要保护的是文物建筑的原真性、历史建筑的风貌特征、空间肌理的完整性、生活方式的地域性、人文精神的延续性，需要更新的是残破的房屋结构、落后的基础设施、凌乱的沿街搭建、肮脏的环境死角、不协调的新建建筑、老化的人口结构、衰败的经济活力。1998年市政府成立了西津渡古街保护领导小组，制定了《镇江市西津渡古街区保护规划》等系列保护规划，加强对西津渡历史街区的保护工作，并计划对街区个性特色进行复兴、传承、延展和一体化提升。

| 西津渡历史街区

"避免大拆大建,保护好历史文化街区的原真性",这是镇江人的明智之举,政府出台政策,对"原住民"实施"可走可留,可换可修",自愿留下的,由政府出资进行房屋外立面统一改造;愿意迁出的,由政府按照完全市场化方式,选择货币安置或实物异地安置,目的是降低人口密度、改善人居环境。

为了落实资金来源,镇江市坚持"政府主导,市场运作,社会参与,多元投入"的原则,成立西津渡建设发展有限责任公司,依托投融资平台,先后获得了国家开行等金融机构贷款、企业债券、专项保护资金、社会资本等累计约4.5亿元。截至2010年底,先后投资约8亿元,修复各类历史文物建筑5200平方米,维修传统民居4.5万平方米,完善街区配套、景观和亮化工程。一批历史建筑和展馆重放异彩,形成了以玉山大码头为代表的古渡文化,以昭关石塔为代表的宗教文化,以救生会为代表的义渡救生文化,以江南民居、民国建筑、宗教建筑为代表的建筑文化,以英国原领事馆为代表的西洋文化,以小码头传统商贸街为代表的商贾文化等主题鲜明、独具特色、多元聚合的系列文化成果,为西津渡保护奠定了"文化之魂"。先后获得了联合国教科文组织亚太地区文化遗产保护优秀奖、江苏人居环境范例奖,成为江苏省文化产业示范基地、中国救捞教育基地。

昨天已经成为历史,西津渡古街如今已注入了时代的内涵,赋予时代的活力。悠久的历史,众多的古迹,古朴的生态,淳厚的民风,传统的商业,一切的一切都焕发出一种令人难以言喻的活力。经过近20年的精心保护建设和开发利用,不仅改善了人居环境,同时也提升了西津渡的综合功能,走上西津渡复兴之路。西津渡古街正以它独有的魅力强烈吸引着国内外游客和考古工作者的目光。"西津渡,一眼看千年"成了镇江城市文化旅游的新"名片"。

南长街，
无锡人的心灵归处

南长街是无锡的一条古街，被誉为"江南水弄堂，运河绝版地"。街区以古运河为轴，由寺、塔、街、桥、窑、坊等众多古建筑组成特色环境，构筑了独具风韵的江南水弄堂，至今保持着路河并行的双棋盘城市格局，保留着小桥、流水、人家的江南水城特色，它是古运河水乡传统风貌的精华地段，是吴文化与大运河发展史的重要环节，是富庶江南漕运发展的重要枢纽，是无锡民族工商业发展的重要见证，是江南砖瓦窑群的研究基地。它温婉绵长、古色古香，是无锡人的心灵归处。

无锡的老人清楚地记得，洋溢浓郁江南市井风情的南长街，曾是车水马龙的古驿道。古老的运河孕育了一代又一代的无锡人，柴米油盐酱醋茶都是从运河上传到了老百姓的手中。南长街的历史可以追溯到公元10世纪，这里是北宋开设的驿道，南连苏州，北接常州，与水驿古运河并行，位于南长街北端的马昌弄，即为当年锡山驿馆的遗址。南长街所烙刻的历史印记众多：原有的黄泥桥始建于南宋，南长桥、日晖桥、清名桥建于明代，从南禅寺到清名桥的运河两岸，明、清时期先后建造过8座牌坊。如今的街区由南长街、京杭大运河无锡段、南下塘、伯渎港、大窑路一带等具有丰富历史文化底蕴的区域组成，占地18.78公顷，目前尚有保存完好的历史建筑上百处、古树名木3株、河埠头22处、古桥10座。以现在眼光来看，大运河古河道河面并不宽，大约20米，但河水不小，溢满了河槽，河水静静地流着，微微的河浪不时轻轻拍打着河岸，河岸之上就是临河而筑的民居，房屋都不高，两层或三层，粉墙黛瓦、花格木窗、方砖铺地、屏门隔断、前店后坊，几乎家家都有水码头，形成了具有浓郁地方特色的院落式、竹筒式、独立式的枕河人家，

| 枕河人家

间隙有几座中西合璧的石库门商贾别墅,风格异彩纷呈。因此,南长街被列为"中国历史文化名街"便在情理之中。

清名桥,堪称南长街标志性建筑,是无锡市区现存规模最大的古代石拱桥。明代万历年间,由寄畅园主秦耀的两个儿子捐资建造,因兄弟俩名叫太清、太宁,因此各取一字叫做"清宁桥"。清康熙八年(1666),无锡县令吴兴祚重建。道光年间,因讳道光皇帝的名字"旻宁",改名为"清名桥"。咸丰十年(1860),太平军兴,桥毁,同治八年(1869)重建。

过了清名桥,远远看见一座牌坊,那便是南水仙庙,庙门口河岸边石阶层叠,是"御码头"所在。南水仙庙原名"松滋王侯庙",为纪念明嘉靖年间率民抗倭的湖北松滋籍无锡县令王其勤而设,附祀在抗倭时牺牲的何五路等36义士。庙址旁原有双忠祠,祀南宋文天祥血战五牧(无锡与武进交界处)时阵亡的部将尹玉和麻士龙。清康熙二十二年(1683),在双忠祠南侧建松滋王侯庙,于是二庙合一。庙址靠近古运河,船户进香,俗称"南水仙庙"。1765年,乾隆帝南巡途经该庙,适逢农历三月初七王其勤诞辰,乾隆命停舟片刻，嘱太监持香烛致祭，故庙内悬"翠辇停骖"额。南水仙庙有头山门、二门、戏台、大殿、双忠殿、蚕丝殿等建筑，并存有王其勤所书"湖山胜概"石刻。如今的南水仙庙，经过重新洗礼已焕然一新，是无锡道教协会所在地，建有无锡道教音乐馆，向世人展示无锡道教音乐这一国家级非物质文化遗产的独特魅力。

从2006年5月开始，当地政府和有关主管部门历经4年多，终于完成了南长街历史文化保护街区的整体规划和整治保护，它融合了古代繁华和现代艺术，将南长街的魅力展现得淋漓尽致，更显江南民国气息，中国丝业博物馆、无锡古窑群遗址博物馆、无锡运河文化艺术馆应运而生。

中国丝业博物馆，即永泰丝厂旧址。清光绪二十二年（1896），无锡籍资本家周舜卿与薛福成长子薛南溟合资在上海创办永泰丝厂。后薛南溟于1926年将厂迁回无锡，设于稍后所建之大公桥堍。该厂所生产的"金双鹿"牌白厂丝畅销欧美。薛南溟幼子薛寿萱又在1930年研制出二十绪立缫车，为国内首创。1949年后，改为国营无锡丝织二厂，如今在旧厂址上建成了中国丝业博物馆。

大窑路窑群遗址现为国家级文物保护单位，无锡窑业兴于明代，盛则于清、民国，嘉庆年间曾承接过故宫金砖烧制。原有砖窑百余座，延绵1.5公里，有窑工近万人，现保留较为完整的砖窑尚有19座。无锡窑群遗址博物馆，初见

| 南长街夜色：清名桥

南长街，无锡人的心灵归处

时很多人被正门那道背景墙所震撼，数以万计的瓦片被按照自然的弧度排排堆砌，墙面上的波浪纹较之普通的墙显得十分有意趣。博物馆背面有陈大窑、陈小窑和刘外窑3个砖窑遗址，与博物馆联为一体，让你身临其境体验古人的生产、生活。如今，虽然砖窑已经光彩不再，但看着掩映在历史长河青山绿水里的座座遗址，仍透着"上塘十里尽开店，下塘十里尽烧窑"的壮美。

为了保护古运河古建筑，同时也能够让古文化得以传扬，当地政府对很多的老房子进行了修复。沿着南下塘一路向南走，必经祝大椿故居，大门朴素低调，让人很难想象这里走出过无锡首位"红顶商人"。祝大椿一生商海沉浮，开辟出属于自己的宏图大业，涉及造纸业、纺织业、面粉业、缫丝业等，为无锡工商业发展作出过巨大贡献。历经一个世纪的变迁，如今祝大椿故居绝大部分房屋仍在。2006年，江苏省人民政府将这处文物保护单位更名为"祝大椿故居"，当地政府按原状修复并对外开放以资纪念。

泰昌丝厂旧址

繁衍生息运河文化的十里古街，如今依然生机勃勃，成为无锡古城数千年吴文化、水文化、佛文化凝聚而成的缩影。遥远的历史和已经逝去的生活，永远停留在历史的长河中，只能用自己的想象去勾画去理解去感受。白天，人们可以漫步在古运河边，在老茶馆内品一杯香茗，享受一个清新的午后。夜晚，南长街尽显妖娆，琳琅满目的店铺和别具特色的风味小吃更具现代生活元素，成为年轻的旅游爱好者感受古城魅力的首选之地。南长街不愧为世界文化遗产大运河中的江南运河无锡城区段重要组成部分，它是如此动人，摄人心魄。

陆巷，
再现洞庭商帮文化

南北杂货、油盐酱醋，古朴的店招，老式店铺翻板，这里是东山陆巷古村落里有着500多年历史的明代建筑"遂高堂"，经过当地的抢救性修缮，已经恢复成了明代洞庭商帮的店铺。遂高堂是明正德年间宰相王鏊胞弟王铨的故居，是陆巷最为古老的一幢古建筑。遂高堂此前为几户村民所有，门楼因年久失修已极为破旧，堂内梁上有较多彩绘，但已模糊不清，仅有走马板上折枝花图案及桁条上的包袱锦图案依稀可辨。2013年陆巷村投资上千万元，进行收购和修缮，将遂高堂恢复打造成钻天洞庭商帮的博物馆，让游客能够了解当时所交易的一些商品、特征和独特的文化内涵，再现了洞庭商帮的传统文化。

据当地友人孙军介绍，明清以来，在江南以商业资本之巨、活动范围之广、经营能力之强都堪称雄的商帮是徽商，然而，颇善"钻天"的洞庭商帮却能与之分庭抗礼，钻天洞庭商帮一度成为"苏商"的代名词。明代古建筑变身洞庭商帮博物馆，目的在于弘扬陆巷古村的历史文化底蕴。

陆巷古村，背山面湖，东边是莫厘峰，南边是碧螺峰，西边是太湖，南宋时渐成村落，明清时名人辈出，明正德初大学士王鏊的故里即在此村。相传，南宋南迁时途经太湖，见东山雄峙湖中，风光秀丽，战火又不易涉及，大批官兵家眷在后山太湖边定居下来，并在村中筑有6条直通湖畔的巷弄，因而起名"陆巷"。而另一种说法则是，王鏊母亲姓陆，其村得名"陆王村"，后讹传为"陆巷村"。至今，陆巷仍完整保留着王鏊的故居惠和堂，这座占地2000平方米的巨宅是标准的明代官宦宅第的代表。

王鏊（1450—1524），字济之，明代吴县东山陆巷人。成化间乡试、会

解元牌坊

老街

试皆第一，成化十一年（1475）一甲三名进士及第。弘治初，任侍讲学士。充讲官时，中贵李广导帝游西苑，王鏊讲文王不敢盘于游畋，反复规劝，帝为之动容。正德元年（1506），升任户部尚书兼文渊阁大学士。因秉性耿介，遭权臣嫉忌和谗言诽谤，渐被冷落。王鏊博学有识鉴，文章尔雅，议论明畅，使弘治、正德间文体为之一变。著有《姑苏志》《震泽集》《震泽长语纪闻》《震泽编》《守溪文集》等。卒于家乡，追封太子太傅，谥号"文恪"，其墓就在东山梁家山。

古村内寒谷山庄、北箭壶、观音堂等"72堂半"明清高堂巨宅鳞次栉比，至今保存完好的明清建筑有30余处，村中还有一条长达1里的明代古街，建有"探花""会元""解元"3座明代牌楼，是香山帮建筑的经典之作，也是环太湖古建筑文化的代表。

古村建筑顺应地形，随高就低，交错穿插，极具历史和艺术价值。民宅外观简洁而造型精巧，厅堂色调雅素明净，门楼砖雕精美，窗户梁架等彩画秀美，雕刻细腻，具有鲜明的明清建筑风格。

| 东山雕花楼

  陆巷民宅的平面布局,一般以纵轴线为准绳,自外而内次第安排照墙、门厅、轿厅、大厅、楼厅、界墙。轴线上的房屋,陆巷人谓之"正落"。正落左右各有一条纵轴线,往右为书房杂屋,左为女厅厨房。左右两边的房屋,陆巷人谓之"边落"。正落与边落间,用备弄连接。这类大型住宅,前后4进,每进房尾都用天井分隔。大厅后面的库门,是内宅和外宅的分界线。大厅是住宅的主要建筑,楼厅是住宅的最高建筑,大厅和楼厅是内宅的中心,形成典型的苏派建筑风格。

  陆巷现存陆氏宗祠、衡南陆公祠、惠轩书室、陆苏九宅第、石板道、白沙码头、水井等7个具有代表性的文物点。陆氏宗祠坐落在村口,坐西北向东南,面宽23.4米,进深26.6米,是目前发现保存最完好、占地面积最大的宗祠。衡南陆公祠在陆氏宗祠右后侧,建于1894年,比陆氏宗祠晚建10年,坐西向东,面宽11.4米,进深23.5米。惠轩书室坐落在村中心靠村尾位置,坐西南向东北,面宽11.52米,进深13.5米,书室保存完好。清末民初本地富商陆苏九宅第,位于村中心,坐西南向东北,面宽11米,进深11.7米,虽为砖木结构,但建筑用料和工艺非常考究,墙体的水磨青砖四角分明、横竖砖线平直，牌楼式横门，粗大匀称的排凛，密排双层瓦，室内木雕装饰精美。

古村因就山近水，物产特别丰富。这里的村民以陆姓和王姓为主，家家种有红橘、杨梅、枇杷、茶树，这里出产的茶就是中国十大名茶之一的洞庭碧螺春茶。此茶已有1000多年历史，以芽多、嫩香、汤清、味醇著称，民间最早叫它"洞庭茶""吓煞人香"。清代康熙年间，康熙皇帝视察并品尝了这种汤色碧绿、卷曲如螺的名茶，备加赞赏，但觉得"吓煞人香"其名不雅，于是赐名"碧螺春"，从此成为贡茶。村里许多人家还有渔船，他们靠水吃水，打鱼、捉虾，"太湖三白"（白鱼、白虾、银鱼）是大自然的赐予，这里的村民享受着诗一般美好富足的生活。

电视剧《橘子红了》的热播，吸引了众多的海内外游客。陆巷漫山遍野都是橘树，这里是拍《橘子红了》的主要外景地。王鏊故居仍保留着一处拍《小城之春》留下的花园，园里的枯树、亭台楼阁均为拍《小城之春》搭的景。此外，《红粉》《摇啊摇，摇到外婆桥》《画魂》也曾在陆巷搭景拍戏。如今，村边上、太湖旁农家客舍星罗棋布，人们坐一元钱的农村公交车绕东山岛一周，沿途可欣赏到杨梅林、茶园、枇杷林、橘子林，间或有几丛青竹点缀其中，堪为仙境。外地游客评价："陆巷古村保护得真不错，原住民还在里面，保持原来的生活方式，这个古村比较有魅力。"

近十年来，陆巷投入大量资金对古村进行保护性开发，受到了国内专家的普遍关注和赞誉，他们认为，陆巷村在古村民居开发中，注重保护提炼洞庭商邦文化、科举名人文化、碧螺品茗文化、台阁民俗文化，切实做好陆巷古村文化的传承，是江苏省明清古建筑数量最多、质量最高、保存最完整的古村落之一。此前，陆巷村曾获得"中国历史文化名村""中国传统村落"等多项国字号荣誉，在2015年的评选考核中又获殊荣，被授予"中华民居开发与保护示范村"。

蒋巷，
留住农耕文化的魂

过去，人们只知道江苏有个"天下第一村"华西村，村里有个传奇式人物吴仁宝，殊不知，离江阴华西村不足100公里，还有个常熟蒋巷村，也有个传奇式人物叫常德盛。和华西村一样，它也是"全国文明村"、江南水乡璀璨的明珠，和华西村不一样的是，常德盛更有农民情结、更低调。

蒋巷村地处常熟、昆山、太仓三市交界的水网地带，走进村口，"低碳蒋巷村"的大幅标语吸引着人们的眼球，放眼望去是一片片碧绿的水稻田、一条条整齐的林荫路、一个个清澈的池塘、一座座农家的别墅，还有一只只飞来的白鹭、一群群散养的鸡鸭，为安静的村庄增添了动感。风能、水能、电能、太阳能等低碳元素，在这里都能找到它的影子，蒋巷村以低碳理念留住农耕文化的魂，打造出了一座低碳农民家园。

十多年前，我到蒋巷村采访常德盛，他刚六十出头，一身朴素打扮，一口吴侬软语，显得十分谦和。这位村党委书记、集团公司董事长、中共十八大代表，从1965年起，凭着"穷不会生根，富不是天生，天不能改，地一定要换"的信念，凭着一股愚公移山的意志和决心，硬是把一个"十年九涝一旱荒"、吸血虫病盛行的"野人村""光棍村"，建设成了全国闻名的富裕村、文明村。

回想当年改天换地的历程，常德盛感慨良多：这一工程历时20多年，累计投入劳动力6万余工，完成土石方50多万方，硬是用一根扁担两只筐，将1700亩低洼田填高了1米多，建成了田成方、树成行、渠成网、路宽敞的旱涝保收的吨粮田。此后，他们又通过放养绿萍增加田土肥力、合理密植等多种措施，全村粮食亩产稳居苏南地区前列，成为苏州地区农业生产的一面红旗、全国闻名的"纳粮大户"。

"无农不稳，无工不富"，蒋巷村有切身体会。20世纪80年代初，蒋巷村不满足于农业"样板村"的现状，自筹资金，自寻门路，白手起家发展建材加工业，建起了后来在全国响当当的常盛集团，常德盛和乡亲们完成了从庄稼汉到企业家的成功转换，蒋巷村走上了工业富民的"财富拐点"。如今，蒋巷工业园的崛起和发展，为农村剩余劳动力找到了出路，本村、外村和外地的劳动力在这里汇聚。常盛集团优先录用本村劳动力，1900多名外来劳动力在这里找到了"饭碗"，就连"老外"也不远万里来到这里施展才华。常盛集团作为华东地区最大的轻、重钢结构及轻质建材企业，产品销往全国20多个省市，业务量和利税总额每年以40%的速度递增，这个只有186户人家的小村庄全年社会总产值超过12亿元。

在农业起家、工业发家的基础上，蒋巷村开始精心打造农民"新天堂"。为了让农民安居乐业，他们先后建成186幢"小洋房"，每幢建筑面积达220平方米，别墅区内设有幼儿园、小学、剧场、商贸街、医疗、活动中心和休闲健身广场等配套设施。而造价近30万元的小别墅，村民只需出12.8万元，其余的资金全部由村里补贴。考虑到老人住别墅不方便，村里在别墅区附近专门建造了132套老年公寓，供村里的老人免费入住。宽敞的走廊加上星级宾馆式的室内配置，为村民老有所养提供了舒适的环境。真正实现了"学校像花园、工厂像公园、村前宅后像果园，全村像个天然大公园"的目标。

解决了农民的温饱问题，蒋巷人又把目光投向了农业生态旅游。相继推出"新农村考察游""学生教育游""农家乐趣游""田园风光游"和"休闲生态游"等五大旅游项目，江浙沪一带游客趋之若鹜，俨然成为"上海的后花园"。

常德盛具有深厚的农民情结，在村里池塘边，他别出心裁地建起了几座茅屋，一座是20世纪50年代村民居住的茅草墙茅屋，依次是六七十年代村民居住的土坯墙茅屋和砖墙茅屋，它们与附近粉墙黛瓦的农家四合院相互对照，真实再现了当年农民的生活情景，成为农耕文化的教材，勾起了许多老人童年的回忆。

随着工业化和现代化的快速推进，农耕正在从长三角地区农民的生活中逐渐消失，很多原本随处可见的农家民俗也随之渐行渐远。"江南农家民俗馆"

| 20 世纪五六十年代的农舍

堪称常德盛的另一杰作，主馆建筑面积达 2000 多平方米，馆藏 2000 多件物品，展示了江南水乡寻常人家的生产、生活用具，真实地反映了水乡风土人情，被誉为"中国江南农民博物馆"。

步入"江南农家民俗馆"，人们如同穿越时空隧道回到农耕时代。迎面是一个普通农家的小院，门半掩着，小狗顽皮地探出头，一位挽着花白发髻的阿婆坐在门口，挑拣着筛子里的黄豆。面前有好几只母鸡带着毛茸茸的鸡宝宝在吃谷子，阿婆的脚跟头还趴着一只打盹的小黑猫。地面铺的是青砖，墙边垂挂着玉米、大蒜、辣椒等作物，连同那土得掉渣的桌椅板凳，一股乡土气息扑面而来，人们仿佛置身于往日的农村，来到邻里的门前。

江南水乡农家寻常使用的生产用具、生活用品，在声、光、电等现代科技手段辅助下，呈现江南农村风土人情，再现了水乡人家的民俗风情。农民在田间耕田劳作，孩童在村头踢毽子、打弹子球、看小人书，一具具蜡像栩栩如生，江南水乡生活富有诗情画意。

蒋巷，留住农耕文化的魂

展馆中每件物品都是那么亲切，人们感叹用过、见过、有过，但它们在现实生活中逐渐消失了。在名为"无限江南"的百物专题展馆中，有百桶、百凳、百篮、百罐、百灯、百衣，让人对旧时江南人家的生活回味无穷。在这里，木犁、水车、稻床、手推磨、碾子、石臼、纺车、织机、古灶，让人们体会到农人劳作的辛勤，感受传统农业的乐趣，似乎回到男耕女织、牧童笛声的年代。花轿、雕花床、箱笼、竹椅、脚桶、摇篮，让人触摸到

| 20世纪五六十年代的鞋

| 补锅

家的温馨，感受农家喜庆时的甜蜜。木匠、铁匠、篾匠、皮匠、渔夫、弹棉花、补锅、锔碗、修伞、磨剪铲刀等老行当一一呈现，人们似乎又听到此起彼伏的吆喝声，体验到了温暖的平民生活。难能可贵的是，他们运用影视手段拍摄了不少记录江南老行当的短片，见证灿烂的江南文化，留住了农耕文化的魂。

木渎，
"乾隆文化"可以降温

木渎是与苏州城同龄的水乡古镇。相传春秋末年，吴越纷争，越国战败，越王勾践施用"美人计"，献美女西施于吴王。吴王夫差专宠西施，特地为她在秀逸的灵岩山顶建造馆娃宫，又在紫石山增筑姑苏台，"三年聚材，五年乃成"，源源而来的木材堵塞了山下的河流港渎，"木塞于渎"，"木渎"之名便由此而来。

2500多年的悠久历史孕育了木渎灿烂的文化，自古以来，木渎人文荟萃，人才辈出，自北宋至清末，共出进士25人，举人30余人，其中状元2名，榜眼1名。著名人物有：北宋政治家、文学家范仲淹，清代著名诗人、诗选家沈德潜，清末启蒙思想家、政论家冯桂芬，近现代的刺绣皇后沈寿，以及台湾政要严家淦等。

作为沟通苏州城和浩淼太湖的交通枢纽，木渎是名副其实的太湖门户，因而在明清时期，木渎即是苏州城西最繁华的商埠。乾隆的宫廷画师徐扬绘有一幅反映当时姑苏繁华风貌的写实性长卷《盛世滋生图》，又名《姑苏繁华图》，全长1225厘米，其中用相当篇幅描绘了木渎，木渎当年之繁华可见一斑。乾隆十六年（1751）春天，乾隆首次南巡，御舟经运河，转胥江，折入香溪，在木渎舍舟登岸，行至灵岩山游玩，并与他的老师沈德潜吟诗唱和，与他的好友徐士元茶棋相娱，乾隆亲笔题写的"御码头"和"御碑亭"，便是当年历史的见证。如今200多年过去了，木渎古镇的格局和风貌未变，依然是吴西最大的商埠、姑苏第一水镇，镇上古宅庭院深深，小桥流水悠悠，其中胥江为伍子胥所建，乃我国第一条人工运河，香溪因西施在此洗妆满河生香而名，木渎的每一条河，每一座桥都有一个古老美丽的传说，具有极高的观赏和休憩价值。

木渎四周群山拱峙，又毗邻太湖，既得真山真水之趣，又具小桥流水之幽，更有私家园林、名人故居等众多的人文古迹，因而，木渎景区名列太湖风景区13个景区之首。作为中国唯一的园林古镇，木渎在明清时有私家园林30多处，迄今仍保留了10余处。其中"严家花园"乃乾隆的老师、中国最长寿的诗人沈德潜故居，后归木渎首富严国馨。园中布局疏密曲折，高下得宜，局部处理精巧雅致，幽深婉约，显示了营造者独具匠心的造园艺术。现代建筑学家刘敦桢、梁思成等人

| 御码头

数次考察此园，备加推崇，称其为苏州当地园林之翘楚。"虹饮山房"是木渎文人徐士元故宅，占地广袤，建筑大气，其"溪山风月之美，池亭花木之胜"，远胜过其他园林，传说乾隆到木渎曾在此园看过戏。"古松园"乃清末木渎富翁蔡少渔旧宅，因园中有一株500多年的明代罗汉松而得名，古宅雕花楼精雕细琢，与洞庭东山雕花大楼为同一大师作品，堪称南北姐妹雕花楼。"榜眼府第"是洋务运动先导、著名政论家冯桂芬故居，江南三雕（砖雕、木雕、石雕）为其镇园之宝。"灵岩山馆"是清代木渎状元毕沅的私家别业，清池涓流，

| 老戏台

岸曲水回，是吴中著名山水园林。木渎私家园林既秉承了苏州园林的精致幽深，又有其空旷高远、山林野趣的个性，充满了一种大气和皇气。在第28届世界遗产大会期间，我国著名文物和古建专家罗哲文、郑孝燮等人参观了木渎古镇私家园林之后，激动不已地说："这才是真正的文化遗产。"

20世纪末，古镇旅游风行全国，江南水乡古镇在海内外享有盛誉，木渎古镇也在此时成功介入。虽然步了周庄、同里的后尘，但木渎是一个园林古镇，与其他古镇相比，更有人文气息。园林古镇当然需要一个文化灵魂，他们煞费苦心地做起了"乾隆文化"的文章。根据这个定位，他们挖掘了不少与乾隆相关的东西：乾隆的御码头、乾隆的龙椅、乾隆的圣旨、乾隆种的玉兰树……其中虹饮山房的镇园之宝"龙椅"，传说是当年康熙南巡驻跸灵岩山行宫时的圣驾专座，后来游木渎也坐过。它用千年紫檀精制而成，九条金龙缠绕腾飞，显示出至高无上的帝王之尊。"文革"中流入民间，后来被虹饮山房从民间收购过来。由此，木渎提出打造"江南园林古镇"，后来演变成"中国园林古镇，乾隆六次到过的地方"，大张旗鼓地为无名小镇走向全国名镇推波助澜。

"孵化乾隆"成为打造木渎旅游品牌的首选，于是街头上出现了以乾隆下江南为原形的卡通形象"黄六爷"，某商店推出300款"黄六爷"系列产品，赚得盆满钵满。威武雄壮的"御驾亲游"俘获了大批跟拍游客，巡游队伍从"虹饮山房"出发，鸣锣开道气势壮观，文武百官队列整齐，迎接乾隆皇帝御驾亲游，假戏真做，津津乐道。

然而，翻开乾隆6次南巡线路图，我们可以清楚地看到，乾隆帝分别于乾隆十六年（1751）、乾隆二十二年（1757）、乾隆二十七年（1762）、乾隆三十年（1765）、乾隆四十五年（1780）、乾隆四十九年（1784）6次下江南，

| 古桥古韵

虽然每次都到苏州府,"六次来木渎"却没有根据。近几年,我国非物质文化遗产保护确立了"见人见物见生活"的重要理念,历史文化名镇保护要"见人""见物"已成为共识,但主观臆造、无中生有却是名镇保护之大忌。

好在木渎古镇同时打响了"姑苏十二娘"旅游文化品牌。"姑苏十二娘"浓缩了2500年古吴文化精湛深厚的历史内涵,是一个底蕴丰富、韵味十足的常青品牌,是木渎古镇吴文化的瑰宝。"姑苏十二娘"由船娘、绣娘、织娘、茶娘、扇娘、灯娘、琴娘、蚕娘、花娘、歌娘、画娘、蚌娘组成,每一位吴娘都是勤劳善良、心灵手巧的吴地妇女的典型代表。"姑苏十二娘"归纳演绎出了吴文化中最为精彩绝伦的部分,12位吴娘体现了江南水乡特有的吴文化风情,是"人间天堂"苏州历代商业和手工业繁盛的缩影。"姑苏十二娘"既是吴文化的载体,也是水乡女子的典型代表,其丰富的文化内涵足以成为一面古典与现代交相辉映的水乡文化旗帜,无论是对于一个千年古镇倾力打造的旅游文化品牌,还是作为历史文化打向海外的一个知名品牌,都具有无可限量的发展前景。

西蔡里，
走近瑰宝守护人

缥缈峰是苏州西山岛西山的主峰，海拔336米，为太湖72峰之首，被称作"太湖第一峰"。因这里经常被云雾笼罩，犹如传说中的缥缈仙境而得名。峰顶有一形似鹰嘴的巨石，上有国民党元老李根源题写的"缥缈峰"三字，附近瞭望塔、紫云泉、砥泉、仙人桌、登高台、望湖亭等遗迹星罗棋布。站在峰顶的瞭望塔极目远眺，仿佛身在云端之上，云海就在脚下，一座座小山头只露出了脑袋，若隐若现，仙境一般。再往远处，三万六千顷湖光山色尽收眼底，"吴中泰山"当之无愧。宋代诗人范成大曾在登临后留下绝句："满载清闲一柞孤，长风相送入仙都。莫愁怀抱无消豁，缥缈峰头望太湖。"

"西蔡里"，北倚缥缈峰，南濒消夏湾，东邻东蔡，西接岭东村，是一个占地约0.3平方公里的传统古村落。作为千年建村历史的传统村落，这里不仅拥有众多明清时期古建筑，更承载着丰富的文化内涵。

聊起西蔡里的前世今生，村党委书记、村主任张雪军烂熟于心：村内有秦氏与蔡氏二大姓氏，蔡氏原籍河南汝宁府新蔡县，据《蔡氏宗祠碑记》载，宋有蔡源者，字世洪，官至焕章阁直学士、秘书郎，娶宋室长公主赵氏。宋高宗南渡，蔡源随驾护驸至临安（今杭州），绍兴二年（1132）病卒。其子维孟、继孟、承孟以葬父为由，于绍兴十二年（1142）自临安奉母赵氏移居西山岛消夏湾，长子维孟居西，遂称西蔡里；秦家堡因秦氏迁居而得名。秦氏是词人秦观后裔，绍熙年间，秦观五世孙秦益之游西山，爱其山水之美，遂定居于此，并建别墅于消夏湾安仁乡。其子秦通守墓，世居于此，后定名为"秦家堡"。西蔡里在南宋初因秦、蔡两氏的迁居渐次形成村落，至明清两朝进入繁荣期。

跟随张雪军走街穿巷，只见村中古树参天、古井清澈，一条长达750米

| 蒋建法和张雪军在古宅保护现场　徐伟法 / 摄

的古道由西向东串起了30余处明清古建筑，那种古朴的气息着实让人心醉。原村主任蒋建法告诉我，村里现有明清古建筑20000平方米，以秦家堡的芥舟园、东蔡村的春熙堂花园、西蔡村的爱日堂花园最有名。在蒋建法孩提时代记忆里，秦氏宗祠已被辟为缥缈小学，森严的宗祠里，门厅、祭殿、寝宫、回廊、抚院一应俱全。小时候他与小伙伴一起到爱日堂玩耍，沿着花岗条石的古道走到那占地三亩的豪宅，那是个曾经亦儒亦商的大家族，走进轿厅，门厅中间漆黑的板壁上贴着一张不知什么年代留下的大纸，虽辨不出纸张的原色，但上面一个硕大的"举"字还依稀可辨。其时，一群蒙童尚不知什么叫科举，什么叫"檄报"。

斗转星移，时光进入了20世纪80年代，温饱无忧的村民们启动了改善居住条件的程序，村落里的古道、古宅经历了一次大劫难。那些豪门里的后裔，因工作关系远离故乡去城市安家立业，而祖传老宅如同秋日蝉衣无人管顾；部分农户因住房紧张纷纷拆旧建新。村里古道被运建材的车辆轧得条石断裂、坑洼不平，古村古物如同弃儿遍体鳞伤。

如何守护好前人留下的历史文化瑰宝？这是摆在村干部面前十分棘手的难题。面对传统村落遭到破坏的现状，张雪军内心十分焦急：加强传统村落保护迫在眉睫！缥缈村党委审时度势，立足于改善城乡居民生活环境，结合美丽乡村建设，以保护文化遗产、改善基础设施和公共环境为重点，下决心通过3至5年时间，使缥缈村历史环境和传统建筑风貌得到有效保护。

"芥舟园"又称"秦家花园"，占地面积虽不大，但小巧而精致，太湖假山巧布于数尺之间,四周配以天竺、枇杷、万年青、罗汉松等花木,罗汉松树龄800年,直径超过70厘米。花园北面有书房3间,称"微云小筑",为苏州乾嘉年间小型宅第园林代表作。为了守护好这一古宅,村干部煞费苦心,首先邀请苏州文保单位进行实地调查,对古宅的文化价值进行定位,争取列入保护名录,实行保护监管,然后寻找芥舟园后人商议保护事宜。经过精心修护,芥舟园最终还原旧貌,不仅被列为吴县文物保护单位,还被列入《苏州园林名录》。

"敬吉堂",清代建筑,书楼面阔3间,底楼楼下轩形式,二楼构架为内4界前后轩做法,书楼梁轩、窗隔所刻图案、纹样丰富,雕刻精美,是古村中保护较好、具有一定艺术价值的厅堂。当年房主迫于住房压力,申请拆除翻建,村干部苦口婆心做好说服工作,及时为他们申请新建宅基地,因而也成功地保护了这座精美的厅堂。

2011年10月,原村主任调镇上工作,血气方刚的张雪军毅然接过古村保护接力棒。张雪军曾任金庭镇旅游发展公司总经理,对传统古村落保护以及生态环境治理有独到的见解:"传统村落传承着中华民族的历史记忆、生产

| 保存完好的古宅　徐伟法/摄

生活智慧、文化艺术结晶和民族地域特色，进一步保护历史文化遗产，改善农村人居环境，我们义不容辞。"

2020年3月，江苏省住房和城乡建设厅等部门认定公布了第一批《江苏省传统村落名录》，西蔡里、秦家堡名列其中。西山岛是镶嵌在太湖中间的一颗"绿心"，2019年《苏州生态涵养发展实验区规划》发布，苏州市政府拟用15年时间，将金庭镇打造成为体现生态文明的"太湖典范"和国家绿色经济示范区。张雪军紧紧抓住这一历史机遇，在金庭镇党委和政府的大力支持下，先后争取到6795万元资金，全面保护

| 修复中的西蔡古道　徐伟法 / 摄

文物古迹、历史建筑、传统民居等全传统建筑，重点修复传统建造集中连片区，保护古路桥涵垣、古井塘、树藤等历史环境要素，保护非物文化遗产以及与其相关的实物和场所，全力营建美丽乡村，让西蔡里、秦家堡的古建筑、古街道、古井、古巷门、池塘、古树等重新焕发生机。

西蔡古道，历史悠久，见证了古村落当年的兴盛发达。近20年由于村民搞基本建设，西蔡古道受到严重破坏。村领导设法争取到扶持资金，在保护道路的历史格局和空间尺度基础上，与美丽乡村建设相结合，以最大限度方便村民出行为目的，对村内道路进行整修，特别是沙条街的修复。同时，结合西蔡里自然村原有的河道水系，落实清淤工作，贯通亭子江，保证河道水系畅通，充分展现传统水乡特色。不仅西蔡古道得以重生，古村旧貌换新颜。

当我们踏上修旧如旧的西蔡古道，见到一个个村民脸上都露出欣慰的微笑。作为古村镇抢救和保护志愿者，我感触良多：瑰宝珍贵，护宝不易！西蔡里人努力恢复传统村落的内在活力，探索创新古村保护的实践之路，鼓荡着不一样的风情，凝聚着不一样的人气，古村落在历史的光环中正焕发着不一样的生命力。

荡口，
展开江南水乡文化画卷

　　荡口古镇位于无锡东南鹅湖镇境内，西邻鸿山越国贵族墓群和泰伯墓，东与苏州、常熟接壤。古名"丁舍"，相传是东汉孝子丁兰故里，因位于鹅肫荡口而得名，秀丽的鹅湖孕育了这座历史名镇。这里河道纵横、湖荡密布、小桥流水、环境幽雅，素有"小苏州""银荡口"之美誉。镇内居民以华氏居多，其祖先华贞固熟读诸子百家，著有《虑得集》行世，族内子孙代代相传。因此，这里孝义之风盛行，物华天宝、钟灵毓秀、名人辈出，经济社会发展快速，成为江南粮赋第一乡。

| 水乡画卷

水乡画卷

历代文人墨客对荡口多有赞美之词。清代诗人杜汉阶的竹枝词诗曰:"东南巨浸首鹅湖,绝妙烟波万叠图。云外青山遥映带,风光得似邑西无。"秦琦的诗曰:"鹅湖美色水深深,系棹携壶取次斟。询是水乡风味好,银鱼如雪细如针"。杨南峰诗曰:"天知早稻上场来,故放晴光日日开。老酒深缸软草铺,与君同把太平杯。"文徵明也有诗句云:"翘首鹅湖刚百里,遥怜岁晚客间身。"

这里历史遗存众多,有4个(13处)省级文保单位,1个市级文保单位,1个控保单位,50处历史建筑。2008年10月,锡山区按照"规划优先、正确保护、积极利用、各级联动"的要求,先后聘请了阮仪三等省内外专家以及知名规划设计研究院参与了古镇保护性修复工程的规划设计工作,确立了荡口古镇保护开发的总体定位:充分利用文化遗存,整合湖泊、田园生态资源,复合打造集文化体验、休闲度假、游憩娱乐、生活居住为一体,独具特色的明清江南古镇影视剧拍摄基地和最适宜憩息、颐养的旅游生活社区。

根据这一定位,从2009年3月开始,锡山区先后投入10亿元,围绕"水""义"和"名人"三大文化特色,修缮、修复建筑面积达7万平方米,其中保护修复文保单位、历史建筑2.8万平方米。先后修复建设了桥梁28座,有石拱桥、石板桥、廊桥,有单孔的也有多孔的,形态各异。这些桥梁演绎着荡口人积富为民、行善积德、造福桑梓、崇尚孝义的生动故事。同时,他们疏浚沟通古镇北仓河水系,修复了古码头、古驳岸,铺修了残缺的青石板路,整修了深巷、狭街、小弄,重现了"小桥流水人家,客船行驶屋檐下"的江南水乡风貌。游客从西入口的水上码头登上乌篷船,仓河两岸的明清古民居尽收眼底。

"名人文化"是荡口古镇的主要特征之一，名人辈出、人文繁盛是荡口古镇最具魅力的文化特色，古代这里走出了铜活字印刷家华燧、华坚叔侄；明代大收藏家"江东巨眼"真赏斋主华夏；赐一品服出使朝鲜的翰林院大学士华察及仲谆、叔阳父子；明末舍生取义、留发不留头的华允诚；布衣少卿王会汾。到了近现代更是名人荟萃称冠江南水乡古镇：中国第一艘机械动力船发明人、中国近代科学先行者、数学家华蘅芳以及华世芳兄弟；刺绣艺术家华璂、华玙姊妹；实业家华鸿模、华绎之祖孙；多才多艺的琵琶艺术家华秋苹；《歌唱祖国》的词曲作者、著名音乐家王莘；漫画大师华君武；国学大师钱穆及杰出科学家钱伟长叔侄等。为此，荡口古镇精心打造了华氏义庄、会通馆、华蘅芳生平事迹陈列馆、华君武漫画馆、王莘故居、钱穆旧居等8个名人体验景点。

荡口的礼让、孝义之风，代代相传，源于吴文化的谦让美德和儒家思想。孝道是中华民族的传统美德，在荡口尤为昭彰，汉有丁兰，晋有华宝，元末华幼武，明初华贞固。华幼武、华贞固侍奉母亲的"春草轩"从堠阳移徙鹅湖，历经数百年，堪称中国第一所家庭养老院。荡口还先后建起了怡老园、养萱斋等孝养敬老的场所，传承了"孝为行首"的优良传统。明代杰出书画家沈周为荡口华蒙养萱斋题曰："南齐孝子千年孝，今代还生奉母人。"文征明赠华世桢诗曰："祖孙继好兼三世，道义相看重百年。"明末忠臣华允诚一片丹心、冒死直谏、舍生取义的献身精神，一直鼓舞着华氏家族的子孙后代。恪守孝道，推己及人，博爱众生，务本济物。把"孝"衍化为"义"，是荡口孝义文化升华为实际行动的具体表现。荡口在明初华仲谆首设义仓，赈灾扶贫；明弘治年间（1503）华祯首建无锡第一义庄；明万历年间，华察又创设役田接济族人；

荡口，展开江南水乡文化画卷

| 诒谷堂

清乾隆年间，华进思捐义田1340亩，建立了华氏老义庄。至清末，老义庄义田数量达7000亩，规模在苏南独占鳌头；随后，华氏又相继建起了永义庄、新义庄、襄义庄、春义庄，另有徐氏义庄、殷义庄、须义庄等，全盛时全镇义庄近十所，其规模之大、数量之多，均为江南之首，在全国也属少见。荡口的义庄有着周密的规章制度，在赡族济贫、慈善解困、训养童蒙等方面，起到了积极的作用。孝义文化不仅使华氏家族长盛不衰，也营造了荡口地区民风淳朴、和谐安居的社会环境。"崇孝尚义"成为荡口文化的重要特征之一。华氏义庄，是江南地区至今保存最为完整、规模最大、存续时间最长的义庄之一。清乾隆七年由华进思、华公弼父子创建，受到乾隆皇帝嘉奖，华氏子孙陆续修建。现存房屋4进，占地面积约2500平方米，中轴线上自南向北依次为隔河照壁、码头及场地、八字照墙、门厅、轿厅、正厅（诒谷堂）和后厅，西路由北往南是仓廒、西花园和典当行。

经过近5年的保护修缮、开发建设，2014年4月古镇正式开街。近年来，围绕北仓河两岸，古镇打造了民俗展示区、美味餐饮特色区、原味荡口体验区、娱乐休闲风情区4个特色生态片区，基本满足了夜泊荡口、吃在荡口的功能需求。目前，已有200多家商户已入住，而开设各类店铺的绝大多数是当地人，这些商户中不乏有老字号、名优特色店和著名品牌连锁店。其中有北京永泰和书画院、苏州黄天源糕团、无锡穆桂英美食、无锡玉祁双套老酒。荡口土特产自然备受青睐，年糕、团子、走油肉、冰油等产品走俏市场，带动了当地百姓参与旅游的热情。与此同时，他们精心编排荡口民间流传的民乐、戏曲、评弹、舞狮等节目，在古镇各个节点进行表演，一个集文化体验、休闲度假、游憩娱乐、生活居住为一体的江南水乡文化画卷在荡口古镇徐徐展开。

严家桥，在三张"名片"中崛起

2012年香港特首选举，唐英年成为当选热门人物，千里之外的严家桥村这块唐氏家族先祖发祥地，一时间成了中外记者关注的热点。

唐英年生于江苏无锡的纺织业世家，其祖父是曾任上海市政协副主席的爱国资本家唐君远，1949年后，唐英年的父亲唐翔千迁移到香港，继续经营其家族的纺织业。根据2010年美国财经杂志《福布斯》发布的香港富豪榜，唐英年的父亲唐翔千拥有66.3亿港元资产，在香港富豪榜排第40位。1991年，唐英年成为功能组别立法会议员，开始踏上政坛。1997年香港主权移交中国后，获前香港特首董建华邀请进入香港行政会议。先后任香港工商科技局局长、财政司司长、政务司司长。2011年9月28日辞任香港政务司司长，11月26日宣布参与香港特别行政区第四任行政长官选举。虽然当年唐英年未能当选香港特首，但家乡父老仍然以他为骄傲。

在距严家桥不到1公里的严羊路口，耸立着一座巍峨的牌楼，上面镶嵌着唐英年先生亲笔题写的"严家桥"匾额。近十年来，当地政府始终坚持保护与开发并举的方针，十分重视严家桥古村落的保护，努力打造"唐氏故里""锡剧之源""田园水乡"3张"人文名片"，同时聘请苏州科技学院、无锡市规划设计院共同编制《严家桥传统村落保护发展规划》，凸显严家桥深厚的历史文化底蕴和别具特色的地方风情，受到了专家学者和各级政府的重视，2006年底正式命名为"江苏省历史文化名村"，2015年列入第二批《中国传统古村落》。

漫步严家桥古村，一批晚清和民国时期的建筑纷纷映入眼帘，这些跨越一个多世纪的历史建筑，让人们回忆起当年严家桥古镇上舟楫往来、人声鼎沸的交易场景。早在商周时期，严家桥先民在这里辟田开河、种粮植桑，劳作生息，使这里逐渐成为经济活跃、生活富裕、物阜民康的地方。太平天国征战江南时，唐氏家族先祖搬迁到这里发展，终成中国民族工商业大族。

唐氏家族久盛不衰，主要是由于唐氏家教遗风代代相传："对国忠，持家俭，立心诚，处事敬，助人乐，修业勤，奉告孝，启后慈，择交严，御下恕。"唐懋勋有8子：嘉培、俊培、爵培、诚培、泰培、钰培、洪培、福培，以"培"字排名。除从政、务农、早逝外，七子洪培、八子福培较干练，随父经商，颇为得法，逐渐成为父亲的左膀右臂，和事业的继承者。洪培、福培分别育有6子、4子，都以"镇"字排名，第三代"镇"字辈都在严家桥出生成长，从小受到良好教育和培养，因此人才辈出，有的历任政府要职，有的成为商界红人，更有应时代潮流，创办企业，走上资本主义经营道路，成为我国第一代民族资产阶级。 唐梓良次子唐滋镇，字保谦，清同治五年（1866）八月二十八日生，早年曾在钱庄习业，后帮其父经营春源布庄。1904年接替其父，与人合作经营永源生米行。1910年与人集资在无锡创办九丰面粉厂并任协理。1915年租营润丰油厂，改名"润丰昌记油饼厂"并任经理。1919年在周山浜独资创设锦丰丝厂并任经理，拥有坐缫车480台。1920年4月，与蔡缄三等人集资在周山浜创办庆丰纺织厂，次年5月成立纺织股份有限公司董事会，

| 寂寞老街

任董事、经理。庆丰纺织厂于1922年建成,有纱锭1.48万枚、织机250台及1000千瓦汽轮发电机1座,以后逐年扩建。1926年由其子唐星海接任厂长,所产"双鱼吉庆"牌棉纱及"双鱼""牧童"牌平布很受市场欢迎。

| 当年进口的纺织机

至抗日战争前庆丰公司已拥有纱锭6.47万枚、线锭1024枚、织机725台、发电装机容量大至6600千瓦,成为无锡七大纺织企业之一。20世纪三四十年代,严家桥街道上的商业店铺达200多家,成为无锡东部重要的商贸中心,享有"小无锡"盛名。

步入吴地古韵广场,广场上绿树成荫,百花芬芳,古色古香的景溪亭是当地政府为纪念唐氏先祖景溪公所建,亭子在小湖中映出倒影,与两侧小桥相映成趣。沿着青砖小道登上建于清光绪三十年(1887)的梓良桥向北眺望,严家桥风光尽收眼底,当年唐氏家族出资疏浚的严羊河水仍在静静流淌。严家桥作为我国近代民族工商业先驱、无锡民族工商业四大家族之一的唐氏家族先祖的发祥地,至今保留着唐氏家族的历史遗存:唐氏仓厅、唐家码头旧址、唐氏建造的永兴桥、梓良桥旧址、唐家当年创办的春源布庄遗址、翼农蚕种制造场旧址和利家砖瓦厂等。从梓良桥西桥堍沿河往北走,修葺一新的百米长廊、唐氏仓厅宅院、唐家码头、唐氏"同济典当"焕发着当年的风采。如今,唐氏前宅已建成唐氏工商业陈列馆,馆内琳琅满目的资料、图片、实物展示了唐氏家族在严家桥创业、发展、腾飞的全过程。因此,唐氏家族堪称严家桥光彩夺目的"名片"。

除了唐氏家族,严家桥还有第二张"名片",这里乃"华东三大剧种"之一——锡剧的发源地。据当地友人介绍,锡剧初名滩簧,乾隆五十四年(1789)所备《万寿庆典》中,选进《桑农献瑞》戏文,注明用"滩簧调"。清道光十

| 唐氏工商业陈列馆

年（1830），已有两人对唱形式的"对子戏"流行于严家桥一带。早期滩簧吸收了"采茶灯"的舞蹈动作，逐渐由坐唱到立唱。采茶灯当时在江南极为普及，每逢新春佳节，民间都有"调采茶"自娱。锡剧由民间自娱自乐形式逐渐转化为商业性演出，也是从严家桥发端。至此，严家桥走出了锡剧史上3位名人：锡剧史上第一个剧作家严廷初；"锡剧进上海第一人"袁仁仪；锡剧史上最早的滩簧女艺人青宝姑娘。有了这么多锡剧史上的"第一"，严家桥"锡剧第一村"的历史及其人文资源越发丰厚。如今，严家桥成立了锡剧研究会，专门设立锡剧纪念馆，介绍锡剧的历史，设置小舞台定期表演，让锡剧在严家桥永远流传下去并发扬光大。

与"锡剧之源"比肩的是"教授村"，20世纪七八十年代，严家桥村就享有如此盛名，全村2000多人，不包括唐氏家族分布在海内外的众多人员，拥有高级职称的有200多人，平均每10人中就有1个教授级知识分子，充分展示了这个历史文化名村的人文底蕴。

跨过严家桥牌楼，眼前便见一大片设施完善的高标准农田，这里便是严家桥的"千亩优质水稻园"。水稻园主要种植和销售的大米选用优良稻种，采用先进的育苗插秧技术，杜绝使用除草剂、杀虫剂等化学药剂。严家桥大米吃到嘴里绵、柔、弹、滑，被人们称为"真正的无锡味"。一个商贸特色浓郁、人文景观丰富、田园风光依旧的历史文化名村，在3张"名片"中崛起，正以完美的风姿展现在世人面前。

"红色富田",尽显古村古韵

江西吉安富田镇,无论哪个村庄,都经受过血与火的战争洗礼。富田曾经是中央苏区革命活动的中心,毛泽东、朱德、陈毅、曾山、邓小平、毛泽覃等老一辈革命家在这里留下了众多战斗和生活遗址,至今还保存了赣西南特委第一次党代会旧址、苏维埃邮政总局、中国工农红军学校旧址、公略中心县委驻扎地以及毛泽东下井冈山后建的列宁台、红军医院、红军教导营等旧址群,红白标语在富田景区内部也随处可见,至今保存完好的红军标语有1700多条,鲜活而生动地体现了红军革命时期各个珍贵的历史镜头。

| 红军医院旧址

从这块神奇的土地上走出了袁升平、刘贤权、刘华香、刘昂等7位共和国开国将军,被誉为"红色富田"。

富田素有"六山一水两分田,一分道路和家园"的美誉,这里是江西庐陵文化的重要发源地,其现存古建筑纵贯宋、元、明、清各个时代,被评为"中国历史文化名镇"。近年来,富田古镇依托独特的山水资源,立足于自身丰厚的历史文化积淀,在继续发扬"红色富田"精神的同时,突出古村古韵,绘就了一幅"镇街文脉彰显、村头古樟郁葱、村内古韵幽静"的美丽画卷。

说到富田，不能不说它的樟树。富田樟树多，树龄长，古老的樟树见证着这里源远流长的历史文化。其中，陂下古村享有"樟树之村"的美誉。据当地人介绍，该村现存80棵500年以上的古樟，富水河畔更有十多棵千年古樟。"合欢樟"是陂下村最奇特的古樟，树冠占地面积200多平方米，约十个大人才能合抱起来。更神奇的是，树中间长出了一棵"凉伞树"，犹如一位亭亭玉立的少女站在丈夫的肩头向远处眺望，为这个古老的村落平添了一分神秘、浪漫的色彩。

走进富田古镇，古色古香的气息扑面而来：百米古街店铺林立，"布匹染坊""粮食杂货""醋坊""药铺"俱全，出售着琳琅满目的地方土产；古旧的私塾挂着"半边天"的牌匾，道尽了前朝教育的盛况和沧桑；随处可见的宗祠尽显明清风范，诉说着慎终追远的家族制文明；千余条红白标语交相辉映，再现了革命战争时期珍贵的历史镜头。

宗祠是富田古镇最负盛名的文化遗产。据了解，整个富田镇现存古祠堂200多座，其中陂下古村保存完好的古祠堂即有25座，其堂构迥异，包含了聚巢式、门楼式、厔亭式等各种样式。王氏宗祠"诚敬堂"建筑大气、结构

| 王氏宗祠

精巧，占地面积3646平方米，被誉为"江南第一祠"，至今已有500多年的历史；"匡家娘娘祠"是吉安地区最长的祠堂，占地面积达到了3501平方米。据匡家家谱记载，明高帝六世孙建安简定王朱拱樋娶了匡氏匡鹏中的长女为妻，被诰封为一品夫人，这座祠堂式的朝楼就是专门为了纪念匡娘娘建造的。陂下古村"敦仁堂"是陂下古村胡氏的宗祠，经过百年风雨侵蚀，敦仁堂屋顶部分椽皮和瓦片相继断裂脱落。为保护好祖宗遗产，自2006年起村民们自掏腰包筹集资金近60万元进行了修缮。富田为文天祥故里，"文丞相祠"是全国最早的一所祭祀文天祥的专祠。历史上，文丞相祠历经磨难，三建三毁，当今仅存遗址。自2013年开始，当地政府积极响应海内外文氏宗亲和社会各界的呼吁，将复原文丞相祠提上议事日程，2015年9月告竣。复原后的文丞相祠以原样为蓝本构建，占地面积1036平方米，建筑面积756平方米，耗资900余万元，两井三进，祠馆结合，陈列文天祥翔实史料和系列珍贵文物，该祠与富田古街以及周边环境相得益彰。2011年至今，当地政府投入大量资金，积极开展"红色旧居旧址维修项目"，凸显了赣中民宅的建筑风格，为研究明清以来的历史文化提供了极好的范本。

"文化立镇"是富田做大做强做美古镇古村的新理念。近年来，古镇大力挖掘历史文化积淀，以美丽乡村建设"五美"要求为目标，统筹圩镇基础设施建设和公共服务向古村延伸，积极完善古村旅游基础设施，促进村镇基础设施的共建共享，让人们在融入东固红色旅游的同时，再体验这里的古村生态文化。

和国内其他古镇一样，在探索"文化立镇"的过程中，富田古镇也面临着"保护与开发"的矛盾。为了最大限度地保存历史遗迹，传承古镇文化，他们坚持以庐陵文化的视觉来规划，怀着虔诚态度对古村落进行传承和保护，在修复过程中严格秉持"修旧如旧、建新如故"的指导方针，全部依势而建，不砍树、不挖山、不填塘，力求保持古村的原有风貌，恢复古镇的往昔风采，实现了"移步换景、一村一景、一村一韵"的目标。

注重整体规划，加强创意设计，是富田古镇尽显古村古韵的神来之笔。该镇紧紧围绕建设"人文名镇、旅游重镇、产业大镇、生态强镇"总目标，要求每个古村编制建设规划，基本形成"统筹兼顾、层次分明、彰显特色"

"红色富田"，尽显古村古韵

的建设规划体系。为了打造精品特色村落，他们依托富田古镇核心保护区及陂下、横坑、荛田等古村为主要平台，结合生态环境和历史文脉，凸显村落特色资源。2015年陂下古村景区成功创建国家4A级旅游景区。横坑古村成功创建国家3A级旅游景区。至2015年，富田共有5个国家传统村落。

为了完善配套提升服务功能，该镇按4A级景区标准，在古村落景区配套建设游客接待中心、标识标牌、生态停车场、旅游厕所，在陂下古村15个主要游览点启用了语音应景讲解标识系统，通过百度搜索置顶推广、完善更新民宿、乡村旅游等网站的内容，链接携程、驴妈妈等电商，进行网络订票，加强网络营销。

丰富的历史遗存和浓郁的传统文化，为富田古镇赢得了一系列荣誉称号：2010年被国家住房与城乡建设部和国家文物局授予了"中国历史文化名镇"称号，2012年被国家环保部评为国家生态镇，2015年荣获"全国宜居小镇示范单位"，文天祥墓、王氏宗祠成功申报为"国家文物保护单位"，"陂下喊船"民俗被评为非物质文化遗产。"村街合一""道佛合一""天人合一"的自然环境凸显了富田镇深厚的千年历史文化底蕴，受到越来越海内外游客的喜爱和推崇。

| 中共富田区委旧址

婺源，
打造"中国最美乡村"

江西婺源因其山水环境、田园风光、人文传统与经典精彩的徽派民居浑然天成，先是被摄影艺术家发现，称之为"最美的乡村"，后因县委县政府保护得当，在全国古村落保护中独树一帜，逐步被专家、学者、广大摄影爱好者以及驴友认可。

"中国最美乡村"的说法，最早出自陈复礼先生之口。陈复礼，香港著名摄影家，与郎静山、吴印咸并称华夏摄影界"三老"。1987年春天，年过古稀的陈复礼在婺源采风，其间拍摄的照片在江西省文联展出。他在展览前言中提到"婺源是中国最美的农村"。后来，陈复礼在婺源长滩古村拍摄的照片《天上人间》获得国际摄影金奖，画面上那令人心醉的油菜花使婺源蜚声世界。有心的婺源人记住了陈复礼这句话，悄然将"农村"改成"乡村"，打造"中国最美乡村"的使命，便落在了这一代婺源人身上。

近十来年，在城乡为实现现代化而大规模征地和拆迁中，不知有多少文物古建消失在推土机的轰鸣声中，无数古村落被破坏殆尽，往往无声无息。婺源地方政府、乡村干部和村民却早早地意识到古村落的价值，开始采取种种措施进行保护和开发，收获的婺源经验和婺源模式，对于我国古村落保护极具借鉴作用。

位于皖、浙、赣交界处的婺源，建县历史已有1200多年，原属古徽州一府六县（歙县、休宁、婺源、祁门、黟县、绩溪）之一，素以古村落、古文化、古树群、古洞群著称，是徽州文化的发祥地之一。改革开放后，婺源由于地处腹地，当时的经济比较落后，老百姓没有条件修盖新房，不料"因祸得福"，大批古村落竟得以完整保存。婺源成为当今中国古建筑保存最多、最完好的

| 菊径村

地方之一。全县有比较完整的古村落172个,其中有12个省级历史文化名村、3个国家级历史文化名村;有保存完好的明清时代的古祠堂113座、古府第28栋、古民宅36幢和古桥187座。

然而在当下,随着经济一体化的加速,传统乡村的城镇化和空心化愈演愈烈,富裕起来的农民对民居、山体、农田与植被的改造已严重影响到古村落的整体环境。对外人来说,这些古村落当然是越原始越好,但老百姓更想自己生活得舒服一点、现代化一点。如何处理好古村落保护与改善农村生产生活条件之间的矛盾?婺源县委县政府摸索出一套行之有效的组织措施。为了对境内古村落进行全面保护,县政府组织县建筑设计院的专家,按照徽派建筑传统设计了3份图样,作为村民在重修或新建房屋时的选择,在整体上保证徽派建筑的统一性。经过多年的摸索和积累,婺源县建立健全了县、乡、村"三级"保护管理体制,出台了《婺源县主要公路沿线、历史文化名村建筑管理暂行办法》,积极引导村民成立古村落保护协会等民间组织,配合村委会对古村落保护进行监督、管理。村民对此十分欢迎,一来徽派建筑风格已经深入人心,二来有现成的图样参考何乐而不为!像婺源这样全县范围内统一规划、统一保护的做法目前还比较少见,因此得到了住建部的表彰。

当然"酒香也怕巷子深",古村落虽美,包装策划、宣传造势也很重要。为了打造"中国最美乡村",婺源县委、县政府连续多年举办婺源乡村文化旅游节,并先后与中国文联、中国民协联手主办"2009 婺源·中国乡村文化旅游节暨第九届中国民间文艺山花奖·全国民间鼓舞鼓乐大赛"和"首届中国农民艺术节非物质文化遗产展演暨 2010 婺源·中国乡村文化旅游节",全国各地民间文艺表演队伍在婺源同台竞技,婺源的民间艺术绝活如抬阁、草龙、傩舞、板龙灯也一展风采,为婺源建设"中国最美乡村"和"世界最大生态文化公园"搭建了平台。其间,"可爱的家乡"摄影作品展、全国知名媒体摄影师聚焦"中国最美乡村"摄影大赛、"走进最美乡村,体验农家欢乐"驴友大赛、招商引资暨旅游推介会等活动十分红火。中国文联出版社及时出版发行了《婺源历史文化旅游丛书》,包括《名人撷英》《村落寻踪》《诗文掬珠》《乡俗遗风》《宗族探源》《商帮觅史》《山川揽胜》和《文物珍藏》,全面地反映了婺源深厚的文化底蕴。

古村落的保护和开发似乎总不外乎"旅游"二字。在婺源将近 200 个比较完整的古村落中,现在开发旅游的只有二十几个,所占的比例并不大。婺源旅游产业在 20 世纪 90 年代中期起步,曾取得过跨越式发展,但是由于经济成分复杂,各旅游企业为了自身的经济利益,无序、恶意的竞争愈演愈烈,只要是个古村落,拉个栏杆就收钱。2006 年底,各种原因造成婺源旅游相比周边旅游景区的竞争力减弱,游客人次数增长幅度相应降低,乡村旅游陷

| 石城晨曲

| 月亮湾

入低谷。

为了打造"中国最美乡村",从2007年开始,婺源迅速调整经营策略,对景区原有的同质化、各自为政的现象进行差异化形象定位。2008年以来,他们围绕婺源不同时期景观特色推出一系列中短线精品旅游主题活动:清明前后推出"寻根问祖到婺源",4月前后推出"春在婺源油菜花",暑期推出"古驿道走出的清凉",9月至10月推出"婺源的老屋在晒秋",11月推出"婺源的枫叶红了",年底推出"婺源的农家大餐登场了"以及"到中国最美乡村过大年"等系列主题。

经过10年的运行,婺源旅游的客源发生了根本性变化,以前基本是江西省客源占绝大多数,零星有些外省市区的背包族游客,现在的游客人次不仅迅速上升,而且范围已经延伸到全国、全世界。

"资源是国家的,政府应因势利导推动,乡村旅游经过重新定位、优化、洗牌,走整合之路,才能打造出'中国最美乡村'!"这是婺源人用心血换来的经验,而婺源人的全民文化自觉和文化自我保护显得更加可贵。

瑶里，着力挖掘瓷茶文化

瑶里，古名"窑里"，远在唐代中叶这里就生产陶瓷，是景德镇陶瓷的发祥地。宋初时，瑶里的制瓷业达到了高峰期，那时这里的瓷窑有80多座，粉碎瓷矿石的水碓就有200多乘，制瓷业的规模颇为可观，清末更名为"瑶里"。后来，随着窑厂向景德镇集中，瑶里的窑炉逐步停烧，转而以生产制瓷原料为主，直到现在瑶里依然向景德镇瓷厂源源不断提供原料，尤其釉料深受制瓷厂家好评。瑶里素有"瓷之源，茶之乡，林之海"的美称，2001年4月被列为江西省省级自然保护区，同年10月被批准为江西省省级风景名胜区，2003年8月，被评为江西省首批历史文化名镇。2005年瑶里镇一举拥有"中国历史文化名镇""高岭国家矿山公园""中国自然与文化双遗产名录""国家重点风景名胜区""国家4A级景区""国家森林公园"六张国家级名片。

瑶里古镇，物华天宝，人才辈出，是西汉长沙王吴芮、南宋开国侯李椿年、清朝工部

| 瑶里古镇

| 瑶河观鱼

员外侍郎吴从至等历史名人的故里和邻里。古镇于西汉末年建村,沿东河而建,处于青山环抱之中,瑶河水清澈见底,"瑶河观鱼"成为一道靓丽的风景。由于年代久远,镇上保留着不少古建筑,以明清时期的居多,民宅、祠堂、店铺等古建筑以徽派特色为主。明清商业街是徽饶古商道上最为繁华的商业街之一,全长1000多米,分为上街头、中街头、下街头3部分,整条街共有上百幢店铺,鳞次栉比地分布在街道两旁,大部分保存得非常完好。瑶里曾有民谣这样描述这条街:"上街头,下街头,街长不见头;丝绸缎,糖醋油,店面八百九",生动地再现了唐诗中"浮梁歙州,万国来求"的盛世景象。程氏宗祠又名"惇睦堂",背靠狮山,面临瑶河,始建于明代中叶,清代道光年间重新整修过。由于风水的缘故,其建筑风格不同于其他祠堂,上、中、下三堂的朝向各不相同。建筑内砖雕、石雕和木雕的题材丰富、玲珑剔透、层次分明、栩栩如生,显示了雕刻工匠高超的艺术才能。这里曾是抗日战争中新四军的重要活动基地,1938年初,为推动皖赣边区各界人民参加抗日,陈毅领导下的三支红军游击队遵循党中央指示,汇集到瑶里进行部队改编和整训,华仁寺、程氏宗祠、敬义堂3处古建筑现统称为"瑶里改编"旧址。这片古

老而又神奇的地方，既有深厚的文化积淀，又是人们享受大自然的绿色仙境，集自然与人文于一体，融历史与民俗于一身。

除古镇外，瑶里的自然风光也是很迷人。原始森林、天河谷，气候湿润，植被完整，从阔叶林到针叶林，从藤蔓乔木到花草灌木，色彩斑斓，层次分明。这里有南方红豆杉、银杏树、香榧树、金钱豹、娃娃鱼等国家珍稀动植物180多种，俨然一座天然动植物园。"古镇得道，峡谷成仙"是瑶里最大的诱惑。走进梅岭大峡谷，宛如走进了一座生态迷宫，这里山高林密、峰奇石怪、猿啼两岸、鸟鸣不绝，纤尘不染的溪流在崖间跳窜，仿佛从人的心田里冲洗而过，尤其令人气爽神怡。汪湖生态区集山岳、林海、瀑布等自然风光和古窑址等人文景观于一体，南山瀑布群尤为壮观，南山瀑、石花瀑、飞龙瀑、飘锦瀑全长400多米，落差达220米，主瀑宽70米。一水四瀑，首尾相接，从大到小，先急后缓，若断若续，时隐时现，飞流直下，声震山野，数里之外可闻其声。几人合围的香榧、楠木、鹅掌楸把整个森林遮掩得不见天日，就像走进了神话世界。

| 古镇得道，峡谷成仙

绕南陶瓷主题园区，按照以旧修旧的原则复建了釉果手工作坊、陶瓷手工作坊、龙窑遗址、水碓小世界等陶瓷文化遗址，让人们可觅远古瓷韵，感悟这里厚重的历史文化沉淀和古代劳动人民质朴的生活。绕南村古瓷窑遗址是瑶里规模较大、时间较早、延续时间较长的窑址，因村子靠南面大山，河水绕山而过才得名。在村子附近有3处重要的瓷窑遗址：栗树滩、东山阙和窑旮旯。据专家考古发现，栗树滩的明代青花瓷片在南京明代故宫遗址和北京一些建筑工地上都有大量出

土,说明了这里当时的瓷器产量不仅大,而且销路广。这里保存着完好的龙窑,窑体依山而建,窑头在下,窑尾在上,恰似一条俯冲而下的火龙。在烧窑过程中,窑烟经窑尾烟囱排出,靠自然的抽力,可使窑温快速上升,达到1200度以上。加上窑内各部分的温度和气氛不一样,因此可装烧多种产品,窑头前部装杯碟等小件,中部装壶瓶等大件,窑尾放置烘烤的胚件,其热量利用较为充分。考古发现,我国商代就出现了龙窑,自龙窑发明后,它历经了2000多年,不断完善,被广泛应用,曾烧出了龙泉瓷、影青瓷、玳瑁等著名产品。龙窑为烧瓷窑炉的发展奠定了基础,后来人们结合龙窑与马蹄窑的优点,创造出了葫芦窑,又在葫芦窑的基础上创造了举世闻名的镇窑(柴窑),龙窑在中国陶瓷史上的地位可想而知。

长期以来,瑶里镇致力于传统古镇古村落和文化遗产的保护,取得了不少成功经验,但近十年也面临当时诸多的共性问题:农业生产率低下,农民贫穷,业态萎缩;农业劳动人口流失,空心化趋势严重;民宅多数年久失修,生活条件亟待改善。为解决这些矛盾,2005年,瑶里镇委托中国文化遗产研究院编制了《瑶里古镇保护传统村落规划》。瑶里人从开始单纯强调"物"的保护,演变成既保护"物"又关心"人",同时重视村社根脉保护与发展的规划。他们清醒地意识到:保护传统村落,必须从当地实际出发,尊重传统业态,并为其注入活力。从土地看,瑶里属于山地丘陵碎片型,无法开展平原农耕土地的规模经营,更适于一家一户的分散经营;从传统看,上溯到中晚唐,瑶里的浮梁茶已为人所称道,宋代时奉为贡茶。因此,从"因地制宜、分类推进、发展特色农业、提高农业生产率"的保护策略出发,将粗放型的茶叶生产改造成精细化品牌化茶叶生产,从重视产量转变为保持传统和提高质量,以继承传统业态,促进古村落保护。

经过10年的实践,瑶里特色化保护发展之路越走越宽广,当地农户积极发展特色茶叶生产,适度发展观光农业,村民收入稳步提高,外出打工的人明显减少。2017年7月,住建部公示全国第二批276个特色小镇名单,瑶里镇成为景德镇市唯一一个进入榜单的特色小镇。眼下,瑶里镇积极依托得天独厚的特色资源优势,将深厚的瓷茶文化作为引领小镇建设发展动力和源泉,全力将瑶里打造成一座个性独特、布局优良、功能齐全、机制灵活的瓷茶特色小镇。

永和，
打造吉州窑陶艺小镇

2017年12月3日上午，江西吉安县永和镇锣鼓喧天、鞭炮齐鸣，在欢乐的乐曲声中，当地政府宣告：永和将打造一座以历史、文化、生态保护为根基，以陶艺产业传承与创新为动力，集文化展示、人文体验、田园风光于一体的中国吉州窑陶艺特色小镇。

吉州窑是中国极负盛誉的综合性窑场，也是全国古代黑釉瓷生产中心之一，而永和镇青原山"鸡冈岭"的瓷土以及周边山区的松林，让古镇有取之不尽、用之不竭的瓷土和燃料资源，从而成就了制瓷业。早在1800年前东汉时期，永和便开始早期开发。永和古镇的水陆交通方便，陆路是古代江浙与闽广来往必经之地，水路往北顺赣江而下，经南昌出鄱阳湖入长江，可通往全国各地，向南溯江而上，出赣州可达闽广。宋代永和镇制瓷业得到飞速发展，吉州窑产品远销朝鲜半岛、日本、东南亚各国。瓷业的兴盛带动了商业、手工业等相关产业的发展。一时商贾云集、樯桅林立、车辐辘辏，成为"舟东一大都会"。在南宋最盛时具有"六街三市七十二花街"的繁华规模，有直接为瓷业而设的专业市场，如瓷器街、柴草市，以及粮食糟行、竹木商行、五金店铺、茶楼酒肆等。"百尺层楼万余家，六街市连廒峻宇。金凤桥地杰人稠，鸳鸯街弦歌歌舞"便是永和镇昔日繁荣的写照。明初永乐年间的《东昌志》称："异时谈吉安之盛，萃于庐陵，故庐陵为郡之望；谈庐陵之盛，萃于永和，故永和为天下三镇之一。"如今，永和镇古瓷片、窑具仍然俯拾皆是，一条条用匣钵和窑砖铺成各种图案的长街古巷，纵横交错，依旧保留了古瓷城的风貌。

我有幸走进吉州窑博物馆，为千年吉州窑陶瓷历史文化的起源、发展、变迁感到震撼。吉州窑陶瓷在中国宋元时期是重要的商品之一，它为促进中

| 吉州窑陶艺精品

国和世界各国的贸易往来和文化交流作出了重大贡献。吉州窑所产瓷器种类繁多，已发现的各种器形有120余种，其中有青釉瓷、乳白釉器、绿釉瓷、黑釉瓷、彩绘瓷、雕塑瓷和琉璃器等。特别是"木叶天目盏"和"剪纸贴花天目盏"等产品饮誉中外，列为国宝。世界各地的很多博物馆和收藏家都藏有吉州窑的名贵产品。1975年，在东京博物馆举办日本出土的中国陶瓷展览，吉州窑的"兔毫斑""鹧鸪斑"和"玳瑁斑"成为传世珍品，日本国珍藏的"剪纸贴花盏"被誉为国宝。1976年，在新安海域发现一艘开往朝鲜、日本的中国元代沉船，从沉船中打捞出1.5万余件中国的古陶瓷，不少属吉州窑烧制。韩国中央博物馆陈列的42件吉州窑瓷器被视为稀世珍品。英国博物馆所藏的吉州窑产"凤首白瓷瓶"堪称瓷中尤物，"木叶天目盏"则被列为国宝。为了继承中华民族优秀文化遗产，探讨吉州窑的历史内涵，1980年10月，经国家文物局批准，江西省文物工作队在中科院考古研究所专家指导下，对吉州窑进行了首次发掘。1982年，吉安县在永和镇相继成立了吉州古陶瓷研究所和吉州陶瓷厂，熄灭了600多年的吉州窑火重新燃旺，名贵瓷品逐步恢复生产，其中"木叶天目盏"经与国家陶瓷研究所合作科研攻关，终于破解千古之谜，其制造工艺于1985年通过了国家级鉴定。目前，他们生产的仿古陶瓷品，已远销美国、加拿大、瑞士、英国、法国、日本等国，吉州窑陶瓷烧制技艺被列入国家级非物质文化遗产保护项目。

| 吉州窑遗址公园本觉寺塔

步入吉州窑考古遗址公园，园内亭台轩榭，小桥流水，绿树成荫，龙窑遗址、作坊遗址、窑包、本觉寺塔、清都观、讲经台、陶苑、陶冶坊将古陶瓷文化点缀得如诗如画。它以悠久的历史，宏伟的规模，丰富而精美的产品，一直为国内外人士所向往，是我国现存完好的古名窑遗址之一，2001年6月被国务院批准为国家重点文物保护单位。遗址内现存24座古窑包，分布面积达2.8平方公里，也是世界上已知现存最大的古窑包遗址群。游客在园内既可窥探千年古窑的奥秘，又可体验制陶乐趣，是一处集文物保护、考古研究、展示、旅游、休闲于一体的公共空间。2017年12月，吉州窑遗址公园成功入选国家考古遗址公园名单。

文化是魂，产业是根，千年文化积淀唤醒了吉安县人复兴陶瓷产业的梦想。近年来，永和镇为高标准建设陶艺小镇，围绕"打造具有庐陵文化特色的千年古镇、建设生态文明繁荣的美丽乡村"目标，做大镇域经济,做靓美丽乡村。在遵循原有规划的基础上,委托上海同济大学规划设计研究院编制了《吉州窑陶艺小镇概念规划》。小镇规划总面积约3.5平方公里,按区块分吉州窑景区、永和新镇区和陶瓷产业园区三部分。景区突出在保护中创新发展文化旅游功能,新镇建设未来宜居生活,引导未来人口集聚,产业园区形成

| 吉州古龙窑

吉州窑陶艺传承与创新高地,三区联动,协同发展。同时,永和镇创新投资发展模式,以政府引导、企业主体、市场运作为原则,走"政府＋产业＋基金"发展道路,将文化保护和创新经济模式有机结合,将艺术家创作和市场需求有机结合,启动吉州窑陶瓷文化创意村和陶瓷产业园建设,使陶瓷文化保护活态化、体验化、创新化和产业化。为此,他们组建吉州窑陶艺小镇产业发展有限公司,以建设陶瓷产业园为陶艺特色小镇可持续发展路径,规划建设国际柴烧产业基地、明日大师创新中心、国际大师作坊、陶艺主题公园、教育培训中心、小镇客厅,开辟陶瓷展示交易区和陶艺产业区,打造全球最大柴烧特色产业基地和国际生活美学陶瓷高级定制中心。陶瓷文化产业园一期项目,规划新建生产研发基地2000亩,计划通过5至10年的努力,孵化3至5个吉州窑陶瓷文化龙头企业,培育20至30家吉州窑骨干企业,打造5个省著名商标以上的品牌,培育50家中小企业,扶持100家工作室或个体陶艺坊。不远的将来,古貌存、遗迹在、设施齐、配套全、文风盛、产业兴,一座集历史文化保护、庐陵文化展示、人文旅游体验、现代陶艺产业于一体的陶艺小镇将展现在海内外宾朋面前。

长溪村，
养在深闺人亦识

中国原生态的千年古村落越来越少，江西婺源长溪村是其中的一个。长溪村一直不为人所知，原因是这里交通不便，养在深闺人未识。古村位于赋春镇，在琴江东岸，这条养育村民上千年的河叫长溪河，全长37公里。当年长溪村位于浮梁至婺源的官道上，人马兴旺，古称"马源"。后因村庄里河流呈八卦形，长长的溪水清澈见底，改名"长溪"。

据《戴氏族谱》记载：宋淳化三年（992），戴氏六世祖宋明经大学士戴匡德，与同科文友前往长溪宝灵殿进香，举目四望，见长溪山水回环，层峦迭翠，朝圣者车马如簇，遂率家人徙居之。由此算来它的确是千年古村。据说，早在戴姓到长溪之前，就有丰姓、翁姓散居在村内大山之中，后逐渐形成村落；后又有王、何、查姓迁入，故有"丰翁王何戴，还有豆腐查（渣）"之说。其中的戴氏后人，孝谨仁良，服勤力穑，在这片热土上繁衍生息，日益兴旺，清康熙年间达到鼎盛，村人达600多户2400人口之众，号称"千烟"。如今村中以戴姓为主，传承至今已是第43代了。沿着村头的石板路逶迤而行，一条宽敞的路由北至南贯穿全村，现存不少二三百年前的徽派建筑。

"九山半水半庄园，只见道路不见田"是长溪的真实写照，由于山多地少，古时有"千烟无耕牛"之称。我和好友陈昕、鲍广云站在山腰俯瞰，村庄全景尽收眼底，整个村子呈"S"型布局，谷底溪水潺潺，鳞次栉比的徽派民居与湖光山色交相辉映，冲口飞瀑、石浴盆、阴潭竹影、大石桥、云笔、牌坊、古宗祠等景观令人赏心悦目，构成一幅恬静自如、天人合一的画卷。距村口1里处，河边盘踞一块巨石，至少有10吨重，那是长溪村的石神，村里人称它为"将军石"，它在村口守卫着村里的安宁。村头有5棵巨枫，树干粗壮，两三个

| 夕阳西下长溪村

人才能合抱。相传是长溪村始祖第一次来长溪看村基时栽下的，当地人称它为"五虎"，村里一直有"五虎守村头，将军把水口"的说法，村民们坚信，长溪村千年来兴旺平安，全仗着"五虎树""将军石"的护祐。每年秋天，村庄前后200多棵连片生长几百年的香枫树一片火红，形成别具特色的红枫林景观。

如今，长溪村成了"网红"之地，每年入秋，一支支赏枫的队伍便从全国各地涌入：驿道漫步、写生摄影、生态美食，在田园中享受乡村慢生活的惬意。而长溪的红火离不开一个人的长期努力，他就是长溪村村长戴向阳。2005年，戴向阳结束北漂生涯，从外地回到山村。他酷爱摄影，拉网线、购买摄影器材，将家乡的美景传到互联网上，从线上到线下，先后在全国各大报纸、网络上发表了1200张（篇）图片和文章，向全国人民吆喝村里的美景，也结交了众多摄影界朋友，全国摄影爱好者纷至沓来，长溪成了中国最美红枫林观赏胜地，成了摄影师的天堂。同时，戴向阳用十几年的心血，带领一个名不见经传的小山村走上致富路，他则成了长溪村的人物"IP"。

走在古驿道上，无论你向东南西北哪一个方向走，15华里内人烟稀少。

"孤墓总祀"碑

古时没有公路,为了便于出行,村里便筑起了几条连通外村的道路,全都是用青石板铺设而成。一块块石板拾级而上,不知要多少石块才能铺成一条路。在溪边,我发现一块石碑,上面镌刻着:"孤墓总祀"4个大字。据当地人称,当年官道上来往客商和挑夫众多,难免有人客死他乡,成为孤魂野鬼。为了慰藉亡灵,村里人专门为他们立碑定期祭祀,体现的是对亡者的尊重。

深秋,山村成了彩色的海洋,尤其日出前和夕阳西下之时,是摄影创作的最佳时机。人们登上山坡极目远眺,远山近坡满山红叶竞相争艳,灿若云霞,灰白色的民居、袅袅炊烟与枫林交相辉映,倒映在水中的古民居、古石桥和水边洗衣服的村妇,构成了长溪村别样的风光。山坡上,数千名拍客早早地架起"长枪短炮",浓重的色彩肆无忌惮地撞进镜头:漫山遍野千叶万树色彩纷呈,风吹叶动,一树引领山呼谷应,大自然仿佛打翻了秋天的染料桶,处处都是惊艳的美丽。

人们同时发现村里有两座桥特别惹眼:一座是简约朴拙的板凳桥,它是徽派村落的特有标志,行走在板凳桥上,感觉特别惬意,似乎找到了"枯藤老树昏鸦,小桥流水人家"的意境。另一座是大青石块铺成的宝石桥,宝石桥桥墩的设计很有特色,桥墩像半个船形,前面半锐如斧面,当地人称为"燕嘴",能起到分解洪水冲击力的作用。溪水潺潺,石桥静卧在水面之上,桥面很光洁,6块大青石板重达二三十吨,很难想象在没有起重机的年代是怎样架设上去的。这座戴氏族人筑于清乾隆年间的宝石桥,迄今已有230多年历史,桥下的碧水中有鸭群嬉戏,悠悠地把那千年沧桑归于平凡。事实上,长溪的灵气带给这千年古村落的,不只是青山绿水,还有更久远的人文追溯,能看到不着脂

| 宝石桥

粉不修边幅民间乡村的千年流水遗存，不能不说是一件幸事。

为了回报远道而来的摄影界朋友，2019年秋，戴向阳别出心裁，在长溪村组织了一场精彩的民俗互动：货郎担、炸爆米花、编草鞋、兑凉糖、衲鞋底、茶摊、抽旱烟、农家挑担、骑牛背、打铁等传统项目一一呈现，不仅为发展全村旅游增添了一道靓丽的风景线，也勾起人们脑海中童年的民俗记忆。一路上，卖货郎摇响着拨浪鼓，小孩子围着爆米花机等着那一声巨响，在"兑凉糖罗"吆喝声中，一小块麦牙糖让人们笑逐颜开，村里长寿的老人悠闲地抽着自制烟草的旱烟，眯着眼吐着烟圈，皱纹里满是幸福，那怡然自得的神态让蜗居的城里人十分羡慕。白发老婆婆倚在墙角衲着布鞋底，古驿道上游客们纷纷体验农家挑担的艰辛，农家乐主人演示打草鞋的草编艺术，亲自磨制豆腐，让游客喝着纯正的豆浆，体验传统制作工艺。戴向阳坦言：这些民俗活动的再现，游客和本土乡人共同参与，更生动、具体、直观地演绎着劳动人民农副产品的制造和生活状态，挖掘婺源乡间独具魅力的历史文化和民俗文化，目的很明确，就是要把长溪村打造成娱乐休闲为一体的特色田园乡村，提高长溪村知名度和美誉度，让游客既看到长溪的好山好水好风光，又感受到婺源乡村文化的浓厚底蕴。

黎川老街，明清商街的样本

一道弯弯的河流，自东南方的武夷山谷蜿蜒向西北伸展，在黎川汇成东川、中川、西川三河，流入抚河，涌入赣江，注入长江，傍依着黎滩河，有一条沿河而建的骑楼式老街，长近五里，蜿蜒曲折，商铺林立，隔街展示着当年的繁华气象。这就是远近闻名的黎川老街。

据史料记载：黎川三国吴太平二年（257）首次建县，唐武德五年（622）二次建县，北宋开宝二年（969）三次建县，南宋绍兴八年（1138）四次建县，老街所处的黎滩镇一直是南宋建县的县治所在地，成为全县政治、经济、

| 黎川老街

文化中心，居民越来越多，这条街道周围的各种民居或府第式建筑逐渐增多，临街店面也渐次充实。

老街两侧，在连绵的店铺间夹插着30多条弯弯曲曲的巷弄。一条主巷往往分出几条小巷，其中商会巷长达260多米，中间或尾端有梁家巷、烟丝巷、阮家巷、江家巷等五六条长短不一的小巷穿插衔接。众多的巷弄如同蛛网，一头连通老街街面，另一头直通河滩、码头，四通八达。每条巷弄缀连着大片的民居，在这上千幢民居中，既有明、清两朝建造的深宅大院，也有民国期间修建的大型厅堂或小型房舍，建造缘由各有千秋：有古代科举中式人家特建的"登科""上进士第""下进士第""小进士第""联魁第""丹桂坊"；有在官府任较高职位或受过封赠者的府邸"大夫第""翰林第""文林郎第"；有成就学业事业后，为恩师建造的宅院"高山景行"；有大户人家为自己全家建造的较大规模私宅"杨家大屋""江家大屋""李家大厅""潘家大厅""吴家新屋""刘家新屋""叶三益厅""凌云前厅""凌云后厅""邓家大厅"；还有的名人雅士自建有别墅式房舍，并冠其屋以雅名，"邀月山房""梯云学舍""凝紫园""果园"等等不一而足。此外，还有一些是家族公众性场所"邓氏家庙""张氏家庙""余氏家庙""邓安惠公享祠"；由地方社团组织建造的"县商会""同善社""东乡公所""龙江会馆"；有佛教信众建造的"古佛殿""念佛林"，纪念三国时蜀国名将、忠义千秋关云长的"关帝庙"等等。历经二三百年风雨洗礼，一幢幢老宅虽陈旧沧桑，却幽深古朴，保存基本完好，具有珍贵的文物价值。

| 古廊桥——新丰桥

老街繁华段南津街中部南侧，展卧着闻名遐迩的古廊桥——新丰桥。该桥建于明弘治中期，全长90余米，桥面宽4.3米，五墩六孔，廊架24楹，两端桥头堡高大雄伟。新丰桥南侧黎滩河入口处，还有一座南宋咸淳年间建造的二墩三孔古石拱桥——横港廊桥，桥长40米，桥面宽5米。两座古桥，为旧时县域部各乡都，及近邻福建邵武、光泽、泰宁、建宁与本省闽北、赣南诸县市，通达黎川县城的咽喉要道，从早到晚，车水马龙，熙来攘往，十分繁忙。黎滩镇凭借着水运优势，成为赣闽两省邻近数县的重要市场，吸引了众多富商在此落户，集中了商品的批发零售、大宗买卖及各种特色手工作坊。1943年，县政府下令将临街房屋统一规划，将街面拓宽至7.6米，两旁店铺一律改成二层骑楼，骑楼下面为人行长廊，首尾相接，毗连不断，形成了一条能遮阳挡雨规模宏大的骑楼式商业长街，人称黎川"十里长街"。

由于老街房屋年久失修，各种问题日渐突出，逐渐失去了"闽赣八县通衢"的风采。2013年5月，为优化古城功能、增强古城活力，黎川县委托上海同济大学建筑设计研究院，编制古城保护改造修建详细规划，有着数百年历史的黎川老街保护与综合整治工程拉开序幕。老街整治工程方案，按照"文化为灵魂，生态为底色，旅游为眼球"的理念，立足"复建百店、修复百堂、挖掘百业、纪念百人"，凸显明清老街特色和风格，繁荣老街的经济和文化。

如今，黎川老街还有一万多居民在这里居住，斗转星移，岁月更替，虽然老街的店铺还在，但这些店铺的主人和经营的商品早已改头换面，但许多与百姓生活息息相关的古老手艺还在这里传承。铁匠铺、打秤铺、弹棉花铺、木匠铺、金银铺等手工作坊生意依然红火，汤圆店、糯糍店、灌心米糖店这些手工食品，依旧飘散着悠悠的余香。目前明清老街传统手工业涉及的门类有20多种，从业人数达100多人。行走在这条老街，听到街头巷尾传来的各种敲击声、吆喝声，人们会产生一种穿越时空的感觉。

老街还保存着红七军团指挥总部旧址、红七军团誓师大会旧址两处红色文化印记。黎川是革命老区，曾是第二次国内革命战争时期闽赣革命根据地的中心，毛泽东、周恩来、朱德、彭德怀等曾在黎川从事革命活动。1933年5月，中共闽赣省委、省苏维埃政府和省军区在黎川县湖坊乡成立，红军历史上规模最大的一次阅兵誓师大会在黎川篁竹街举行，揭开第五次反"围剿"序幕的"团村战役""洵口战役"发生在黎川境内。

张恨水旧居

张恨水故居，堪称黎川老街一张闪亮的名片。在张恨水广场边，有一幢徽派风格的二层小木楼，这就是被誉为"章回小说大师""通俗小说大师"张恨水先生的故居。恨水先生1905年（时年10岁）随担任盐官的父亲来到黎川在此寓居，在此接受文学启蒙，黎川的廊桥、水车、杉关、古道等儿时记忆，构成了张恨水始终牵挂的"梦里江南"。由于年代久远，旧居已经面目全非，黎川政府启动修缮保护工程，基本复原了张恨水童年在黎川学习生活情景，以及他父亲做盐官时的工作场景，在旧居一旁同时还新建了一栋古色古香的"藏稗楼"，作为张恨水纪念馆，对他的平生事迹和文学创作生涯进行了展示和介绍。

伫立在张恨水故居二楼远眺，一面是鳞次栉比的高楼大厦，一面是小桥流水的诗意人家，历史与现实奇妙地交织在一起，与十里长街相伴的南津码头樯帆林立、舟楫穿梭的情景早已消逝，但是黎河水拍打岸边所激起的水花，仍然可以寻觅到恨水先生"梦里江南"的印记。

江背，"将军村"传承红色基因

江西吉安富田有许多好去处，被誉为"将军村"的江背村便是其中之一。这里曾经是中央苏区革命活动的中心地带，经受过血与火的战争洗礼，老一辈革命家留下了众多战斗和生活遗址，十多条红军标语至今

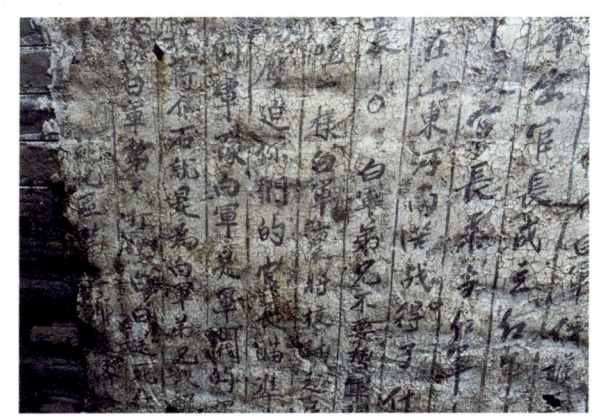

| 当年留下的红军标语墙

仍清晰可见，生动再现了红军时期珍贵的历史画面。在这块土地上，走出了刘贤权、刘华香、刘昂三位共和国开国将军，绵延了江背刘氏的千年荣光。

江背古称"江阴"，地处富水之北。明代翰林学士、吉水水南籍进士钱习礼曰："庐陵，吾郡首邑，多佳山水，若纯化江阴，林壑尤美，其间山水之奇又甲诸乡。"如此风水宝地，早在南唐时便为西汉长沙定王刘发之后、时任吉州刺史刘显文看中，其离任后举家从吉安城北迁于此开基，泽被后世。

步入刘氏宗祠复古堂，此堂为明朝建筑，占地约500平方米，前有门廊，内有天井，柱、梁由数十根硕大圆木构成，古朴庄重，典雅大方，气势恢宏。取名"复古"，意在不忘先人，承上古遗风，循古训行事，以朴诚为俗，使礼让成风。对于今人而言，更在于勉励全族子孙学习弘扬先人的高尚情操和良好道德。据村支书介绍，此堂名有纪念南宋进士、十三世祖古春公刘季从之

| 将军故里

意。古春公曾任广东南海教谕,他与同乡邻村的文天祥为友,谊重情笃。文公作《古春说》以赠,赞颂其品德。他在文中说:"愚闻:孔门圣有太极元气,贤有春生气象,此洙泗之春也。霁月光风,葱草生意,风轻云淡,前川花柳,此濂洛之春也。自开太极以来,得古今春者几人? 人有今古,春无今古。心之初乃人,心之古即心。是古养和在心。吾友刘炳夫,号古春,远遡洙泗,近遡濂洛,以今人之心,古之春,充此,太和则发生之,仁无间矣!"一篇《古春说》又引得明建文二年榜眼、翰林修撰、吉水王艮作《古春跋》,既盛赞古春又高度评价文公之作,还有明钱习礼作《跋文山遗墨后》,明王阳明作《文山遗墨跋》,成为江背历史佳话。如今几篇典文为珍爱文献的江背人陈展于祠堂正殿右侧,其蕴含价值不仅在于记录了江背先人的精神富有,更重要的是窥一斑而见全身,为研究文天祥、王阳明等庐陵文化代表人物提供了鲜活的史料。

从史料可以看出,江背村才俊蔚起,代不乏人,而且不少已如复古堂般物化为一座座文化和精神的殿堂。村中宝善堂为纪念十八世祖蒙泉公而建,蒙泉公乐善好施闻名乡里,其性情宽厚,以善为宝,致力耕种,堪为后世典范。观兰堂始祖为二十一世祖祥球,"观兰"之意在于告诫后人志向当高洁、品德须端庄,期待"孙枝与兰枝并茂,书香与兰香俱远"。五叙堂始祖为二十一世祖祥珠,生平志大,躬耕自娱。"五叙"出自《虞书》,用清代刘文铺《五叙堂记》的话说,"遵斯道也,父子有亲,君臣有义,夫妇有别,长幼有序,朋友有信,上下尊卑靡不各得其叙也。"还有君秀堂,为纪念仗义疏财、多行善

举的二十六世祖述俊而建。每一座祠堂都是一个姓氏、一座村落历史文化的活化石。古村落因为有了它而链接起历史、现在和未来，使中国优秀传统文化扎根于乡土，拥有永久的生命力。

江背刘氏人口数量、村落规模虽不及邻村，但其祠堂所承载的内涵，完全可以作为传承红色基因的缩影。在复古堂内，我观摩了刘贤权、刘华香、刘昂的戎装像及简介，有幸聆听村中老人讲述叔侄三人为中国人民解放事业出生入死的往事。

刘贤权，1914年出生，历经抗日战争、解放战争、抗美援朝战争，1955年9月被授予少将军衔。1930年10月，红军攻克吉安县城，刘贤权参加了红军，为了苦练杀敌本领，他起早摸黑，一直练到可以单臂举枪瞄准。锦州战役，刘贤权指挥的三师用一周时间，完成了约30公里的纵深防御工事，并且猛打猛插，强渡绕阳河，全师合力在唐

| 江阴刘氏族谱

江背，"将军村"传承红色基因

家窝棚、柴家窝棚、王家窝棚等地，将国民党军五大主力新一军、新六军的指挥机关及其重炮部队一举歼灭。接着，三师又挺进沈阳，负责攻击铁西区之敌207师，连续突破两道封锁线打进市区。刘贤权一战成名，升任38军副军长。

刘华香，出生于1913年，1929年参加工农红军，同年加入中国共产党。由于刘华香有文化，年轻机灵，作战勇敢，很快由宣传员提拔为宣传队长、连指导员，1931年又被提拔为团政治委员。1933年10月，刘华香刚从瑞金红军大学毕业，就被分配到刚成立的中央红九军团担任红三师第七团团长。他先后参加了一至五次反"围剿"和二万五千里长征。"百团大战"中，刘华香、陈云恺率领六支队骑兵营、步兵营，深入大同至朔县同蒲铁路沿线，组织战士炸桥梁、拆铁轨，掩护群众进行破袭。同时，还指挥骑兵营、游击队收复了凉城、井儿沟等敌据点，胜利地完成了中共晋绥边地委交给的任务。新中国成立后，任绥远军区莎县军分区司令员、内蒙古军区副司令员，1955年9月被授予少将军衔。

刘昂，1916年出生，在村里上过三年小学，受当地农民运动的影响，他12岁就参加了儿童团组织，站岗放哨、贴标语、送信函。1930年10月，参加了"九打吉安"战役的支前工作，红一方面军占领吉安后，14岁的刘昂报名参军，被分配在红12军的一个连队当传令员。1934年10月，部队由会昌出发，经湖南、过广西、入贵州，经历了湘江、乌江几次大战役，在贵州遵义会议后，刘昂所在的连队参加老木孔和猫场作战，因战场情况变幻莫测，与大部队失去联系。脱离大部队4天后，又奇迹般地归队，军团长罗炳辉、政委何长工赞扬九连是一支"打不垮、拖不烂"的英雄连队。之后，在攻打云南宣威、东川中，刘昂所在的九连消灭了国民党驻东川守敌一个保安大队，俘敌300余人，活捉大队长。作为开国少将，他历经土地革命战争、抗日战争、解放战争，曾荣获二级八一勋章、二级独立自由勋章、二级解放勋章、一级红星功勋荣誉章。

走访将军故里，我深切感受到江背人为了传承红色基因，对先人、对将军、对文化、对历史十分敬畏，江背虽没有"中国历史文化名村"的荣耀，但"将军村"之称是江背人无与伦比的骄傲。

横坑，镌刻农耕文化历史

江西吉安富田镇横坑村，是一个多祠堂的古村落。这个古村原有1500多人、25座祠堂，现保存完好的祠堂有9座，30余栋明清建筑群错落有致。其中有罕见水磨青砖古民宅，有一栋两间相对、中间一小天井的书斋，有开国将军钱江旧居，私塾、经馆杂列其间。甲骨文雕刻的木椅、木雕香火台、竹边香火台、康熙年间的铁香炉、鹅卵石铺就的古老钱、小封闭圈的巷道和门、吊脚坊牌、古坊牌、石屋柱对联、石香炉、古雕花脸盆架、砻、石磨、八卦卷棚、大堂鼓、古花瓶等文物，彰显了这座村庄深厚的历史文化底蕴。

横坑状似"船形"，有一泓穿越透迤绵延的安仁山山脉的清流，柔情万种地偎依着与融江合流夹裹住村子，形成"九曲回环、双流砥柱"之势，然后款款西去注入富水河。春夏季节，充沛的雨水，使一脉温情的水塘沟渠勃发出雷霆般的震撼，洪水翻卷着，给这静谧的小山村来了一个大洗濯，酝酿出村前的一片汪洋。于是，古人美其名曰"泓溪"。后人觉得村庄像一大平台横亘十里长坑，故名"横坑"。据《富田泓溪钱氏族谱》记载，横坑钱氏尊浙江临安吴越国王钱镠为一

| 水磨青砖的古明清建筑

| 钱氏宗祠

世祖。吴越国国王钱镠的曾孙惟济做了江西吉州防御使,惟济的后代便分别在江西各地为官,直至第十一世祖钱闻由泰和迁到三衾源,因此,钱闻是三衾源肇基祖。到如今已有680多年历史,繁衍了27代。

孝敬堂是钱氏的宗祠,全长57.6米,宽20.3米,占地面积1169.28平方米,分庭院、前廊、前厅、天井、后厅,后厅两侧分设菩萨间。孝敬堂始建于元代,为循规、循矩、循端三兄弟所建,因年久坍圮。其裔孙金轮、金声、廷臣、廷佩、廷表、廷器、廷佐等于明正德三年(1508),在原祠的基址上扩大了规模,明嘉靖四年(1525)又重修。因为横坑是"军家",每年都要向朝廷进贡皇粮,所以,孝敬堂仿照漕运的官船风格而建,并且每根横梁上都有精美的仿宋彩绘。按照旧制,没出够品级官员的村庄是不能开3个前门的。孝敬堂不但开了三门,而且中门两旁列了一对石鼓,前廊摆了两座石狮,那是王权的象征。庭院左边立有旗杆石,右边立有武举石,上书"第四十二名武举钱宝俊立"。石鼓、雀替、斜撑、堂匾、屋檐花雕、门楣木雕、大堂鼓、敬神香盘、石香炉、花轿、神铳、菩萨、大神画应有尽有;更难得一见的是族规牌,上面刻有:"循规""秉礼""起敬"等字样。宗祠斜撑是虚空镂刻的，上面的图案有瑞草猛兽；梁檩全是仿宋人物油彩绘画，罕见的雕梁画栋有一种化腐朽为神奇的功效，将一座普通得不能再普通的山村涂抹上理想的色彩。从孝敬堂不难看出这是一个崇尚"忠孝节义"的家族，是一个非常注重礼教的村庄。百善孝为先，敬祖睦宗，孝敬父母，是我们中华民族的传统美德。古祠堂，风格迥异，各领风骚，不变的是现存7座祠堂木、石柱子上的对联，体现出他们博大精深的思想脉络和教育理念。诵读联语，品味意蕴，3个六品衔官员，1个清武举，1个共和国开国将军，彰显了这座村庄的辉煌。

据当地人介绍，古泓溪钱氏后裔分为三大房：老大金鑑，于明成化十三年（1472）建"安老堂"。老二金锷，于成化十三年建"耕隐堂"。老三金镛，于成化五年建"继志堂"。围绕3个祠堂，各房都形成一个小封闭圈的防御体系，且每个防御体系相连相通，形成整村的大防御体系，以抵御敌寇的掳掠。这也是富田镇中、大型村庄共有的建筑特色。钱氏的鼻祖钱镠以文治武功统领江、浙、闽、粤14州，被封为吴越国王。其孙钱弘俶在赵匡胤打败了五代十国、即将统一中国的时候，主动纳土归宋，使吴越百姓免遭战乱，保全了"上有天堂，下有苏杭"的胜景，苏轼曾为此撰文赞颂。"表忠观"共有12块，每块高2.8米、宽42厘米，连结成一个巨大的屏风。观文黑底金字，阳文雕刻。花板为镂金浮雕，雕刻的是钱王射潮和三国等故事，具有较高的艺术价值和研究价值。

横坑古村原生态格局完整，田野阡陌，绿树成荫。500年的古樟、古枫有20多棵，绕村而屏，毛竹、篁竹杂陈其间，满山松树苍翠欲滴，自然风光十分优美。村前一棵古樟中长出一棵"凉伞树"，称之为"竹篙"，让"船"停泊于此。村后一道挡风坝，挡住北来的煞风，更筑一座牌坊以固其效，营造一个适合人居的自然环境。坊牌始建于明洪武元年（1368），高约6.8米，宽约8.9米。前面大理石上镌刻"鸢唳于天"，后面刻有"光天化日"大字。村西有一座回龙庵，拦住安仁山余脉，不使龙气泄漏。同时又造了一座南华山道观，兜住东来之财水，人财两旺的格局就此形成。东西两头各有一口水井，水自五六米深的地底下冒出，井水清凉、纯净、甜滋滋，这是大自然的馈赠，足够养育这一方人。

村子是封闭式的，村中央有一条鹅卵石巷道，从头到尾，两旁是清一色

农耕图

粉墙黛瓦、勾檐斗角、风火墙垛子，是砖木结构的赣中建筑风格的房屋。村子分成若干个小天地，或五六栋房屋围成一圈，或八九栋房屋围成一圈。一圈连一圈，一圈套一圈，圈圈拱门连接，形成连环套屋，陌生人进去不辨东南西北，很难走出来。这是一种典型的赣中防御性建筑体系，与客家围屋截然不同，巧夺天工，人们不禁对这种奇妙的建筑体系啧啧称奇。

为了进一步挖掘和保护横坑古村历史文化，更好地改善村民生活环境，近年来，横坑人坚持保护与开发并举的理念，凸显古村独特的农耕文化历史。在古村铺设了1000多米的鹅卵石游步道，开发了两处景观池塘，营造古色古香的氛围；完成了古村内2000多立方米的立面改造工程，彰显庐陵特色；修复了4座古门楼，恢复了古村的原貌。同时，重点打造农耕文化体验区，建设了1个榨油坊，布置了水车、油槽、碾米间、弄谷间、豆腐磨坊，墙上的壁画描述了农耕文化的演变历程，既简洁又生动。为进一步烘托古村的美，横坑人加大村庄的绿化力度，在进村公路两旁种植茶花树300多株、村内菜园围墙周边种植金银花100多株，铺设草皮1800多平方米，打造了50亩的向日葵景观带。置身这个美丽的小山村，我从心底由衷地赞叹，横坑古村不愧为"中国传统村落""省级历史文化名村"、国家3A级景区。我想，住在这里的主人该是多么怡然惬意，在这青山绿水中每个人的睡梦应该都是香甜的。

白胜村，
石头古厝变成宝

平潭是福建东部沿海的一个岛县，与台湾隔海相望，全县陆地面积392平方公里，海域面积6064平方公里，为中国第五大岛。平潭素有"千礁之岛"之称，全县境内有名称的岛屿126个，岩礁702个。全国独秀的海蚀地貌奇观，和散落在离岛上星罗棋布的礁石，构成最别致的海岛风景：海浪、礁石、森林、红色灯塔、百岛千礁、千娇百态，怎能不让人怦然心动。

白胜村，一个位于平潭岛北部的小渔村，依山面海，西部为尖峰山，东部为台湾海峡，隔着海水与美丽的大嵩岛遥相对望。"平潭岛，光长石头不长草，风沙满地跑，房子像碉堡……"古老的民谣向世人诉说着平潭岛前世的寂寥。白胜村最有特色的地方就是房屋，用彩色石头砌成的房屋，如同彩色城堡一样美得让人屏息凝神。岛上的石头厝经过长年的风吹日晒雨打之后，颜色由原先的青墨色慢慢转变为黑色，我站在海边山崖上向远处眺望，感受到了热烈明快的油画风，极具艺术的美感实在让人愉悦不已。这些彩色的石头房子，屋面上压着许多石块。众所周知，岛上风很大，房子必须加固，故而这种房子得名"石头厝"。

| 石头变成宝

| 白胜村

　　白胜村传统建筑面积占村庄建筑总面积的80%，保存得较为完好。在村子申请"中国传统古村落"后，村庄的古石厝都得到了很好的保护，现在村民更是把这些石头厝当做了宝贝。碉堡般的石头厝，不仅是风情浓郁的独特民居，也是海岛祖先"斗天战地"生存智慧的结晶，更是海岛居住文化的"活化石"，它承载了海岛儿女打拼世界的浓浓乡愁，它以古朴亘古的身姿，成就了布景般的原生态景致。触摸着这些厚重的石块，在一面面坚硬石墙后面，隐藏的是白胜村每个家庭一代又一代质朴温馨的生活。

　　"竹篙厝"是白胜村建筑的又一特色。清代平潭与台湾班兵换防，产生了很多兵营，"竹篙厝"就是典型的由兵营演变而来的。这种建筑类似闽南建筑风格，建筑特点是以数十间房连成排厝，依次是前天井、厅堂、住房、后天井，前有大门，后有小门，直进直出，所以形象地称为"竹篙"。硬山屋顶，石墙结构，鱼眼天窗，犹如碉堡、地道，利于战斗。房顶多为不出檐或出半檐，早年平潭大路顶、左营、右营的民房多为这样的结构，就是效仿"竹篙厝"修建的。

　　行走在街巷之间，任凭这些曲折的街巷将我们带到村子的各个角落。当地村民告诉我们，白胜村形成于明代，祖辈是从福清海口的牛宅村迁入，传到现在已有13世。在村委大楼下，还"藏着"两口水井，这水井与村庄同龄，说来也怪，隔着一条约10米长的村道，水井的另一边便是茫茫的大海，而这两口井的水质却丝毫未受影响，清甜甘洌。几百年来村民都依靠着这里的井水生活，直到现在村里的淡水都是取自这里。有了这两口井，村民们也就自

然在它的周围建房安家，临海而居。但世事变迁，当年的许多老房子已经在村庄的一次次翻修重建中消失殆尽，唯有一部分石厝还有着几百年历史。

"村里有座古石厝，和民族英雄林则徐家族有些渊源。"村民所说的这座古石厝，离村部大楼不足200米，是一座灰砖、石墙、木梁的混合制建筑。石厝建于清代，当时住着林则徐三儿子林拱枢的妻子，村里人都尊称她为"三少奶"。"三少奶"为人谦和，乐善好施，与乡里人相处十分融洽，深受村里人敬仰。她家住福州，这里只是偶尔过来住住。我走近这座石厝，其外表虽然平常，但进门后却能见到与平潭其他石厝不同的构造，用红木构架起的横梁屋脊，用灰砖砌成的内墙，两进单天井的布局结构，依稀让人感受到过去这座宅子是怎样的阔气华丽。据隔壁邻居回忆，当年这里的厅楣上还挂着一块光绪帝亲自赏赐的鎏金匾额，上书大大的"进士"二字。可惜这块牌匾现已损毁，这座林宅越发显得凋敝。

过去，百胜村靠海吃海，村民一直以捕鱼为生。岁月更迭，渔民们所使用的捕鱼器具也成为"年代物"。随着渔业资源的减少，现在从事捕鱼的村民逐渐减少，村民们只好另辟蹊径。淡菜、缢蛏是百胜村特产，这里养殖的淡菜、缢蛏，粒大、壳薄、肉厚、肉嫩味鲜，口感独特，营养丰富，为天然滋补品，目前已获得国家地理标志证明商标。站在海边礁石上，我望着波澜壮阔的大海，蔚蓝色的大海上撒满了白色的"繁星"，壮观的景象让人心旷神怡。刚好有位村民开着小船到码头上运送新鲜的淡菜，他告诉我，这里水域宽阔，水质肥沃，

白胜村，石头古厝变成宝

水温适宜,饵料充沛,海洋生物种类繁多,渔业资源十分丰富,素有"海上牧场"之称。为了养殖出肉厚味美的淡菜,我们通常将数根铁柱深扎在海底,用白色或蓝色的浮标连接粗绳,粗绳每隔约60厘米垂挂一条橡皮绳,纵横交错,如同一张巨网布满海面,这些皮绳上藏有早已育好的淡菜苗,只需三四天便会成活逐渐长出淡菜。

美得让人窒息的石头厝、丰富的海产品,从捕鱼为生到海上养殖,再到乡村

| 石头古厝

旅游,白胜人坚信一次次转型的正确性。白胜村户籍人口有两千多人,但实际居住人口才一千左右,留在村子的都是上了年纪的老人。人口减少让村子显得凋敝颓败,但村落的空心化给规划村容村貌、发展乡村旅游带来了新的契机。白胜村有良好的旅游资源,加上临近的几个村子也有很好的景致,一起发展乡村旅游便能产生集群优势。为了让游客有更好的观光体验,当地政府近几年在提升基础设施建设上花大力气,修环村路,建排污渠、垃圾回收站,铺自来水管道,不仅方便了村民,也方便了游客。由于与大嵩岛和小嵩岛的距离较近,村里在这两个岛屿上分建成了码头,每年通过白胜村搭乘船只到小岛的游客络绎不绝。随着游客的到来,村民们自主经营的农家乐渐渐多了起来,也有的游客专程来白胜村钓鱼,一些渔民也做起了出租渔船的生意。

"我们计划在海边修一座钓鱼台,下次欢迎你们到这里钓鱼看海!"热情的当地村民郑重地向我们发出邀请。

南澳岛，
见证海洋文明

    南澳岛地处闽、粤、台三省交界海面上，居于香港、厦门、高雄三大港口中心点，也是台胞祖居地。这里地理位置独特，自然环境得天独厚，东、南两海在湾外交汇相处，北回归线从海湾穿越而过，是广东省最先看到日出的地方。这里面临南海，濒临国际主航线，成为发展远洋海运业的理想之地，历史上既是兵家必争之地，也是东南沿海通商的必经泊点和中转站，素有"粤东海上明珠""闽粤咽喉、潮汕屏障"之称。全岛海岸线长78公里，大小滩头61处，已发现和修复的文物古迹50多处，具有"海、史、庙、山"相结合交叉的特点。特别是呈月牙形的青澳湾是我国少有的浅海滩，金黄柔软的

| 北回归线从海湾穿越地理标志

| 青澳湾

沙滩坡度平缓，沙质洁净，一直延伸至水下百米以外，无礁石无淤泥，潮涨潮落不改澄碧颜色，背倚险峻高山，有"东方夏威夷"之称。岛内有"天然植物园"之称的黄花山国家森林公园和"候鸟天堂"之称的岛屿自然保护区，有亚洲最大的风力发电场，岛上峰峦千姿百态、造型奇特、形象自然，蓝天、碧海、绿岛、金沙、白浪成为南澳岛的主色调。

深澳古镇位于南澳岛东北面，三面环山，一面临海，北与饶平柘林镇隔海相望，猎屿、虎屿屹立为门户，屿内水域宽阔，"澳之深无底"，故称"深澳"。这个昔日战火连天的海域，如今成了鱼欢虾跃的海洋牧场，一格格石斑鱼养殖网箱，一片片紫菜竹架，一笼笼珍珠贝，一串串翡翠贻贝、太平洋牡蛎生机勃勃。那大片海滩涂上，人们耕海筑起了万亩海水养殖基地，已经形成以石斑鱼、鲍鱼、珍珠、紫菜、对虾、贝类等名贵海鲜为主的"聚宝盆"。古镇有南宋末代皇帝驻跸岛时修的"太子楼"、宋井；有郑成功、戚继光练兵收复台湾抗击外侵遗址；有为表彰郑芝龙军功而建的芝龙坊；有宋末巾帼英雄陈璧娘与其夫诀别的辞郎洲。金银岛位于深澳镇贼澳湾，整个景点由九曲桥连接而成，相传这里是"海盗"吴平的藏宝之地，至今流传着藏宝的谜语"潮涨淹不着，潮退淹三尺"，却无人能破译，遂成千古之谜。

宋井，是南澳岛上一处较有特色的遗迹，它位于云澳海滨，相传南宋恭宗德祐二年（1276）临安失陷后，益王在逃亡途中重新被大臣拥立为帝。是年11月，帝舟离福州，南航入潮（汕），驻扎在南澳岛前村。为解决几十万

南宋军马的饮水问题，漂泊流离的宋王室决定在南澳沙滩上凿井三口，分别取名"龙井""虎井""马井"。三井原在山坡上，由于地壳变动逐渐沉入海滨沙中，海潮将沙冲走，水井即现。据海岛居民回忆，1937、1969、1978、1981年曾露出过"龙井"，每次持续半年左右。如今，"龙井""虎井"已无迹可寻，唯有"马井"仍清水盈底，常年甘澈。1962年有人在石缝中拾到宋代钱币4枚，证明此井确为宋井。神奇的是，井与海水相隔不过咫尺之遥，却始终涌出甘甜的淡水，即使被沙淹没仍可恢复。近年来当地政府加修围栏加以保护，游客至此都要品尝井水以试咸淡。站在望海亭上，海风习习，极目海天，令人心旷神怡，流连忘返。

2007年5月，在南澳岛东南"三点金"海域的乌屿和半潮礁之间，有渔民潜入海底作业时无意发现了一艘载满瓷器的古沉船，船上有文物上万件。这条沉船的发现揭开了大海百年的封尘，再次轰动广东文物考古界，专家认为，这是继广东在阳江发现"南海I号"的又一

"马井"仍清水盈底

次水下考古重大发现,有关方面将其命名为"南海Ⅱ号"。这艘船被鉴定为明代商船,船上出水的大量瓷器年代介于宋到明之间,主要是粤东本地民窑的产品,少量出产于福建漳州、江西景德镇。潮州是我国古瓷都的发祥地之一,早在唐代武则天时期,潮州瓷器就已远销罗马和埃及,宋代的潮州笔架山窑场盛极一时,明代潮州瓷器又迎来一个生产和出口的鼎盛时期。"南海Ⅱ号"上出水的本地窑口的民窑瓷器,生动地反映了当时的劳动生产水平以及人们的审美观念和生活情趣,对于研究我国古代海上贸易和广东陶瓷文化具有十分重要的意义。

古沉船的发现,印证了广东的海洋文明,南澳岛濒临西太平洋,位于广东福建的海上交界处,与古代著名港口泉州港仅"咫尺之遥",自古是军事重镇、交通要道、重要贸易通道。明代南澳港是南商上下的必经之地,各国商船也多停泊于此地进行互市活动。每年三四月东南风起,南澳商船纠集出航,由南澳入闽,入浙江等地贸易;八九月西北风盛,又满载丝织品与棉织品,扬帆顺风而下返回南澳,与本地海外商人贸易或远航东南亚贸易。潮州商人往来南北,获利甚巨。"南海Ⅱ号"从哪里始发?驶向哪里?目前无法断定。专家认定,南澳曾是"海上丝绸之路"的一个重要通道。不过,它迟迟没有属于自己的名字。明万历二年(1574),饶平东里人陈天资修撰《东里志》,据其记载:淳熙七年(1180),杨万里为广东提点刑狱,海寇犯南澳,万里命诸郡兵讨平。这也是迄今为止"南澳"作为地名第一次出现在正式史书中。

青澳湾自90年代初展芳容,备受中外人士青睐,在雕刻青澳湾这块璞玉中,南澳地方政府和有关部门悉心呵护这里的生态环境。特别是近几年,他们把青澳湾作为创建国家级生态示范区和国家4A级旅游区的重点区域进行打造,紧锣密鼓地开展各项生态环境建设,确保海湾、岩岸、沙滩、溪水、园林、植被等自然生态系统得到有效的治理保护,有力地维护了青澳湾特有的传统风貌,构成蓝天、碧海、绿林、银沙、细浪于一体的亮丽风景线。历经数年雕琢,这块璞玉已焕发出夺目光采,一批现代化服务设施应运而生且日臻完美,已成为度假、避暑、休养的理想场所,被广东省政府批准为省级旅游度假区。

埭尾，
闽系红砖古厝典范

游走在漳州埭尾古厝群中，古民居几乎一模一样，如同网格一般，走着走着仿佛进入了迷宫。在当地村民的引导下，我登上古厝群外沿的一栋观景楼，埭尾村环抱于鸡笼山、大帽山、鹅蛋山之中，四面环水，279座对称排列、多层次进深的古厝尽收眼底，所有房屋格式、规模朝向、建筑材料整齐划一，构成一个水上的红色村庄。数百年来，埭尾村民严守先人禁改建筑格局的遗训，49座明清时代的古厝，傍水而建，前后左右有机衔接，红瓦石墙，屋顶全部为硬山式曲线燕尾脊，一律坐南朝北；20世纪60年代以后仿明清古厝风格新建的房屋，全部坐北朝南。明清时期的古厝，建筑体系为"九宫建筑"，即前排横向建造9座古厝，后排再对准前排依次向后建造，古厝旁边还附带着纵向排列的"护厝"。根据相关记载，"九宫建筑"体系只有显赫官家才能建造，其装饰工艺极为精湛，木雕、砖雕、泥塑在梁、拱、窗花等构件上的运用令人叹为观止。如今梁上的漆画、贴金虽然随着时间的推移有所磨损，但从古厝精巧的构造和装饰，仍能看出当时埭尾村富甲一方的家世。过去这一带流传着这样一句话："有埭尾厝无埭尾富，有埭尾富无埭尾厝"，意思说：就算你跟埭尾同样富有，也没有跟埭尾同样的房子，有跟埭尾这里同样的房子也没有埭尾那么富有，足见当时埭美家族是多么的荣耀辉煌。

埭尾村是福建龙海市东园镇的一个行政村，为陈姓聚居地，由"开漳圣王"陈元光的第25世孙陈均惠的第八世后裔开基。古厝四周环水，一条长3.2公里、宽30多米的蜿蜒内河绕村而过，古称"祖厝港"，明清时埭尾村水上运输发达，来往码头的船只络绎不绝，头前河古码头遗址、南溪码头遗址便是当年水运发达的历史见证。南溪港与厦门、台湾一水相连，曾经是繁荣一时的闽南重要古港,埭尾村民则利用自家门前水路,通过头前河古码头把大米、草席等农副产品运送到九龙江南溪码头,再通过大船从"闽南一大都会"月港出海,运送到台湾、厦门、上海等地,也是以漳州月港为中心的"海上丝绸之路"重要节点之一,埭尾族群中至今还有一个分支定居台湾。

埭尾古厝群是龙海市现存最大、保存最完整的古民居建筑群,可以说是闽南建筑装饰的一个缩影,其文化内涵十分丰富,是研究闽南地区建筑风格嬗变及村落发展史的重要实例。一排排整齐划一的古厝之间,边门对着边门,中间仅隔一米多宽,当所有边门都打开,一条由村头连到村尾的快捷通道就这么形成了。村民说,遇上下雨天,不带雨伞跑遍全村也不会淋湿,走的就是这条捷径。古厝前面大多留着十多米宽的大埕,平常的农事、大型活动就在这里举行。古村有两座祠堂,前祠堂保存较为完整,后祠堂建于明朝,这幢两落的祠堂古厝,埕前还留有空着的四旗杆位,是祖先们获取功名、光宗耀祖的象征。我跨入祠堂,门槛足有半米高,看管祠堂的老人说,这是因为祖先曾官至御史。埭尾陈氏确实出过不少人才,传说这是因为古厝群面朝的两座山峰是笔架山,山下七重港道中有个水塘,恰似一方砚盘,所以村里多出文官。埭尾村还有几棵数百年的古榕树,其中最为壮观的是跨河古榕,树龄超过360年。埭尾村古时候遇到发洪水时,木板桥常被冲走,古榕就被村民当成桥梁使用,所以被称作"功劳古榕",又被当成佑护村里平安兴旺的树神。

古厝历经600多年的风雨侵蚀,到21世纪初不少房屋出现严重损坏,直接坍塌的就有十几座。古厝面积通常为100平方米,村民们为了扩大居住面积,便在自家古厝的周边搭盖了简易房、卫生间、鸡舍等建筑,与古厝的原有风格极不协调。

| 水上红色村庄

| 祠堂古厝

"闽南埭尾古厝群面临严峻危害！"2011年初，中央电视台如实报道了埭尾村古厝的现状，引起了各级政府的高度重视，埭尾村民自发成立古厝居理事会，通过加大宣传力度，增强村民的文物保护意识，加强对古厝的协调管理，村民自行拆除了搭盖在古厝周边的违章建筑。当地政府乘势加大对古厝的保护力度，通过引进资金等方式，加大对损毁古厝的修复、水道的清淤，并邀请旅游专家对埭尾村的旅游资源开发进行规范设计。2015年3月，福建省政府批复并原则同意了《中国历史文化名村龙海市东园镇埭尾村保护规划》。认定埭尾村是闽南传统村落山水格局与村落选址的典型代表，明清古厝群具有一定的代表性，村落在演化变革、聚落结构、建筑形制、环境遗址等方面保留了大量的历史信息，是国家级非物质文化遗产芗剧和锦歌的重要传承地，

是以红砖建筑为代表的闽南建筑文化典范,对研究闽南地区传统社会经济文化具有很高的历史价值。批复特别强调,保护好埭尾历史文化名村,对于弘扬中华民族优秀文化传统、延续地方历史文脉具有重要意义,要高度重视埭尾历史文化名村保护工作,发掘和继承优秀的"闽南水乡古村"文化内涵,彰显历史文化名村特色,促进历史文化遗产传承。

根据省政府要求,福建省文物局派员到古民居考察,建议埭尾村申报省级历史文化名村。漳州市领导则要求当地政府高起点、高标准规划,严格保护、科学开发,将水上古民居打造成国际旅游品牌。为确保整体风貌的真实性、完整性,龙海市东园镇政府切实做好历史文化名村的保护管理,强调核心保护区范围内不得进行新建、扩建,新建建筑物其造型、体量、色彩等与所处的整体空间环境相协调,同时投入大量资金,修建基础设施,倾情打造埭尾旅游特色乡村。为了方便游客观光,村里铺设了平整的水泥大道,直通古厝群。如今,埭尾村山更清、水更秀、树更绿、瓦更红、花更艳,碧波荡漾、浪漫悠闲,让人流连忘返。旅游业发展带动了当地经济,古村借助东园镇"省级农业示范区"优势,以营养价值极高的蔬菜拳头产品黄秋葵吸引游客,每逢周末和节假日,四面八方的摄影爱好者和游客纷至沓来,村民挣钱的路子越来越宽。埭尾村作为闽南最大、保存最完整的古代民居建筑群、闽系红砖古厝典范,先后列入第四批《江苏省历史文化名村》、第六批《中国历史文化名村》、第三批《中国传统村落》,蜚声海内外。

| 闽系红砖古厝

和平，
留住古镇烟火味

2015年6月，福建省政府下发关于中国历史文化名镇邵武市和平镇保护规划的批复，原则同意《中国历史文化名镇邵武市和平镇保护规划（2014—2030年）》。和平是一座拥有悠久历史的文化古镇，是古代邵武通往江西、泰宁、建宁、汀洲的咽喉要道，福建出省三道之一的隘道"愁思岭"就在和平境内，有"铁城"之称，自古乃兵家必争之地。批复确定了和平历史文化名镇保护层次和范围，核心保护区范围为古城墙内以及北门外片区，包含沿古城墙遗迹范围并包含北门外文物保护单位及历史建筑点，总面积17.95公顷；建设控制地带为核心保护区外150米至250米范围，总面积约52.30公顷。

据史料记载，和平镇历史悠久，早在4000多年前就有越族先民在此拓土定居、繁衍生息。有文字记载始于唐代，唐称"昼锦"，宋、元为"和平里"，明为"三十三都"，清设和平分县。早在后唐天成元年（926），和平已形成街市，五天一墟，商贾云集，附近府县和福州、江西等地都有大量客商前来进行纸业、笋干、茶叶、粮食等贸易，直到清末这里的商贸和经济都相当发达和繁荣。

明万历二十年（1592），一些大户人家时常遭山贼土匪骚扰和掠夺，在黄氏族裔黄显岐、黄若岐首倡下，修建和平城堡。城堡周长360丈，辟8个城门，东西南北4个主城门上建谯楼。现存东、西、北3座城门和东、北两座谯楼。因城墙全用当地河卵石砌筑，故称为"土堡"。堡内古镇区面积0.43平方公里，堡内连接南北城门的是一条长600余米、宽6至8米的青石板古街，临街建筑多为前店后住形式。步入被誉为"福建第一街"的老街，我急切地登上一座民宅二楼平台，俯瞰古镇全貌："九曲十三弯"的古街和纵横交错的古巷，曲折迂回，呈网络状，宛如一座迷宫。古民居鳞次栉比，粉墙红瓦、硬山式曲线燕尾脊,如同一条腾空欲飞的巨龙,既有中原古风,又具闽南特色,堪称古民居的瑰宝。街面铺设的条石平整光滑,雨后更是光洁如镜。古街两旁分布着近百条纵横交错的卵石巷道,或长或短,或宽或窄,高墙窄巷,古朴幽远。

和平山川毓秀,胜迹斐然,文物古迹星罗棋布。而其历史上文化发达、经济繁荣的最具代表性的反映即是遗存的大量各类古建筑,不仅有宝塔、书院、城堡、祠堂、义仓和庵庙宫观等公共建筑,还有近200幢明清民居,形成古建筑民居群;创建于明万历四十四年(1616),由邵武县知事袁崇焕题门额的聚奎塔;由五代后唐工部侍郎黄峭创办的和平书院;清乾隆三十四年(1769)设和平分县时建的县丞署;清光绪十三年(1887),由朝议大夫廖歧山首倡建立的旧市义仓;建于清代的"旧市三宫"天后宫、万寿宫、三仙宫。尤其一批明清时代中原地区屡见的豪华民宅,青砖琉瓦、雕梁画栋、有进有厅、气派非凡,已成为稀世珍宝。国内专家学者不约而同地评价,和平镇保留如此完

古城堡

古镇俯瞰

整的古街区,全国少见。它是全国罕见的城堡式古镇,是中国迄今保留最具特色的古民居建筑群之一,是国家级的旅游资源。

走进和平镇,我为其至今保留的传统文化、古朴民俗以及丰饶特产所叹服。街道上随处可见宗族祠堂和家庙,保存完好的黄氏、廖氏、李氏等3座"大夫第"以恢宏面貌示人,气势不输当年,和平书院的一脉书香仍氤氲在乡民的衣袖间。据记载,从开科取仕以来,和平出了137名进士,有进士之乡的美誉,这与已有千年历史的和平书院密切相关。和平书院创始人黄峭(871—953),其父从河南到邵武做官,把家安置在和平。黄峭18岁考上进士,官至五代后唐工部侍郎。黄峭最大的抱负就是"复唐",后感到无望,弃官归隐到和平创办和平书院。和平书院初创时专供族中子弟就学,开创了和平宗族办学的先河。自宋以后,和平书院逐渐成为一所地方性学校,吸引了一批著名人物到书院讲学,理学大师朱熹、杨时都曾到和平书院讲学。据说现存和平书院东面门上的门额就是朱熹题写。和平历史上文化教育发达,营造了和平千余年读书求学的氛围,文风炽盛,造就了一批又一批英才人杰。宋代大理丞黄通、司农卿黄伸、榜眼龙阁侍制上官均,元代国史编修、文学家黄清老等,都是从和平书院走出来的,和平书院成为邵南人才的摇篮。

保护与开发,一直是和平古镇艰难的抉择。随着大部分年轻劳力外出打工,很多古民居空置,一些古建筑年久失修损毁严重。为了保护好古镇厚重的历史文化底蕴,当地政府邀请同济大学教授、享有"古城卫士"美誉的阮仪三来古镇出谋划策。阮教授走遍了古镇的每个角落,欣然同意亲自主持编制和平古镇的保护和整治规划。从2002年10月开始,经过八九个月的连续作战,《和平镇保护与整治规划》出炉。

传统古民居是不可再生的文化遗产，如何破解"千城一面"的难题？当地政府围绕"田园古堡、古韵和平"的主题，本着"保持原貌、修旧如旧、特色鲜明"的原则，用短短3年时间，先后投入资金3亿元，600多米的主街全面修复，和平书院、东门谯楼、南门谯楼、县丞署、明晚李宅等文物保护单位修缮改造全部竣工，不仅形成了一道显山露水的景观圈，营造了浓厚的明清古街氛围，同时挖掘人文资源，发展集吃、住、行、游、购、娱、学、养为一体的古镇文化旅游产业，不断提升古镇旅游综合实力，2016年和平镇跻身"首批中国特色小镇"行列。

　　为了留住古镇烟火味，古镇将保护开发和环境提升两手抓，特别强调留住原居民，留住原生态，既留住小镇的形，又留住传统的生活方式。和平镇历史文化积淀深厚，民间文学、民间音乐、戏剧舞蹈遗存相当丰富，仅舞蹈种类就达70余种，主要有烛桥、花鼓灯、七巧灯、踩高跷、刀花舞等。在老街上，我与载歌载舞的傩舞巡游不期而遇，这是和平保留下始于奴隶社会的舞蹈，可谓是古文化的活化石。走进幽邃的古镇，悠悠古韵扑面而来，令人浮想联翩。和平游浆豆腐的制作工艺堪称中国一绝，它是用老的豆浆作为酵母发酵而成，不添加任何石膏与卤水，名闻遐迩，享誉久远。有诗赞叹："温柔玉板满盘鲜，扑入油花唱又颠。金甲披身香四逸，千烹万煮总缠绵。"岁月不紧不慢地流淌着，和平古镇静静地迎送着每个日出日落，聆听着熟悉又陌生的足音，南来北往的人在这里欣赏如歌如画的古镇，农家水酒、和平鲤鱼、和平米粉、观音茶等，则让人们体味千年古镇的闲适与温情。

| 傩舞巡游

霍童古镇，与狮共舞

因灵山秀水而成为道教第一洞天的福建宁德霍童古镇，其神秘的宗教氛围与悠久的历史文化令人流连忘返。而说到霍童，不可不提霍童线狮，作为第一批国家级非物质文化遗产，霍童线狮以其独特的艺术表现形式受到人们的喜爱。

我最早看到霍童线狮表演，是在中央电视台《天涯共此时》栏目。舞狮表演，人们司空见惯，常见的舞狮都是双人钻在狮子皮套中扮演憨态可掬的狮子抢夺绣球，狮子的动作比较从容、缓慢。而霍童线狮却独树一帜，不是人套狮皮，而是把特制的绒线狮高悬于四米多的架子上，由架下众人通过长长的绳索操纵。线狮在线绳的牵连下，不仅能展示出坐立、蹲卧、苏醒、伸展、登山等不同的形态，通过艺人的集体操控，连寻球、追球、得球等狮子戏球的高难度动作也不在话下。这种独特的舞狮表演成为"中华一绝"，2006年被列入第一批《国家级非物质文化遗产名录》。

据当地艺人介绍，狮子全身由多种材料制成，以竹篾为框架，里面填充棉花、布料、橡胶等，狮毛则用特殊的彩色塑料丝制成。经过历代汉族民间艺人的改革，线狮的体积从最初的小如木偶发展到现今的庞大沉重，结构由简单变得复杂，制作工艺也得到了很大的发展和完善。霍童线狮表演分单狮（雄狮）、双狮（兄弟狮）、三狮（母子狮）、五狮（祖孙三代狮）等4种。线狮大小不一，大狮子重约27公斤，小的约18公斤，用一根长4米许的杉木在不同距离位处装上滑轮，并且在狮子的头部、尾部系上往返的绳索，狮子的双腮左右系上两条绳索，成为线狮的神经系统。线狮通过头索、尾索用腮索拉动，使表演台上的线狮坐立、蹲卧、摆首，加上灯光变幻、吐云喷火、打击乐等配合，

霍童线狮

表演的雄狮出洞、母子相亲、三狮戏珠等动作惟妙惟肖、栩栩如生。

霍童，原名"霍山"，传说周朝时有霍童真人，居霍林洞，由此得名。福建省唯一不受污染的母亲河霍童溪自西向东贯穿整个镇域，丰富而秀丽的自然景观林立两岸。霍童的山形山景错落有致，层层递进，蜿蜒曲折。老君岩、双鲤朝天、狮子峰、睡美人等景点林立霍童溪两岸。霍童溪为闻名全省的"五江三溪"之一，其独特的峡谷地貌、花岗岩高丘陵地貌和河谷冲积平原地貌，造就了其流域九曲十八弯二十七滩的美景。

霍童是中国历史文化名镇、中国民间文化艺术之乡，历史上曾三次被朝廷敕封为"天下第一洞天"，是中国东南道教之发祥地。全国道教四大名宫之一的"鹤林宫"，"不到支提枉为僧"的宗教圣地支提山华严寺和省级文物保护单位隋代古水渠名闻遐迩。鹤林宫位于霍童山上，始建于明朝嘉靖年间，曾毁于山洪，后又被当地乡民集资修建，如今的鹤林宫，是一处两层的建筑，隐于山林之间，寺院幽静，清净庄严，遗留的唐朝"霍童洞天"残碑是现存考证霍童洞天的最重要实物佐证。这里不仅是道教胜地，更有佛教文化发展。在霍童境内的支提山便是佛教名山，在梵语中，"支提"为"聚集福德"之意。别看它只是一座不大的山，但在佛教界中，其地位与五台、峨眉、普陀、九华四大名山并列，支提寺更是全国佛教重点寺院之一。由"开山始祖"黄鞠设计开凿的隋代古水渠，在1400多年后的今天，依然造福着这里世代的居民。

走进霍童古镇，最先见到的是文昌阁。文昌阁始建于清康熙年间，八角二层攒尖顶的建筑结构，分为门楼、阁、后殿等部分，阁内如今供奉着文昌帝、魁星爷圣像，见证着霍童古镇人崇文尚礼的风气，透露着这古镇不凡的过往与儒雅之风，有"十二都兴文之地，第一重登阁之门"美誉。文昌阁内香火旺盛，登上文昌阁，古镇的景致尽收眼底。

漫步霍童古镇，在青石板路上看时光流逝的痕迹，百年的建筑，古老的街道，质朴好客的风气，从明朝至今，这里依旧如花绽放。在这里，总能让人忘记时间的流逝，陶醉在这安宁的氛围之中。霍童镇最经典的地方，当属古屋夹道的老街，人们称它为"明清建筑一条街"。霍童明清古街修建于明嘉靖十三年（1534）前后，长1700米，建筑面积达20253平方米，保存完好的古建筑有64座，街上还有一根矗立了200年的木旗杆。霍童街尾旧街一带，有众多青砖大屋。这些大屋为青砖青瓦建筑，也有生土筑墙覆以三合土，为典型的闽东民居。霍童当地居民将这样结厝为堡、聚族而居的格局，称之为"某厝里"。在霍童，规模较大的有"黄厝里""颜厝里""陈厝里"等等。霍童古民居大多保留了先民的群居特色，各个宗族以先后顺序建立自己的集居地，通常以一家一户或一户多家为特征；而在历史的演变中，古民居又分出了青砖、木质结构及三合土墙三种外观。青砖外观的，自然是当年的大户人家，沿着街尾路边而建的青砖大院，每户大门前都有一个雕刻精美的牌匾，上书"云蒸霞蔚"等字样，院内的对联和雕花的木栏，有意无意透露各家各户的渊源脉络，入内依次顺序为门厅、天井、前两庑、正屋、后两庑、偏榭。房屋一般为两层，也有三层。那些嵌在木窗上的雕花，从明朝至

| 霍童溪

| 奎元阁

今，盛开了几百年光景，如今已呈现出寂寞的表情，却又拒绝凋零。青砖黛瓦，飞檐翘角，古色古香，尽显古建筑的魅力与神奇。

  古街的尽头有一棵蟠龙般的古榕树，这棵老树似乎有些年代了，或许古镇有的时候它就在了，在当地人的眼里，它不仅仅是一棵树，而是一种精神纽带。古榕处也是全镇最集中的地方了，刚好着落在两条路的交叉路口，一条是明清古街，一条是现代化的水泥路，形成了鲜明的对比，站在树下，望着两边景观，仿佛站在了通往两个世界的交叉口。

  古榕后面便是宁德的母亲河霍童溪，溪的对岸便是雄伟翠绿的青山。霍童溪的溪水，固执地走了千年，养育了世世代代的当地人。古镇上还有很多铺子，与其说是铺子，更像是当地人拿自己人工做的东西摆放在自家而已，没有叫卖声，更没有一点商业气息。在这些铺子里，你看不到现代机器操作的身影，完全是传统古法制作，坚持烧柴火的小吃店，散发着特有的清香。他们并没有因为时代的进步而消失在年轮里，除了这或许你再也领略不到如此纯真的淳朴了，或许他们不知道，让人慕名而来的除了这里的青山、绿水、古建筑，还有当地居民的淳朴。

樟脚村，
迷人的五彩石头村庄

我真佩服老友张彭的驾驶技术，在狂风暴雨中，我们的车从324国道爬上蜿蜒盘旋的山路，来到了"中国历史文化名村"福建泉州樟脚村。樟脚村是泉港区西北角一个偏僻的山村，因为村子里过去有一株700多年的大樟树，爬到树上俯瞰整个村落，古民居都聚集于它的脚下，故名"樟脚村"。

好在"六月天，猴儿脸"，雨过天晴，山坡上一层层上下重叠、一幢幢首尾相连的石厝，经过风雨的洗礼，在阳光的照射下，斑驳石墙上呈现出来鲜明的红褐、灰白、藏青的色泽，显得那么绚丽、缤纷，俨然是一座古城堡，更像一幅油彩画，"迷人的五彩石头村庄"当之无愧。

好友刘宁生和他的同学魏小定、陈虹、林林捷足先登，徜徉在古村街头巷尾，陶醉在硕果累累的龙眼树下，空气中充盈着历史的厚重感。这里的建筑以石为墙，以石为廊，以石为阶，以石为径，房子依山而建，层层叠叠，错落有致，上下左右都不讲究布局，户与户之间都有石卵台阶相连。当地村民告诉我，樟脚古民居群最早的建于清嘉庆年间，迄今已有200多年。由于

| 石厝

| 瑞峰楼

村子四周群山中盛产黑色花岗岩和五彩鹅卵石，自古以来，村民练就了以鹅卵石砌墙、乌青石切条板做门窗和埕板的建筑技术。墙体采用当地山中生产的形状不规则的黑色花岗岩和五彩鹅卵石，加上黏土和稻草垒砌而成，十分坚固厚实，具有良好的保温效果，冬暖夏凉。这些石块的颜色很丰富，有红褐、灰白、赭黄、藏青等，建造出的房子色彩斑斓。石头房的门框和窗框大多用乌青石切条板做成，部分石头房外墙还镶嵌着鲜艳的红砖，多种颜色的建筑材料汇集于一幢房屋，让樟脚的古民居自带"滤镜"，美得古朴却夺目。为防盗匪，樟脚石头房的窗户小而少，但前后房之间通常会留有狭窄的露天巷或者小天井，以便通风采光。房屋内部多采用木材隔断，装饰较少，质朴而有味道。卵石铺就的狭窄、幽静的石巷，顺着山势蜿蜒曲折，巷道连着巷道，曲径通幽，颇有迷宫的神秘。村里现存"石厝"古民居有上百座，有以家庭、宗族为单位的三间院、五间院，有平屋，有楼房，也有前平房后楼房的结构，形成了一个自然村落。

瑞峰楼是村里唯一一幢将建造日期刻在匾额上的古民居。这幢清代嘉庆年间建造的祠堂由彩色卵石块砌成，为二进三开间四护厝格局，精雕的青石拱形大门构筑精美，墙体厚度达一米多，能起到很好的防御作用。如今的瑞峰楼延续樟脚陈氏先祖从惠安东园带来的民间信仰，仍供奉着"司马圣王"。除了陈氏，这个仅3000多人的古村落有12个姓氏。祖祠内挂着几盏老旧的花灯，樟脚有元宵节游龙灯的风俗，每家每户根据男丁的数量在木板上挂上相应数量的灯笼，由村民两头扛着木板游于乡间。花灯游龙时，扛灯者总是有意无意地烧掉几盏纸花灯，当地人称为"出灯"。来年还要补上几盏新灯，因为在闽南话的读音中，"添灯"即为"添丁"。传承了300多年的樟脚民俗承载着那个时代对劳动力的重视，以及对家族兴旺的祈祷。

樟脚传统古民居多建于明清时期，包含闽南红砖官式大厝和石头房。闽南最具代表性的建筑当属"出砖入石燕尾脊"的红砖古厝，色彩缤纷的石头房显得尤为独特。樟脚村传统村落建筑文化源远流长，是当地居民世世代代智慧的结晶，不仅是当地历史、文化、信仰、习俗和观念的印记，也是一项珍贵的历史文化资源。

据村民介绍，早在商周时期，这里就有古闽越先民繁衍生息。在村落的发展历程中，因其特殊的地理及历史环境，形成了特殊的商贸文化、建筑文化、红色文化，这些文化不仅对樟脚传统古村落的历史研究具有重要价值，且对泉州与外界文化交流具有重要研究价值。

几年前，由于一位摄影师拍摄樟脚村的照片在国外获奖，樟脚村因此名声大噪。缘于此，外界方知在樟脚的普通民宅后，还隐藏着这样一个"童话世界"，越来越多的人关注樟脚村，每年来村里采风的画家、摄影师不计其数，"油画村""摄影村"的美名不胫而走，这个古朴的村落就这样被定格在一幅

| 红砖古厝

樟脚村，迷人的五彩石头村庄

幅画作、一张张照片中。

  2019年3月，泉港区涂岭镇樟脚村经竞争性选拔，被确定为全省重点改善提升的历史文化名镇名村和传统村落。自此，樟脚村开启了传统民居业态化管理的路程。樟脚村地处泉港、惠安、仙游、洛江四县区交界点，是汉蒙两族的共居地、革命老区据点村。凭借独特的"三红文化"，即"红房子""红色革命文化"和"樟脚红茶"，樟脚村先后荣获"中国传统古村落""中国历史文化名村""省级传统古村落""省级历史文化名村""省级特色景观旅游名村""市级美丽村乡村"等荣誉称号。

  为有效保护樟脚村宝贵的文化与自然遗产及其历史环境，当地规划部门制定了《樟脚古民居规划保护方案》，重点保护好历史建筑、古街古巷、传统格局，以及与古村落相关的景观环境，真正留住历史的记忆。近年来，樟脚村利用古民居、陈平山革命烈士故居、金钟潭瀑布、樟脚林高空7D玻璃栈道等资源，形成富有特色的乡村旅游线路。有了人气，村里相继投入1000余万元，修缮提升古民居、整治村庄环境。为了恢复传统历史文化，他们根据省里要求，对重点历史建筑和有价值建筑进行修缮及安全性保护，整治非保护性破旧房屋，推进古民居活化利用，发掘传统艺术、手工艺、民俗、人文典故、祖规家训等非物质文化遗产，把当代物质生活置身于传统风貌建筑中，使历史文脉得以传承，也给古村落发展带来新的经济增长点，村民们纷纷开办农家乐、办起了民宿，吃上了"旅游饭"。樟脚村人在保护的前提下，根据规划集中发展与文化相关的节庆和展示项目，每年的正月十四、十五两个晚上，都要进行游板凳火龙灯活动。火龙灯由4段组成，每段100米左右，分别由一个同姓家族的青壮年男性手持着，全长400米左右。入夜，板凳火龙灯在崎岖的山间小道和村巷里游动，配合铺天盖地的烟花鞭炮声，场面蔚为壮观。

  古村落原本不是作为一种旅游资源而存在，但历经岁月洗礼，其古朴独特的建筑及淳朴的民风民俗，与现代化建筑景观、生活方式形成强烈差异，具备了良好的旅游价值和经济价值。人们闲暇时间都想找一个世外桃源放松一下，感受乡村的宁静与淳朴。樟脚村，一座浑然天成的五彩石头村庄，一处悠远宁静的田园风光，一个来过就会印在心上的人间仙境，可供你我来此享受闲云野鹤般的悠闲。

田螺坑，
土楼群之烦恼

　　田螺坑土楼群，位于福建省漳州地区南靖县书洋镇，坐落在海拔787.8米的狐崀山半坡上，由1座方形楼、3座圆形楼以及1座椭圆形楼组成。5座土楼依山势错落布局，在群山环抱之中，居高俯瞰，像是一朵怒放的梅花，美妙绝伦，璀璨夺目。随着山势蜿蜒而下，人们观看的角度随之变化，田螺坑土楼景观魔术般地不断变幻，又像是飞碟从天而降，构成人文造艺与自然环境巧妙天成的绝景，令人叹为观止，当地人戏称"四菜一汤"，堪称民居建筑百花园中的一朵奇葩，2001年5月被列入"国家重点文物保护单位"，2008

"四菜一汤"田螺坑土楼群

土楼近景

年7月被列为"世界文化遗产"。联合国科教文组织顾问史蒂汶斯·安烈称田螺坑土楼群是"世界上独一无二、神话般的山区建筑模式"。

  田螺坑自然村因地形像田螺,四周群山高耸,中间地形低洼,形似坑而得名。也有人说,田螺姑娘的神话故事说的就是黄家祖宗,那个叫黄百三郎的幸运儿,因为田螺姑娘的神助,才得以从一个养鸭少年成为一方富绅。田螺姑娘兴许是传说,但黄百三郎确有其人。田螺坑黄氏族谱证实,清朝嘉庆年间黄百三郎从永定移居此地,并在这里开始了他的传奇人生。土楼群中的黄氏祠堂中央有祖先牌位,黄百三郎名列第一,而他的墓穴就在距田螺坑2公里外的"五更寮",每年农历正月十五,黄百三郎派下裔孙都要到祖祠焚香敬拜,清明节前一日,用猪、羊、水果到黄百三郎墓前进行大规模祭祀活动。

  这个养鸭少年当年充分利用山涧泥地、谷深林密的地域优势,不断扩大再生产,为自己赚取了第一桶金。像大多数中国人一样,黄百三郎有钱之后最喜欢做的事就是盖房。最先盖起来的是方楼,也就是那碗"汤",雅名"步云楼"。步云楼始建于清嘉庆元年(1796),高3层,每层26个房间,全楼有4部楼梯。沿着高低地势将中厅修建成阶梯状,让人进入大门后就能体会"步步高升"的快感,这样既突出了祖厅的重要地位,又寄托了"平步青云"的美好愿望，寓意子孙后代从此发迹、读书中举、仕途步步高升青云直上。果然，步云楼还在兴建，族人又有了财力，随即在它的右上方动工修建一座新的圆形的和昌楼，也是3层高，每层22个房间，设两部楼梯。1930年，步云楼的左上方又建起了振昌楼，还是3层高，每层26个房间。1936年，瑞云楼又在步云楼的右下方拔地而起，仍然是3层，每层26个房间。最后一座文昌楼建于1966年，准确地说它是一座椭圆形楼，3层，每层有32个房间。田螺坑土楼在基址穴位的选择上，遵循中国的风水文化，步云楼为"扑虎"位，和昌楼为"螃蟹地"位。据专家考证，5座土楼之间采用黄金分割比例2∶3、3∶5、5∶8而建造；史学家、地理学家称这五座土楼为《周易》金、木、水、火、土的杰出代表。

漫步土楼之间，那些被岁月熏黑的旧木板，以及木板上的红春联，洋溢着陈旧而美好的气息。一方水井，几间货店，奔跑的孩子，闲坐的老人，即便土楼日益商业化，也难掩其宁静与质朴。每座土楼进出只有一个大门，外墙全部为夯土结构，坚实牢靠，能有效阻止外敌进攻，保存完好的土楼已经有700多年历史，从元代至今鲜有大的维护。所有的土楼内部均为木质结构，

| 土楼内景

干燥舒适，适合居住。一楼为灶间，是每家每户做饭、用膳和会客的地方，二层则是禾仓，放置谷物和各种农具杂物，三楼以上才是卧室。现在土楼被保护起来了，不随意让游客上下走动。我花了点小费踏上了这个被列入《世界文化遗产名录》的土楼，走进了客家人的内核。俯视土楼，宛如一座小型体育场馆，宽敞的院落，院子中央修建了庙宇，供族人祭拜。

田螺坑村为黄氏家族聚居地，全村数百人。在土楼开发旅游前，这个客家小村落鲜为人知，同闽西南许多客家人一样，这里的黄氏家族过着传统的耕种生活。田螺坑土楼群"申遗"成功后，当地政府深深陷入"出名"的烦恼和纠结。如何在保护文化遗产与发展旅游之间的钢丝绳上保持平衡，是土楼当下面临的最大难题。一位长期从事文物保护的专家称，《文物法》于1982年颁布，当时，民居类建筑并没有列入文物保护单位，现在大家对土楼都是凭着保护理念自觉保护，房子不让改建，当地居民生活起来很不方便。保护这些土楼最根本的还是资金问题，财政负担不起这么多土楼的保护，土楼人家也负担不起这笔维修费用，田螺坑土楼群等属于"国保"级文物单位，保护需要大量资金，但目前"国保"级文物单位的维修资金，普遍存在审批程序繁琐、难以支取的问题。

对于当地村民来说，土楼旅游火了，但他们的利益并没有"火"起来。他们从土楼旅游收入中每人每年仅仅得到450元补贴。由于收入有限，稍有能力的年轻父母都到外面打工去了，土楼里的居民大多是中老年，靠着经营小买卖为生，卖些陶瓷纪念品和土特产。田螺坑的鸡鸭全部是自然放养，蕨菜、笋干、茶树菇，以及各种野生蘑菇，都是不可多得的美味。振昌楼旁边有一家土楼饭店，供给的都是土家特色菜肴，颇受游客欢迎。近年来随着游客增多，不少在外打工的年轻人陆续回村，在家门口开茶叶店。福建盛产名茶，各色茶叶随处可见，每到一处，都会有人热情地招呼饮茶。

成为旅游景点后，居民改善居住条件的呼声越来越高。国家有规定，保护区内土楼不能改扩建，政府尚未规划其他地方让村民建房，村民面临无处建房的窘境。黄老汉共有弟兄4人，一家老小14口都挤在步云楼内，人均不足2平方米。如今他的儿子已经二十出头，如果没有房子住连老婆都娶不到。黄老汉为此十分烦恼，自嘲"看来我们一家老小将蜗居在世界文化遗产里了！"

曾厝垵，
变身"最文艺渔村"

曾厝垵位于厦门岛东南部，东至白石炮台与黄厝接壤，西至胡里山炮台，南至环岛路与大担岛隔海相望，北至御屏山西姑岭，三面环山。历史上的曾厝垵一直是作为农村而存在的，那里的人们以打鱼和出租房子为生。村民"男渔女耕"，男人出去打鱼，女人留在家里耕田带孩子。因为依山傍海的缘故，渔村的人背靠高山，面朝大海，过得自在而惬意。

南宋末年曾家始祖曾光绰率家眷自江苏常熟千里迢迢来厦门滨海开基立业，首次命名"曾处垵"，后更名为"曾厝垵"。明初，厦门建城以后，身处厦门港南部的曾厝垵成了军事要冲。清代设水师驻守于此，辛亥革命后国民党的"海军航空处"和飞机场也在这里。1929年，曾厝垵飞机场曾迎接了中国第一个单人驾机飞越欧亚大陆的飞行员陈文麟飞机的降落。陈文麟的"厦门号"飞机从伦敦起飞，途经欧亚十几个国家，行程1.5万多公里，在5月12日飞抵厦门。当年这一事件，成为海内外媒体的热谈，亲眼见证这一历史时刻的曾厝垵村民更是津津乐道。历经宋、元、明、清、民国、新中国数百年，曾厝垵的身份始终在港口和战略要塞之间不断转换。

走进曾厝垵老街，随处可见当年华侨遗留下来的痕迹，华侨建造了大量红砖古厝和南洋风格的"番仔楼"，至今仍有所保留。较大的住宅群甚至综合两种建筑风格为一体：古建筑的前面两"落"的屋顶为马鞍脊或燕尾脊，最后一"落"却是南洋风味的"番仔楼"。除了建筑外，断残的龙柱、来自吕宋的铁花、台湾日据时代生产的瓷砖以及散落的建筑构件，都在提醒着人们，华侨经济曾经对这个自然村产生深远的影响。

村里最有名的华侨是曾国办先生。曾国办早在1920年就投资了当时的环

| "微改造"后的渔村

岛路。1927年他和弟弟曾国聪一起投资建设了厦门思明电影院。三四十年代又合股投资了厦门到同安的海上运输。抗战时期，他多数产业毁于日寇手中，村里路边的一块石碑还记录着他的事迹。

30年前，曾厝垵是一个以养殖、种植、渔业为主的小渔村，随着城市化步伐加快，小客栈、大排档和各种违章搭盖不断出现，原本美丽静谧的小渔村成了脏、乱、差的"城中村"。如何改造？多年来的拆迁思路，往往忽略了对历史风貌和传统文化的传承和保护。有鉴于此，从2013年起，当地政府按照"美丽厦门共同缔造"的总体部署，坚持少拆房、慎砍树、不填塘，有针对性地对一家一户进行创意性"微改造"。留住山水格局，留住名木古树，既保护了原生态，又注入了新功能，闽南滨海风情与开放多元的创意文化在曾厝垵交融，不仅整个村庄成为一个旅游景点，而且老渔村的文化得以保存，留住了乡愁记忆。城市的夹缝、原生态的渔村，人们在这里可以迎风逐浪、漫步沙滩、行走木栈道，让每一天都有不一样的体验，引得文创人士和八方游客纷至沓来。据了解，曾厝垵有原住居民400多户1600余人，如今这里聚集了来自世界各地的5000多名文艺青年、超过1200家文创店铺和民宿，每年吸引游客1000多万人次，已成为厦门旅游的一张新名片。

文艺是曾厝垵的风格，也是全球游客的旅游胜地和行走图腾。对于曾厝垵的村民来说，他们的渔村图腾更具体。闽南地区的渔民大多信仰保生大帝与妈祖林默娘，曾厝垵也概莫能外。信众占本地村民的90%人口，村口的福海宫和曾山边上的太清宫供奉保生大帝，而拥湖宫则侍奉着妈祖，内陆游客难得一见。游客来到这里，当然要感受一下闽南渔民世世代代供奉的宗教图腾。

曾厝垵表面上看是百年渔村、百年闽南建筑、侨乡文化、多元宗教的聚集地，实际上它的文艺浸淫在文青老板的灵魂深处。面向大海，看潮起潮落，看日升日落，文青老板诗意般的经营风格、神一般的装修、疯子一般的身心付出，成就了曾厝垵的文艺。来到曾厝垵"海鲜舫一条街"，这里的餐厅有一个共同特点，就是装修雅致、价钱公道。这里是观海的最佳场所，三五朋友可海吃深海鱼鲜，也可遍尝闽南各色小吃。漫步街头，在沿街和拐角处可以遇见风格各异的客栈，五街十八巷五花八门的装修：新建筑都是蓝色调，"番仔楼"是橙黄色调或保持古朴色，闽南古厝清一色大红的外墙；有的大面积涂鸦，有的模仿欧洲小镇在墙上挂满盆栽鲜花，这种调调倒还真有那么点味，游客仿佛漫步在欧洲某国的小镇，所见之处，大部分客栈都有庭院，有的走夏威夷风，藤蔓下吊着摇椅，冲浪滑板、游泳圈摆设，太阳伞下木椅散落有致；有的还在庭院内人造沙滩，铺一条鹅卵石健步道，滨海情趣十足；还有的契合

| 拥湖宫

曾厝垵，变身"最文艺渔村"

渔村的定位，拉一艘破船摆在庭院，意指咱是渔民的后代，这才是渔村文化。

　　面对扑面而来的商业浪潮，曾厝垵展现历史风貌的古厝却越来越少。为了能留住这些渔村历史的见证者，当地通过政府投资、引入民间资本等多种方式，对这些古厝展开保护性修缮，同时，根据各自特点合理开发利用，为古厝注入新的生命力。曾厝垵183号是一座建于清朝的闽南传统院落式住宅。在没有修缮前，它被当作店铺使用了。为了让古厝更好地传承历史，一家公司将古厝整体租下来，然后聘请华侨大学建筑学院专家，参照本地现有的大厝样式，对它进行保护性修缮，尽可能把历史风貌展示出来。如今这座古厝已经被改造成了渔村时光空间展馆，里面陈列着大量历史图片和文物，展现曾厝垵从曾经的渔村到如今最美文艺村的一段历史。曾厝垵260号是座清代古厝，由于户主没有实力维护，长期荒废在那里，曾厝垵文创会了解到这一情况后主动介入，将古厝租下来，投资30万元将古厝建成了闽台文化馆。眼下，曾厝垵不仅被誉为"中国最文艺渔村"，而且被称作"中国宜居建设中的城市化样本"，因为在其发展过程中，能够因地制宜，不搞大拆大建，在保持特有历史风貌的同时，打造宜居宜业宜游的美丽乡村，成为集文化创意、旅游休闲于一体的文创村，村民收入翻了10倍，真正实现了"百姓富、生态美"，并形成了具有闽南文化底蕴和多元包容特色的文化。这是多么难能可贵！

| 面朝大海、春暖花开

大嶝岛，在废墟上崛起

厦门大嶝岛俗称"英雄三岛"，由大嶝、小嶝、角屿3个岛屿组成，与台湾金门岛近在咫尺，在相当长的时间内，这里成为福建前线的最前哨，岛上除了军人和本岛居民外，外人一律不许进入这个军事禁区。尤其从1958年8月23日万炮轰金门后，这里几乎成为世界聚焦的中心。在那场惊心动魄的炮战中，大嶝岛向对面的金门岛发射了数不清的炮弹，对岸疯狂反扑，如雨的炮弹砸在87000多平方米的大嶝岛上，岛上每平方米的土地上就落下1.5颗炮弹，大嶝岛一度成为废墟。

登上大嶝岛，留意路旁的闽南民居，有着燕尾飞檐的闽南民厝在眼前时有掠过，但为数很少，连片的多进大厝，只看到一处。不过大部分新修的神佛庙宇，还是保持了那种夸张的燕尾飞檐的闽南民居风格。

遥望海峡，白哈礁位于大嶝、金门正中间，距离金门仅1800米，是祖国大陆离金门最近的地方。白哈礁古名"陛下礁"。史载景炎元年（1276）元兵入闽，宋少帝赵昺泛海南航，落水于此获救而得名，厦门话谐"陛下"为"白哈"，又因其形似兔而色灰白，故俗称"白兔仔礁"。礁石嶙峋突兀多洞穴，风吹浪拍，钟鼓琴瑟之声阵阵，妙若蓬莱仙乐。

明清时期，小嶝航海发达，航户经济实力雄厚，有财力建造三桅甚至五桅的大海船，长十几丈，载重100多吨。清同治年间，邱大顺船户在福州建码头，以此为基地南下广州、汕头，北上烟台、天津各地，甚至远航南洋、琉球群岛。小嶝岛铁树园里的"八闽铁树王"，为厦门市树龄最长、树体最大的铁树，当时琉球王国是我国的属国，这棵古铁树便是邱大顺远航琉球时船员从那里带回小嶝的，至今已有600多年的树龄，照常年年开花，被小嶝村

| 大嶝小镇

人视为吉祥物。

邱葵故居是小嶝岛特色景点之一。邱葵,宋末元初同安县金门小嶝乡人,理学家。少时聪颖好学,进秀才后又拜吕大奎等许多儒学名家为师。吕大奎师事王昭复,而王昭复曾拜朱熹的门生陈淳为师,故邱葵为朱熹的四传弟子,其气节与学术造诣,在泉郡颇有名气。宋景炎元年(1276),邱葵的恩师吕大奎不肯降元被害,激起邱葵的民族义愤,他送长子必书随张世杰入粤勤王。元延祐四年(1317),元朝廷知道邱葵在地方上有很高声望,派遣御史马伯庸来劝他出仕,邱葵避而不见。同安县达鲁花赤也带着重金至家礼聘,邱葵仍然坚决推辞,并写了一首却聘诗,诗中写道:"天子来请老秀才,秀才懒下读书台……"广为后人传诵。此后,邱葵长期隐居海岛,耕钓自给,刻志励学,一意著述。离邱葵故居不远,有一座顺英桥连着"顺济庙"和"英灵殿"。两座庙之间有一个湖,湖边有一处宋代遗迹"美人井",村民说,姑娘在井口照一照会变得更美。

抗战时期,金门县政府总部设在大嶝岛,建于清末民初的两座红砖古厝民居仍保存完好,建筑面积约360平方米,前落面阔3间,雕砖贴面,菱形红砖装饰墙面，上部为清水烟炙红砖院墙，门楣上方镌刻"荥阳衍派"四字。正面院墙水车堵装饰着彩绘泥塑，留有凤鸟吉祥图案和"居之安""和为贵"的文字。

"英雄三岛战地观光园"，昔日的前沿阵地，如今旧貌换新颜，成为全国唯一一座面向金门，以统一祖国大业为主题，以战地观光为内容，融爱国主义教育、国防知识教育、军事科普教育、休闲娱乐为一体的多功能教育基地和旅游胜地。走进战地观光园，我们看到一大批在炮战中立下显赫战功的飞机、大炮、坦克、巡逻艇、战舰及各式轻重武器。尤其是当年用来对金门宣传广播站里的大喇叭，更是令人吃惊，这个直径达 3 米的大喇叭成为"世界之最"。这只喇叭根据仿生学原理，以压缩空气为动力，用语音电信号控制高压气流，产生并传播很强的声波，清晰的语言音乐越过海面，直达对岸的金门岛。大喇叭由铅铝铸成，重达 1 吨，号筒长 5 米，有效传声距离可达 12 公里，是当年大陆对相距 6 公里的金门岛进行广播宣传的主要工具。

观光园内建有"八·二三炮阵地遗址""英雄雕塑广场""战地坑道""英雄三岛军民史迹馆""军事武器陈列场""世界兵器模型展馆""空飘、海漂史迹展览馆"等景点。站在观景台上，金门岛的青山绿水和碉堡、哨所、防护网等军事设施历历在目。置身 200 多米长的战地坑道，四面扫射的激光，轰轰的炮声，震动的摇晃板，滚滚的硝烟，让人们亲身接受了"枪林弹雨"的洗礼。

"度尽劫波兄弟在，相逢一笑泯恩仇"。炮声隆隆的日子离我们越来越远，硝烟弥漫的场面也渐

| 世界最大军事广播喇叭

渐淡出人们的记忆。遥望烟雨蒙蒙的大金门岛和灯火阑珊的小金门岛，看看这些当年实战过的陈列品，想想两岸曾经是如此的刀光剑影、水火不容，祖国早日统一是海峡两岸华夏子孙唯一的选择，在暂时不能统一的前提下，和平对话与交流是最好的选择。

如今，时过境迁，和平景象替代了硝烟弥漫，大嶝岛以金厦直航为契机，充分利用这里的资源，加大资金投入，逐步完善基础设施建设，积极发展对台、对金商贸旅游，以旅游带商贸，以商贸促旅游，旅游商贸协调发展，在废墟上迅速崛起。大嶝岛拥有东南沿海最纯净海域，水质、空气质量符合国家环境一级标准，享有"天然氧吧"美称，又是国家白鹭自然保护区，不仅有传统产业博物馆、民俗风情博物馆等文化交流设施，而且有全国唯一的厦门市对台小额商品交易市场，经营全国28个省、市、自治区上万种名、优、特产品，吸引着来自海内外观光客进行旅游购物，形成了得天独厚的商贸旅游区，先后被建设部授予"全国村镇建设先进镇"，被福建省政府授予"园林式乡镇""省级卫生镇"等荣誉称号，大嶝岛成了风光秀丽、景色怡人的中国名镇。

| 当年炮击留下的断壁残墙

德安里，"发烧友"的古寨情缘

德安里，位于广东普宁市洪阳镇区东南，为清朝广东水师提督、名将方耀与其兄弟共同营建的家族集居寨。整个建筑规模之大，构筑之精，造型之美，堪称建筑艺术一朵奇葩，是潮汕地区现存规模最大、保存最完整、历史时期较长的巨型府第式建筑组群，也是广东省罕见的府第式古村落。

方耀，清道光十四年（1834）生于普宁县城洪阳西村，官至广东水师提督。其兄弟有6人，方耀和四弟方勋是清廷在编的武官，其他兄弟也都先后受到清廷的赐封。他为抵抗外国列强的侵略作出了重要的贡献，其忠君爱国的思想深深影响着一代又一代的军人。方耀不仅仅是一介武夫，他还是潮汕地区文化教育的积极推动者和实践者，他倡建书院和书塾，创建"惜字宝文社"，以尊重文化、推动社会文明发展为己任，薪火相传，生生不息。

德安里古寨始建于同治十年（1871），占地6.2万平方米，建筑面积3.2万平方米，房屋总数773间，内为府第，外有沟渠寨墙环绕。德安里由老、中、新三寨组成，每一部分都由许多座独立又有机联系的建筑物组成，集潮汕民居建筑样式之大全。老寨总体建筑布局为"百鸟朝凰"，中寨和新寨总体建筑布局为"驷马拖车"。所谓"百鸟朝凰"，"凰"就是主祠堂。主祠堂的左右是三厅亘，而在主祠堂之后，依次为"五间过""大下山虎""独角狮"等建筑，这些建筑从三面朝向大祠堂。而之后是横排着的7座俗称为"后七座"的"下山虎"，最后则是坚固的围合寨墙。"下山虎"是潮汕府第最基本的构成单位，以大门为嘴，两个前房为两只前爪，称为"厝手房"，以后厅为肚，厅两旁的两间厢房为后爪，从高处俯瞰，状若蓄势待发的下山猛虎。在"厝手房"前面再加两个前座，就成了用于压角的四合院"四点金"。所谓"驷马拖车"，"车"

是居中的大祠堂,"马"为左右两边的4座次要建筑(三厅亘、四点金各2座),这样坐在"车"上的列祖列宗就由居住在两边象征着"马"的子孙牵引着,轰轰隆隆从远古走来。不论是"百鸟朝凰"的布局还是"驷马拖车"的设计,主人显赫的家世与家族荣耀昭然若揭。而以大祠堂为核心的建筑结构,也深合潮汕人秉承"营宫室必先祠堂,明宗法"的中国传统礼教之道。"百鸟朝凰",更寓意着一种传统孝道。在传统文化中,雄为"凤",雌为"凰","百鸟朝

| 石库门

| 德安里府第式建筑组群

凰"表达了方耀兄弟对母亲林氏的孝敬。方耀之父方源病卒于军中,其母因乐善赈灾被诰封为一品太夫人,成为方耀家族德高望重的当家长者,为家族的兴旺作出了巨大贡献,自然得到族人的敬重。祠堂大厅的栋梁均是水桶般粗的杉木,在潮汕地区甚为罕见。

然而,夯实的寨墙宅第和厚重的层层屋瓦,却难抵风雨天灾的蚀害和现代文明"野蛮"的侵扰。吴流生,土生土长的普宁人,退休前是普宁市场物业管理局局长。正是他,硬是把德安里古寨从几遭湮没的危机中拯救出来,并入选为首批"广东省古村落"、第五批"广东省文物保护单位"。

吴流生与德安里古寨结缘,源于其摄影"发烧友"生涯。本世纪初,吴流生背着相机走访了云南、浙江、广西、贵州等地诸多古村落,蓦然发现:自己长期生活工作的普宁,就有一座让人们心醉神驰的古村落——德安里古寨。历经140多年的沧桑巨变,这座古寨的整体建筑仍保存完整,但由于年久失修,管理不到位,居住和使用单位乱搭、乱拆以及污染环境等的影响,在相当长的时间内,未能得到有效保护。从2003年开始,吴流生多次向上级部门提请对德安里古寨加以保护,还亲自拟定了一套保护方案。几经波折,2007年,普宁市政府召开了联席会议,专题研究了德安里古寨的保护工作,决定成立一个领导小组,由普宁市场物业管理局设立德安里物业管理处,负责古寨的保护和修缮,吴流生欣然受命。德安里户籍人口约500人,目前仍有100多

人居住，主要集中在老寨和中寨。新寨从20世纪50年代中期之后，就一直作为镇政府的办公场地，后镇政府迁走，新寨被出租给人办家庭作坊，结果在2000年引发一场大火，导致大祠堂被烧毁200多平方米，寨子坍塌面积达300平方米。吴流生接手德安里古寨管理和修缮之后，殚精竭虑，投入了极大热情与大量心血。市场物业管理局每年上缴财政收入中，有20%会被回拨用于修缮市场，吴流生在征得上级同意之后，每年从这笔经费中挤出10%的资金用于修复德安里古寨。从2007年至2011年，投入的维修经费达500多万元。吴流生将老寨、中寨的6座宅子改造成两座博物馆、两座古玩城和两座美术馆，将寨内的一些民居改建成3家客栈。在"德安里美术馆"一侧的幽深火巷里，吴流生别出心裁地在青石板上"烙下"方泽浦、方楚雄等十几位岭南书画名家的"足印"，让古老的德安里与当代艺术"星光大道"两种元素交融相映。近年来，德安里先后筹办了以"中国古村落德安里"为纽带的书画、收藏艺术大型交流活动，成功地向外界推介了德安里古寨这张文化名片。中央电视台被这张文化名片所吸引，《走遍中国》《记住乡愁》栏目摄制组相继选择德安里拍摄专题片。如今，德安里府第式古民居群重现古色古香的昔日风采，正以其鲜明的建筑特色、深厚的文化底蕴、独特的民俗风情，引起社会广泛关注。吴流生于2011年从物业管理局领导岗位退休下来，除了做摄影"发烧友"，他又继续发挥余热，名正言顺地成了德安里博物馆馆长。

| "发烧友"吴流生

束河古镇，弘扬茶马文化

从丽江古城往北，沿中济海东侧的大路行进约 4 公里，便见山脚下一片密集的建筑，这就是被称为"清泉之乡"的束河古镇。当年徐霞客游芝山解脱林时曾走过此道，在他的记述中这样写道："过一枯涧石桥，西瞻中海，柳暗波萦，有大聚落临其上，是为十和院"。"十和"即今束河古镇之古称。

束河古镇，纳西语称"绍坞"，村后山林为玉龙山南下之余脉，山形秀丽，植被茂密，呈祥瑞之象，为丽江木氏发祥之地，堪舆家称它为"丹凤含书之地"。束河是纳西族先民最早的聚居地之一，是纳西民族从农耕文明向商业文明过渡的活标本。公元 680 年，吐蕃南征，在丽江设立"神川都督府"，茶马古道从滇南经丽江直达西藏拉萨，经唐、宋、元、明、清千余年的运营发展，促进了沿线各族人民的经济文化交流。如今，在束河古镇热闹的石板街上，随处可见马或马车载着游客穿梭其中，先辈们靠着马帮这种交通方式穿越崇山峻岭，和外面的世界进行贸易往来，千年茶马文化成就了束河古镇，束河是丽江坝子中保存完好的驿站，1997 年被列为"世界文化遗产"丽江古城的重要组成部分。

束河依山傍水，街头有一潭泉水，称为"九鼎龙潭"，又称"龙泉"，潭水透明清澈，日夜涌泉，束河人奉为神泉。潭边有一截断碑，年代已不可考，用石头敲击，会发出清脆的声音，是束河八景之中的"断碑敲音"。建于明朝万历年间的青龙桥横卧在碧波上，它是木氏土司鼎盛时期的标志性建筑，长25 米、宽 4.5 米、高 4 米，全部由石块垒砌，是丽江坝区最为古老、规模最大的单孔石拱桥，见证了茶马古道的历史沧桑。潭旁建有北泉寺，寺内陈设与古城其他寺院没有什么区别，倒是源边临水一角有一座"三圣宫"，西殿供

"龙泉寺"内"三圣宫"供奉皮匠始祖孙膑

茶马老街

奉着观世音菩萨，北楼供奉着龙王，南楼最为特别，供奉着战国时期军事家孙膑，传说皮靴就是孙膑发明的，因此他被尊为皮匠的祖师爷。由于茶马古道的发展，产生了各种商品需求，明代木氏土司延聘一批江南工匠定居束河，该地由此成为滇、川、藏交界地域内著名的皮毛集散地。束河古镇出产皮鞋、皮货、麻线、铁器、竹器等，束河工匠的足迹走遍茶马古道的每一个角落。

进入束河中心集市，我有一种似曾相识的感觉，这是一个类似大研镇古城四方街广场，面积约250平方米，亦称"束河四方街"。广场四周均为店铺，古老的木板门面，暗红色油漆，还有店前黑亮的青石，脚下斑驳的石坡路面，以及闲坐的老人，勾勒出束河古朴自然本色。民居是束河古镇建筑群极为重要的组成部分，三坊一照壁是纳西族民居典型的构造布局，小院种花，大院植树，四季花果飘香，有甚者引水入院，蓄水成池，配以亭台，便成了一幅雅致的风景。古镇

| 茶马古道博物馆

上有一座保存完好的百年故居"茶马王故居",是一家私人纪念馆。"茶马王"王鉴老先生当年凭着自己的勇敢和聪慧,带领精干的马帮队伍常年来往于印度、锡金、尼泊尔等国,开创了一条茶叶贩运及销售的通道。除了私人纪念馆,束河古镇还有一家茶马古道博物馆,它是中国第一家专门研究并展示茶马古道历史文化的博物馆,也是丽江市第一家从事普洱茶文化研究、宣传、推广的专业机构。博物馆系统地介绍了茶马古道的起始时间、线路和重大历史事件,是人们了解茶马古道历史文化的重要窗口。它的建筑原本是400多年前木氏土司"束河院"的组成部分,1998年被列为省级重点保护单位。

据当地人介绍,束河古镇的历史比丽江古城还早200多年,但保护开发却比丽江古城晚。在古镇保护与开发上,束河人创造性地走出了一步好棋:坚持"在保护的前提下发展,以发展促保护"的原则,通过政府引导和市场化

束河古镇,弘扬茶马文化

运作，对世遗地统一规划，独家开发，整体推进，分步实施，惠泽居民，妥善解决政府、村民、企业、投资者之间的经济关系，实现共赢。

在古镇保护和改造中如何保证农民永久利益？束河镇党委、政府坚持以人为本的原则，最大限度地让当地农民受益。他们的做法是：农民拥有土地，不离开土地，享有土地升值利益。政府把20%的地预留给农民，让农民有地种，利益得到保证。随着土地升值，农民的利益也跟着升值，他们既占有土地，又享有土地市场开发的价值，成为"新型市民"。在此基础上，地方政府将束河古镇"经营权"出让给昆明鼎业集团运作。显然，文化是束河的灵魂，鼎业集团十分注重开发中保护水、农耕、纳西和茶马四大内涵文化，对13平方公里地域进行先保护后开发，努力构建"田园里的城市，城市中的田园"。为避免旅游开发中只有少数人直接得利的弊端，政府和企业共同组织旅游合作社，以按照股份制和协会的方式，把圈外和收入较少的村民组织起来，带动圈外村民和贫困者在旅游发展中得利。

如今，束河古镇正在发生翻天覆地的变化，因为它是茶马古道上的重要集镇，白族、藏族等民族文化在这里与之交融，形成了丰富多彩的历史文化，吸引着来自世界各地的游客前来旅游，尤其在当今推进"一带一路"建设的大背景下，茶马古道以文化为纽带，这个拥有世界文化遗产、国家4A级景区、"中国魅力名镇"3项桂冠的茶马古镇蜚声中外。

古老的石桥、光滑的石板路、高突的上马石、马锅头豪宅，还有马鞍、马铃、马灯、皮口袋、酥油桶，以及来自印度、尼泊尔、西藏的各种旧货，让人抚今追昔、浮想联翩。每当夜幕降临，河东燃起一处篝火，河西也燃起一处篝火，很快两岸便沸腾起来，一串串火把，映得天空如同白昼。四方街刹时间变成了欢乐的海洋，热热闹闹的夜市里吃喝玩乐应有尽有，天南海北的游客与当地白族、藏族兄弟手拉手，围着篝火纵情起舞，把人世间的欢乐汇集到了这茶马古镇。

彝人古镇,"无中生有"

从大理返回昆明途中,晚上停留在楚雄彝人古镇,品尝"彝人部落"长街宴,欣赏彝人歌舞,参与彝族篝火晚会,享受了一顿丰盛的云南少数民族文化大餐。

在我国56个民族中,有自己的文字、历法的民族并不多,而彝族就是其中的一个。彝族的人文历史博大精深,彝族人崇拜自然,崇拜图腾,崇拜祖先,他们相信万物皆有灵,在很多彝人地区依然保留着本民族固有的原始宗教信仰。楚雄是一块神秘而古老的土地,最著名的元谋人出自这里。从1938年起,迄今发现了120具最完整、最古老的恐龙化石,1980年在这里发现了世界上

| 长街宴

列队欢迎

第一具腊玛古猿头骨化石。楚雄彝州历史悠久、文化灿烂、山川秀美，州内共有彝、汉、苗、傣、回、白、壮、傈僳、哈尼等26个民族，千里彝山造就了博大精深的彝族文化和绚丽多姿的民族风情。

彝人古镇最有特色的是体现在水是生命之源上，小镇不但有水源广场，而且桃花溪与清明河穿镇而过，水车在溪边吱吱呀呀地转动着。彝人古镇通过这一点来充分体现彝族人的水文化，也符合彝族人"万物皆有灵"的自然崇拜。在建筑风格上，它延续了原德江城的风貌，100万平方米的超大仿古建筑群，再现了南宋时期的盛世繁华。古镇建筑样式汇集了云、贵、川等地的彝族高档民居样式，同时汲取大理古城、丽江古城、江南水乡等园林景观精华，荟萃经典样式，成为以彝族为主调的古典民居博物馆。一片诞生了侏罗纪恐龙的神奇土地，一片孕育了东方人类的沧桑故土，承载了彝人部落独一无二市井文化、村落文化、服饰文化、歌舞文化和祭祀文化，为世人构筑了一个梦想中的精神归宿。我久久凝视着牌坊上"彝人古镇"4个大字，以为这是一座古镇。仔细一打听，它只是一个旅游产品，"古镇"每一块砖瓦年龄只有十来岁。

这是一座"无中生有"的古镇。楚雄距离昆明两小时车程,原本是个农业城市,几乎没有旅游资源,唯一的优势就是地处昆明、大理、丽江的黄金旅游线上,多年来看着4000多万游客从境内飞驰而过,奔向大理、丽江、香格里拉,感受着白族、纳西族、藏族等不同民族的文化,楚雄处在咽喉位置,却无法让游客留下来。在云南旅游二次创业的大背景下,当地政府为了有效整合旅游资源,将重任托付给了中国文化旅游古镇运营专家——伟光汇通。彝人古镇于2005年4月动工,历时8年,投资32个亿,围绕楚雄彝族的主元素,通过文化的挖掘整理,全力打造彝族文化大观园,演绎"天天长街宴,夜夜火把节"重头戏,将彝人古镇打造成为彝族文化名片,请远方的客人留下来亲身感受彝族文化的氛围,为彝族文化走出楚雄、走出云南搭建一个重要的文化传承平台,实现文化与经济的成功嫁接。截至2016年,彝人古镇的旅游经济收入占了整个楚雄州的40%,撬动了旅游上下游收入约100个亿。2009年被评定为国家4A级旅游景区、"中国最美十大主题公园",2017年被省委、省政府列为云南省20个创建全国一流特色小镇之一。

　　"长街宴"是彝族火把节的一种传统习俗,每当节日来临,彝人会在山寨里摆上酒席,一起欢度节日。"彝乡恋歌"是一项以彝族原生态歌舞伴餐类旅

| 敬拦门酒

彝人古镇,"无中生有"

游产品,在"彝人部落"入口处,彝族姑娘穿着盛装,端着拦门酒,唱响彝家调,迎接客人的到来。人们可以体验依据彝族地域民俗修建的彝家姑娘房、土掌房、木垛房等建筑,亲自感受千百年传承的彝家毕摩、苏尼、火塘等文化和习俗。同时,这里拥有一个可接待1000人就餐的水上餐厅,它通过连通的环形水上吊脚楼这一特殊用餐环境,以"彝家八大碗"这一特色餐品,营造和再现了彝族兄弟摆设长街宴同族共聚、诚挚待客的餐饮文化。而在品尝彝家美食之余,中央水榭舞台的表演更是精彩纷呈——抢亲、对歌、泼喜水、哭嫁、背新娘、跳菜、敬酒歌、服饰展、猜新娘,让游客在娱乐身心的同时,感受彝族文化的独特魅力。

每天晚上,在古镇的毕摩文化广场都会上演一场"祭火大典"。彝族人对火有着特殊的感情与认识,有句彝族谚语"生于火塘边,死于火堆上",他们相信火能够驱走黑暗和邪恶,迎来光明与幸福。德高望重的毕摩虔诚地念诵祭祀火神的毕摩经,祈求风调雨顺,五谷丰登,民间艺人则轮番上场表演喷雷火、耍火把、踩火红的铁犁头、老虎笙、大锣笙等绝技,用最精湛的绝技表现彝族人对火的崇拜。最后,广场上燃起巨大的篝火,彝家儿女与游客围着篝火翩翩起舞,欢歌笑语响彻云霄,远方的客人真切感受到了彝族兄弟的热情好客和如火般的激情。

彝人古镇并不是中国第一个"人造古镇",它的打造有特定的历史文化背景支撑,有彝族人的生活气息环绕,它注重真实性和科学性,饱含文化内核。换句话说,彝族人的文化精髓还在。彝人古镇的运作显然很成功:把彝族村民从彝族聚居地请到小镇上,将真实的彝族原生态的建筑文化、村落文化等人文立体地展现在世人眼前,让游客领略"中国彝乡"的独特魅力,更深切地了解楚雄彝族原生态的生产、生活以及多姿多彩的彝族文化,一起倾听彝人的声音。目前,已有100多家旅行社与彝人古镇旅游公司签约,把彝人古镇列入滇西旅游的楚雄游站点。打造小镇是为了让彝族同胞生活得更惬意,旅游产品同样是为了游客更惬意,两者完美融合,造就了万人空巷的彝人古镇。

苇水古村，寻访守望者

红旗渠，被誉为"世界第八大奇迹"，它全长 1500 公里，是 20 世纪 60 年代太行山人在极其艰难的条件下，从山腰修建的引漳入林工程，堪称太行儿女刻在太行山崖上的一座丰碑，被称为"人工天河"。苇水村，隶属山西省平顺县石城镇，红旗渠如同红飘带穿村而过。我与平顺县发改局局长（原文联主席）申志强有缘在沪上结识，他邀请我有机会到太行山古村落采风。此番出行观摹红旗渠，我与他联络，请他推荐几个古村落，他首推被冯骥才先生誉为"难得一见的、完整的、纯朴的北方村落"——苇水村。

当我们翻山越岭驱车来到苇水村，热情的村支书岳东仁和驻村书记张志强已在村头等候。岳书记比我年长一岁，年近七十仍保留着难得的军人气质。他 1974 年入伍在青岛当海军航空兵，1980 年退伍回村，支书、主任一肩挑，苦苦守望明清古村 40 年，殚精竭虑做好古村的保护与发展，受到了当地村民的信赖和拥戴。寒暄之后，他领我们走上观景台，站在九龙山顶俯瞰，小小的苇水村就像点点小花簇拥在一起，点缀着乡间绿色。玉带般的浊漳河从村前流过，村中屋舍俨然，炊烟袅袅，梯田层层，阡陌交通，鸡犬相闻，石头房、石头街、石头院落、灰瓦房顶，一些院落房屋虽然破旧，门楼上还保

| 岳东仁

留着各种花鸟造型的木雕和石雕，依稀可见当年的繁华热闹，处处散发着浓郁的乡土气息，置身其间顿觉心旷神怡，这不就是陶渊明笔下的桃花源吗？2019年6月，苇水村被列入第五批《中国传统村落名录》，也算名至实归。

岳东仁告诉我，苇水村岳姓村民居多，系岳飞三子岳霖后裔，明代洪武四年（1371）奉旨大迁移时迁居此地。清代以前，这里森林茂密，风景奇特，南依九龙山，悬崖耸立，高入云端；北傍漳河水，滚滚东流，滋润四方。陡崖紧连九山头，环抱一村，成"九龙奉圣"状，故取名"九龙山"。村中玉皇庙门口至今保存着5块重修玉皇庙的石碑，记载了康熙、乾隆、道光、嘉庆、光绪300多年间多次修葺的过程，如今成了苇水村历史的见证。山间沟壑密布，弯弯曲曲，沟内百草丛生，每逢雨季，清泉潺潺景象万千，又名"雨水村"。因山沟内布满芦苇，后更名"苇水村"。石头是苇水村的特色，古院落是不可多得的历史遗存，明清古街古意盎然，青石筑屋，绿树环绕，民风淳朴，断崖高起，群峰峥嵘，阳刚劲露，台壁交错，既是太行山的真实写照，也是老祖宗留给我们的宝贵财富，我们有责任在保护的前提下开发好、利用好！

"在保护的前提下开发好、利用好！"为了这份承诺，岳东仁苦苦守望古村落，因地制宜，尊重自然，融入自然，全力打造晋、冀、豫三省交界处的"精品避暑山庄"，努力使旅游业成为苇水村富裕起来的支柱产业，让淳朴的乡民因"淳朴的原生态"迎来了全新而富裕的生活。

20世纪70年代以前，苇

九龙古井

| 古院落

水村几乎与世隔绝，民风淳朴。改革开放以后，苇水村发生了很大变化，年轻村民靠外出打工挣钱，在家的老年人靠种地维持生计，生活清苦。全村常住人口不足百人，多数房屋无人居住，年久失修。岳东仁喜欢苇水，离不开苇水，他希望有生之年能把苇水建设好，让村子里恢复生气，让乡亲们回归家园。岳东仁坦言，苇水村也沾了"穷"的光，不搞大拆大建，尽量保持原生态。长期以来，他们坚持"抓环境就是抓发展"的理念，努力夯实发展硬环境，从整治环境卫生开始，以打造良好的人居环境来增强村域发展新优势。为此，村干部带头对临街的猪圈厕所进行拆除，全村共拆除破房6间、厕所11个、猪圈6个，新建了4个公厕、4个垃圾池，摆放了15个垃圾桶，并安排专人打扫，让村民享受环境卫生带来的便利后，村中的街道干干净净，令人心情舒畅。

这些年，岳东仁带领村民投工1500余个，在村里重建大舞台，丰富了村民的精神文化生活；投资8万多元，投工23000多个，新建了蓄水池，不光改善了村民的饮用水，而且能浇灌50余亩地；2010年他领着大家种植300余亩连翘中药材,让村民口袋逐渐鼓了起来。此后,村里投资30万元修复玉皇庙,鼓励村民改建古旧院落、兴办农家乐,提升接待能力。到了此时,岳东仁终于有了底气,四处考察,寻找苇水村新出路,最终与河南某旅游公司达成共识,共同开发山村旅游。紧接着,他带领大伙修复登山路2000米,建起观光道600米、凉亭8处,古村旅游业态初见端倪。但岳东仁心里始终有个谱,要高起点打造古村游,在乡村旅游的带动下实现全村脱贫的目标。为此,他们特别加强村党支部建设,14名党员定岗定责,成为了全村坚强的领导核心,有力地推动了村中各项事业的发展。旅游公司先后与60多户村民签订院落长期租赁合同,经过统一规划改造,古村终于有了"泉水旁""山楂树之恋""香椿院""民俗院"等一批名称雅致的农家乐,可接待游客100余名。村里本着帮扶贫困户的原则,优先吸纳10户建档立卡的贫困家庭参与农家乐的先期工程建设和后期经营服务,加上山货、农副产品的销售,这个不足百人的山村村民都有了一份稳定的收入。

伴随着体验式乡村游进入高潮,藏在深山的千年古村落终于收获今生另类的精彩。每逢周末,从毗邻的河北、河南来旅游的人络绎不绝,清新的空气、优美的环境、古老的乡村,吸引了大量慕名而来的游客,不少美术院校的学生也将写生地点选在了这里。一些农户的平房改造成农家客栈,土墙土炕,墙上贴着毛主席画像,屋内摆设虽然简单,却让人心生亲切,能够体会到农家的乐趣,让人感觉到生活在苇水的幸福指数非常高。当然,来得最多的是驴友,来得最勤的是摄影师,人们在静谧的山村小院赏夜半圆月山风,听晨曦蛙鸣鸟叫,观太行水乡独特之美。

沿着明清古村石板路和岳东仁边走边聊,我饶有兴趣地欣赏着绿树掩映中的古村落,不少人家房顶上冒着袅袅青烟,那是太行山里最美丽、最生动的画卷。岳东仁欣喜地告诉我,咱这地方依山傍水,山好水好空气好,很适合做乡村旅游。一到春天,村里村外,漫山遍野,到处是盛开的杏花、桃花、梨花,简直就像一个大花园,村子里到处都能闻到花香。更神奇的是村里这么多年来没人患癌症,是实实在在的健康养生福地,他真诚希望我和朋友有空常来山村小住,我很感动,欣然接受岳书记的邀请。

绵山，"寒食文化"聚国魂

2008至2011年，全国政协常委、中国民间艺术家协会主席冯骥才，连续4年来到山西省介休市绵山，在这里度过了寒食节和清明节。被中国民协命名为"中国清明寒食文化之乡"的绵山，连续多年举办清明寒食文化节，在继承发扬中华传统文化、加强世界文化交流方面起到了不可替代的作用，吸引了全国各地的专家、学者和众多的国内外游客。

绵山，是山西省重点风景名胜区，国家4A级旅游景区，中国清明节（寒食节）发源地。相传春秋之时，晋国贵族介子推，跟随晋公子重耳逃亡十余年，曾在饥饿时割下自己大腿上的肉给重耳吃。晋文公还国为君后，介子推携母亲到绵山隐居，晋文公派人寻找，为逼迫介子推出山，采取放火烧山的办法，却把介子推和他母亲烧死了。文公得知，悲愤交加，命将绵山改为介山，把阳县改为介休县，并于清明节前一天，即介子推被焚的日子，不许烧火，家家户户只能吃冷饭，谓之"寒食节"。

绵山风景名胜区跨介休、灵石、沁源三市县地界，是太岳

介子推和母亲塑像

| 水涛沟

山的一条支脉。绵山的建筑风格独特，仿古建筑既取之先代建筑之长，又加上设计者和建设者的现代创意，集华夏古今之精华，构成了现代仿古建筑物的独特风格。在绵山建筑群体中共有宫观殿80余座、道教神像2000余尊；园林建筑有亭、台、楼、阁、轩、廊、榭、牌楼；古留遗迹建筑有古营门、城池、营寨等。有14个大景点，360余个小景点。人文景观：龙头寺、龙脊岭、李姑岩、蜂房泉、大罗宫、天桥、一斗泉、朱家凹、云峰寺、正果寺、介公岭；自然景观：栖贤谷、古藤谷、水涛沟。

而在绵山风景区背后，则矗立着一个传奇式人物——"焦炭大王"、现代晋商：阎吉英。

阎吉英是土生土长的山西人，此前绵山只是义安镇的一个小山村，他先后担任过义安村团支部书记、党总支书记、村委会主任。1983年，改革春风吹绿汾河两岸，阎吉英向亲友借贷700元，在闲置的干涸水库旧址上办起焦化厂。多年来，他敢为天下先，不畏艰难创业，勤俭经商，崇尚诚信，企业不断发展壮大，拥有总资产近40亿元，成为一家高经济效益、高信誉度的大型民营企业。他相继获得"山西省特级劳动模范""全球100佳晋商""山西省乡镇企业十大新闻人物""山西省优秀民营企业家"等荣誉称号。

作为山西省三佳煤化有限公司董事长、总经理,阎吉英深知产业对大气环境污染的危害性,下大力气加强综合治理,推行全过程清洁生产,在全省乡镇企业中率先实现环境治理达标,被评为全国环保先进企业。当功成名就以后,他感慨良多:环境保护固然要从自我抓起,但不能满足于一个企业的治理达标,我要给家乡父老"还天空一片青蓝,还大地一片翠绿"。因此,他下决心转型发展,把目光投向了绿色环保的旅游产业。几经考察,选择了生他养他的热土——绵山。然而,眼前的绵山累遭劫难(其中最严重的是侵华日军为消灭介休抗日政府于1940年、1942年两次烧毁绵山文物古迹),致使原先游人如织的历史文化名山竟沉寂了半个多世纪。加之个人投资开发省级风景名胜区在国内尚无先例,虽有介休市委、市政府大力支持,但到底该如何实施,他心里总觉得是一个有待破解的难题。面对这些,他清楚地意识到,仅仅满足于资源的调查了解不行,仅仅有开发建设的热情不行,没有一定的文化修养更不行。为此,他下决心静下心来学习。阎吉英虽然只上过几年学,但他爱买书,爱读书。从党和国家的方针政策,到景区规划和有关资料;从绵

| 抱腹寺

绵山,"寒食文化"聚国魂

山的人文历史，到民间传说；从佛、道教经典，到古建雕塑知识，一捧起来就爱不释手。除学文化、历史、古建、雕塑技术外，他还有计划地学习环境法、资源法、森林法、文物保护法等与景区密切相关的政策、法律，从而对绵山的历史和现状有了比较清楚的了解，并掌握了开发的法律依据和技术规程。

在此期间，他倾尽心血于开发建设规划的实施，调集精兵强将1500余人开进绵山，安营扎寨，按照规划，组织施工。他自己更是身先士卒，每月上山都在20天以上。在他的主持下，聘请了一批在社会上有知名度、有影响力的文化人，组建了绵山文化研究院，对古老的绵山文化进行深入的发掘、整理和研究。先后开办了介之推展厅、寒食文化展厅、介休三贤（介之推、郭泰、文彦博）展馆、历代名人登临绵山展厅、历代名人祭祀展厅、宗教历史文化展厅、介休晋商三杰（明清时期的范毓馪、侯荫昌、冀以和）展厅、介休抗日民主政府纪念馆和介休抗日政府旧址展馆，还设立了图书馆、美术馆和文艺表演团队，充分展现了绵山文化的深厚历史底蕴。阎吉英苦心孤诣，对介之推与寒食清明节渊源关系的追溯和研究取得了重大成果，从历史典籍、古迹遗存、古碑记载、古诗古剧、习俗沿流、饮食传承等多方面揭示了绵山文化的丰富内涵。2008年初，国家文明办、中国文联、中国民协派出专家组到绵山考察，确认介休为"中国寒食清明文化之乡"，并在绵山设立"中国寒食清明文化研究中心""中国寒食清明文化博物馆"，使传统节日成为弘扬民族精神、进行爱国主义教育和凝聚国魂的重要节日。正如阎吉英本人所悟："一个景区的精髓就在于其身后的文化底蕴，没有了文化就像一个人失去了灵魂。"

阎吉英为晋商文化增添了浓墨重彩的一笔，但他为人低调，2015年6月，这位著名的"焦炭大王"因病去世，但人们至今忘不了他说过的话："我没有想过当什么先行者，当什么英雄人物，绵山有这么优美的自然环境，有这么深厚的历史文化，应该得以保存、得以传承，我是这么说的，也是这么做的，我只不过是做了应该做的事情。"先贤介子推"忠孝仁信、礼义廉耻、慈俭温良、谨让谦和"的品德，已经成为中华民族的传统美德，阎吉英对中华传统文化的保护和传承是他最大的功德。

皇城村，
从挖煤到挖文化

提及山西阳城北留镇皇城村，也许很多人并不清楚，但说到"皇城相府"诸多游客耳熟能详，它是晋城市唯一的国家5A级旅游景区，也是山西省的一张旅游名片。

皇城村坐落在阳城县樊山脚下，与国家"九五"重点工程项目、亚洲最大的坑口火力发电厂阳城国际电力公司相邻。皇城村居住着234户，680余口人，耕种着480亩土地，全村总面积1.7平方公里。地下有丰富的、得天独厚的煤炭资源，地上有清代康熙皇帝的恩师、吏部尚书陈廷敬故里"皇城相府"。

如果说，皇城村是靠煤炭起家的，不能说不对。在有水快流的年代，山西省靠着小煤矿发迹的富裕村层出不穷，但是一阵风过后，能转型升级的少之又少。当煤炭资源枯竭的时候，在一棵树上吊死的屡见不鲜，一些富裕起来的村庄不仅从小康坠入了困顿，还留下了煤炭沉陷区、环境污染等次生性灾害。煤炭今天离不了，明天靠不上。1998年，皇城村从挖煤炭转向挖文化，将目光聚焦在了村里地上的另

| 陈廷敬塑像

国内罕见的明清官宦宅居城堡建筑群

一个资源——皇城相府。

皇城相府,清康熙皇帝恩师、《康熙字典》总阅官陈廷敬的官邸。陈廷敬辅佐康熙帝半个世纪之久,因康熙皇帝两次下榻于此,故名"皇城"。明清两代,皇城陈氏科甲鼎盛,冠盖如林,是中国北方享有盛誉的文化巨族,从明孝宗(弘治)到清高宗(乾隆)260年间,不仅诞生了清代著名的政治家、文学家、理学家和诗人陈廷敬,而且孕育出了41位贡生,19位举人,9位进士,6位翰林的七世官宦文明,有"德积一门九进士,恩荣三世六词林"的美誉。

皇城相府建筑群分内城、外城两部分,有院落16座,房屋640间,总面积36580平方米。内城午亭山庄始建于明崇祯五年(1632),有大型院落8座。外城完工于康熙四十二年(1703),有前堂后寝、左右内府、书院、花园、闺楼、管家院、望河亭等。内城"斗筑居"为陈廷敬伯父陈昌言在明崇祯六年(1633),为避战乱而建,东西相距71.5米,南北相距161.75米,设五门,墙头遍设垛口,重要部位筑堡楼,并在东北、东南角制高点建春秋阁和文昌阁。城墙内四周设藏兵洞,计5层125间,为战时家丁、垛夫藏身小憩之用。内城北部建一高堡楼,名曰"河山楼",长三丈四尺,宽二丈四尺,高有十丈。楼分7

层，层间有墙内梯道或木梯相通，底层深入地下，备有水井、石磨等生活设施，一应俱全，并有暗道通往城外，是战乱时族人避敌藏身之处。内城建筑分祠庙、民宅和官宦邸三类，风格迥异，这里枕山临水，依山而筑，城墙雄伟，雉堞林立，是一座罕见的明清时期官宦宅居城堡建筑群，被专家誉为"中国北方第一文化巨族之宅"。

那时节皇城相府没有现在的知名度，与山西其他地方的明清大院一样，还是一座尘封在历史里的古城堡。1998年，皇城村开始恢复建设皇城相府。村里"当家人"张家胜做的头一件事，就是请来首都师范大学的历史系教授阎守诚、山西省社科院副院长张海瀛等，对皇城的历史、文化进行考察，并根据这些进行总体规划。2000年5月，张家胜壮着胆子砸下280万元，硬是将《康熙王朝》摄制组拉到皇城相府。接下来的情形让皇城村村民目瞪口呆：2001年，经过3年零4个月的施工，投资过亿元的皇城相府古迹保护和旅游开发工程竣工，一步建成国家4A级旅游景区。当年，随着《康熙王朝》在全国热播，窝在小山沟里的皇城相府名声大噪，四方游客蜂拥而至。2010年12月，皇城相府晋级为晋城市唯一的国家5A级旅游景区。

| 精美砖雕

皇城村的崛起靠的是独特的建筑古迹资源优势。山西地上建筑文物数量冠居全国，有中国古代建筑博物馆之称，可是开发成为文化旅游产业的少之又少，成为旅游知名品牌的更是凤毛麟角。皇城村依托陈廷敬故居"皇城相府"发展旅游产业，2003年成立村集体经济组织皇城相府集团，经过十几年的发展，如今成为一个拥有煤炭开采、旅游开发、生物制药、生态农业于一体的现代化企业集团，2016年总资产达到70亿元。

十多年来，皇城村坚持把现代服务业作为富民之路，全力打造"旅游景点＋宾馆酒店＋文化演艺＋农家乐"大旅游格局，每年接待中外游客200多万人次，旅游综合收入近3亿元。同时，他们兴办房地产、物流贸易、园林花卉等服务业，成立皇城相府国际旅行社，建成3家高档宾馆，扶持发展300余个家庭旅馆、家庭餐馆和个体工商户，形成一条集吃、住、行、游、购、娱等功能齐全的完整产业链，带动全村及周边村3000多农民实现就业增收。全村青壮劳力全部就地就业，家家住上了花园式别墅，用上了煤层气清洁能源，实现了集中供暖供热，开上小汽车，上了互联网，入了养老、医疗保险；村民到龄离岗可在企业领取退休金，让村民老有所养；村民在企业参了股，每年还有一定的股金分红。18岁以下的未成年人，每人每年不仅可享受600元的营养补贴，而且从幼儿到大学甚至到研究生和出国留学的学费全由村集体承担；村民生病住院费用全由村集体支付；60岁以上的老人每人每年享受1200元至1680元的养老补贴；村集体每年给每个村民定量供应粮油肉蛋菜生活补贴等8000余元。同时，村里建有休闲广场、农民公园、音乐喷泉、水幕电影、运动场、篮球场、图书室和青老年活动中心等基础设施，实现了基本生活有保障和少有优教、壮有所业、老有善养。

从挖煤炭到挖文化，皇城村实现华丽转身，集体经济走上了可持续发展之路，村集体先后获得"中国十佳小康村""中国历史文化名村""全国农业旅游示范点""全国文明村镇先进集体""全国新农村建设明星村""中国十大最美村镇""中国十大魅力乡村"和"中国十大特色乡村"等20多项国家级荣誉称号。村民不仅享受着和城里人基本一样的社会保障和福利，过着和城里人基本一样的精彩生活，也享受着和城里人基本一样的基础设施，一个和谐稳定、文明富裕、生活幸福的社会主义新农村正在小山沟里迅速崛起。

砥洎古城，"铁壁铜墙"今犹在

砥洎城坐落在山西晋城润城镇西北隅土丘上。在沁河改道之前，它三面环水，沁河绕城而过，远望好似中流砥柱。因为沁河古称"洎水"，"砥洎城"由此而得名。该城创始年代不详，

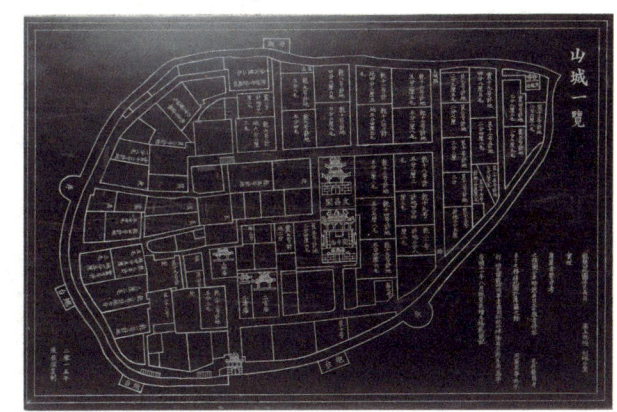
| "山城一览"碑碣

但从明崇祯十一年（1638）"山城一览"碑碣得知，其创始年代应在明末以前。古城呈椭圆形，占地面积约6万平方米，南有正门，起于地面的城墙，高约10米，临河城墙从河边筑起，高约20余米，上面曾设有城垛、炮台等，用来防备外来之敌，现已毁坏不存。正门额书"砥洎城"，城楼上悬挂着一副楹联："东障百川，西来奕气"，前往天坛山庙宇的村民和游客均从门楼下经过。城北沿城墙设石梯，沿梯而下可通水门乘舟而行。城内道路规整，城周筑环城路，其余均为住宅巷道，各种设施齐备。古时一遇兵荒马乱，城门一关，自成一体，攻不可破，体现出鲜明的防御为本、平战结合的设计风格和建筑特点，砥洎城因此被列入"全国重点文物保护单位"。

好友裴池善是当地的民俗专家，他领着我在砥洎城转了一圈。他告诉我，润城镇自古地少人多，元代以后，外出经商者颇多，富商巨贾迭出，到全国

抗日战争爆发前，其商业居全县四大镇之首。冶铁业是当地的传统支柱产业，润城镇初名"老槐树"，铁业兴盛后一度被改名为"铁冶镇"，最终被定名为"润城镇"。润城镇经济富庶，多次遭到流寇袭扰，1633年4月，明朝王自用部一度驻扎于此，先后诞生了3座城堡，分别是屯城、刘善城和砥洎城。遗憾的是，屯城与刘善城如今仅存遗址，只有砥洎城保留了下来。砥洎城城墙外侧包以青砖，与其他城墙如出一辙，而

| 砥洎古城

从城墙内侧，则可以清晰看到坩锅与石条混砌的特殊结构，那密密麻麻、整整齐齐排列的坩锅，犹如蜂窝。坩埚是我国古时炼铁用的一种容器，以耐火黏土烧制而成，呈上大下小圆柱形。润城镇冶铁业发达，人们用冶铁后废弃的坩锅作为城墙的主要建筑材料，既坚固耐久又降低成本，而且能起到很好的保温和隔热效果，世界上绝无仅有。

砥洎城出于军事防御目的而建，同时兼顾居住使用功能，城堡内的民居与巷道与城墙一起被全部纳入整体防御体系，担负防御职责，因而砥洎城既不同于类似雁北广武古城的军事城堡，也不同于类似于平遥古城以居住、行政功能为主的城镇，它体现出鲜明独特的防御为本、平战结合的设计风格和建筑特点。这一点，从砥洎城的选址就可以清楚地看到。城堡选址通常都要考虑交通便捷，而砥洎城恰恰刻意选择了这个三面环水的半岛状地形筑城，

设计者首先考虑的正是防御功能。

砥洎城街巷狭窄幽长，四通八达，主要巷口设有巷门，坊与坊之间又通过横跨巷道的过街楼连接。坊间的蛛网小巷将民居分隔为一个个大大小小的院落。同坊一样，城中每个院落也都拥有一个极富书卷气息或诗情画意的名称，这些名称被雕成木匾镶嵌于门楣之上。坊中的院落并不封闭，院落之间均有仅容一人通过的过道相连。砥洎城中的这种布局与特点，体现着对外排斥、对内凝聚的思想，同时构成了一个完善的内部防御体系，一旦敌人攻破城墙，城内居民可以通过院落间的过道与坊间的过街楼方便地转移或反击，而呈丁字型构造的蛛网式狭窄巷道不仅不利于进攻，而且极易使入侵者迷失方向。砥洎城文物古迹颇多，有建于隋代的望川开明寺及润城村的东岳庙，尤以海会寺"上党明塔之冠"而称著于三晋，这里又有创建于唐代的佛门圣地天坛山，一度成为大半个中国的经济文化民俗的交流中心。

砥洎城曾有"一城三进士"之誉，官做得最大的是陕西巡抚张珺，学术成就最高的是张敦仁。张敦仁，乾隆四十年（1775）进士，当时年仅20岁，后来在江南为官，多有政绩，故居院中一口做工精细的荷花缸便是他当年从

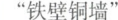

"铁壁铜墙"

江南带回来的。张敦仁除了历史、文学等方面的造诣，还是清代数学领域成就最大的学者之一，如今很多著作在介绍他时，都称之为"著名数学家"。他的遗像至今仍然保存在太原文庙省历史博物馆中。张慎言，万历三十八年（1610）进士，历任明朝南京户部尚书、南明吏部尚书等职，因为性格耿直而几经沉浮。清兵攻取南京后，他患病拒绝用药，不治而亡。张慎言在当时也是著名的诗人、书法家，其书法与董其昌齐名。

张敦仁故居规模并不大，主体建筑为三层阁楼式民居，顶层一侧还建有望楼一座，这也是砥洎城目前最高的建筑，成为砥洎城的一个标志。就在这里，我见到了崇祯十一年（1638）"山城一览"碑碣，上面绘制着砥洎城建筑规划平面图，详细地标注有城内建筑和巷道。尽管今天的砥洎城已经失去了昔日的完整风貌，但在建筑专家和规划专家眼中，它依然是华北地区的明代民居代表、建筑史上的稀缺实物资料。

"有恒居"是一处保存完好并富有特色的院落，这座四合院为明代商人修建，木石建筑工艺精细，四梁八柱，四门八窗，极具民俗特色。不过，"有恒居"现在的主人并不是商人的后代，他们是从城外迁居而来，至今已有五六代。院内墙上挂的、地上铺的，都是金黄的玉米，金黄的玉米与古朴厚重的民居相结合，显得更有生活气息。

300多年来，这些历经风雨的明代民居至今仍然遮风挡雨庇佑后人，可以说是一种奇迹，而居住在省级重点文物保护古建中的现代人，也可以说正享受着一种难得的奢侈。人，正因为有了人，才给这座凝重的古城带来了生气，但是人类的活动也在无时不刻地破坏着珍贵的文化遗产，同样的问题也出现在沁河流域的古村落和古城堡中。20世纪五六十年代，由于兴修水利破坏了砥洎城的自然景观。10年"文革"则破坏了古城的文化遗存，文昌阁、土地庙、关帝庙等祠庙被横扫一空。80年代后，一批贴着耀眼的白瓷砖的现代化住宅在推倒后的明代民居上拔地而起，触目惊心，砥洎城几乎遭受毁灭性的破坏，好在地方政府及时出面制止，严禁在城中新建改建住房，为游客保留下来这座幸运的明代古城。如今，砥洎城已经成为极具保存价值和观赏价值的古城，随着高速路的开通，必将走出山西，走向全国。

郭峪古城，"亡羊补牢"

郭峪古城是太行山麓一座唐初建置的城堡，城堡依山傍水，城墙雄伟壮观，城头雉堞林立，城内豫楼高耸，古庙森严，官宅豪华，民居典雅，是中国乡村独具特色的古代建筑群。保存完好的元代古庙汤帝庙，规模宏大，气势非凡，明代巨观白云观，具有"山上山，庙中庙"的奇特景观；号称"无梁庙"的文昌阁，高居于苍龙岭上的松涛云海之中，登临有如入仙境之感。著名文物专家罗哲文先生曾为郭峪题词："中国民居之瑰宝，雉堞高城郭峪村。"2007年6月，郭峪村入选第三批"中国历史文化名村"名单。

郭峪村离号称"皇城相府"的陈氏皇城村仅数百米之遥，两村原为一村。郭峪，为郭氏家族所建，以姓氏命村名。郭峪村依山傍水，松山耸于前，庄岭倚于后，可乐雄峰居其左，海会双塔矗其右，樊溪穿村而过。全村南北长约2.7公里，东西宽约2.5公里。村中有修建于明末崇祯年间的古城墙。据郭峪城碑刻记载，郭峪村曾在明崇祯五年（1632）数次被流寇蹂躏，乡人惨遭屠杀，死残八九。明崇祯十一年（1638），村绅为了防御农民起义军，修建了郭峪城。城高12米，阔5.3米，城周1400米，城内面积17.9万平方米。城堞450个，东、北、西城门3座，另有东水门1座、有敌楼10座、窝铺18个，转角有木亭。为辅助城墙又增建窑洞，一便居住，一便防守。窑凡3层，共628眼，故名"蜂窝城"。这些窑洞具有战时贮存军械、粮食、药材和藏兵的功能，比普通民居更具防止火攻的功能，体现了建城者的聪明才智。城中豫楼和城堡为同体防御性建筑，豫楼防御功能齐备，在设计建造上为防患御敌作了周全的考虑。

村中现存明清官宅民居40多院1100余间，其中有清朝名相陈廷敬的九世祖居。尽管许多宅子历经几百年风霜战乱，有些已破损，有些已倒塌，但仍可以从那砌筑得挺拔的磨砖对缝的高墙、一幢幢气势不凡的华丽门楼、粗壮的梁架以及各类雕饰细巧和手艺高超的木雕、石雕中，看到当年辉煌的印迹。古宅院落大多坐北朝南，由3栋或4栋三开间的单体房屋合成三合院或四合院，分主宅院、附属院、花园或菜园三部分。四合院是郭峪村运用最多的一种住宅空间形制，俗称"四大八小"，即中间为院落，四面有4间大房子，四角还有8间小房子，其中厢房两边的小房子被楼梯占用，只在二层搭成出厦。

| 陈廷敬祖宅"老狮院"

村中名胜古迹众多，汤帝庙、豫楼、申明亭、钟家大院、老狮院、无考古院、王家十三院等均特色鲜明，具有重要的历史和艺术价值。最能代表郭峪官宅的应当首推清康熙朝文渊阁大学士、《康熙字典》总裁官陈廷敬的祖宅，因陈家大门外有两尊石狮，于是这座院子得名"老狮院"。高大门楣上的3层木制匾额上，书写着陈家7代9个官员的官称和姓名，可见当年陈氏家族的辉煌与荣耀。"老狮院"的结构布局很像棋盘，4座四合院组成紧凑的"田"字形平面，每幢大小都相等，结构布局也完全一致，一条前后纵向的巷道将它们分割成左右两部分，每侧前后两院，朝着巷道有门相通，四院之间也有小门可以相通，故村民将这种结构布局的宅院俗称"棋盘院"。

郭峪村文化底蕴深厚，明清两代，该村文风鼎盛，人才辈出，共走出过15名进士、18位举人、50余名贡生，"官侍郎、巡抚、翰林、台省、监司、

| 豫楼巍然

守令者尝不绝于时"。郭峪村不仅保存了完好的古村落格局，而且保存了不同历史时期的生活方式，再现了明清社会的生产与生活图景，纺花车、织布机、碾磨、车驾、犁耙等传统物件在居民生活中仍有使用，历史与文化的延续性在这里得到了充分体现。1997年，郭峪村邀请清华大学建筑历史与文物建筑保护研究所对古村的建筑、文化、历史进行论证，完善并出台了乡土建筑、古村落保护规划、古建保护及旅游开发、修缮东城墙等一系列的科研报告、方案，村委会还制定了《村民保护历史文化名村公约》。

然而，2013年郭峪村有15户村民相继在古文物保护区内拆旧建新，引起了媒体的高度重视，2014年4月22日山西日报发表《"中国历史文化名村"郭峪村遭破坏》的批评报道，郭峪村村民反映十分强烈。说起在古文物保护区内盖房子的原因，这15户村民也有说不出的苦衷：孩子要结婚，年轻人要求必须是新房，村委会三年来没给村民批过宅基地，所以他们只好把祖宗留下来的老宅子拆了建新房。更多的村民则对报道大加赞赏，希望能通过舆论呼吁来加强对郭峪村的保护。党报的舆论监督引起了各级政府的重视，不久，包括郭峪村等村落古建筑群维修保护规划得到国家文物局批复，国家文物局投入3000万元重点推进襄汾丁村、襄汾汾城镇、阳城郭峪村等村落古建筑群维修保护工程。2015年4月，国家文物保护重点项目——山西阳城郭峪古建

郭峪古城，"亡羊补牢"

| 郭峪古城

筑群城墙一期保护修缮工程正式启动,保护修缮工程为景阳门到北门到西门的古城墙修复,全长800米。为了确保抢救过程中万无一失,地方政府"亡羊补牢",特别强调坚持"保护为主、抢救第一、加强管理、合理利用"的原则,尊重传统建筑风貌、传统格局与周边景观环境的依存关系,做到"整旧如故,以存其真",真正把郭峪古建筑群城墙保护做成精品工程。

仰望巍峨的城墙,看着那些未加修饰的残垣断壁,踏着满是凹痕的青石板路,我步入一个又一个古朴的院落,曾经辉煌的名门望族府邸已破败得栋梁断裂、青苔满地、杂草丛生,我心里五味杂陈。郭峪虽然是晋城闻名的小康村,就经济基础而言,与皇城村难以匹敌,保护抢救力度显然不够。好在它保存了完好的古村落格局,是明清时期北方农村文明的代表,研究它可以了解这片土地上半部明末清初的朝代更迭史。郭峪古城是一段历史的缩影,它为郭峪人大力挖掘祖先创造的历史文化遗产留下了极大的空间。郭峪古城"亡羊补牢"犹未晚也!

大槐树，
"根祖文化"异彩纷呈

大槐树，又称"洪洞大槐树"，位于山西洪洞县。据记载，明朝时在洪洞城北2华里的贾村西侧有一座广济寺。寺院宏大，殿宇巍峨，僧众很多，香客不绝，寺旁有一棵树身数围、荫遮数亩的汉槐，汾河滩上的老鹳在树上构窝筑巢，星罗棋布，甚为壮观。明朝政府在广济寺设局驻员集中办理移民，大槐树下便成了当年移民的集聚之地。

元朝末年，元政府连年对外用兵，对内实行民族压迫，加之黄淮流域水灾不断，饥荒频繁，终于激起连绵十余年的红巾军起义。元政府予以残暴的

| 第一代大槐树（仿）

| "根祖文化"异彩纷呈

镇压,争域夺地的殊死之战时有发生,两淮、山东、河北、河南百姓十亡七八。元末战乱的创伤未及医治,明初"靖难之役"又接踵而至。冀、鲁、豫、皖诸地深受其害,几成无人之地。在元末战乱时,蒙古地主武装察罕帖木儿父子统治的"表里山河"山西,却是另外一种景象,显得相对安定,风调雨顺,连年丰收,较之于相邻诸省,山西经济繁荣,人丁兴旺。晋南是山西人口稠密的地区,洪洞又是当时晋南最大、人口最多的县。明灭元后,为了巩固新政权和发展经济,从洪武初年至永乐十五年,50余年间组织了8次大规模的移民活动,涉及812个姓氏,由山西洪洞等地迁往各地的移民后裔数以亿计。迁出的移民主要分布在河南、河北、山东、北京、安徽、江苏、湖北等地,少部分迁往陕西、甘肃、宁夏地区。从山西迁往上述各地的移民,后又转迁到云南、四川、贵州、新疆及东北诸省。如此长时间大范围有组织的大规模迁徙,在我国历史上是罕见的,而将一方之民散移各地,仅此一例。明政府推行移民垦荒振兴农业的政策,虽然其目的是巩固封建王朝的统治,但客观上缓和了社会矛盾,调动了农民的生产积极性,使农业生产逐步得到恢复,边防巩固,社会安定。

遥想当年，晚秋时节，槐叶凋落，老鹳窝显得十分醒目，祖辈们扶老携幼，离乡背井，临行之时，凝眸高大的古槐，栖息在树杈间的老鹳不断地发出声声哀鸣，令别离故土的移民潸然泪下，频频回首，不忍离去，最后只能看见大槐树上的老鹳窝。为此，大槐树和老鹳窝就成为移民惜别家乡的标志。"问我祖先何处来，山西洪洞大槐树。祖先故里叫什么，大槐树下老鹳窝。"这首民谣数百年来在我国许多地区广为流传。

悠悠600多年过去了，汉代古槐已不复存在，消失在历史的风尘之中，而同根孳生其旁的第三代槐树，则枝叶繁茂、充满活力。槐乡的后裔已遍布全国20多个省400多个县，有的还远在南亚一些国家和地区。大槐树是移民史实的见证者，在华夏子孙心中深深扎下了认祖归宗的根，被当作"家"，被称为"祖"，被看作"根"。如今，这里成了山西省文物保护单位，不论严寒的冬天，还是酷热的炎夏，寻根的游客络绎不绝，有的赋诗题词，抒发饮水思源之情，有的仰望古槐，盘桓眷恋，久久不肯离去。

20世纪90年代初，九州大地，乃至五湖四海大槐树后裔，思乡寻根之情、回乡祭祖潮与日俱增。为顺应这一历史潮流，洪洞县委、县政府，大力

| 祭祖堂

大槐树，"根祖文化"异彩纷呈

弘扬以古大槐树移民遗址为载体的"根祖文化",每年清明节前后举办一次为期10天的"寻根祭祖节",主祭日为清明节,举行"洪洞大槐树寻根祭祖大典",数以万计的大槐树移民后裔云集于此,表达他们对大槐树老家浓浓的爱、深深的情。

"寻根祭祖节"期间,每年都会出现这样的奇景:二、三代大槐树和其他树木上,鸟儿落满枝头,它们时起时落,交颈偎依,仿佛经年不见的老朋友在倾诉昔时的离别意,畅谈今日在它处的思乡之情。这些鸟儿每天傍晚飞来,凌晨时分又向东北方向飞去。它们的形状像麻雀,但比麻雀略大,颜色是灰黑的,来时鸣音响亮,啾啾欢啼,去时叫声凄凉,哀鸣而去,当地人称它为"思乡鸟"。有人说它们是大槐树移民死后所变,生不能归故里,死后化做鸟儿也要飞回故乡,看看家乡变化。这一壮观景象一直到清明节后才全部消失,来自海内外参加祭祖活动的槐乡子孙无不为这一奇观所惊叹。

根雕大门是寻根祭祖园的一大特色,它为槐根造型,东西跨度20米,高13米,其造型古老沧桑、伟岸厚重、支根入土、虬劲有力,寓意大槐树后裔同门、同根、同祖、同心,象征大槐树儿女舍小家取大义,扎根神州大地,为国家繁荣、民族昌盛孜孜不倦地艰辛劳作和奋斗拼搏。影壁,一个大大的隶体"根"字,由我国原中央工艺美术学院院长、著名书画家张仃老先生题写。字体苍劲有力,稳健端庄,隐含象形,寓意深邃,饱含着浓浓的桑梓之情,悠悠的思乡之意,道尽了凝结于归乡游子胸怀间那种复杂的故园家国之感。

步入移民实证展览馆,这里有移民情景泥塑群雕,再现了大槐树移民的起因,槐乡人别离乡土、迁徙途中的情景,这里有移民先祖生活用品,有许多珍贵的移民谱牒,在这里展出的每一件实物都有一段动人的故事,虽然看起来很普通,但都是对移民历史最真实的见证和最珍贵的见证。走进民俗村,打谷场依旧,虽然看不到喜获丰收的热闹场景,却有高大麦垛和巨大的石碾子,可以感受到不一样的老家风情。普通的农家院落陈设非常简朴,体现的却是洪洞普通农民家庭的生活面貌。弘扬"根祖文化",寄托了海内外赤子的思乡寻根之情,让洪洞大槐树寻根祭祖园蜚声海内外。如今,"大槐树祭祖习俗"先后被列入第二批《国家级非物质文化遗产保护名录》《山西省首批民族传统节日保护名单》。

地坑院，
地平线下的古村落

在河南、陕西、山西、甘肃，至今仍保留着一些令人叹为观止的民间建筑，那就是"见树不见村，见村不见房，闻声不见人"的地坑院。地坑院又叫天井院、地阴坑、地窑，是古代人穴居方式的遗留，但无论叫什么名字都非常形象，从地平面往下挖六七米是为坑，从挖好的院落往上看是天井，被誉为中国北方的"地下四合院""地平线下的古村落"，堪称人类穴居文明史上的"活化石"。

| 地下四合院

据专家考证，6000年前的仰韶文化时期，黄土高原地区的人类居所发生了历史性的变革。仰韶文化，以原始农业为主要经济形式，民居均为圆形或方形的地坑式窝棚。这些地坑式村落，都有台阶供上下，这些台阶有直坡式，还有沿坑壁螺旋上升式，这便是地坑院的雏形。在河南渑池庙底沟仰韶文化

| 弧形阶梯

遗址发掘过程中，曾发掘出用于翻土、挖土的石锄、石铲，特别是磨制的大型舌形或心形石铲，这些为这种地穴式建筑的挖掘提供了较为先进的工具。由此可见，地坑院的源头大约在仰韶文化时期。

地坑院就是在平坦的土地上向下挖六七米深，长12至15米的长方形或正方形土坑作为院子，然后在坑的四壁挖若干个窑洞，其中一洞凿成斜坡，形成阶梯形甬道通向地面，成为地坑院的入口。地坑院的入口有直进型、曲尺型、回转型3种。在门洞窑一侧挖一个拐窑，再向下深挖二三十米，砌一口水井，架上轳辘解决人畜饮用水问题。地坑院一般为独门洞独院，也有二进院、三进院。这种以地坑院组成的村落，不受地形限制，只需保持户与户之间相隔一定的距离，就可成排、成行或呈散点式布置，地上看不到房舍，走进村庄方看到家家户户掩于地下，构成了黄土高原最为独特的地下村庄。

地坑院在山西运城平陆县、河南三门峡陕县、甘肃陇东庆阳及陕西的部分地区均有分布。陕西三原新兴镇柏社村是国家下沉式地坑窑集中保护区，享有"天下地窑第一村""中国生土建筑博物馆"之美誉。柏社村目前保存完好的地窑有148院，经常有人居住的地窑有25院。近年来，当地政府修缮保护了部分窑院，完善基础设施，让柏社村始终保持古朴传统的农村风貌。河南三门峡境内保存较好的地下村落仍有100多个，有近万座天井院，其中较

早的院子有200多年的历史，住着6代人，村民们在地坑院里繁衍生息，享受着平静的"地下生活"。

地坑院具有独特的艺术美感，从上往下看，整个窑院为方形，站在院中间看天空，天似穹窿，是天地之合的缩影，体现出方圆之美，是中国古代"天人合一"的哲学思想反映，是人与大自然和睦相处、和谐共生的典型范例。另外，地坑院具有坚固耐用、冬暖夏凉、挡风隔音、防震抗震等特点，冬季窑内温度在摄氏10度以上，夏天保持在摄氏20度左右，人们称它是"天然空调，恒温住宅"。

最早向全世界介绍中国地坑院是德国人鲁道夫斯基，20世纪前期，他在《没有建筑师的建筑》一书中，称这种窑洞建筑为"大胆的创作、洗练的手法、抽象的语言、严密的造型"，其中配图来源于德国飞行员卡斯特的飞行日志，那是他1933年航拍到的地坑院。

| 地坑院鸟瞰

2011年，地坑院营造技艺被列入《国家级非物质文化遗产保护名录》，地坑院的营造技艺被形象地称为"向下挖坑、四壁凿洞、穿靴戴帽、美化装饰"。地坑院建设兴盛时期，发生在20世纪50至80年代。据当地村民回忆，那时经济比较落后，在当时人口政策的影响下，人口自然增长率急剧攀升，农村家庭子女平均在5个左右。五六十年代出生的人逐渐进入婚龄，居所需求压力很大，农民手中又没有钱，修建地坑院只要人手多，没钱也能很快完成。如今我们看到的地坑院绝大多数都是那时建造的，地坑院成为时代的产物。改革开放以后，随着人们生活条件的改善，人类居住从地下走向地上也是大势所趋，"穴居"地坑院的人日见稀少，废弃的窑院或填没或塌陷，难觅往日风貌。90年代中期，由于地坑院占用土地过多，许多村子本着"退宅还耕"

的要求，开始填埋地坑院，使地坑院这一民俗建筑遭到极大的破坏。眼下住地坑院的基本上都是老年人，年轻人陆续搬到地面上盖楼房，地下村庄正在一步一步走向消失。

当地政府清醒地认识到，作为民族文化遗产的内容之一，作为民居史上的一大奇特景观，我们有责任、有义务对民居地坑院进行抢救性保护，有选择地保护抢救一些有代表性的地坑院村庄，培养群众的保护意识，提高领导对保护工作的认识，将地坑院的保护纳入国家民族民间文化遗产的抢救保护工程之中。为了保护这颗"活化石"，防止人走院毁，当地政府每年给住地坑院的村民一些补贴，可以让后人看到原汁原味的地坑院。

让人感到欣慰的是，近20年来，地坑院的抢救与保护已经引起了全社会的关注，国内外许多专家纷纷到三门峡考察地坑院，积极为地坑院抢救与保护献计献策。他们认为，每一种民居形式都是从低级向高级逐渐升华链条上不可或缺的一环，都带有鲜明的地域或民族特征。地坑院建筑特色鲜明、文化气息浓厚，充分反映豫西地区人与自然和谐相处的历史文化特征。保护这种民居形式，也就是保护中华民族从远古到现代不间断的物质记忆。随着人们经济水平的改善，地坑院作为古代穴居方式的遗存，有着较高的历史学、建筑学、地质学和社会学价值，抢救与保护十分必要。

打造"地坑院博物馆"，让世界上更多的人了解这个古村落，了解其独特的建筑形式，并将非遗民俗融合进来，让地坑院活起来，走下去！陕州地方领导本着保留历史的初心，2011年聘请深圳某旅游规划公司对张汴乡北营、窑地、西王、刘寺等8个行政村庄的近千座地坑院进行科学合理开发，规划面积达23平方公里，投资30亿元。2016年5月陕州地坑院民俗文化园正式开园，它主要由22座地坑院组成，全方位向世人展示地坑院的历史演变及陕州地区人们的生活风貌与民俗技艺。院内常年有民俗表演与非遗展示，捶草印花、陕州剪纸、锣鼓书、澄泥砚、木偶戏、皮影戏、糖画、红歌表演、陕州特色婚俗表演异彩纷呈，蕴含着独到的地方文化。与此同时，景区还保留了许多未经开发的地坑院供游客参观，沿着陕塬的黄土寻找失落的地下古村落。"回河南老家，住民居活化石陕州地坑院"如今成了旅游新热点，也让中国多了一道独具特色的靓丽风景线。

道口古镇，
不仅仅有烧鸡

提起古镇，人们会想起江苏周庄、浙江南浔、山西平遥，然而就在古老的大运河畔，还有一座保存完好的明清古建筑群落——河南滑县道口古镇。

道口以烧鸡闻名于世，我们一帮老饕直奔道口，就是为了一饱口福。当刚出锅的烧鸡呈现在我们眼前，只见它形如元宝、色泽金黄，食用时无需刀叉，用手一抖骨肉便自行分离，仔细品尝，香味浓郁、酥香软烂、咸淡适口、熟烂离骨、肥而不腻，众人拍案叫绝。道口烧鸡创始于清顺治十八年（1661）

| 道口老街

距今已有300多年的历史。据《浚县志》及《滑县志》记载，在开始的100多年时间里，由于技术条件差，烧鸡生意并不兴隆。到乾隆五十二年（1787），烧鸡大师、非物质文化遗产代表性传承人张中海的先祖张炳，偶遇曾在清宫御膳房做御厨的老友刘义，两人久别重逢，对饮畅谈。张炳向他求教，刘义便告诉他一个秘方："要想烧鸡香，八料加老汤。""八料"就是陈皮、肉桂、豆蔻、良姜、丁香、砂仁、草果

| 义兴张道口烧鸡店

和白芷8种佐料，老汤就是煮鸡的陈汤，每煮一锅鸡必须加上头锅的老汤。张炳如法炮制，做出的鸡果然香味浓郁，从此生意兴旺。张炳不忘老友刘义的恩德，将他的烧鸡店定名为"义兴张"。张中海的祖父张长贵，解放后当选河南省政协委员，1955年慷慨无私地公开了他家祖传300余年的绝技秘方，这才有了后来道口烧鸡行业百家争鸣的繁荣景象，如今"中华老字号""义兴张道口烧鸡"远销海内外，每年烧鸡业为道口创收达3个亿。

其实道口古镇不仅仅有烧鸡，漫步在这古老的小镇，它外形秀美、历史厚重、古色古香，依然能感受到它久远的历史和往昔的辉煌。道口古镇旧称"李家道口"，至今已有1000多年历史。它位于黄河故道之上，曾经是黄河左岸金堤之上的一个渡口。相传当时有一李姓人家居住渡口，以摆渡为生，人们将该渡口称为"李家道口"。宋元以后，黄河改道，这里成为卫河上的一个重要码头。卫河乃隋唐大运河中的永济渠，公元7世纪初永济渠通航以后，这里水路向西南直通东都洛阳，向东北直通涿州，就是后来的京津地区。陆路，

京畿通往洛阳的驿道从这儿经过，朝廷在这儿设有驿站。除了与卫河并行的官设驿道外，向东，面向河南、山东、河北广大人口密集、经济繁荣、粮食等农产品丰富地区；向西，背靠太行山，距离山西煤区和太行山盛产名贵中药材区较近。因此，朝廷从洛阳运往京津的兵员、辎重、粮草，官方或民间从山西运出的煤炭，从河南、山东、河北运往洛阳、京津、山西的粮食、布匹、丝绸等战略、民生等大量重要物资在这里驻脚或集散，南来北往、东奔西走的人在这里交汇，久而久之便形成了华北重镇。到清代中叶，道口除了通畅的水路运输之外还有铁路。1902年，英国在道口设立福通公司，修筑从道口至清化的道清铁路，全长150公里，运输极其方便。明清至民国年间，道口商贾云集、贸易繁盛、"日进斗金"，成为豫北重镇。彼时道口已经形成了12条大街、72条胡同，并且四面还有7个城门、2个水门，俨然成为一个戒备森严的大型城堡，其繁华热闹可想而知。道口因此获得"小天津"的美誉。

新中国成立后，随着中国铁路交通的飞速发展，已落后于时代的道清铁路逐渐荒废，加之卫河水量的减少，航运能力减退，直至后来无法再行船，古镇道口往日的历史地位已完全失去。当21世纪的钟声敲响，保护大运河及其沿岸文化的呼声日高，大运河申遗的提案得到了中央高度重视。随着2014年6月大运河申遗成功，迎着申遗成功的春风，道口古镇以及她赖以生存发展的卫河得到了营养，一个古老而生机盎然的道口展示在世人面前：古街沿河而建、因河而兴，现存的历史文化街区面积达9.5公顷，沿运河的一面街、顺河街，南北长约3000米。透过古屋比邻、商铺连绵、巷弄穿错的街区，我们领略到了古镇昔日的繁华，道口现存老胡同16条，有临街古商铺和古民居1000余间、老码头9处、老水闸6处、道口古镇城墙、古街区等文物古迹。古镇上不仅有明福寺塔、欧阳修书院、卫王城遗址，还有建于明代的大王庙、建于清代的古票号"同和裕"和闻名全国的烧鸡老铺"义兴张"，以及建于民国年间的中西合璧、融汇南北建筑风格的绸缎庄"德庆诚"。

"德庆诚"的津商绸缎庄在并不宽敞的街道上显得高大气派，该建筑为砖木结构半坡阁楼式建筑，门窗为拱券式，中间匾额四周镶以"寿"字和八宝葫芦，具有鲜明的欧洲文艺复兴时期的建筑风格。门口"津沪国货布匹，苏杭沙罗绸缎"楹联，见证了当年顺河古街商品辐辏、贸易繁华的景象。

走进"同和裕"银号旧址，这座建于 1915 年集中西和我国南北建筑特色于一体的古老建筑，风格十分独特，建筑上部是欧式的女儿墙，山墙是我国南方徽式的马头墙，下部窗户又是我国北方典型的梳背式砖券窗户，整座建筑既庄重豪华又洋气潇洒。临街楼分前后两院，基本恢复了当年开展金融活动时的景象。"同和裕"银号由民国时期知名豫商王晏卿等人创办，业务涉及存放、款汇兑，兼营商业，为道口金融和工商业发展起到过重要作用。

| 同和裕银号旧址

近十年来，滑县积极融入国家大运河文化带建设，以大运河文化带建设为契机，把文化旅游产业作为经济和社会发展的战略性支柱产业来抓，切实加大在文物保护、风貌恢复及基础设施建设等方面的投入，以"原味道口"为宗旨，用心谋划道口古镇保护与发展，不仅推动了道口古镇面貌的改造升级，也将破旧的历史街区点石成金，成为兴办公共文化设施、发展文化创意产业的新型城市文化空间。从 2014 年秋天开始，道口用 3 个月时间，对顺南古街南段 250 米街区进行了技术性维护，2015 年实施顺南街北段、水胡同、大集街 210 米沿街商铺、居民等历史建筑的修复工程。同时，保护性修复卫河沿岸古城墙，实施管网改造入地、传统路面砖铺、街景小品建设等一系列工程，大十字状的明清历史街区逐步呈现。

以工业遗存保护利用撬动"怀旧经济"，这是古镇保护的有益尝试。滑县西纸厂已废弃 30 多年，当地政府先后投资约 1.08 亿元，将工业遗存改造成集餐饮、会务、旅游、文创于一体的旅游美食文化园区，昔日破败的厂房成了大运河畔的新地标，古老的道口古镇迎来了春天。

三德范，
古朴村庄儒味浓

静静的溪流不仅孕育了一方百姓，更在岁月里留下一个平凡而悠久的名字：三德范村。三德范坐落在泰山余脉锦屏山下，是山东章丘屈指可数的大村。该村历史久远，境内"于家庄""小寨""广宗城"均为汉代遗迹，村内现有市级文物保护单位3处，16处被列入《章丘市文物保护名录》，并保存石碑、石刻近40块，其中明朝石碑4块，全村现有古桥两座、圩子墙近千米，另有颇具明清特征的古宅院、古门楼、古街巷遍布其里，古石板路随处可见。2016年11月，三德范村被列入第四批《中国传统古村落》。

据《三德范庄志》记载：明初，因花子军之乱，版籍虚脱，本邑之民十有九迁自河北直隶真定府枣强冀州。三德范也不例外，原属地居民只有车、袁二家，即所谓"车、袁二家实在户"。三德范古称"三队反""三敌反""三坠反""三推饭"，清道光二十三年（1843），重修禹王庙碑记上首见"三德范"之名。走进三德范，处处都能感受到这座古朴村庄的儒学味道。10条古巷道，石砌门饱含着岁月的沧桑，而中国人的传统价值追求都镌刻在上面：清平门、太平门、人和门、艮峰门，岁月模糊了文字，却留下了许多动人的故事。

三德范村太平阁以南路东，有座方形石阁门，上端有块石刻"人和"，由清代两广总督毛鸿宾（山东历城人，道光十八年进士）于同治七年（1868）三月题写。当地人告诉我：道光年间，一位姓毛的汉子从历城毛家窝迁到三德范村居住。迁来时，毛家家境贫寒，时常吃饭断顿。邻居齐万德看其可怜，施些米面衣物接济。20年后，毛家人丁兴旺、家业发达，而齐家因其妻常年患病光景败落。齐家孩子长大需分家居住，但院落狭窄无法建房，想借毛家滴水盖屋。齐老汉多次托人洽谈，毛老汉均拒绝。在亲戚纵容下，齐家强行

| 禹王庙

在毛家滴水上建墙准备盖屋。毛老汉十分气愤，便回老家毛家窝找祖人商量，准备打官司。正巧，没出五服的兄弟两广总督毛鸿宾在家，毛鸿宾问其原委后，设宴招待了毛老汉。宴后，毛鸿宾支走仆人独自洗刷碗筷，弄得满盆碗筷"梆梆啷啷"直响。毛老汉欲要帮忙被制止。毛总督语重心长地说："街坊巷道共居，犹如满盆的碗筷，难免冲撞。古语说，滴水之恩，当涌泉报之。"毛老汉略有所悟。几天后，毛鸿宾扮成麻贩子来三德范村，领着伙计沿街卖麻。来到一巷道内，见一伙人挥镐要拆一堵新墙。毛上前问一老者："老人家，为何要拆新墙？"老者长叹："唉，客官不知，我家大麻烦来矣。"原来，齐家闻听毛家有京城高官，怕吃官司便要拆墙。毛鸿宾得知老者便是齐万德，微笑道："我有一招，可使你家不拆墙又能免祸，老人家愿听否？"齐老汉连说"愿听愿听"，恭恭敬敬将毛鸿宾请进家门。毛鸿宾取出纸笔写了两个大字，晾干后装进一个大信封说："你去毛家先赔礼，然后将其面交毛老汉，一切皆休也。"说完领着伙计扬长而去。齐万德将信将疑地来到毛家并作揖赔礼，毛老汉展开一看竟是毛鸿宾题写的两个大字"人和"。他想起洗碗时毛总督话语，恍然

大悟。此后,毛让滴水于齐家,两家重新和好。为弘扬毛鸿宾宽厚待人的精神,以此教育子孙万代,三德范人在巷前建一阁门,将"人和"二字刻石镶嵌,成为三德范村处事为人的一面镜子。

玄帝阁为三德范村地标性建筑,大殿外形完好,飞檐翘角,脊顶青砖上二龙戏珠的图案依然栩栩如生,立于檐壁上的龙之三子依然英姿飒爽。玄帝阁下有一条青石板路穿洞而过,这便是历史上有名的章莱古道,从章丘前往莱芜必经此地。玄帝阁南侧,有一座石砌拱门,门额刻有"太平"两字。这座太平门和玄帝阁形成一处瓮城,堪称山东省保存最好的一座瓮城。瓮城用于藏兵,敌军进犯,前后大门一关,军士们马上冲出来杀敌。这就叫瓮中捉鳖!

玄帝阁向南500米处有座禹王庙,它建在一个用石块垒成的五六米高的高台上,拾阶而上,殿内后墙壁上绘有壁画,这些壁画色彩鲜艳,虽历经百年图案仍清晰可辨。

在三德范,我看到这里村徽非常特别,这是一个谜一般的自创字,只可意会不知读音。草字头,心字底,村字左右分开,中间夹着一个山。陈家巷胡同博物馆主人王先生告诉我,这个村徽集中反映了三德范的人文历史风貌,不仅有草、有树、有山,还有远近闻名的"抬芯子"。作为国家级历史文化名村,

| 玄帝阁

自古以来村民崇尚"扮玩",尤其热衷抬芯子,它是一种古老的民间传统杂耍技艺,如今罩着"国家级非物质文化遗产"和民间艺术最高奖"山花奖"的光环。在展览馆,王先生指着墙上的图文向我们介绍:每当过年农闲,村里"扮玩"节目热闹非凡,杂耍武打、舞龙玩狮、高跷抬杆,应有尽有,抬芯

| 抬芯子

子则是民俗大扮玩的主角。"平台吐翠"是抬芯子的一种形式,也称"高低台芯子",《吕洞宾戏牡丹》是其代表作。吕洞宾扮演者坐在第一平台上,仙风道骨举止端庄,左手持拂尘,右手上托牡丹美女。牡丹扮演者站在第二层上,庄重肃穆灵动飘逸,令人起敬。整架芯子高约4米左右,需8名精壮劳力肩抬,其重量可想而知。表演时伴随着锣鼓的节奏,一上一下律动,在现场营造十分欢乐的气氛。

"扮玩"不只是三德范村静止的文化遗产,更是凝聚三德范人的文化纽带和与日俱增的文化自豪。如今,作为"国家级美丽宜居村庄示范村""全国美丽乡村示范村""全国改善农村人居环境示范村庄",三德范村崇尚耕读,注重以文化人,以文育人,自觉传承中华优秀传统文化。村民自发注册成立了三德范传统文化学会,与山东大学儒学高等研究院合作设立全省首家乡村儒学讲堂,致力于光大复兴乡村儒学,以儒学文化带动淳朴民风。自2015年以来,乡村儒学讲堂不仅吸引了本村村民前来听课,甚至城里的儒学爱好者也慕名前来听课,它大力宣传孝道文化,为培育良好村风、家风奠定了坚实的基础。为此,央视记者三次光顾,《记住乡愁·立规守德》《齐鲁家风·诗书传家》《还看今朝·山东篇》大型纪录片播出后,三德范蜚声海内外。

北营村，寻访苏禄王后裔

在中华大地上，古往今来掩埋过无数先王的忠魂，但外国国王的墓葬仅两座，一座是位于南京市安德门外石子岗乌龟山南麓的浡泥国王墓，另一座是位于德州市城北北营村的苏禄国王墓，它们是中国与文莱、菲律宾友好交往的历史见证，在文化传播、中外交流、民族融合中具有独特的历史价值。

走进德州北营村，标志性建筑就是距今600多年的苏禄王墓。夕阳下，老同学、德州电视台资深记者陈彦春引领我穿过汉白玉石牌楼，步入肃穆壮观的苏禄国东王陵园。神道两侧有六方石望柱一对，石像生六对，分别为一对石虎、一对石狮、一对石马、一对石羊、一对马倌、一位文臣和一位武官。永乐帝朱棣御笔撰写的神道碑在神道南端东侧，王妃葛木宁及东王次子温哈剌、三子安都鲁之墓在王墓东南侧。享堂是祠庙的主体建筑，占地130多平方米，18根大红柱气

苏禄王墓

势雄伟，祠庙大门上的楹联"古墓埋客帝，丰碑载友谊"，道出了王陵存留在中国大地上的跨国意义。

2017年9月13日，"纪念苏禄东王首次赴华600周年"仪式在德州苏禄王御园举行，苏禄东王（长子）后裔扶格达尔·基拉姆苏丹家族一行20余人来到中国，先后

| 石像生

祭拜了苏禄东王墓、王妃及王子墓，来自全国各地的东王后裔数百余人回到德州祭拜祖先。德州电视台进行了全程跟踪报道。

陈彦春告诉我，古苏禄国是一个信奉伊斯兰教的酋长国，国内分为东王、西王、峒王三家王侯，以东王巴都葛叭答剌为尊。明朝永乐十五年（1417），苏禄国以东王为首访华，西王和峒王同行，东王还带上了王妃和3个儿子，组成340多人的友好使团，在京逗留27天。永乐帝朱棣设宴，并赐以印章，封以王爵。三王辞归，永乐帝派人护送。9月13日，到达德州以北的安陵时，东王突患急症，不幸染病殒殁。讣告到京，明成祖深为哀悼，派礼部郎中陈世启赴德州，为东王举行了隆重的葬礼，并为其在德州城北十二连城九江营的西南部择址建陵，明成祖亲自撰写悼文，文中对东王的逝世"不胜痛悼"，又"命其子都马含袭爵，率其属而还"。于是东王的长子都马含随西王、峒王回国，继承王位。东王妃葛木宁与东王的次子温哈剌、三子安都鲁及侍从共10人则留下来，按中国守墓的传统，居丧3年。3年后，他们没有离开，仍留在德州守墓，直到去世。历代后人也遵从祖训在此守陵，苏禄国东王墓由此成了中国唯一驻有外国王室后裔守陵村落的异邦王陵。

安静是苏禄王墓管理人员、苏禄东王第十九代孙，据她介绍，所谓守陵，

一是居住，二是祭祀。明朝皇帝对东王后裔赐田免税，由德州官仓给每人每月提供口粮一石，以及布匹、银钞等，还"恩赐十二连城祭田三顷三十八亩"。因他们信奉伊斯兰教，与中国回族的信仰一致，明政府还从山东历城县迁来3户回族居民（夏、马、陈三姓）供其役使。到了清朝，东王八代孙安汝奇、温崇凯提出"本国远隔重洋"，要求加入中国籍。清政府礼部同意守墓人等子孙，以温、安二姓入籍德州，清政府还在1735年发给东王后裔永久执照。从此他们就以华籍苏禄人的身份定居下来。苏禄王的后人融入中国，首先是融入回族。清末，政府收回祭田和俸粮，他们成了普通百姓，便学回族人卖起了牛羊肉、奶制品。而今，家族已传到第21代孙，后裔仍有177人。

1956年，苏禄国东王墓列为首批山东省重点文物保护单位，1986年成立了德州市文博馆负责对苏禄王墓的保护、管理、研究工作，1988年，苏禄王墓被国务院公布为"第三批全国重点文物保护单位"。1997年，德州市政府投资完成了王妃、王子墓扩建工程，御碑楼维修工程，修仿古围墙和碑廊。修整后的苏禄东王墓，成为一座古朴肃穆、松柏环绕、整洁美丽的陵园。2002年，中国政府拨款把东王墓扩建为陵园，成为"国家级文物保护单位"。2019年1

| 御碑亭

月1日，经德州市十八届人大常委会第十四次会议审议通过，并经省十三届人大常委会第七次会议批准，《德州市文物保护条例》正式施行。为了突出德州市文物保护中的特殊性和差异性，《条例》对苏禄王墓进行了特别规定，明确了对苏禄王墓保护"政府主导、科学规划、严格保护、合理利用"的原则，要求应当正确处理保护利用与规划建设、旅游发展、群众生产生活的关系，编制苏禄王墓保护专项规划，确定市文物部门和苏禄王墓管理机构的职责划分等事项，从而维护苏禄王墓的真实性、完整性和延续性，发挥其在文化传播、中外交流、民族融合中的独特价值。

漫步在北营村，东王后裔与周围其他村子的普通人一样安居乐业，有外出打工的，也有做小生意、搞养殖、开出租车的。父辈从小就教育他们要自食其力，否则就无法在别人的土地上生活下去。如今，北营村东王后裔们还创出了清真烙锅饼、烙麻酱烧饼、酱牛肉、烤羊肉、扒鸡等特色美馔。

温海军是东王第十八代孙，今年五十开外，十几年前他在东王墓附近的巷口摆摊卖肉，如今在居委会帮助下开了一家超市。温海军感叹，他曾经是中国苏禄王后裔首访菲律宾的代表之一。1975年中菲建交后，越来越多的菲律宾人也来祭拜苏禄王墓。2004年，菲律宾华裔青年联合会会长洪玉华来到北营村，东王第十七代孙安金田告诉她，家里每代人在临终前都关照儿孙有机会到菲律宾"老家"看看，可惜没人实现这个愿望。2005年初，中菲建交30周年，菲律宾华裔青年联合会和菲华各界联合会邀请安金田、安砚春、温海军代表在中国的苏禄王后裔首访菲律宾，受到了阿罗约总统接见。在苏禄省，他们见到了东王长子的后裔，虽然语言不通，但还是觉得很亲。当时，他们一起祭拜了东王之父的坟墓，大家惊喜地发现，中菲两地后裔祭拜祖坟的仪式是完全一样的。

眼下，中菲两地东王后人的民间交流中断，每年不断有东王后裔到苏禄王墓前认祖，希望北营村架起中菲间的友谊桥梁，推动两国关系向更好的方向发展。北营村则编撰了《中华·苏禄东王家族通谱》，全国在册的东王后裔有3700多名。菲律宾华裔文化传统中心顾问吴文焕在为《纽带所系：苏禄王在华的故事》一书写的附录中说："要祝愿菲中友好万古长青，还有什么比苏禄东王的事迹更好的典范呢！"

朱家峪，
重振"闯关东精神"

近年来，随着电视连续剧《闯关东》的热播，主人公朱开山一句"俺是章丘朱家峪的"，让观众记住了素有"齐鲁第一古村，江北聚落标本"的山东章丘朱家峪村。老同学李德明是章丘邻县人，对"闯关东精神"感同身受。他告诉我，章丘是"闯关东"重要的发源地，从清初至民国绵延近300年，章丘人为了生存和发展，不避风寒、不畏艰险，不远千里"闯关东"，生动展示了章丘人的优秀品质和时代风采。

朱家峪村距泉城济南40公里，原名"城角峪"，后改为"富山峪"，明洪武四年（1371），朱氏家族先祖朱良胜自河北枣强县迁此定居。因朱系国姓，与皇帝朱元璋同宗，故改名"朱家峪"。朱家峪是"中国历史文化名村"、中

"闯关东"壁画

| 山阴小学旧址

国北方地区典型的山村型古村落,这里至今仍完整地保存了原来的建筑格局。古村为梯形居落,上下盘道,高底参差,错落有致,域内面积7000亩,有祠庙、楼阁、石桥、故道、古泉等大小遗存80余处。四面青峰隐隐,溪中碧水悠悠,长白、胡山诸峰拱卫映带如画,悠久的历史文化,多姿多彩的风景名胜资源每年吸引着大批中外游客和学者,在他们眼里朱家峪就是一本厚重的书,涉及政治、历史、民族、宗教、文化、园林、建筑、艺术、自然、地理等科学,它浓缩了中国古代农民一段艰苦创业的历史,凝聚了中国北方农村一缕浓郁的乡情,丰厚的民俗文化底蕴让人们对中国传统历史文化回味无穷。

  从山脚下穿过古老的门洞,时光如倒流一般,带我们回到了那旧日年代。朱家峪充满了书卷气,文脉传承中涵养着内在气度,连山水风物都透着文雅。礼门,有阁曰"文昌",有楼曰"魁星",有山曰"文峰""笔架",足见朱家峪人对文化教育的尊崇与坚守。朱家峪至今仍保留着一座完整的私塾,这是一个紧凑的四合院,右边是厨房,左边是书房,正对着主人的居室则是一座两层的藏书楼,它的主人朱逢寅,因为教出了两个有名的举人,光绪皇帝亲笔题字"明经进士"匾额。朱逢寅自幼聪颖伶俐,勤奋好学,屡试屡第。先中秀才,又中廪生,再中贡生,方圆百里无人不晓。光绪年间朱逢寅被皇帝钦命为明经进士并任候选训导。中年后在家开设私塾,桃李满天下。他的得意门生当属翰林院编修主持刘元亮(今章丘旧城西南温家庄人)和奉天(沈阳)总兵刘仲度(今官庄乡刘家赵庄人),两名学生,一文一武,名震天下。20世纪初,朱家峪开始有了新式教育。1932年,开明人士朱连拔、朱连弟创办了朱家峪女子学堂,这是中国农村地区较早的女子学堂,设一个班,学生20余人,孙吉祥(女)为先生。古老的朱家峪村,在章丘率先提倡女子教育,反响巨大。在此基础上,朱家峪又开办了山阴小学,校门仿照黄埔军校校门而建。清末至民国年间,全村私塾星罗棋布达17处,先后有文峰小学、女子学校和山阴小学各一处。如今,山阴小学已成为朱家峪民俗文化展览馆,这里既有独轮车和过去农民的生产生活用具,也有织土布现场表演,还有一个房间模拟了当年私塾,里面摆了8张课桌,先生桌上摆着"文房四宝",还有过去学生穿的长袍马褂。驻足凝神,仿佛耳边仍有朗朗的读书声,一双双充满求知渴望的眼睛就在眼前。

文昌阁建于清道光十八年(1838),距今已有140多年,上建阁楼,下筑阁洞,造型古雅、宏伟而壮观。楼洞一体,全用大青方石筑成,历尽沧桑,坚不可摧。村内还有一座祠堂,同样体现了朱氏家族重视文化的传统。光绪十九年(1893),朱家朱凤皋考取了五品举人,在祠堂门前立了个旗杆座,这是做官的标志。再看上面那个七星图,这里居然也有个故事:宋代理学家、哲学家、东方文化的杰出代表朱熹,乃儒家学派正宗继承人,他出生的时候,右脸部有7个黑点,像天上的北斗星,这是朱氏家族文运图腾,以此激励朱氏后人要刻苦读书,以求成为国家栋梁之才。

600多年来,朱家人口日益繁盛,纷纷建起高宅大屋。朱家峪的房屋多是高台阶、青石根基、山字顶,依山就势而建,既是防止雨水和洪水的冲刷,也显示出了北方山区古村落的基本特征,被称为"江北古村落标本"。到了明朝中叶,村里人进出乘坐着牛车和马车,窄小的路面已不敷使用,于是整个村庄都被动员起来,修建了一条可以上下交错行驶的双向车马道。康熙九年(1670),他们还建造了足以显示朱家峪人智慧的立交桥。它和许多古代民居一样,桥拱的石头间一点儿都不用灰泥,桥上可以走人,桥下可以泄洪,在

显示朱家峪人智慧的立交桥

没有洪水的时候桥下也可以走人、走车。之后，人们在桥的另一边又修建了一座立交桥，它们堪称中国古代村落建筑的双璧。桥下宽敞的泄洪道同整个村落的街道排水系统完美地连接在一起，被专家誉为"现代立交桥的雏形"。

  为了有效保护朱家峪宝贵的历史文化遗产，从2009年开始，章丘县启动了朱家峪古村落"活化保护"方案，尽最大可能保护古村原生态遗址，对古村整体风貌和各类建筑、文化元素等设定不同层次的保护与开发标准，严格规范历史文化遗产的保护与利用。尤其难能可贵的是，他们解放思想，开创了由政府引导、民间投资、深挖文化资源、村民集体受益的"活化保护"新路，朱家峪古村破茧化蝶，整体面貌发了很大变化。在古村的修复工作中，他们按照"修旧如旧"的原则，遵循明清建筑风格对古村朱家老街进行了还原修缮，修复了朱氏家祠、朱氏北楼、进士故居、女子学堂、李精一故居五大景点，修复4家餐饮大院，恢复了粗布坊、老茶馆、豆腐坊、煎饼坊、梨汁坊、铁匠铺、黑陶坊、葫芦坊八大传统作坊。同时，他们倾心打造"闯关东文化主题展馆""闯关东文化互动体验馆""知青之家"，将"闯关东"文化、知青文化、古村文化融入其中，通过挖掘诠释"闯关东"文化的历史背景和当代价值，重振"闯关东精神"，将新时代"闯关东精神"在朱家峪落地生根，让这座600余年的古村落焕发出勃勃生机，让海内外游客在休闲体验中感悟朱家峪历史文化品味。

燕家台，
期盼重振雄风

　　燕家台村虽然不像北京爨底下村那么出名，但也是典型的京西古村落。一进燕家台村口，首先看到的是红墙灰瓦、古朴典雅的过街楼，门楼上建一四柱亭，门楼下是一过街券门，门额上书"燕家台"3个金色大字，十分醒目。券门两旁各镶嵌汉白玉质石碑一块，细读碑文，方知乃道观遗物：一方是《重修通仙观碑铭序》，刻于至元二十八年（1291）；另一方是《重修通仙观碑铭并序》，为明代嘉靖九年（1530）立。原来，这座过街楼并非古建筑，是1958年兴修水利时，为美化村落建造的仿古建筑。如今通仙观庙宇早已不复存在，但镶嵌在过街楼的道教通仙观碑刻却见证了此村昔日的道教文化。

| 燕家台过街楼

燕家台村位于北京西郊门头沟区清水镇北部,地处东西龙门涧汇合处的台地上,东西两股溪水像两条长龙汇于村口,然后流向清水河,曾得名"二龙台"。相传明初永乐皇帝曾派人到此选皇陵,如果真的被选定了,村里的人就要全部迁走,于是村上的人们将"燕家台"改称"晏驾台",因为过去把皇帝死了称为"晏驾"。果然来选址的人认为很不吉利,没选在此地,于是人们又将村名改了回来,仍叫"燕家台"。村子坐北朝南,这里有独特的峡谷龙门涧,有历史文化遗址张仙洞,自然风景优美,文化韵味独特。

　　龙门涧内的峡谷沟壑、石林山涧千姿百态,它的形成经历了亿万年的沧海桑田,被誉为"北方的地质博物馆"。亿万年前的地壳运动使岩层变形,产生褶皱、解理和断裂,后来的风化、水蚀作用将这里开凿成两条10余公里长的大峡谷。在龙门涧的景致中不少是在地壳运动中形成的:"烘云托月"就是一个小型花岗闪长岩侵入体;"一线天"长达1000余米,张开最大宽度至10余米,从涧口至龙潭瀑布之间,可见3条暗紫色的闪长岩岩脉,沿东北向解理侵入,与周围岩直立相交;"鬼斧神劈"好似一把巨型板斧劈入坚硬的岩石中,白云岩脱落的一侧露出"斧刃",构成陡峭的涧壁。这些奇观的产生,几乎是距今一亿年前燕山造山运动的结果。虽然外界是雄浑的山峦,但进入涧中却别有一番景象:石柱、溶洞、水潭以及千姿百态的岩石造型,使得龙门涧形成了北方罕见的岩溶地貌。龙门涧以其神奇、雄伟、绮丽成为拍摄影视剧的天然外景地。1993年夏,电视连续剧《三国演义》中的一场戏"落凤坡"在这里拍摄,《还珠格格Ⅲ》中的"幽幽谷"场景亦选择了此处。

　　这里是门头沟西山大道的延伸线,西靠北京最高峰东灵山,北临自然保护区黄草梁,东接柏峪、爨底下、斋堂古道一线,南通清水古镇区域中心。由于地理位置独特,燕家台对于军事防御也非常重要,历代统治者十分重视这里的军事地位,修筑关隘城堡雄踞要津。特别是它周边的一些著名关隘,如天津关、梨园岭等,在历史上曾经发生过很多战事。

　　行走在村落中,仿佛走进遥远的历史长河,沉醉于古村落特有的韵味之中。古朴的建筑艺术、精湛的楹联雕刻,无不充满村民爱美、求美、向往文化的追求。无论是飞檐翘角的老宅,还是残垣断壁的寺庙,都注入了雅致、空灵、通透的意境。这里的自然风光与人文景观交相辉映,蕴藏着浓郁的民俗风情和丰

| 寂寞老街

厚的乡土文化，世代传承，留住了昔日历史和文化的烙印。元代的通仙观遗址犹在，通仙观碑刻保存完好，被列为门头沟区级文物保护单位。

村中当年耕樵读书之风盛行，在清代出过两位秀才，秀才的宅院至今仍保存完好。155号院，是一座二进的四合院，房主赵正江，墙角石雕刻着"家道泰而昌"和"门庭清且吉"，两尊方形门墩石分别镌刻着"鸿"和"禧"。167号院曾是清代秀才赵元恒的家，房主据说是赵秀才的第五代子孙。174号院曾住着村中的另一位秀才陈万全。

看过丁玲小说《太阳照在桑干河上》的人一定对游击队赵大队长难以忘怀，其创作原型就是燕家台村的抗日英雄赵永成。178号院为一处老宅，墙体磨砖对缝，四级青石台阶，大门楼为清水脊、蝎子尾，宅门旁还有雕刻精美的门墩石和抱鼓石，门内有造型典雅的跨山影壁，石雕、砖雕、木雕十分精美，这就是抗日英雄赵永成的宅院。我们的突然造访，引来院内两条狼狗一阵狂吠，一位老人从正房内款款走了出来，听说我们是搞古村落调查的，他饶有

燕家台，期盼重振雄风

兴趣地打开了话匣子：燕家台历史悠久，商代即有人迹，元代开始有正史记载，这里不仅保留了许多金元风格古宅民居，而且发掘出土过不少文物。1981年，考古工作者还在龙门涧一带发现100余枚商代贝币。这里的贝币是中国商代窖藏贝币，是中国货币的原始形态，反映了当时社会生产状况，对于研究早期货币经济和商代人类活动具有重要的价值。燕家台过去有230户、村民560余人，如今年轻人都外出打工，村里仅有一些空巢老人和留守儿童。老人系抗日英雄赵永成的后人，至今还保存着赵永成当游击队大队长时的老照片，为了继承英雄的遗志，他坚守着这份家业。2018年3月，北京市政府公布了首批44个市级传统村落名录，其中门头沟就有14个，燕家台名列其中，他为此感到十分兴奋：保护和抢救传统村落是燕家台村民世世代代的期盼，咱燕家台村有代表京西非物质文化精髓的"燕家台梆子"，有获得"燕京小三峡""京西小桂林""京西小黄山"美誉的龙门涧，如果你们在秋季来，到村中一边品尝核桃，一边欣赏"燕家台梆子"，那浓烈的民风肯定让你们陶醉。

| 抗日英雄赵永成故居

阆中古城，凸显建筑文化

阆中古城，已有2300多年建城历史，它是全国保存最好的4座古城之一，是四川省唯一立法保护的古城。阆中文化底蕴深厚，名胜古迹众多，素有"阆苑仙境""巴蜀要冲""风水宝地"之誉，三面环山，四面环水，风光钟灵毓秀，如诗如画。

| 阆中风水第一楼中天楼

中天楼始建于唐代，元至正三年（1343）重修，毁于民国，2006年重建，有"阆中风水第一楼"之誉。该楼为三层明清风格木楼，底层四通，楼高20.5米，宏伟壮丽，气势夺人。中天楼是阆中古城的风水坐标和穴位所在，古城街道以它为轴心，呈"天心十道"向四面八方次第展开，登临顶楼，视野开阔，古城的风水格局尽收眼底。

阆中古城纵横勾连的古街、古院、古屋以及点缀着沧桑之意的古树，繁复中见别致，玲珑中显精巧，堪称我国建筑文化中的一朵奇葩。古城山、水、城如唇齿般相衬相倚，人居环境妙趣天成，堪称典范。阆中古民居融北方四合院和江南园林建筑的特点，形成"串珠式"、"品"字型、"多"字型等风格迥异的建筑群体，上千座民居院落，大多为歇山单檐式木质穿斗结构，青瓦粉墙、雕花门窗鳞次栉比。院落或坐北朝南，坐东朝西，以纳光避寒，或

| 阆中古城凸显建筑文化

靠山面水,接水迎山,以藏风聚气。这些建筑和谐相处,相得益彰,为古城营造了浑厚而带有神秘色彩的文化氛围。

据史料记载,阆中古城是中华民族本源文化的发祥地之一,早在新石器时期,就有人类繁衍生息。《路史》注:"所都国有华胥之渊,盖因华胥居之而得名,乃阆中渝水(即嘉陵江古称)之地。"华胥是伏羲的母亲,伏羲的母亲在阆中,由是阆中与甘肃成纪、河南陈州就构成了伏羲文化的链条。阆中古城在古代是巴人活动的中心地区之一,形成了丰富多彩的巴文化。周慎王五年(前316),巴国的最后一个国都定于阆中,秦末,阆中巴人领袖范目率七姓巴人组成汉军前锋,助刘邦"还定三秦"。

阆中滕王阁同南昌滕王阁一样,乃唐高祖李渊第22子滕王元婴建造。滕王于公元679年由寿州调隆州(阆中),嫌"衙役卑陋",便在城中建"隆苑"(玄宗时改"阆苑")又在玉台山建玉台观和滕王亭,供其游乐,杜甫留有《滕王亭子二首》。

北川道贡院为全国保存完整的贡院建筑遗存,全国重点文物保护单位。由龙门、至公堂、考舍、明远楼、会经堂等组成,是全国规模最大的科举文化博物馆。清代考棚原由山门、廊道、考房、大殿、二殿、后殿和考生宿房组成。现存有卷棚式廊道,纵横共长50多米,廊道两旁的木栏上带有飞仙椅。左右有两排考室,各室相隔,饰以雕花。至今保护较好,是全国仅存的两处考棚之一。

落下闳故居处于古城核心保护区内，是为纪念世界杰出的古天文历算学家、中国"春节老人"落下闳而复建的一座串珠式二进民居院落。坐北朝南，占地面积约400平方米，房屋16间，为木质穿斗结构，雕花门窗，青瓦屋面，2006年1月正式对外开放。

汉桓侯祠俗称"张飞庙"，明代又称"雄威庙"，是全国重点文物保护单位、三国文化旅游的一颗璀璨明珠。张飞为三国名将，刘备攻取四川后，任其为巴西太守镇守阆中。在镇守阆中7年间，张飞保境安民，发展农桑。张飞后被属下张达、范强所害，谥为桓侯，葬于阆中。张飞遇害后人们敬其忠勇，为他筑冢建祠，以示纪念，从初建时算起汉桓侯祠已有1700多年历史。桓侯祠为明清时重建的四合庭院式古建筑群，由山门、敌万楼、左右牌坊、东西厢房、大殿、后殿、墓亭、墓冢组成为三国文化的一大胜迹。

绵延流长的嘉陵江水，孕育着阆中这一方水土，古城内规整的历史街区和大片的居民建筑群，完整地展示了阆中古城的城市个性，更体现了它的历史价值、文化特色。早在1986年，阆中市就被国务院批准公布为第二批"历史文化名城"。谁能想象，十多年前阆中古城却是一片凄凉景象：房屋老旧破败、商铺稀少杂乱、车辆随意穿行、到处是不协调的现代建筑，整个古城十分萧条。2004年7月，四川省人大首开为一座县级历史文化名城立法保护的先河，颁布《四川省阆中古城保护条例》，明确指出，阆中这座唐宋格局、明清风貌的古城，所具有的典型传统风貌和珍贵历史遗存、独特的文化价值以及现状

阆中古城，凸显建筑文化

| 阆中古城

的堪忧，古城保护迫在眉睫。近15年来，阆中人依据《四川省阆中古城保护条例》，本着保护为主、抢救第一、合理利用、加强管理的原则，坚持保护古城，开发新区和修旧如旧、复古如古的方针，坚持"山、水、城"一体保护和"历史、文化、环境"全面保护的理念，对古城保护实行总体控制的细化管理，建立古城电子档案，实施全域电子档案管理，对25类224处古遗迹、75处文物古迹、文物建筑和100家重点院落实行挂牌保护，制定修缮指南和古城风貌整治技术要点，对古城修缮队伍实行专业化审查和培训，强化古城项目的论证，现场指导、方案评审、规委会审定严格程序实施科学保护，先后投资近26亿元，逐步拆除古城内25万平方米的不协调现代建筑，加快古城外的旅游配套设施建设，努力做到以古为魂，古为今用，古今结合，对街区和院落改造实行一街一业态、一院一文化的思路，保护古城建筑的原生态，保护古城居民生活的原真性。如今，古城的历史格局、整体风貌和传统文化得到较好的保护，历史的原真性得到更好的表达，保护管理的力度得到进一步加强，文化在旅游中得到进一步彰显，旅游发展势头越来越显著，阆中俨然成了一座和谐人居、最具中国味的古城。

在"2013中国四川国际文化旅游节"开幕式上，来自美国查尔斯顿、德国波恩、中国台北、中国丽江、中国平遥、中国阆中6个城市的代表，共同签署《世界古城保护阆中宣言》。代表们一致认定："阆中古城由完整的古代民居群落、独特而丰富的文化遗产、兼容的民族文化构架起来，是天地人和谐共融的典范……"宣言呼吁全世界以共同的文化认同，担当起推进人类文明保护、延续历史文化城镇遗产的时代使命。世代居住在这里的人们，证明了阆中是一座活的古城、一座充满生机的古城、一座向人们讲述历史的古城。

卓克基，
独具"嘉绒文化"底蕴

卓克基镇距四川马尔康县城8公里，嘉绒藏语意为"至高无上"，因为这里曾经是卓克基土司驻地。卓克基历史文化悠久，拥有全国重点文物保护单位"卓克基土司官寨"，拥有最具嘉绒藏族文化底蕴的村落、四川省重点文物保护单位"西索民居"，拥有梭磨河峡谷自然风景区和红军翻越的第二座雪山梦笔山、高原圣境雪马山、麦朵措，拥有宗教文化圣地察柯寺、毗卢遮那圣窟。

卓克基镇始建于清康熙五十七年（1718），卓克基土司官寨建于乾隆年间，其土司是清乾隆十三年（1748）第一次大小金川之役后为清政府所封，是川西坝子有名的"理番四土"之一。土司是中国边疆的官职，是王朝统治者对

| 卓克基土司官寨

土司官寨

西南少数民族地区实施的一项民族政策,即土司在经济上维持原来的生产方式,对朝廷承担一定的赋役,并按照朝廷的征发令提供军队,对内维持其作为部族首领的统治权力。在土司统治下,土地和辖地的人都归土司世袭所有,但是袭官需要获得朝廷的批准。土司制度开始于唐代的"羁縻制度",形成于宋代,繁荣于明代,崩溃于民国,结束于新中国。土司官寨坐落在海拔2700米高原上的梭磨河畔,集居住、官署和防御于一体,总建筑面积5400平方米,系典型的嘉绒藏族建筑物。

1988年,"卓克基土司官寨"被国务院列为第三批国家重点文物保护单位,其中原因之一:1935年6月末中央红军到达了卓克基。7月3日,毛泽东、周恩来等中央领导人进入土司官寨,并在官寨留宿了一周。据《四川日报》2021年4月13日载文《卓克基土司官案"东方建筑明珠"的前世今生》记载,末代土司索观瀛熟读《四书五经》,能讲流利汉语,精明好学。官寨有一间叫"蜀锦楼"的房间,收藏有大量的藏文和汉文典籍。当年毛泽东等入住官寨后,发现"蜀锦楼"里居然有如此丰富的藏书,一本线装《三国演义》还放置在大理石书桌上。嗜书如命的毛泽东甚感惊讶,对索观瀛土司也有了新的认识。联系到《三国演义》对郿坞的描述,毛泽东曾击股而叹:"古有郿坞,今有官寨。

土司的这个城堡应该是我们在长征途中见到的最有特色的建筑了。"中央红军曾在"土司议政厅"召开中央政治局常委会议，专门讨论民族地区的有关问题，通过了《告康藏西番民众书》，号召藏族民众起来反对帝国主义和国民党军阀，实现民族自治。从现在公布的红军长征路线图看，中央红军在这里讨论了长征目的地，此后中央红军通过若尔盖草原，8月进入甘南，10月抵达陕西吴起镇，结束了中央红军的长征。这充分说明在卓克基土司官寨进行的这次会议对中国共产党有重大意义。长征时的这段往事，显然给毛泽东留下了难以磨灭的印象，17年后，在1952年五一国际劳动节晚宴上，当他得知索观瀛代表西南少数民族参观团来到北京时，欣然邀请索观瀛同桌就餐。

卓克基土司官寨于1936年不幸毁于一场大火，现在的官寨是土司索观瀛用3年时间在原有官寨的基础上重新扩建的。而今，马尔康县政府把官寨整修一新，命名为"红军文化博物馆"，展室里全部是国家级文物。为了使恢复工程达到修旧如旧的目的，当地政府特别邀请索观瀛的妹妹索观涛、土司大管家等为顾问，重金聘请青海、甘孜等地的能工巧匠，专门从事官寨内外的装潢工作。维修后的官寨看上去雄风不减，嘉绒文化展示区主要集中在一楼及四楼的部分楼房，分为厨房、经幡房、社稷房、银厅房、酿酒房、衣饰房

| 卓克基镇

等12个展厅。二楼主要是红色文化展厅，恢复有毛泽东当年看《三国演义》的房间"蜀锦楼"，中央红军在官寨内召开中央政治局常委会的原貌，展示有红军在该县建立的13个乡级苏维埃政权组织的军用沙盘，县境内现存和流落的红军简介、老红军的题词及各种文史图片档案资料，红军在该县留下的石刻标语、纸质标语、木板标语及钢盔、手枪、水壶、牛皮船、钱币、红军发放的文件布告等，共11个展室。三楼主要展示土司文化：土司卧室、土司议政厅、官司房、客人住房、土司餐厅、土司大烟房、管家卧室等14个展室。五楼及四楼的部分房间为宗教文化展示厅，主要是按照原貌恢复了土司的家庙和经堂，主要有文经堂、红教殿、黄教殿、长寿殿、狮面空行殿、禁食斋、僧人住房等8个展室。卓克基土司官寨不仅成为阿坝州藏羌文化走廊上的经典旅游景区，而且成为全国藏族特色民居的集中展示区和嘉绒藏族文化旅游的最佳目的地。

  西索村与卓克基土司官寨仅隔了一条名叫"纳足沟"的溪流，在土司历史时期被称为"卓克基街"，当时居住此地的人多为卓克基土司的差人和商人、民间手工艺者。西索民居独具嘉绒藏族特色，保持了嘉绒先民"垒石为室"的传统建筑风格。房屋四周的墙体均用片石砌成，用黄泥粘合，墙体厚达1米，采用内直外收的砌法，石墙如刀切豆腐般整齐，棱角锐利，上窄下宽，整个墙体处于抗压状态，成为建筑的承重主体。加之内部木结构横梁的互相支撑拉合，整个建筑下大上小、重心向内、稳定性强。到最高处，碉楼四角顺势形成角锋，造成一种气势，最高处的石墙边缘加厚，避免墙表的平面化，增强立体感。房顶一分为二，前半部分为平顶，三面砌成矮墙；后半部分形成斜山式，覆盖石板或瓦。民居建筑形如碉状，也称"碉楼"，每层楼的窗户都外小内大，窗框很讲究，用上了雕刻、绘画、上彩等技巧，民族特色很浓。这种碉楼不仅冬暖夏凉，而且建筑艺术独特，审美价值高，就像一件件珍贵的艺术品。近十年来，卓克基土司官寨全面启动创建国家4A级旅游景区工作，随着旅游基础设备、设施的逐步完善，游客越来越多，每年来这里旅游的游客的数量从几千人逐渐上升到十几万人。西索村人的后代也沾了红色旅游的光，逐渐富裕起来，家家都有小汽车，有的还不止一辆。大部分藏家都腾出房屋为游客提供住宿，价格公道，还可品尝地道的藏餐，体验别样的民族风情。

人文黄龙溪，千年水码头

出成都东门，沿成都至仁寿的高速公路向东南行进40公里，便是黄龙溪古镇。据史料记载，古镇有1700多年历史，悠久的历史赋予了黄龙溪深厚的文化底蕴，镇上至今还保留着自己所独有的"十古"：古街道、古树、古寺庙、古牌坊、古佛洞、古渡口、古崖墓、古民俗、古战场遗址、古三县衙门。明清时代的建筑比比皆是，红石铺就的街面，木柱青瓦的楼阁房舍，镂刻精美的栏杆窗棂，无不给人以古朴宁静的感受。镇内还有6棵树龄均在千年以上的大榕树，枝繁叶茂，遮天蔽日，雄浑厚重，给古镇更增添了许多灵气。镇内还保存有镇江寺、潮音寺和古龙寺3座古庙。幽深的老街弯弯曲曲，街道两旁有众多小饭店，门前大多飘着一面蓝底白字的酒旗，在风中不停地舞动着招徕客人。我走过一条街，又见一道巷，光溜溜的青石路、乌黑发亮的门板、古色古香的招牌透着浓浓古意，"中国十大水乡古镇"、国家

| 东寨门

| 黄龙溪古镇

级环境优美小城镇,黄龙溪名至实归。

　　黄龙溪古称"赤水",乃古蜀王国的军事要地。公元前316年,末代蜀王曾在此作最后的决战。《水经注》载:"武阳有赤水其下注江。建安二十四年,有黄龙见此水,九日方去。"《荔鼎录》记:"蜀章武二年,黄龙见武阳之水九日,铸一鼎,象龙形,沉水中。"千古一溪,因此得名"黄龙"。2000多年前,古蜀先民在此繁衍生息:汉代古墓群留下了前辈的足迹;蜀汉政权在此萌芽催生;诸葛亮南征在此屯兵牧马;唐宋时期日渐繁荣,黄金水道成了南方丝绸之路的集散地。民国《华阳县志》载:"油子河下段,源于走马河四分支,在筑断堰与柏条河汇后,通称府河。"府河流至成都与锦江合流,经望江楼、中和、中兴、苏码头至黄龙溪,入彭山县至江口汇入岷江,自古就有航运之便。府河是成都输入输出货物、沿河输出输入农用物资和农副产品及其他货物的重要通道,也是古代"南丝绸之路"的重要水路路段。府河边的黄龙溪就是在繁荣的府河航运业推动下建立、发展的,它处在府河与鹿溪河的交汇口,河面宽阔,水势平稳,成为锦江流域不可多得的天然码头,从成都来的下水船和从重庆、乐山来的上水船多在此停泊过夜,加上本地的运送牧山特产的船只,使黄龙溪河面呈现出"日有千人拱手,夜有万盏明灯"、帆樯如林的繁荣景象。

　　古镇不大,很有"水城"的味道,一水划镇而过,两岸都是用青石铺成的石板路,有些地方还存有昔日的棚廊。我和夫人及好友刘正平、曹星海信马由缰漫步在古镇上,这里最有特色的莫过于茶馆,路两旁、河堤上、竹林

下,一字展开的竹台、竹椅、竹凳,还有花花绿绿的太阳伞,成为古镇上一道诱人的风景。黄龙溪的种茶历史悠久,这里历史上即为茶叶之乡和茶马古道、南方丝绸之路的必经之地,茶文化底蕴深厚。喝茶对于古镇上的人来说,是与吃饭并列的头等大事,马虎不得。他们用本地产的茉莉花,冲在盖碗里,一些茶馆有时也有上好的竹叶青、峨眉雪蕊这样的好川茶。一碗茶三五元钱,便可以坐一天,尤其是老人,大清早上馆子遛鸟兼喝茶,花钱不多,却是一种悠闲、雅致的享受。

  黄龙溪至今还延续着正月表演火龙灯、狮灯、牛儿灯、幺妹儿灯、四月初八放生会、端阳节赛龙舟等习俗。火龙灯起源于南宋,当地先民根据"龙现武阳赤水"和民间流传的关于主宰光明与黑暗的"烛龙"与主管风雨的"应龙"神话及"龙生九子"的故事,在"舞龙"图腾文化的基础上,创造了独具特色的"火龙灯舞"。传统的龙舞节庆,通常安排在新春农历正月初一至十五,我们无缘目睹,当地老人告诉我,作为远近闻名的火龙,除了龙嘴能够喷射炽热的火焰,人们还可以用烟花喷烧舞动的龙身和舞龙的艺人,烟火喷射得越是密集和明艳,舞龙艺人越精神亢奋,艺人在飞溅的火星和浓密的烟雾中翩翩起舞,古镇上一片沸腾。如今经过不断改造、丰富,"火龙灯舞"逐步得到了完善,2008年被国家列为非物质文化遗产,黄龙溪则成为全国著名的"火龙之乡"。据老人透露,当地还保留着按时辰打更的传统,鸣锣报时从亥时(晚九点)起打更,每个时辰打一更,直到卯时(早上五点),共打五更,一更鸣

人文黄龙溪,千年水码头

锣一声，二更鸣锣两声，依次类推，可以想象，夜深人静时清脆的打更声会让人睡得分外香甜。

弯弯曲曲的石径古道、河边飞檐翘角的木质吊脚楼、街道上的茶楼店铺、古庙内的缭绕青烟，处处展示着川西乡镇的民俗风情，古朴而新奇。正因为如此，山清水秀而远离城市喧嚣的黄龙溪一直都是电影、电视摄影组的至爱，一拨拨的摄制组络绎不绝地到镇上拍片，电影《芙蓉镇》

| 古韵犹存

《卓文君与司马相如》、电视剧《朱德的童年》《海灯法师》近200部影视片在这里选景拍摄，让黄龙溪享有了"影视城""中国好莱坞"美誉。

成都号称"休闲之都"，黄龙溪古镇作为大旅游产业的补充，近十年来，当地政府按照"一镇一品"的原则，根据黄龙溪得天独厚的发展条件，以旅游产业为支柱产业，在游、购、娱、食、住、行方面全面提档升级。游，通过景点包装增强古镇吸引力；购，挖掘黄龙溪地区民间的传统的特色，努力开发特色商品；娱，设置主题公园、游乐场地、拓展训练基地等，迎合新的旅游需求；食、住、行，随着旅游业的发展，根据游客的需求，提升饮食、住宿、交通的特色和质量，不断增进整个旅游产业的吸引力。当地友人自豪地告诉我，黄龙溪镇是一个集山、水、城于一体的水乡城市，它本身体现了古人依托自然、亲近自然、天人合一的人居环境构想。地方政府坚持一个信念：把历史留给我们的这笔财富保护好、利用好，在此基础上进行保护性开发，造福子孙后代。一方面要在"古"字上下功夫，保持古镇的天然魅力；另一方面要在"水"字上下功夫，水能给万物以灵气。未来10年，我们将加大古镇旅游开发的招商引资力度，计划在古镇外围恢复古河道，建成人工湖与府河相通，将古镇建成一个岛，将古镇打造成"东方威尼斯"，成为一座远离城市喧嚣、让世人瞩目的生态旅游胜地。

亚丁，
呵护"最后的香格里拉"

稻城亚丁，素有"最后的香格里拉"的美誉。小村隐匿在雪山与森林之间，四周是起伏的苍凉群山，巍峨壮观的"三怙主神山"昂然屹立，在蓝色天空映衬下，山峦的轮廓青黑晶亮，巍峨的仙乃日雪峰毫无保留地沐浴在阳光之下，简练而险峻，峡谷中突然出现这样一个小村庄，让人有种恍若隔世的感觉。亚丁，藏语意为"向阳之地"，海拔3900米，由于日照长故得名。村子里有28户人家，每一户藏房的摆放很随意，但细看又觉得似乎都经过大师的精心设计，与大自然十分协调，不愧为国家级自然保护区、摄影爱好者的天堂。

"在整个世界里，还有什么地方有这样的景色，等待着摄影者和探险家？"这是西方探险家约瑟夫·洛克于1928年6月至7月在他日记中描写的稻城亚丁。洛克在美国国家地理协会资助下，考察了当时的空卡岭地区，他也成为首个进入亚丁的西方探险家。洛克在考察中深深地爱上了这片土地、这里的人情风俗，这片世外桃源般的神奇土地及其文化，这成为洛克大半生的精神依托，以至于他弥留之际还表示"宁愿回到雪山的鲜花丛中死去"。洛克将在亚丁的所见所闻所感刊登在著名的《美国国家地理杂志》上，让世界首次看到中国西部藏区稻城亚丁的绝色美丽风光。

| 中科院成都生物研究所研究员印开蒲

从鲜为人知到名扬中外，亚丁一步步向世界诉说它的美丽。如何保护"最后的香格里拉"，成为人们共同的牵挂与关注。村里人和我聊天，常常会提到一位老人，他就是令人尊敬的中科院成都生物研究所研究员印开蒲。1982年，他率先提出建立亚丁自然保护区概念，1996年会同当地政府建立了县级亚丁自然保护区，1997年亚丁升级为州级自然保护区，同年12月升级为省级自然保护区，2001年经国务院批准亚丁升级为国家级自然保护区，2003年联合国教科文组织人与生物圈组织正式将亚丁列入世界人与生物圈保护网络。

印开蒲当然也未曾想到，40多年前的一次平凡的科学考察，使他有幸成为第一批到达亚丁的中国科学工作者，他先后7次出入亚丁，与亚丁结下了不凡的情缘。1973年，印开蒲刚满30岁，从事植物研究已有10个年头。这年夏天，他随四川西部植物考察队来到稻城县日瓦乡，考察这里海拔6000多米的小贡嘎山的植物分布。当考察队翻上俄初山口稍作休息时，他习惯地把目光转向东南方，忽然发现远处有几座高耸入云的雪峰，一瞬间，他被那俊俏的身影深深地吸引。他问向导那是什么地方，向导虔诚地说，那里就是我们的亚丁小贡嘎神山，三座雪峰仙乃日、夏郎多吉和央迈勇保佑着四方平安。那里森林茂密、古木参天、溪流蜿蜒、牧草如茵，住在那里的人就像生活在天堂一样。向导的描述，让印开蒲十分向往。几天后，他和研究所的同事一道踏上了"朝圣"的旅途。傍晚时分，两人终于到达了位于仙乃日雪峰北侧、海拔4000米的亚丁村。这是一个四周群山环抱的藏族小村寨，当时仅有20多户、人口不过百人，石块混合泥土筑成的房屋古朴典雅，让人仿佛回到远

| 秋日仙乃日雪峰

| 拜神山

古年代。印开蒲怀着激动的心情，在当天的日记记录下了这略带奇幻色彩的情节："一轮清静的圆月，高高悬挂在幽蓝深邃的苍穹，繁星满天没有一丝云彩，星光照耀下，近在咫尺的雪峰像一尊巨大透明的水晶，银光熠熠。雪山脚下，黑黝黝的针叶林剪影，在强烈的反差对比下，显得格外清晰。我发呆般地望着眼前的景象，冥冥之中，仿佛灵魂离开了身体飘向了空中，随着轻风飞向了远方，遨游在雪峰、林海和琼楼玉宇之间。"亚丁之行，注定成为印开蒲长

达几十年的牵挂。

1982年,印开蒲参加中国科学院横断山科学考察第二次来到稻城,再次见到了当年的藏族朋友。他在思考,究竟能做些什么让这些朋友的生活有一些改变?他觉得应当尽快建立小贡嘎山自然保护区,通过现代先进的保护区管理理念和当地的传统文化相结合共同来保护这片独一无二的土地,同时发展生态旅游让藏族朋友改变传统生产生活方式,走出脱贫致富的第一步。同年11月,全国第一届自然保护区学术讨论会在福建武夷山举行,会上他交流了题为《四川自然保护区建设中的有关问题》的论文,提出应该在小贡嘎山建立自然保护区,并以"亚丁村"的村名将保护区命名为"稻城亚丁自然保护区"。1987年,四川省人民政府成立了"川西北地区国土综合开发规划领导小组",印开蒲参加了此次规划研究编写工作。在他的建议下,正式将亚丁自然保护区列入了"川西北地区生态建设和环境保护重点项目"之中。

走进亚丁村,随处能感受到这里浓浓的民族文化气息,千百年来,藏、汉、彝、羌等民族世世代代在这里风雨同舟、荣辱与共、生息繁衍,共同守护着这座美丽神秘又宁静祥和的家园,民族团结是这片土地上千年不变的传承。近年来,在党的民族政策引领下,亚丁村人守望相助、心手相连,共同谱写了一曲民族团结进步的和谐乐章。过去,亚丁虽风光无限,但由于交通不便,让不少人望而却步,制约了当地旅游业发展。而今,随着仁亚公路的建成,景区通过路网的完善和旅游服务管理的提升,亚丁村迎来了良好的发展环境,汇聚了强劲的发展动力。近年来,当地政府不断推动旅游景观全域优化、服务供给全域配套、相关产业全域联动、发展成果全民共享,当地政府从关系民族地区长治久安的战略高度出发,以亚丁景区为平台,扩大拉动辐射作用,加快实施"旅游+""飞机+""互联网+",拉长旅游产业链,旅游综合收入突破20亿元。亚丁人在自家门口挣钱,既可以当老板,也可以打工,增收致富的渠道不断拓宽,迎来越来越多四面八方的客人,生活就像亚丁的景色一样越来越美。2016年,他们用自己的热忱和汗水,赢得了国家民委授予的第三批"全国民族团结进步创建活动示范单位"光荣称号。如今,亚丁人将继续呵护这"最后的香格里拉",着力打造稻城亚丁国际精品旅游区,书写出更加辉煌灿烂的生态建设和环境保护新篇章。

党家村，守护"民居瑰宝"

陕西韩城境内民居四合院遍布城乡，乾隆年间韩城曾经被称为陕西的"小北京"，党家村因农商并重、经济发达则被誉为"小韩城"，可见当年之盛况。党家村作为中国北方传统民居村落典型代表之一，被国内外专家称为"东方人类居住村寨的活化石"。2001年6月党家村古建筑群被列入"国家重点文物保护单位"，2003年入选第一批"中国历史文化名村"，并入选世界遗产预备名单。

走进党家村，那古老的石砌巷道，那形式多样千姿百态的高大门楼，那考究的上马石、庄严的祠堂、挺拔的文星阁、神秘的避尘珠、华美的节孝碑与布局合理的四合院，无不向人们诉说着党家村往日的兴盛与辉煌。目睹精美奇巧的门楣、木雕、砖雕与壁刻家训，使人在欣赏赞叹之余又受到中国儒家传统人文思想的教益，真实地感知、感受到做人做事的哲理。城墙、看家楼、泌阳堡及夹层墙哨门等攻防兼备古代防御体系，是党家村保存至今的一个重要原因，也体现出在战乱年代富有的党家村人的心态。

在热心村民的引荐下，我拜会了党家村第二十代传人、民俗专家党鉴泉先生。党先生是土生土长的党家村人，年过七旬，精神矍铄，年

| 哨门城楼

轻时干过农活、当过教师，退休前为韩城市房管局干部，回归古村后他潜心治学，对党家村的前世今生如数家珍：党家村位于泌水之阳、上下干谷之间一块原名"东阳湾"的地方，村落北依高崖塬台，南有泌水绕行，正好符合风水家"负阴抱阳"的选址要求。相对于村北35米左右的高崖来说，它确实很低，因而俗称"党圪崂"。而相对于村南的泌水河床来说，却是一块西北高而东南低、中间高而两头低的高台坡地。即便是南侧临河最低处，也高出水河床5至6米，有效地利用这种"临高崖而处高台"的地势走向，规划布局院落及巷道排水网络，自然是再理想不过的了。党家村的北塬上是一块较为平整的塬台，史称"白庙塬"。令人叫绝的是，这块塬台的地形走向一反当地"西北高而东南低"的总趋向，却是西南高而东北低，而且愈北愈低，坡势明显，不管雨有多大，塬上的水总是顺畅地流向东北方向，根本不可能向南注入村中。这便是地处低洼的党家村近700年来从未遭受水患天灾的谜底。党家村集古代中国文化、建筑之大成，是人类文明的宝贵遗产，前国家领导人李瑞环在考察党家村时欣然题词，称之为"民居瑰宝"。

　　据党鉴泉介绍，党家村主要有党、贾二姓，始建于元至顺二年（1331），明成化年间，党、贾两姓联姻，合伙经商，生意兴隆，成为地方巨商富族。嘉庆、道光、咸丰三朝是党家村经济史上的黄金时代，据传往老家运送银两的镖驮络绎于道，号称"日进白银千两"。与此同时，党家村翻旧盖新，进入了一个持续百年的修建四合院高潮，一并筑起了祠堂、庙宇、文星阁等配套建筑。咸丰初年，村中集资筑建泌阳堡，同时建起了寨堡中几十座四合院。村中有

| 党家村，民居瑰宝

宝塔、祠堂、私塾、节孝碑、看家楼、暗道、哨门城楼、神庙、老池、古井、火药库等公共建筑，不仅布局集中紧凑，排列整齐壮观，而且设计各运匠心，用料相当考究，做工精良细腻，风貌古朴典雅，文化内涵丰富。至此，党家村以住宅精美闻名遐迩。近700年来，党家村历经战乱和人为破坏，古民居损失达70%。值得庆幸的是，改革开放以来，在农村建房高潮中党家村采取了保留古村古貌另辟新村的做法，123座四合院以及11座祠堂、25个哨楼，文星阁、节孝碑、看家楼、泌阳堡被国家当做珍稀文物加以保护。如今，党家村人仍在古老的四合院中生活劳作、繁衍生息。

| 节孝碑

文星阁风水塔，始建于清雍正三年（1725），六层六角形，塔高37.5米，塔的各层内部供奉的牌位和外观各层都有砖雕牌匾，仔细品读，可以得知党家村人是如何巧妙地借风水塔，表达了更多的人文内涵，寄托着"修身治家"的生活理念。明清两代，当时不足百户的党家村，就中了5个举人、1个拔贡，点了1个翰林。光绪一朝就出了44个秀才，其中3个院考案首（全州秀才考试第一名），翰林党蒙和举人贾乐天便是其中的杰出代表。

节孝碑属于纪念碑，建在路边，工艺卓而不群，青石基座上两丈多高的碑楼，斗拱下面是横额"巾帼芳型"，碑文为"旌表敕赠徵仕郎党伟烈之妻牛孺人节孝碑"，最高处透雕着三龙捧旨图案，中嵌"皇清"二字，楼顶悬山两面坡式，檐上筒瓦包沟、五脊六兽，脊为透雕，横脊中部耸有一尊圆雕，檐下结构为仿木砖雕，层层叠起的斗拱擎着檩条，檩上架着方椽，额框由游龙、麒麟、香炉等图案的透雕组成，整个碑楼可以说集党家村砖雕之大成。

漫步党家村，高大气派的"走马门楼"令人目不暇接，建筑装饰十分讲究，朴实精美，三雕俱全，内容非常丰富，有琴棋书画、梅兰竹菊、鹿兔象马、虎牛、八卦图等，更为夺目的是门额题字，几乎家家都有，或木雕或砖刻，名家书写，相当讲究，成为书法艺术的展示。院中家训砖雕，多在厅房歇檐两侧山墙上，内容多为道德修养之类，文化气氛浓厚。目前保留较为完整的有26则，分为修身、处事、治家、报国4种类型，党家村祖先立下严格的家规，警戒自己，教育后人。中央电视台《记住乡愁》栏目曾以《刻在青砖上的家训》为题拍摄党家村的专题片。

然而，使党家村饮誉中外，还得归功于西安冶金建筑学院和日本九州大学的共同努力。1986年他们联合组团来此进行了两次深入细致的调查，编写了《党家村，中国北方传统的农村集落》和《韩城村寨与党家村民居》专著。1991年，由该团日方团长青木正夫教授执笔的《党家村》一书问世，他在书中赞叹："我曾到过欧、亚、美、非四大洲十多个国家，从来没有见过布局如此紧凑、做工如此精细、风貌如此古朴典雅、文化气息如此浓厚历史悠久的保存完好的古代传统居民村寨。党家村是东方人类古代传统居住村寨的活化石"。随后，国内各级媒体相继作专题报道，才使党家村有了今天的知名度。

为了守护好这"民居瑰宝"，长久以来，党家村人依然如历史上传承的那样，执着于守乡守土，房屋没有大拆大改。2012年10月，韩城市政府正式接管党家村古村落，经过实地勘探，123座院落纳入重点保护，在文物保护的基础上，尽可能保留古村原汁原味的风韵。党家村作为古村落资源，是唯一的、不可再生的资源，可是韩城市政府保护与开发党家村古村落，至今并没有市场盈利。保护与开发"鱼和熊掌"如何兼得？如何探索古村落的长效保护、活化管理机制？这是摆在人们面前一道严峻的命题。

永宁寨：
嵌在峭壁上的古堡

永宁山又称"大石楼山"，位于陕西省志丹县永宁镇，海拔 1312 米，一块块巨大的岩石累积叠卵形成山峰，兀然耸立似一座通天塔，赭红色的山壁如斧凿刀削般光滑，远远看去像一座古钟立于洛河边上。清嘉庆本《延安府志》卷九载："石楼台山，县城西南七十里。在洛水之隈，奇峰突兀，峭壁陡绝，下临重渊，土人筑寨于此。又于崖际凿石窑居之。北为小石楼，南为大石楼。"2014 年 6 月，永宁寨寨址及摩崖石刻被列为省级重点文物保护单位。

| 永宁寨

志丹县原为保安县，1936年4月民族英雄刘志丹东征牺牲后更名。这里自古是边关要地，夏、商、周时期为少数民族西戎及其支派犬戎所居。古代因连年战争，土匪四起，山下的村民登上山顶，用绳索将人吊于半空在山上凿出一些石窟（俗称"窨子"），用来躲避战乱。据说进入那些窨子的原始方法是，首先用长绳将人从山顶上吊到洞口进入，山顶的人再下到山脚，再由那些进洞的人放出绳索从下面拉上去。洞里的人将长绳收进洞中，别人便无法进洞。到宋朝时，山上凿的石室、石窟、石洞已达100多间（孔），内设住宅、灶台、厕所、圈舍等，

| 一夫当关，万夫莫开

井然有序，可容纳千余人居住生活。石洞分为上下3层，第一层雄居突兀的山顶，古时山寨的瞭望哨与炮塔就设在这里。第二层向内微倾十分陡峭，山寨的石壁向里凹，一孔孔石窟错落有致，彼此相通。第三层山寨洞室密集，寨中有水井直通到洛河中。每一层成为一个独立的山寨，山寨与山寨之间由石桥连通，山寨与地面仅靠南边断崖上搭的天桥相连，当敌人来犯时，拆掉天桥，敌人便无法到达山寨，此寨易守难攻，威名远播。后世认为山寨凭借天险建古寨，可保"永远安宁"，便称其为"永宁山"。

民国时期，永宁寨曾一度成为保安县国民政府驻地，上层住村民，中间住县长及政府官员，下层住民团卫兵。如今寨西侧山崖上有摩崖题刻"洛上奇峰"4个大字，字径1.5米，是保安县县长贺耀斌所题，纪年为中华民国十六年（1927）八月。

风光旖旎的洛河峡谷、峭崖绝壁上的古寨以及浑然天成的丹霞地貌让众

人连连赞叹。从远处眺望,古寨上"毛主席万岁"5个红色大字格外醒目。在当地人心中,永宁山是一座见证历史的山,陕北革命燎原之火从这里点燃。渭华起义失败后,刘志丹秘密潜回永宁山寨,于1929年初,刘志丹、曹力如、王子宜在永宁山建立了陕北第一个党支部——中共永宁山党支部,组织民众抗粮抗税,要求官府减免税银、救济灾民,从此拉开了"闹红"的序幕。1930年,他在永宁山中秘密组织了20多人的队伍,奇袭甘肃太白镇民团,缴获长短枪60余支、骡马10多匹,从此刘志丹带着这支队伍活动在陕甘边,攻城克县,革命势力不断壮大,建立了革命根据地。1935年8月,红二十五军经过战争与饥饿的艰难考验,终于到达陕甘边区。中共陕甘边特委、军委得悉红二十五军到达永宁山的消息后,立即写信报告中共西北工作委员会,并派陕甘边苏维埃政府主席习仲勋、陕甘边军事委员会主席刘景范前往迎接。红二十六军军长兼政委刘志丹亲自起草《欢迎红二十五军指令》,主持召开红军干部会议,讨论欢迎红二十五军的有关事项。刘志丹在会上指出:"红二十五

| 石室

永宁寨:嵌在峭壁上的古堡

343

军到陕甘根据地是一件大喜事,革命的力量更加强大了。红二十五军是老红军,他们带来了建设红军的经验,是我们学习的榜样,这是个千载难逢的好机会,大家不要放过。"在永宁寨对岸山脚下至今还有一块石碑,注明是"红二十五军休整宿营地"。据当地村民回忆,红二十五军来了以后,为了不打扰老百姓,就驻扎在他们家旁边已秋收过的庄稼地里,老百姓给他们送东西,红军坚持不收钱不要,后来他们向延川方向进发了。

古老的山寨从沧桑的历史中走来,以天公巧成、人工巧做而成,它的开凿技艺十分独特,在一座山上开凿一个楼阁式的军事要塞,工艺非常先进,也是非常超前,它是我国最早楼房的雏形,无论从历史、军事,还是从开凿技艺、民间记忆和传说以及建造的过程,它所发生的故事文化内涵十分深刻,非常值得后人去保护和传承。1986年12月,永宁古寨被志丹县人民政府公布为县级重点文物保护单位,不久便列入延安市级非物质文化遗产项目。刘志丹女儿刘力贞生前先后3次为永宁古寨题词。目前,志丹县政府按照开发红色旅游总体规划,正在对永宁山进行恢复性保护、开发,使永宁山成为红色旅游景区和革命传统教育的重要基地,让更多的人了解永宁山寨历史文化的渊源。

2019年8月19日,参加第四届红层与丹霞地貌国际研讨会暨第十九届全国红层与丹霞地貌学术讨论会的200余名中外专家、学者专程来永宁山和洛河峡谷实地考察。这次考察围绕"红层与丹霞科学研究及其资源环境保护"主题,全面对志丹县峡谷红层与丹霞地貌的岩性、构造和地貌特征,特别是对景观的形成、差异风化作用现象以及岩层中的成分和沉积环境进行考察研究,为进一步推动志丹县全域旅游发展、改善旅游产品结构、加快旅游资源开发等方面提出建设性的意见与建议。当中外专家、学者来到永宁古寨,被眼前的景观震撼了:"这真是一大奇观,丹霞地貌的奇观之一,太美啦!这美景真的让人印象十分深刻,公布出去一定会有国际影响。"塞尔维亚地貌学家米丽尔·格汝宾感言:"我第一次来中国,这里的丹霞地貌非常吸引人,这里的一切的一切都棒极了,这里很有发展的潜力,红层与丹霞奇观作为自然遗产的重要组成部分,其丰富独特的旅游资源有利于打造自驾、探险、摄影、科考等旅游活动。"

张谷英村，
美丽的嬗变

1989年春，湖南岳阳张谷英村走来了《蓬勃发展的村镇建设》电视摄制组，领头的是位中年女士，她就是上海八达影视公司经理兼编导张安蒙。面对有600年历史的张谷英村，职业的敏感让她格外惊喜：这是"躲"在群山中的民间瑰宝！此后一年半时间内，张安蒙带着摄制组的年轻人六进张谷英村，拍摄了4集电视专题片《岳阳楼外楼》。费孝通先生为他们的精神所感动，欣然题写片名。随着电视片的热播，张谷英村这片桃花源逐渐为世人所知，头一年接待来自海内外考察者上万人次。岳阳县原政协主席余振东在《张谷英风物史话》书中赞叹："张安蒙女士是发现张谷英第一人"。张安蒙由此踏上中国古村落保护与发展的人生旅途。

1997年3月，湖南省文明办在长沙召开会议，遴选两个古村落开展古村文明创建活动，探索一条古代文明与现代文明相结合的新路子。时任岳阳县文明办主任的王根良当仁不让率先发言，他对张谷英村的前世今生以及保护现状如数家珍，得到与会者一致认同，会议决定将岳阳县张谷英村列入创建村。就在这一年，岳阳县成立了张谷英文明村创建指挥部，省文明办将张谷英村纳入省级、国家级文明村创建行列，省文化厅和省文物局将它确定为省级文物保护单位，并向国家申报全国文物保

| 1989年春，张安蒙（中）在拍摄现场

| 张谷英村当大门　　王根良 / 摄

护单位。省委宣传部领导和省文物、文化部门领导三次到张谷英村现场办公，一场保护和利用张谷英村的攻坚战拉开序幕。

张谷英村，坐落在湖南岳阳县以东的渭洞笔架山下。明洪武四年（1371），江西人张谷英沿幕阜山脉西行至渭洞，见这里层山环绕，形成一块盆地，自然环境优美，顿生在此定居的念头。张谷英是位风水先生，他经过细致勘测后，便选择了这块宅地，大兴土木，繁衍生息，"张谷英村"由此而得名。张谷英村在选址上充分体现了顺应天时、地利的风水观念。村南笔架山巍峨挺拔，西南则有奴曼山婷婷玉立，盆地中央有一座小山丘，人称"龙形山"。山丘两侧各有一条小溪，在龙形山前方汇合。龙头正前方100米处有3块天然巨石，被称为"龙珠"。张谷英村古建筑群正是顺应龙形山的走势，沿着渭溪河环山而建。张谷英古建筑群，由当大门、王家塅、上新屋三大群体组成，传承至今已有600余年，是由张氏后裔聚族而居形成的大型古村落，繁衍绵延27代，目前仍然充满"烟火气"，尚有615户，居住着2468人。

据张谷英管理处书记毛一民介绍，张谷英古建筑是中国保存最为完整的江南民居古建筑群，极具特色。古屋采用中国传统的砖木结构，远观檐廊衔接楼阁参差，近看天井相连复道纵横。其布局依地形采取"干枝式"结构，主堂与横堂皆由数个单位组成，各房屋之间有屏风檐廊和巷道沟通分隔，分则自成体系，合则贯穿一体。独具特色的62条巷道四通八达，总长1459米，把整个屋场连成一片，"家家相连，户户相通"，穿行其间，晴天不曝晒，雨天不湿鞋。目前保存有明清民居1732间，占地51000多平方米，天井206个，厅堂237个。古建筑群历经数百年风雨侵蚀，依然保存着精美的雕刻、严谨神秘的排水系统、清晰的家庭脉络，体现了明清古民居文化的丰富蕴涵，是中华民族民俗风情及建筑历史的珍贵史料和佐证，是人与自然和谐统一的典范，享有"民间故宫""湘楚明清民居之活化石"的美誉。

发现了古建筑群，其文物价值如何妥善保护和利用？张谷英管理处可谓煞费苦心：首先，通过党员组长会、户主会、宣传栏、广播、横幅、标语、公开信等形式，增强村民文物保护自觉性；其次，对古建筑群进行全面摸底，确定当大门、王家塅、上新屋3处重点保护区，聘请中国文物研究所、湖南大学等多家专业文物保护单位，对张谷英村所有历史建筑进行实测，逐一登记造册，建立档案，设立标志。在此基础上，按照"整体保护、协调发展、惠及民生、尊重民意、因地制宜、突出特色"的原则，编制《张谷英历史文化名村保护规划》《张谷英村古建筑群周边民居改造及环境整治方案》《张谷英村古建筑群维修方案》。

长期以来，张谷英村的文物修缮得到了文物、住建、旅游等相关部门的高度重视和大力支持，中国华夏文化遗产基金会捐赠张谷英文化遗产保护项目2亿元，地方政府通过项目申报，争取到文物修缮项目资金3.8亿元。张谷英管理处则按照"修旧如旧"的原则，严格招投标，严格工作程序，切实加强工程质量监管，先后对上新屋中轴、王家塅中轴、当大门中轴、当大门接官厅、八骏图及王家塅头门屋、青云楼、纺绩堂、畔溪走廊、西头岸、聚龙湾西等处进行修缮，累计完成修缮面积7000多平方米。

文化是传统村落的文脉和灵魂。张谷英村拥有丰富的物质和非物质文化遗产，具有较高的历史、艺术、社会、经济价值。"耕读继世，孝友传家"的对联，高悬于张谷英村"当大门"前，25条家训、5条族戒流传至今，600年来是张氏族人的精神支柱。为了让扎根乡村的民族DNA和民俗文化得以活态传承，他们全面开展传统村落物质和非物质文化遗产普查，一大批文化遗产挖掘整理工作得到有序推进。央视大型纪录片《记住乡愁》以"和睦有道"为主题，展现了张谷英人重礼教、讲仁爱、尚和合、崇正义的生活实景。中纪委监委网站《中国传统中的家规》栏目，以"耕读继世，孝友传家"为题

| 古村天井相连复道纵横　　王根良 / 摄

从孝、和、勤、廉等方面解读了张谷英村家训族戒。

张谷英村人以中纪委网站推介张谷英家训族戒为契机,以张氏家族传统民俗文化中的"孝友""勤廉""和睦"为主题,将张谷英村礼堂改造成省级廉政文化教育基地,打造张谷英孝廉家风传承馆。每年春节、农历七月十五、清明节,张氏族人均举行祭祖大典;旅游旺季,村里则组织艺人或老人在大屋、厅堂或天井旁展示皮影戏、纺纱织布、绣花、打铁、豆制品传统制作、竹制品加工制作等传统工艺,让游客在感受传统村落魅力的同时,体验传统文化和传统工艺制作的乐趣。

面对未来,毛一民感到肩上的担子沉甸甸:如今我们顶着"全国重点文物保护单位""中国历史文化名村""国家4A级旅游景区""中国美丽休闲乡村""湖南省美丽乡村建设示范村"等诸多光环,年接待游客150多万人次,门票收入3000万元以上,旅游总收入11.5亿元,已成为全县最靓丽的名片。古村保护和利用任重道远,张谷英村正在创建5A级景区,我们将以文物保护利用为重点,以民生改善为核心,以传承文化为精髓,努力使张谷英村成为中国大地的美丽乡村,成为永续传承的美谈乡情,成为难以忘怀的美丽乡愁。

王家寨，
桃花源里可耕田

2020年11月28日，第十五届世界王氏联谊大会在湖南岳阳隆重举行，来自海内外1000多位王氏宗亲代表济济一堂，共襄盛典。翌日上午，代表们专程来到湘阴县新泉镇王家寨"王氏宗祠"举行祭祖大典：王姓六大祖地代表手捧"神如在"祖地圣土走在祭祀队伍最前面，大会主席和陪祭官身穿汉服，随着六大圣土奉祀官缓步入祠。当陪祭官诵读祭文后，众人向王氏列祖列宗行三叩九拜大礼，现场气氛庄严肃穆。

礼成后，王氏宗亲代表在本届大会主席、湖南省王船山文化研究会会长王建民的引领下，观摹被誉为"桃花源"的"国家级宜居村庄"王家寨村，领略湖南省级社会主义新农村建设示范村的风采。漫步在风光明媚、秋意浓浓的水乡，只见一座座小楼掩映在翠绿的果园中，金色的稻田里收割机发出阵阵轰鸣，村民们正在房前忙着收稻谷，一派丰收景象。一眼望不到边的除了稻田便是水面，这水成就了湘阴的鱼米之丰，成就了王家寨村稻香鱼跃、沃野如画的一派金秋美景。宗亲们异常兴奋，洒下一串串惊叹："好美啊！真像桃花源！"

| 桃花源里可耕田　王根良 / 摄

王建民来到村中,村民们纷纷上前和他热情地打招呼。"建爹""建爹"叫得好亲热,这是当地村民对他的尊称。来到桑梓之地,王建民放下企业家身段,既不是湖南省华龙湘安建设集团有限公司的董事长,也不是"全国劳动模范",他的身分就是省人大代表、一个比村干部还小的王家寨村新农村建设指挥部指挥长。

王建民是土生土长的王家寨人,个头不高,微胖,讲一口地道的湘阴话,虽然年近七旬仍容光焕发。1970年,18岁的王建民不满"面朝黄土背朝天"的农村生活,"洗脚上岸"。从小工、泥瓦匠,到镇基建队长、乡党委副书记兼建筑公司经理,荜路蓝缕,拼搏10年,他带领的基建队伍工程堪称完美,绩效名列前茅,在岳阳市声名大振。湖南省台办领导慧眼识珠,1993年,破格将王建民调入省台办,创办湖南省华龙建筑工程总公司。2003年,身为湖南省工商联常委的王建民,"下海"独自创办华龙湘安集团公司。近20年来,他带领全体员工奋力拼搏,在全国建筑市场打下了一片天地,经营范围从建筑施工拓展到公路、市政、装饰装修、房地产开发,成为拥有固定资产数亿元的全省知名建筑企业集团。

在建筑行业打拼多年,王建民有了一定的家底,但他始终情系家乡,不忘报效桑梓。党的十七届三中全会吹响新农村改革发展的号角,王建民豪情勃发,一朵火花跳出了他的脑海:让父老乡亲过上幸福生活,让王家寨村旧貌换新颜,变成现代"桃花源"! 在地方政府的支持下,2012年他牵头成立王家寨示范片建设指挥部,亲自出任指挥长,开启了实现"桃花源"梦想的旅程。

资金短缺,成为制约新农村建设的瓶颈。王建民一边动用自己的积蓄,一边发动在外工作的乡贤捐钱捐物,同时千方百计到政府有关部门跑项目求资金。浓浓的乡情破解了资金难题,王家寨村掀起道路硬化、小区建设、绿化亮化、改厕改厨、农电改造、建敬老院等建设高潮。王建民不辞辛劳,每年从长沙到村里往返几十趟,制订发展规划、筹措资金、组织实施、质量把关、工程验收,他亲力亲为。

"新农村建设,不只是建房修路绿化美化,应该有更丰富的内涵。"作为企业家,王建民始终保持清醒的头脑。他根据村里的实际,除了种好水稻,还大力发展养殖淡水鱼、甲鱼、建起千头猪场和生态养鸡场、兴办塑钢门厂、预制件厂、红木沙发厂、鼓励劳务输出,尽心尽力地为村民致富出谋划策。

| 王建民在敬老院看望孤寡老人　王根良/摄

更让人叹服的是，王建民把自己的老家改造成现代化农民文化活动中心、湖南农大农业产业信息网络示范点。7000 册科技、法律书籍成了村民的抢手货，王家寨村自觉实现了农村经济发展"转方式，调结构"，使王家寨村从一个名不见经传的圩垸古村，一跃成为"湖南省级社会主义新农村建设示范村""国家级宜居村庄"。2015 年正当王家寨人沉浸在人均收入 16000 元之中，王建民荣获"全国劳动模范"，在北京人民大会堂受到党和国家领导人的亲切接见。

王建民在王家寨还有一个头衔：新泉镇敬老院荣誉院长。走进敬老院，绿草茵茵，名贵花卉飘香，环境宜人，房间里床、柜、沙发、彩电一应俱全。为了让王家寨村乃至全镇的孤寡、五保老人安度晚年，2006 年，王建民找到县民政部门，多方筹集资金，建成了这座占地 14 亩、建筑面积 2200 平方米的花园式敬老院。逢年过节，王建民都要带着红包和满车的食品、衣物从长沙赶来看望老人。从 2006 年起，他每年带家人到村里陪敬老院老人过春节。乡亲们称他为"公益达人"，而王建民却饱含深情地说："我永远是王家寨的儿子，如果需要，我可以把我一生的积蓄捐给村里。"

然而，让王氏宗亲感到骄傲和自豪的是，王建民捐资 6000 万元，家族宗亲捐资 300 万元，建造了占地 15 万平方米的"王家寨文化宫"和"王氏宗祠"。据王建民介绍，王家寨曾经是岳家军屯兵的寨子。王氏远祖荣禄公从山西太原迁居江西，太祖旼远公，元自江西迁袁州萍乡，再迁湘阴开基创业，迄今

王家寨，桃花源里可耕田

已有600多年。这座宗祠始建于1942年，建筑规模宏大，四合回廊、厅堂寝庑一应俱全。1950年被改作区公所行政办公场地，随时间推移，1973年撤社搬迁时宗祠被毁，仅剩断壁残墙。40年来，族人祭祖无所，追思无地。2012年初，王建民带领宗亲分别奔赴山西、四川、江西、上海、湖北、福建等地，联系族人、寻根溯源，并同乡贤共同制定方案、设计图样、筹措资金，启动"王氏宗祠"重修工程。该工程于2013年4月5日奠基，2015年4月竣工，历时两年，工程规模宏大，国内罕见。

"王家寨文化宫"，前厅为文化宫，集现代中国红色文化于一堂，也是环洞庭湖湖湘文化名人博物馆，它以湖湘文化为基础，包含湖湘哲学思想、湖湘文学艺术、湖湘史学，以图、文史、雕塑、模型为要素，以声、光、电为手段，创造全新、立体的展览、展示空间，让人们深入浅出地了解湖湘文化。中厅为弘扬先贤设为崇仁堂，人文始祖炎黄俨在，王氏繁衍圣祖尊宗肃列其位，图像栩栩如生；左右两厢为钟鼓楼，纪念碑、二十四孝塑雕、名家书法楹联琳琅满目；后面金碧辉煌的大楼乃"王氏宗祠"，集宗祠发祥与文化自信、人文底蕴于一殿，使人产生敬畏之情。站在"王氏宗祠"前，王建民感慨良多：祠堂文化作为中国特色的地方民俗文化重要组成部分，构成中华文化的根与魂，也是子孙后代了解当地文化发展史的一个重要载体，传承祠堂文化、留住乡愁，我们这代人义不容辞！

| 壮观的王家寨文化宫、王氏宗祠　王根良 / 摄

老后，
一片冰心在花瑶

| 花瑶原生态结婚习俗　刘启后/摄

2020年大年初二，一场大雪如约而至，在湘西雪峰山东南麓大山深处的山路上，两位年过七旬的老人，脚上缠着草绳，相互搀扶着小心翼翼地行走在冰天雪地里。夫人朱春英开口言道："这里离瑶山还有五六十里，这样的天气你一个人行走我怎能放心！"老后哈哈一乐："我早就习以为常啦，没事！今天就让你陪我走一回试试。"说完，老两口手牵手继续艰难前行。在朱春英的记忆里，这是老伴为了采访花瑶原生态结婚习俗，在隆回县瑶山村寨过的第十个新年。

刘启后，笔名老后，1944年出生于湖南隆回一个知识分子家庭，父亲是北大高材生，抗战时期弃笔从戎，抗战胜利后，父亲却不幸突患急病去世。当时刘启后仅2岁，母亲因迟迟不能走出丧偶的悲痛，忧郁成疾，3年后去世。未满5岁的刘启后和哥哥只能由外公抚养，生活十分艰难。为了补贴家用和交学费，他经常跑到山上去砍柴，同时他拼命学习各种手艺，补皮鞋、修电筒、理发、印刷样样在行。虽然生活非常困苦，但刘启后爱好广泛，美术、音乐、摄影、体育他都喜爱，尤其对摄影和音乐近乎痴迷。20世纪60年代，刘启后成为机械厂一名工人,但他坚持利用业余时间从事摄影,成为了小有名气的摄影师。1976年,由于工作原因,刘启后第一次来到位于湖南省隆回县境北部高寒山区虎形山,当银装素裹的花瑶古寨呈现在眼前时,他深深地被这古朴的美景所震撼。

| 刘启后

湖南隆回县虎形山瑶族乡,是花瑶聚居最集中的村寨之一。花瑶,这支仅有6000余众的古老部族,在拥有两三百万人口的瑶族大家庭中,似乎显得微不足道,但它却以其惊人的族群意识和对生存环境的特殊任职,建构起了他们独特的神秘密码和原生态的艺术风格。

如何让这支民族宝贵的文化遗产代代相传?老后突然冒出一个近似疯狂的想法:走遍瑶寨的每一个山坳、村寨,将这个部落的生存方式、文化形态和赖以生存的自然环境,挖掘、记录和整理起来。为了追寻探访瑶族同胞中这支鲜为人知又独具民族个性的古老部落,老后持续40年,先后400多次独自闯进偏远闭塞高寒的花瑶山寨采风,从长沙到花瑶往返一趟800公里,日行数十里,累计行程30余万公里。黑了,随意找户人家捱一晚;饿了,啃个红薯当一餐。日晒、雨淋、风吹、冰冻、遇歹徒、遭狗咬、被蛇追、差点把性命给搭上。40年过去了,他已走遍花瑶的每一个山坳、村寨,熟悉那里的每一户人家,居住在海拔1400多米瑶山上的7000多花瑶人都认得这个背着相机、又矮又壮、满头华发的铮铮铁汉,没有人将他当做外人,他们都亲切地叫他"老后"。

花瑶挑花美轮美奂,是最具代表性的中国传统文化的瑰宝,乃花瑶民族文化的根基。著名文学家沈从文曾说:"花瑶挑花是世界上最美的挑花"。挑花一直由花瑶妇女一代代口传心授,图样及工艺具有极强的私密性,往往瑶家女会锁进自己的"女儿箱"。这个"女儿箱"按瑶家习俗从不对男人打开。为了开启这个神秘的"女儿箱",老后挨家挨户探访,最终用真诚和执着打动了瑶家女,使3000多个瑶家女向这位外来男性打开"女儿箱",最终收集到了2000多个挑花图样。据老后介绍,在挑花图案中,出现频率最高的要数龙、蛇,件件构图新颖浪漫,针针造型古拙粗犷。这些复杂精细的挑花图纹,针针线线都凝结着花瑶女人的心血和汗水。其中最复杂的一条绣有"虎啸山林"的花裙居然有26万多针,这个天文数字,即便是裙子的主人也惊叹不已。

2014年,老后一如既往地深入瑶山,从事梅山文化的资料收集和整理,他和老伴在山顶破庙一住就是4个多月。迄今他已收集记录整理"呜哇山歌"3000多首,寻访梅山"巫傩文化"中的法师180多位,收集手抄经书1000余件。他的发现使得隆回县有"花瑶挑花""呜哇山歌""滩头年画"入选首批《国家级非物质文化遗产名录》,"花瑶挑花"则被中国美术馆、民族博物馆和联合国科教文组织列为珍品收藏。

作为中国民俗摄影协会主席团执行委员、中国摄影家协会会员、中国老摄影记者联谊会理事,老后虽然没有精良的摄影装备,但他用一颗真诚的心默默付出,40年来,宛如一介济公,云游偏远、闭塞、贫穷、落后的山村,永远在行走,用满腔热血记录下来弥足珍贵的传统文化,并积极热情地传播和弘扬湖湘传统文化,在国内外媒体发表民俗稿件达到760个专版,多次应邀到北京大学、清华大学、中国人民大学、国防科大等高校及国际学生组织AIESEC和各地社团,做传统文化讲座达60多场,被多所高等院校聘为客座教授。他积极配合瑶山地方政府,成功申报国家级风景名胜区、"中国文化艺术之乡",从而为花瑶赢得了美誉度,极大地增强了花瑶山民的民族自信。在采风中,老后还将眼光瞄准偏远山村的高龄老人,为了真实记录这些人瑞的容貌,老后用手中的镜头拍摄了3000多件饱经沧桑和社会磨难而又永远留守家园的老人肖像,被国内文化艺术界称为"最后一代饱经社会磨砺的中国农民的脸谱"。《我的父亲母亲》《神秘的花瑶》大型公益主题摄影在各地巡展,老后受到全国媒体和粉丝热烈追捧,先后荣获"全国非物质文化遗产保护十大新闻人物""湖南省非物质文化遗产保护十大杰出人物""湖南省十大道德模范"殊荣。

2015年1月6日,由中华文化促进会、凤凰卫视联合主办的"2014中华

| 神秘的花瑶　刘启后/摄

文化人物"颁授典礼在武汉举行，这位年逾古稀的老人获得了"2014中华文化人物"称号。站在领奖台上的老后还是那么低调："我是从偏远山区走出来的孤儿，是生活在最底层的文化行者，能获得中华文化人物这么崇高的奖项，我非常感谢各位领导和专家对我的厚爱。"老后在获奖感言中，回忆了自己在大山深处追逐民族文化的经历，在场所有人都为之动容，"一晃三十多年过去了，是自作多情也好，是自讨苦吃也罢，一路走来，我用我赤诚的心和满腔的热血，记录了许多正在消亡的民族文化，留下珍贵的文化资料。"他动情地感谢自己的老伴朱春英，这辈子用勤劳、善良支持他的事业，扛起家庭的重担。他同时发出铿锵誓言："我愿在追逐民族文化的美梦之中长醉不醒，我一定会继续走下去！"

著名作家、中国民间艺术家协会主席冯骥才与老后是挚友，他赞叹老后"是一位从摄影家跨越到民间文化保护领域的殉道者"。令人痛惜的是，2021年9月1日，老后因遭意外，伤势严重，不幸逝世，享年78岁。愿老后在天之灵在他深爱的瑶寨山野中安息！

禾木村，感受天人合一的美好

新疆禾木村，素有"中国第一村"美誉，是著名的图瓦人原始村落之一，这里保留着图瓦人的文化遗产与历史景观，也是仅存的3个图瓦人村落（禾木村、喀纳斯村和白哈巴村）中最大的一个村，总面积3040平方公里，这里的房子全是原木搭成的，充满了原始的味道。

图瓦是我国一支古老的民族，以游牧、狩猎为生，世代以游牧为生，他们居住在原木垒起的木屋里，骑马行走在丛林绿草之间，被称作"林中百姓"或"云间部落"。近400年来，定居喀纳斯湖畔，他们勇敢强悍，精通骑术、滑雪，能歌善舞，如今仍保持着比较原始的生活方式。1918年，猎人们突然发现禾木河来了许多白皮肤白头发的人，这些人在禾木河边盖房、种地、养畜，猎人们称他们为"白毛子"。这跟东北所称的"老毛子"不同。后来猎人们才知道，

| 骑马成为年轻人的最爱

俄国人建造的禾木桥

这些人是从俄国过来的,十月革命后昔日的贵族和军官无藏身之地,就流浪到了此地。这些到中国避难的白俄贵族们带来了让猎人们眼热的物质文明。为了换取粮食和布匹,猎人们在夏季为白毛子打工,冬季仍然是狩猎。慢慢地,猎人们也就把家固定在禾木村。白俄罗斯人从俄国带来了种植、养殖技术,还带来了现在看来稀松平常的养蜂技术和蜂群。禾木村的猎人们在给他们打工时,也多少接触了一些养蜂技术。到了20世纪50年代末,中苏交恶,在禾木一带避难的白俄罗斯人纷纷远走,去了澳大利亚,走得一个不剩。

  禾木村拥有自然原始的山野风光,禾木河自东北向西南流淌,原始落村与大草原和谐自然地融为一体。禾木村标志性建筑是带门楼的禾木桥,为俄国人建造,它是一座非常有当地特色的全木制桥,或宽或窄的木条铺成桥面,有的地方已有破损,站在上面可以很轻易地透过或大或小的缝隙看见桥下奔流的河水,经历了一百多年喀纳斯高山冰川溶水的冲击,木桥越发古旧而敦实。凛冽冰凉的河水和禾木村一样简单而纯洁,满岸的绿色植被被水气滋润,叠落出厚厚而浓郁的葱茏。禾木河从村边流过,炊烟袅袅,奶酒飘香,古朴的山村景致像喀纳斯湖一样充满神秘色彩,河对岸是一大片白桦林,夕阳下充满诗意。

禾木村是"摄影家天堂",不少获大奖的摄影作品都从这里走出。禾木是一个开阔的盆地,清晨当阳光洒满禾木村落,周围雾气腾腾,牛羊在路上穿行,那是禾木最美的时刻。禾木最出名的季节,是万山红遍的秋天,白桦林一片金黄,银色的雪山,翠绿的湖泊,炊烟在秋色中冉冉升起,形成一条梦幻般的烟雾带,胜似仙境。在这个如同童话梦境般的小山村里,色彩的丰富达到了让眼球应接不暇的程度,而宁静的生活则洗却了都市的铅华与世俗人的烦恼。

登上禾木村外的小山坡,首先映入我视野的就是那一栋栋小木屋和成群结队的牛羊,空谷幽灵、小桥流水、牧马人在丛林间扬尘而去,与雪峰、森林、草地、蓝天白云构成了独特的自然与人文景观。小木屋是图瓦人生活的标志,十分原始古朴,带有游牧民族的传统特征。村民搭建木屋时,将直径三四十厘米的松木两端挖槽后相互嵌扣,一根根向上垒建,屋顶普遍采用"人"字形坡屋顶。每家的门一律朝东开,上梁时要扯白布子,有祈福的意思。在一幢幢屋舍中,我发现每一根木头缝隙的连接处都塞满了草。当地人告诉我,这种草叫"努克",填在木头缝里,吸水后便会膨胀,使墙壁变得密不透风,可以抵挡近半年大雪封山期的严寒。漫步古村落,小河边有几头牛在懒洋洋地吃着草,蓝色的木栅栏围起的操场上空无一人,一座孤独的篮球架默默地伫立在风中,架下徘徊着几只白色的绵羊,村民各自在家中忙碌着午餐,一切都在祥和宁静之中有条不紊地进行着。一座宁静的小山村,禾木的确是一个美丽的梦。

由于长期与世隔绝,禾木村较完整地保留了古突厥时代的文化特征,在语言、民俗各方面具有鲜明的特色,曾是一个与世无争的少数民族村庄,具有较高的人

| 凛冽冰凉的河水和禾木村

禾木村,感受天人合一的美好

文科考研究价值。过去，禾木村经济主要以畜牧业为主，农业以耕种旱地为主，耕地面积1500亩，广种薄收、靠天吃饭，效益非常低下。在游客和商业化未抵达这里之前，禾木村的人过着简单而又平凡的游牧生活。

近20年来，世外桃源般的村落吸引着游客寻幽探奇的脚步，在喀纳斯旅游的带动之下，禾木村的知名度越来越高，游客数量也越来越多。禾木村积极挖掘本地的人文、地域、生态等特色优势资源，闯出了一条富民保景的特色之路。每年接待游客不下40万人，旅游收入突破5亿元。良好的生态环境和淳朴的民风为禾木村赢得了诸多荣誉，先后被评为"中国八大摄影基地""新疆滑雪之乡""中国最美六大古村古镇"。

2013年，禾木村入选"中国传统村落名录"，景区内新建的民宿等旅游设施随即如雨后春笋，经营者都想借民俗游的东风多分一杯羹。跑马圈地、私搭乱建等乱象丛生，古村面貌被破坏，违规经营、恶性竞争更令游客苦不堪言。由于商业化气息太重，图瓦人热情好客的形象似乎离游客越来越远。这里的美食有额河烤鱼、烤羊肉、手抓饭、米肠子、面肺子、图瓦人的奶制品，但价格并不便宜，一份汤面15元，素菜20元，小荤40元。村里人将早餐食物摆在路边，供过往游人自助式享用，每人20元倒也不贵。进入村子里面，村民的商业意识非常强，泡一碗方便面收5元开水费，用一次茅厕，有人会追在后面讨要2元，游客骑马坐地起价屡见不鲜。

毋庸置疑，禾木村的确山水甜美世间少有，大多数图瓦人都是淳朴善良的，不过游客千里迢迢来到禾木村，遭遇不平，心里多少有些窝火。"别让金钱玷污了禾木村！"这是游客善意的忠告。为了让禾木村的旅游健康发展，令古村落恢复原貌，一场以"保护为主、合理规划、有序经营"为原则的环境整治行动在2017年打响了：拆除！私搭乱建必须拆！3个月的时间，禾木村拆除近7万余平方米私建房。部分拆除后重新规划修建的民宿整洁、独特，住过的游客都说体验感好。经过一番整治和规划，禾木村焕发了活力。古朴的村落、优美的环境、丰富的体验，引来万千游客。保护古村落、整治旅游环境的盾，反而成为激发旅游资源潜力的矛，令禾木村的品牌与名气越来越响。来自五湖四海的游客、专程来此取景的摄制组、前来度蜜月的年轻情侣，在这里感受着天人合一的美好。

翠亨村，
中山精神彪炳千秋

翠亨村，一个原本十分普通的小山村，却因为民主革命先行者孙中山诞生于此而享誉海内外。翠亨村位于广东中山市南朗镇，原名"蔡坑村"，西为群山起伏的五桂山脉，东临珠江，后人见该村山林苍翠、坑水潺潺、风景优美，且方言"蔡"与"翠"、"坑"与"亨"谐音，寓意万事亨通，于是在道光初年更名"翠亨村"。

孙中山先生是站在时代前列的伟大人物，他的光辉业绩和伟大思想，是中华民族的和全人类的宝贵财富，他的影响已经远远超越了时间与空间的限制。"翠亨出生，左步祭祖"，这就是当地人对孙中山一生所做的概述。据传

| 孙中山故居

元末乱世，当孙氏 57 世祖迁徙到中山时，第一个落脚点就是左步村。之后孙氏家族在这里繁衍生息，直到孙中山的父亲把家迁到数里外的翠亨村。左步村和翠亨村相隔不过数里。1912 年 5 月，孙中山和夫人卢氏，孙眉和夫人谭氏等一行回左步村探访故里乡亲，并与乡亲在宗祠合影留念。

| 孙中山纪念馆

翠亨村，2007 年 6 月被列入第三批《中国历史文化名镇名村》。孙中山故居是一道靓丽的风景线，它由孙中山亲自设计，1885 和 1892 年分两期建成。故居为一幢砖木结构、中西结合的两层楼房，并设有一道围墙环绕着庭院。楼房上层各有 7 个赭红色装饰性的拱门，屋檐正中饰有光环，环下雕绘一只口衔钱环的飞鹰。楼房内部设计用中国传统的建筑形式，中间是正厅，左右分两个耳房，四壁砖墙呈砖灰色勾出白色间线，窗户在正梁下对开。居屋内前后左右均有门通向街外，左旋右转，均可回到原来的起步点。正门上挂一副对联："一椽得所，五桂安居"，乃孙中山亲笔撰写。庭院右边有一口水井，水井周围为旧房所在地。1866 年 11 月 12 日孙中山诞生于此。

孙中山故居纪念馆以"孙中山和他成长初期的社会环境"为主题，兼具历史纪念性和民俗性、立体而多元化的陈列展览体系，充分地展现了孙中山伟大的爱国主义精神、思想体系和革命实践。孙中山故居、孙中山纪念馆、孙中山听太平天国反清故事的雕塑、孙中山试验炸药处、瑞接长庚牌坊、翠亨民居展示区、翠亨农业展示区、中山鼎、警世钟等，再现了孙中山出生和成长初期的社会历史环境，使人们加深对孙中山这一伟人的了解。孙中山的印记在翠亨村里留存，他的"博爱""天下为公"的思想至今在海内外传播。

1966 年，为纪念孙中山诞辰 100 周年，在故居旁兴建了孙中山纪念馆，

1996年进行重建。该馆建筑面积6000平方米，展馆一楼展厅面积约1000平方米，全面、系统地介绍了孙中山的生平事迹、思想理论和他所领导的革命运动，歌颂了他领导人民推翻帝制建立共和国的丰功伟绩，也适当反映了孙中山革命事业主要追随者的情况。二楼展厅面积约500平方米，反映了孙中山亲属与后裔的情况及他们对其革命事业的巨大支持、贡献和牺牲。

有道是"七丈出个伟人"，南朗镇翠亨村因孙中山而闻名，除了孙中山，南朗先后走出去82位享誉中外的名人，他们当中还有为共和革命捐躯第一人陆皓东、中共早期领导人杨殷、一代艺人阮玲玉、从武到文的欧初等等。

在翠亨村，我们有幸观摩了中山纪念中学，它是孙中山先生长子孙科秉承其父"谋建设，培人才，为富强根本"的遗愿于1934年创办，学校的建设用地主要为孙家祖地和孙家坟场，并占用拆毁了孙氏宗祠。中山纪念中学校训"祖国高于一切，才华贡献人类"，既饱含着孙中山先生对后人的期盼，更概括了孙中山先生一生的风范。校训特别把"才华"突显出来，秉承了孙中山"为国育才"的遗训。孙中山先生曾说过："革命的基础在高深的学问。学问为立国之本。""应该从学问入手，拿学问救中国。""祖国""才华""贡

| 中山纪念中学

献人类"这是中山纪念中学校训传递的主题，也是对孙中山先生的纪念。

中山市民俗博物馆则以孙中山纪念馆为依托，以保护中山民俗文物、弘扬民俗文化为己任，分为民居展和民俗展两部分，一部分以文物展示为主，不但保护了当地的民俗文化，也为观众带来了一次别开生面的奇妙旅程，使参观者能身临其境，对孙中山成长初期的社会状况和风土民情有直观的认识。另一部分是农业展示区，以文物展示与耕作示范相结合为特色，知识性、历史感并重，对青少年特别有吸引力。

翠亨村作为重要的生态人文节点和历史文化遗产地，长期以来，当地政府坚持"保护为主、抢救第一、有效保护、合理利用"的工作方针，秉承对历史文化资源全面、真实与整体保护的原则，科学处理遗产保护与社会综合发展、城市现代化建设之间的关系，实现对以孙中山故居和翠亨历史村落为核心的历史文化遗产及其环境的有效保护与永续利用。近年来，翠亨村倾力打造"山—田—村—水—路"景观格局。在犁头尖山和金槟榔山之间建立起历史遗产廊道，以孙中山故居为核心，从北至东均为农田环绕，通过整治兰溪河涌及其岸线景观，恢复岐关公路旧貌，形成"水、路"轴线，并与"山、田、村"的轴线垂直，共同组成T字型的基本结构，兼顾历史纪念性和民俗性，物质文化遗产与非物质文化遗产相结合，构成立体多元、与观众互动、独具特色和丰富内涵的展示体系。

农耕文化展示区充分呈现了生态博物馆的基本要素，该区设作物区、水稻种植区、禽畜饲养区、桑基鱼塘区、现代农业展示区、观众实践区、翠亨水稻种植农具展览等多个区域。在农耕文化展示区，人们可以认识100多种作物不同的生长状况和水稻的春耕秋收，可以认识200多件翠亨村水稻种植农具，可以接近多种禽畜并了解它们的生活习性及特点，可以了解珠江三角洲特有的农业生态——桑基鱼塘和种桑养蚕的用具。人们还可以通过观赏无土栽培等现代农业方式和部分现代农业耕具，与传统农业耕作方式做对比，既保护了翠亨村周边的田园风光、文物环境，拓展了爱国主义教育基地的内容，从而导入绿色示范农业的理念，认识到科技在农业中的重要作用。在这里，人们还可以实地参与和操作各种农具，从而了解农村，了解农民，了解农业，体验回味无穷的劳动欢乐。

和顺古镇，
士和民顺

步入云南腾冲和顺古镇，首先映入眼帘的是古镇边巨大照壁上"和顺和谐"4个大字，这是国务院前总理朱镕基于2006年8月留下的墨宝，如今成了和顺"中国第一魅力名镇""全国环境优美镇""国家级历史文化名镇""全国首批美丽宜居示范小镇"最好的注脚。

和顺古镇原名"阳温墩"，由于小河绕村而过，故改名"河顺"，后取"士和民顺"之意，雅化为今名。和顺乡先民大多是明朝洪武年间，陆续从江苏、四川、安徽、湖南等地戍边军屯而来。早年明朝戍边军屯在这里设立总兵官，

| 元龙阁

后来世代留守边地，他们在腾冲遍寻安生立命之处，发现了这块群山环绕、良田万顷、小河依偎的风水宝地，繁衍了寸氏、刘氏、李氏、尹氏、贾氏、张氏、钏氏、杨氏八大宗族。这些人深受儒家思想影响，文化素质较高，形成了亦农、亦儒、亦商、亦侨的生存方式。这里曾是马帮重镇，是古代川、滇、缅、印南方陆上丝绸之路的必经之地，更是祖国西南的文化富集之地。各种外来文化在此交融，他们吸收外国文化精髓，与传统本地文化交流整合，中原文化、西洋文化、南诏文化、边地文化在这里交融碰撞，形成了独特的马帮文化和侨乡文化，明清两代出了441名举人、秀才，民国时期赴日留学12人，缅甸四朝国师尹蓉、翡翠大王张宝廷、著名哲学家艾思奇从这里走向广阔的世界。全镇现有人口7000人，而外华侨达12000余人，他们主要分布在缅甸、泰国、日本等13个国家和地区，和顺成为云南著名的侨乡。

走进古镇，这里安静祥和，没有喧嚣，展现在我们面前的是一派如诗如画的风光，山清水秀，垂柳拂岸，绿影婆娑。"远山茫苍苍，近水河悠扬，万家坡坨下，绝胜小苏杭。"民国元老李根源曾在诗中如此赞赏和顺。经过600多年发展，古镇留下了"三坊一照壁""四合院""四合五天井"等1000多座传统民居。和顺有句老话，"穷走夷方急走厂"。夷方，指的是缅甸、泰国、印度等国家；厂，指的是当地的玉石厂、银矿等。"走夷方"繁荣了家乡经济，走夷方游子不乏成为巨富大贾，这些商人衣锦还乡之后就在和顺修建宅院，也出资修建宗祠。由于受外来文化浸染，和顺出现了许多中西合璧的建筑，风格有南亚

| 艾思奇故居

的、东南亚的，宅院里还有不少西洋的工艺品。在这里，可以领略徽派建筑粉墙黛瓦的神韵，可以欣赏江南古镇小桥流水的美景，可以看到西方、南亚的建筑元素。寸氏宗祠的南亚风格大门、艾思奇故居的欧式窗户、"弯楼子"民居的英国铁艺等等，都与和顺古民居恰到好处地融为一体。宅院中独具地域特色的地方，是用当地火山岩作基础、铺设道路，既美观又有防滑作用，那些老宅的门窗木雕、牌坊的石雕栩栩如生，完整地保留了中国明清文化的特色，被誉为"中国古代建筑的活化石"。

和顺图书馆

　　尤其令和顺人引以自豪的是，这里拥有中国最大的乡村图书馆。和顺图书馆前身是清末和顺同盟会员寸馥清组织的"咸新社"和1924年成立的"阅书报社"，后经海外华侨和乡人捐资赠书，于1928年扩建为图书馆，1938年新馆落成。各地知名人士纷纷题词祝贺，著名数学家熊庆来题词"民智源泉"，张天放题词"在中国乡村文化界堪称第一"。图书馆建筑为中国传统的楼房建筑，前置花园，美观素雅。民国初年，旅居缅甸的和顺青年寸仲猷、李清园、贾铸生、李秋农等，在缅甸瓦城组织了一个"青年会"，其宗旨是发展家乡文化。他们从上海等地订购了一些书刊杂志供乡人阅读，但上海到云南边疆交通不便，寄到的报刊已成了历史资料，于是他们把运输改从水路运到缅甸，再经八募沿着古老的西南丝道用马帮运至和顺。当时文人杨策贤为书报社撰写了一副对联：书自云边通契阔，报来海外起群黎。对联也反映了当时书籍报刊的来之不易。图书馆的成立，颇受乡人的赞赏，迄今有藏书7万多册，古籍、珍本1万多册，胡适、熊庆来、廖承志、李石曾等诸多文化大家为图书馆题字。而今，和顺人读书明理蔚然成风，镇上几乎每个人都拥有一张借阅卡，图书馆每天更新最新报刊免费提供给市民阅读。

作为"全国首批美丽宜居示范小镇",随着旅游市场的逐步打开,宜居宜游宜业的和顺,旅游就业和旅游收入已成为当地居民增收致富的主渠道。2019年接待游客90万人次,全镇有客栈旅馆375户,床位达5600个,民居餐馆169户,累计实现旅游总收入1.2亿元。出行前,我在网上搜索和顺古镇民宿,发现一对70后夫妇开设的民宿很受游客追捧,不仅价格适中、设施齐全,而且提供家庭厨房。我在网上向女主人咨询,房费能否线下支付,对方婉言拒绝,她告诉我古镇民宿管理有严格规定,客栈旅馆以诚信为本,网上交易虽然要给网站一定的回报,但我们求的是美誉度,要不然你怎么会选择我们?我被她的真诚打动,享受了宾至如归的服务。

古镇上现有商铺650户,由于毗邻缅甸,一半以上商户从事纯天然翡翠、珠宝、工艺品销售,游客喜爱这里的翡翠,却担心买假货。买到假货怎么办?民宿老板胡广平是土生土长的和顺人,乃湖南戍边将军的后裔,前些年也做过翡翠生意,对和顺古镇推行自治、德治、法治、善治相融合的管理模式赞誉有加。一次,外地游客花8000元买了一只翡翠玉镯,胡广平上手一瞧便知是假货,马上让游客找商家退货。商家却百般狡辩死不认账,胡广平陪游客到镇上投诉,工商管理部门查明情况,立即吊销对方的营业执照,并给予相应的经济赔偿。

胡广平向我透露,自2010年6月1日《云南省和顺古镇保护条例》施行以来,和顺坚持"保护第一、在保护中开发"的理念,走"保护风貌、浮现文化、适度配套、和谐发展"的古镇保护与开发模式,把古镇及文物的保护放在首位。当地政府整合各类资金,对文昌宫、图书馆等古建筑群和双虹桥等5座古桥进行修缮,对100年以上的117座古建筑进行建档保护。仅2019年就投入1.3亿元,实施旅游设施配套、道路通达、乡村环境整治、水环境治理、古镇保护、文化教育卫生等工程,进一步夯实全镇基础设施建设。

眼下,7000居民不仅是和顺文化的传承者和创造者,他们的生活也是古镇靓丽的风景线。在这里,我们可以看到在洗衣亭下捣衣的村妇,可以看到乡村图书馆里读书的老农,古镇展现在世人面前的是令人向往的田园牧歌式生活。和则顺,顺则安,这正是和顺和谐长久不衰、兴旺发达的秘诀。

杨柳青，
"年画名片"历久弥新

杨柳青古镇位于天津市西青区，京杭大运河从古镇穿过，孕育了这里数千年的文化繁荣，以民间文化享誉国内外。古镇给人的感觉是古朴而又不失乐趣，既古老又年轻，它是天津的骄傲，是民族的骄傲，它以古朴气息、古老建筑和引人入胜的民间艺术，诠释着它的魅力。

明清时期，杨柳青镇是运河漕运重要枢纽，成为中国北方商贸流通和文化交流集散地，商业繁荣，被誉为"北国小江南、沽上小扬州"。小镇上有许多历史文物遗迹，文昌阁可以说是古镇的招牌，它建于明万历四年（1576），

| 杨柳青古镇

为砖木结构，三层六角形，通高15米，六脊瓦顶，有6个龙头各衔一脊，正中为一球形宝珠，设计奇巧，六面檐角悬铃，朱椽黛瓦，风吹铃摇，乃古运河上一景。除此之外，古镇上还有许多吸引人的建筑，与文昌阁配套的建筑有古老的戏台和石牌坊，被称为古镇"三宗宝"。镇上还有不少清代建筑，曾经有著名的崇文书院及古寺院40余座，现尚存普亮宝塔、报恩寺、白檀寺遗址等。1875年建成的石家大院，曾有"天津第一家""华北第一宅"之称，它以其规模宏大、建筑华美而驰名华北，从中足以领略传统民居建筑之精妙。众多文化遗存与古朴的清代街衢、四合宅院、古运河风光共同构成了杨柳青淳美的风俗画卷。

近20年来，杨柳青地方政府在旧城改造过程中，既注重古镇历史文化厚重的古风雅韵，又体现现代文明气息，努力将体现历史文化、有价值的古建筑完整地保存下来，按照修旧如旧原则，修复了石家大院，恢复了安家大院，规划出14万平方米，修复杨柳青旧民居，建成具有民俗特色的大院群；按照明清时期古镇的历史风貌，修复了明清街，复原古镇传统民居，展现明清时期古镇商埠林立、商贸繁荣景象，既让人感受到古镇深厚的历史文化底蕴，又让人感受到新兴城镇的勃勃生机。与此同时，杨柳青镇在注重保护有形历史文化同时，通过挖掘、整理、弘扬历史文化，使众多的非物质性历史文化遗产得到了复兴发展，让更多的传统文化呈现在世人面前。杨柳青人对刻砖艺术十分热爱，几乎每家门前的正上方都悬着一块刻砖，而且每家每户的刻砖图案各不相同，似乎这刻砖是门徽一样，明眼人只要对门前的刻砖看上一眼，就立刻会说出这家主人的姓氏。连续多年在春节期间举办旅游节，是他们成功的尝试，花鼓、戏曲、灯展、年画、剪纸、风筝、砖雕、石刻和民间花会异彩纷呈，让更多的人了解杨柳青镇"民间艺术之乡"的特色与魅力。

杨柳青镇以"杨柳青年画"闻名遐迩，与苏州桃花坞年画并称"南桃北柳"，是运河文化重要的组成部分，已然成为古镇历久弥新的文化名片。杨柳青年画产生于元末明初，当时有一名长于雕刻的民间艺人避难来到杨柳青，逢年过节就刻些门神、灶王出卖，镇上的人争相模仿。到了明永乐年间，大运河重新疏通，南方精致的纸张、水彩运到了杨柳青，使这里的绘画艺术得到了极大发展，曾出现"家家会点染，户户善丹青"兴旺景象，被推崇为中国木

| 杨柳青年画

版年画之首，深刻影响了国内近百种年画，过年贴年画由此成为北方地区习俗。清末民初，石印年画兴起，杨柳青年画生产日渐衰落。到国内革命战争、抗战和解放战争时期，因为社会原因，年画业逐步转到天津，杨柳青年画印制上又逐渐采用洋纸洋色，工艺日渐粗糙，虽仍然保持红火热闹之特色，但整个年画业已日趋衰落，至解放前已濒于艺绝人亡的境地。解放后，杨柳青年画重见天日，20世纪50年代，周恩来总理曾到杨柳青画社视察，在党和政府的关怀下，解放后曾多次举办杨柳青年画评选活动，涌现出许多的优秀作品。

改革开放以来，特别是被天津市政府命名为"民俗文化旅游区"后，杨柳青镇以此为契机，在尊重历史、不割裂历史的前提下，完整保存了历史遗存、名胜古迹，大力拯救挖掘民俗文化，使众多非物质性历史文化遗产得到了复兴发展。随着政府对年画的扶持，民间艺人对乡土艺术充满深情，杨柳青年画发展迅猛，目前西青区共有年画从业人员2000多人，年画作坊72家，年画衍生品创作研发16个类别182个品种，年销售额5000余万元。2006年5月，经国务院批准，杨柳青年画入选第一批《国家级非物质文化遗产名录》。著名作家冯骥才曾赞誉："今天，世界上凡有珍藏中国画的地方，就有杨柳青年画。"杨柳青木版彩绘年画如今已经走出了国门，推广到新加坡、瑞士、美国等100多个国家。

晌午时分，我迈进"年画张画馆"，被精湛的杨柳青年画艺术深深吸引，"连

杨柳青，"年画名片"历久弥新

| 年画张画馆主人张克强

年有余""吉庆如意""金玉满堂""福寿三多",一幅幅精美的年画寄托了杨柳青人对天下朋友的淳朴情感和对美好生活的祝愿。

张克强,土生土长的杨柳青人、中国手工艺大师、杨柳青年画专业委员会会长、"年画张画馆"掌门,我们一见如故,三言两语便将我领进了杨柳青年画艺术世界。他告诉我,杨柳青年画继承宋、元绘画传统,吸收了明代木刻版画、工艺美术、戏剧舞台的形式,采用木版套印和手工彩绘相结合的方法,画面色彩明显,柔丽多姿。以宣纸印刷,用国画彩料,历数年色彩不褪不变。在一幅幅画稿前,张克强用浅显的语言向我介绍杨柳青年画的艺术特色:现实主义和浪漫主义相结合是杨柳青年画的艺术主流,它不仅具有笔法细腻、人物秀丽、色彩明艳、内容丰富、形式多样、气氛祥和、情节幽默、题词有趣等特色,而且创立了鲜明活泼、喜气吉祥、富有感人题材的独特风格,题材范围极广,尤以反映现实生活、时事风俗、历史故事等题材为长,不仅富有艺术欣赏性,而且具有珍贵的史料研究价值。"年画张画馆"自1993年创办以来,挖掘、整理、创作杨柳青年画百十余种,授徒百余人。在张克强工作室,他饶有兴趣地展示了花费两个多月时间勾画的一幅87神仙卷。他坦言,我自幼从家兄习艺,潜心研究临摹历代大家作品与画论,尤其对家乡的杨柳青年画情有独钟。如今我带领弟子们忠于传统、推陈出新,就是为了使杨柳青年画这一备受广大人民所喜爱的民间艺术传承下去,使它得到进一步升华。

画中兴坪，
焕发勃勃生机

按照常规的漓江游精华线路，从桂林磨盘山码头至阳朔，游客只能在游船上走马观花，其实精华中的精华却在杨堤至兴坪之间。兴坪位于阳朔县城东北部，素以山水秀丽、景甲天下而著称，世界著名的漓江蜿蜒流于该镇西南部，境内江段长达20多公里，两岸群峰连绵，如剑芒排插，奇特怪异，万态千姿，绿水滢回，青山环列，倒影幢幢，翠竹成林，垂柳如茵。泛舟江心，帆星点点，相映成趣。这里有著名的九马画山、黄布倒影、僧伲斗嘴、朝板山、榕潭揽胜、雾绕青螺，这里有两个总统游过的神秘、古朴村落——渔村，这里有堪称世界岩溶奇观的——莲花岩，这里有被印制在1999年版20元人民币背景图案上的兴坪大河背秀丽风景。古往今来，兴坪秀丽的山山水水，引得无数骚

| 渔村一瞥

| 画中兴坪

人墨客为之陶醉。

  为了尽情欣赏漓江秀美的风光,我和夫人从杨堤雇了一条机动竹筏,一路漂流至九马画山、渔村,然后折回兴坪。竹筏停靠在九马画山对面的江滩上,经船工指点,在临江的巨大石壁上,我终于辨出了神态各异的群马形象,9匹骏马如奔、如卧、似嬉、若啸,神形兼备。继续前行两三公里,便到了漓江明珠渔村。渔村是一个古老的村庄,从明朝万历年间到现在已有400多年历史。码头上立着一块碑,上面镌刻着孙中山头像和"孙中山先生系舟处"字样。据史料记载,1921年秋天,孙中山先生计划北伐时,由广州坐船到梧州,船队由梧州溯漓江而上。孙中山先在阳朔县城进行演讲,继而随船队经过渔村,由此停泊上岸。1998年7月2日美国总统克林顿在桂林演讲后访问渔村,顿时让小小渔村名噪一时。

  走进一户村民家中,女主人指着墙上的照片兴奋地告诉我,她丈夫参与了接待克林顿，这是当时拍的照片。她家拥有一栋三层小楼，登上天台可以拍摄渔村全景，我们付了点小费，在天台上尽情拍摄。全村依山布局，房屋青砖砌墙，小青瓦盖顶，门前青石铺阶，天井花盆石雕，楼台亭阁，厅堂厢房高低相错、房房相接，木画板雕刻，飞檐画壁，龙飞凤舞，古色古香，散发着非常的灵气，虽经过几百年风雨沧桑，风貌依旧。返回码头时，我在渔村小学门前驻足良久，门上一副对联耐人寻味："贪玩贪耍往它处，振国振村进学堂。"据称，此屋已有300年，当初为赵家祠堂，民国时破旧立新改成学堂，现为渔村展厅。

兴坪镇其实有着上千年的悠久历史。三国时期，这里是原熙平县治所在，后来县治迁往阳朔，兴坪镇仅保留了镇圩。这里群山合抱，碧水如带，名胜有"三岩、五井、十三山"之说。江的沿岸翠竹垂柳，随风飘拂，倒映江中的疏林和群峰，化入天际，沉入水底。到了傍晚时分，五指山下尤如仙境，几叶渔舟穿梭不停，景色神奇。明代地理学家、旅行家和文学家徐霞客于1637年农历5月由桂林买舟下阳朔，泊舟食宿的水落村也在兴坪古镇。叶剑英元帅游览后曾诗云："果然佳胜在兴坪。"画家徐悲鸿到此写生称赞："阳朔美景在兴坪。"即便不再是当地的政治经济中心，但是兴坪仍然拥有厚重的历史底蕴，光洁的青石板路、唐宋戏台、明清建筑、熙平县遗址、神庙废墟等至今犹存，

| 画中兴坪

画中兴坪，焕发勃勃生机

使当地的古镇、古街焕发着独特的魅力。

兴坪曾经是湘桂古商道上一个重要水、陆集散地,当年商贾云集,一派繁荣景象。兴坪古街是一条长1公里多的石板街,从兴坪古镇东南至漓江榕树潭、古渡码头,便于居民、客商来往,各省的会馆建筑于古街的两旁,各类砖瓦结构的古建筑大部分保存完好,多为明末清初建筑,青砖青石板,雕龙画栋,惟妙惟肖,栩栩如生。在榕潭古渡码头边,仍见到横倒在石基上的大石条,石条上浮雕着龙凤。这便是古渡口的六角亭遗址,沿石阶拾级而上,可见古代三层八角亭和北帝庙遗址。关旁庙始建于清乾隆四年(1739),距今也有260年历史,存偏殿及戏台。庙内的戏台为桂北地区较为古老又保存完好的清代戏台,对广西的戏曲史及沿革衍变很有研究价值。戏台台口两柱因演戏所留叉眼痕迹20多个,尚依稀可见台缘横贯着4幅木雕,手法生动明快,图中人物栩栩如生。

随着县治迁往阳朔,兴坪繁华落尽,像一个上了年岁的老人静坐在山水之间,默默地守望着这片故土。过去,兴坪只有一条通往县城阳朔的二级公路,游客自驾车即使到了兴坪,也只能调头返回县城,兴坪成了死胡同,无法形成一个良性的旅游循环圈,秀美的风光难以留住游客。

2015年,随着贵广高铁开通,坐落在兴坪镇的高铁阳朔站正式启用,兴坪镇迎来了重大发展机遇。政府投资2.1亿元修建兴坪至贵广高铁阳朔站一级公路,同时开通兴安至阳朔二级公路,高铁、公路像一张网,将兴坪与阳朔、兴安、兴坪等许多重要的旅游景点紧紧连在一起。兴坪镇政府结合全镇总体规划,启动了老街改造工程,筹措资金对老街进行保护性整治,修旧如旧,给水泥房子"穿衣戴帽",赋予其明清元素,确立老街的整体风格;疏浚、铺设排水排污管道,清理路面积水,让街道变得干净整洁;管线地埋,把杂乱的"三线"收于地底,确保古镇青砖黑瓦的明清风格。

高铁、公路,如同古镇的脉搏,带给这里的山山水水和质朴的人民以生命的跳动,千年古镇以饱经风雨沧桑的面孔,欣然迎接新的生机。除了对古镇进行提升改造,兴坪长期以来被湮埋的一些景点得到了深度挖掘:莲花岩,108朵钟乳石莲花,栩栩如生;大源河,风景如画,不亚于遇龙河,兴坪古镇焕发出了越来越旺盛的勃勃生机。

北海老街，
留住海洋文化风情

每座城市都有极具代表性的建筑与文化，著名作家冯骥才曾经说过："城市是有生命的，所以我们结识了一个城市之后，总会问一问这城市的由来。有的城市没有留下童年的痕迹，它的历史仅存于空洞的文字记载中，有的却活生生地遗存至今，这便是城中的老街。"在广西北海，足以代表这座老城的城市建筑当属北海老街，这条1.5公里长、有近两百年历史的老街，独特的骑楼建筑向世人展示了独具特色的海洋文化风情，被誉为"中国近现代建筑年鉴"，吸引着大批海内外游客前来观光游览。

| 独特的骑楼建筑

说到骑楼，对于香港、广州以及南方人来说并不陌生。最早的英国殖民者在东南亚地区发明一种"廊房"，既是道路向两侧的扩展，又是铺面向外部的延伸，人们行走在骑楼下，可遮风挡雨，又可躲避烈日。北海老街始建于1821年，初建时名为升平街，只有200米长、4米宽。骑楼大多为2至3层，建筑风格是在传统岭南建筑的基础上加上流行的仿欧装饰符号，主要体现在窗拱券、女儿墙、阳台上，骑楼建筑临街两边墙面的窗顶都饰有或圆弧或尖顶的拱券，拱券外沿及窗柱顶端都有芒状的太阳纹及多层雕饰线，线条流畅、工艺精美。女儿墙上的雕塑是骑楼临街墙面造型的精华部分，这些雕塑千奇百态，造型各不相同，蕴含着丰富的中华民俗文化，寄托了人们的宗教、风水、习俗等理念。

老街保护完好

据当地人介绍，北海最早是一个渔村，是疍家渔民长年集中居住的一个避风港村落，因为避风港面向半岛的北面海域，所以此村得名"北海村"。如此荒芜的地方，为什么德国还在北海修建了领事馆呢？其实当年的北海是一个非常不错的登陆点，不仅是中国的海上丝绸之路始发港之一，外国的商贸货船也都从这里登陆中国大陆进行边贸生意。1874年英国派出一支探路队，在200名武装士兵的保护下，寻找从缅甸、越南进入云南的道路，在云南腾越地区的蛮允与当地的少数民族发生冲突，马嘉理和几名随行人员被打死。英国以此与清政府谈判，1876年李鸿章与英国签订了《中英烟台条约》，准予在湖北宜昌、安徽芜湖、浙江温州、广东北海（当年属于广东）四处添开通商口岸，作为领事官驻扎处所。不平等条约签订之后，北海成为中国四大开放口岸之一,英德等西方国家借此进入北海。1891年德国森宝洋行在北海建成,是当时英、德、葡等国设在北海的最大的洋行之一。各国洋行从北海向中国输入煤油、布匹、棉纱、火柴等,还有运鸦片,将中国的肉桂、八角等香料,糖、皮革、靛蓝、猪、鱼、茶叶、陶瓷器具、挂面等土特产运到西方国家。

我与堂兄其章漫步北海老街,领略北海深厚的文化内涵,深深为北海丰富的历史文化资源所叹服。在其漫长的历史进程中,老街积淀了诸多历史文化遗存。作为曾经的北海商业经济中心,老街至今尚存老字号商行牌匾的印记126处。当年中段的店铺主要经营来自苏杭的绸缎,东段的店铺主要出售鱿鱼、沙虫、虾米、鱼干等干海货,西段接近外沙港口所有店铺专门供应缆绳、渔网、鱼钩、渔灯、风帆布、船钉等渔民用品。代理洋行及进出口业务则是老街商业经济的一大支柱,进出口商有生泰栈、恒和隆等20多家,这些代理洋行的设立和进出口业务的开设,反映了北海近代对外贸易的产生与发展。当年被誉为北海商界"四大天王"的陈鸣东(生泰)、吴栋南(荣昌泰)、罗振东(罗仁裕)以及梁戴三(广昌和),开创了当时北海商业的鼎盛时期。老街商铺还残留一条广告:"选办环球货品,经营世界匹头",正是"开埠第一城""百年西洋街"的真实写照。

除了中西合璧的骑楼建筑群,老街还有许多仿欧建筑极具异域风情。分别建于1883年、1897年的海关大楼、大清邮局北海分局,北海早期钢筋混凝土建筑之一的永济隆将军府、见证"九三事件"的丸一药房、曾经最为繁忙的码头街渡口、曾为老街居民及海上渔民、外轮供水所用的双水井接龙桥等历史遗存,不仅是北海古

| 北海老街

老的民俗风情得以保留的重要载体，同时它还承载着融广府文化、西方文化、海洋文化于一体的多种文化，呈现了一种博纳兼容的海洋胸襟，是研究北海及广西乃至我国近现代史、经济史、建筑史、海关史、港口史、宗教史和对外贸易历史等方面的重要史料。

2001年6月，国务院公布第五批全国重点文物保护单位，北海老街的近现代建筑名列其中。2004年9月，北海市人民政府颁布《北海市老城保护区规划管理暂行规定》，划定了北海老城保护区中心地带老街的保护范围和控制范围，开始把临街保存比较完好的骑楼建筑以及有重大历史价值的原址建筑列为一级保护建筑，并对于其必要的改造和管理。2005年12月，北海市人民政府颁布了《北海市老城保护区房屋修缮改建管理办法》《北海市老城保护区商业业态规范管理暂行规定》等一系列规定，启动了北海老城一期修复工程。2009年5月，北海市政府启动北海老城二期改造及创建"国家历史文化名城"工程。2009年9月1日，北海老街作为旅游步行街对外开放。2010年，随着北海市成功申报"国家历史文化名城"，北海老街作为北海老城的核心街区，迎来了千载难逢的机遇，进入了快速发展新时期。当地政府与相关部门在保护老街原有的建筑风貌的基础上，借鉴江浙古镇成功保护的模式，研究出适合自己的运作模式：修旧如旧，保护和开发、利用相结合，政府主导，居民参与，企业运作，属地管理，将老街打造成集休闲、观光、购物于一体的历史文化旅游景点，重现老街昔日百年商埠的繁华。

为了留住海洋文化风情，勾起人们童年的回忆，老街上布置了不少反映北海老街过去繁荣时期的雕像，引得游人纷纷驻足拍摄。这些雕塑主题分别为《先睹为快》《行者》《赶海归来》《休闲生活》四组，以及《老街过客——齐白石》《百年普仁》《商界四大天王》《咸水歌》《开张大吉》《圣诞之夜》。尤其名为《无声电影的放映者》的雕塑特别引人注目，雕像是一个洋人全神贯注地在摆弄着一台老式电影放映机。1903年，英国传教士李惠来医生到北海普仁医院工作，带来电影机和影片，这是无声电影在北海最早的传入，随后至20世纪20年代，各国驻北海的领事馆、洋行均放电影。到了20世纪30年代后期，北海逐渐放有声电影，这一雕塑见证了北海随着开埠西方艺术得以广泛流传，北海是中国最早能看到西洋无声电影的城市之一。

岜沙，
抒写最后枪手部落传奇

刚迈进贵州岜沙苗寨，迎面便走过来几位彪悍的岜沙男子。他们拥有共同的标志性发型，头部四周剃光，顶上挽一个发髻，身背腰刀，肩扛火枪，手牵猎狗，身穿左衽右开的圆铜扣黑色高腰衣，黑色直筒大裤脚，一袭古代武士装束。岜沙苗族部落位于贵州从江月亮山麓茫茫林海之中，古寨至今保留着佩带火枪、镰刀剃头、祭拜古树等古老的生活习俗，被誉为"阳光下最后一个枪手部落"。

| 阳光下最后一个枪手部落

令人称奇的是，岜沙仍保留着最古老的生活习俗、秦汉遗风的装束，岜沙男人尤其重视他们的发髻，发髻在岜沙苗语中称为："户棍"，是男性装束中最重要的性别标志。男性头部四周大部分头发被剃掉，仅留下中部盘发为鬏髻，并终生保持这种发式。岜沙每个男孩在7至15岁之间必须举行一次成年礼，行成年礼那一天，男孩邀约几个年纪相仿的伙伴，上山打鸟，下田捉泥鳅，到山涧摸鱼，鸟打得越多，鱼捕得越多，表明他的本事越大，将来会有出息。然后，

| 老当益壮

小伙伴们聚集在他家里，喝酒、烧吃捉来的鱼和鸟，再由房族中的本家鬼师为他剃头，梳成"户棍"，完成祖上传来的严格仪式，背上父亲为他打造的猎枪，就标志着他的人生进入了独立的阶段。据说，这种装束是从蚩尤老祖时代传下来的，也是迄今为止在中国所能见到的最古老的男性发式。曾有日本民族、民俗学家寻根来到黔东南，岜沙人引起了他们浓厚的兴趣，因为日本的武士装束和岜沙人的装束几乎没有二样，所以有人认为日本人的祖先是岜沙人。岜沙妇女着装也极为精美，大多身着黑色对襟衣，百褶短裙，上面绣有古香古色的图案，配以银项圈、手镯，十分耀眼。岜沙人认为，如此安然自得的生活，主要是得益于祖先选准的这块宝地，尤其是这片生于斯、养于斯的森林的荫庇。于是岜沙人对树木特别崇拜，把树木当神祭拜。岜沙人认定："人来源于自然，归于自然；生不带来一根丝，死不带走一寸木。"

踏上进村的石板路，吊脚楼顺山势依次而建，全部是木质结构的二层小楼，上盖青瓦或杉树皮。村里树木幽深，古藤缠绕，浓荫蔽日，不禁让人感叹：这里真是一块远离世俗的净土，过着与世无争朴实单纯的生活。当地村民告诉我，在岜沙如果盗伐树木除了退赃以外，还要罚3个120，即120斤米、120

斤酒和120斤肉，以此来请全寨人食用作为惩罚。岜沙人生小孩、举行葬礼都有栽树的传统，正是这严厉的寨规民约才使这里森林保持如此完好。在村中，我们看到独特的风景——禾晾。这是岜沙苗寨原始收割糯谷的方式，他们收割糯谷并不是用镰刀割，而是用一个小巧得如同剃须刀一般镶嵌在木架上的刀片，将禾穗一根一根割下，每个禾晾大约五六米高、四五米宽，糯米穗一排一排在上面挂起，金灿灿的一大片直入云天，绚丽而壮观。岜沙人喜爱吃糯米，稻穗在禾晾上晾干后放进脚踏的石锥里舂，那古朴沉重的舂米声牵动着南来北往的游客走进它的历史。因此岜沙被誉为苗族原生文化"活化石"和"博物馆"，并非浪得虚名。

岜沙人崇拜太阳神，每次集会踩芦笙，男女列队面向太阳升起的地方，后退七步后才吹响芦笙起舞。芦笙堂，位于寨边山腰上，乃岜沙的神圣之地，大凡寨上有重大祭祀活动都在这里举行。我们远远地就听到那边传来阵阵鼓角齐鸣的音乐，循着音乐快步走进芦笙堂，岜沙人正在跳集体舞。男人们在里边一圈排开，双手捧着大大小小的芦笙，一边吹奏一边有节奏地晃动身体；女人则在外围，双手持手帕，随着节奏不停地腾挪跳跃。铿锵有力的芦笙古乐，听起来像是刀枪剑鸣，大砍大斫，气势磅礴，如同战场上冲锋的号角；女人们的舞蹈节奏相当快，旋转、跳跃、腾挪跌宕，婀娜多姿。

在岜沙，我发现一块石碑上镌刻着"中国单身者十大旅游胜地"字样。当地人向我透露，岜沙男女之间的恋爱交往与季节一起循环，春、夏、秋3个季节中，分别有3个关于恋爱的节日：正月里，男女青年们跳花坡、吹芦笙、游方；到夏季水稻扬花受粉的时节，青年们便聚集到树林中去"荡秋千"，那秋千是用稻草搓成粗大的绳索，系到大树上，小伙子和姑娘就一双一对地跳上去，秋千荡得越来越高，姑娘的叫喊声越来越大，小伙子就把姑娘抱得越紧；秋收时节，岜沙开始"闹姑娘"。白天，小伙子和姑娘各人带着自家的饭团结伴相约收稻劳作，晚上就聚集在主人家里喝酒、唱歌、抱姑娘。一个小伙子可以同时抱几个姑娘，姑娘们也很乐意让小伙子抱，姑娘被小伙子抱得越多，就会有更多的小伙子想娶她回去做老婆，如果姑娘没有被抱过是件羞愧的事。如果被外乡来的小伙子抱过，那个姑娘在岜沙人眼中就是顶顶出众的美人。

近年来，随着岜沙苗寨声名远播，旅游产业拉长了岜沙村脱贫致富链条，

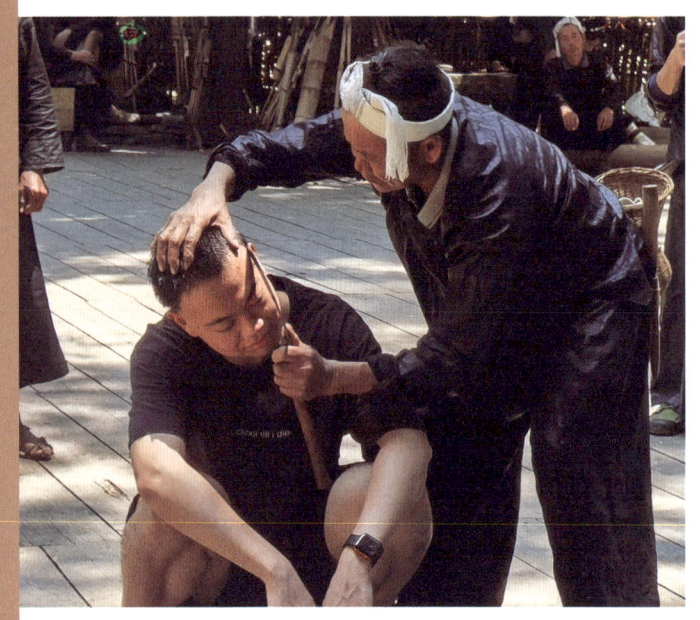

| 镰刀剃头

昔日贫穷的岜沙苗家山寨依靠发展旅游成为从当地脱贫攻坚路上的一面旗帜，村民的旅游脱贫致富之路越走越宽。为此，村里组建了两支专门从事民族文化展演的农民表演队，岜沙婚恋习俗表演则是一大看点。那日，有位天津小伙子自告奋勇上场充当"新郎"，威武的岜沙男子在场上吹奏芦笙、芒筒，女人和着悠扬的芦笙声跳舞，人们的欢呼声响彻山林。笙歌奏毕，岜沙姑娘用牛角杯敬酒，火枪对天鸣放，天津小伙子抱起美人，约定3年之后迎娶美人归。镰刀剃头，更是让游客啧啧称奇，剃头工具用的竟然是砍柴的镰刀，剃完后将剩余的头发束于头顶，盘成鬏髻，象征着生长在山上的树木。

岜沙作为"中国最后一个火枪部落"，火枪不得不提。枪是阳光下岜沙男人的影子，他们的枪是一种射程只有20多米的火药枪。岜沙苗人的老祖宗用枪是为了打猎防身，后来则是为了防止盗贼来偷牛。除此之外，火枪还有"礼炮"的功能，凡重大节日庆典，岜沙人都会用它朝天空放，鸣火枪的巨响能直入人心，那庄重热烈的气氛不是锣鼓鞭炮所能及的。如今，火枪基本上用来做表演，枪里只放火药，不放子弹和沙子。这种枪过去都由专门的师傅来打，现在大多数是祖上传下来的，每支枪都有属于自己的编号，和持枪证上的编号一一对应。最让岜沙人引以为荣的是，火枪被当地公安机关给予特许，80%以上的人拥有持枪许可。岜沙人珍惜当下，抒写着"中国最后一个火枪部落"的传奇，海内外游客正因为这个慕名而来，亲身感受这个与世隔绝民族独特的魅力。

肇兴侗寨，
品味"三宝"

  肇兴，素有"侗乡第一寨"之美誉。在2005年《中国国家地理》杂志社举办的"选美中国"活动中，被评为"中国最美的乡村古镇"；2007年在中国《时尚旅游》杂志社和美国《国家地理》杂志社共同举办的"全球最具诱惑力的33个旅游目的地"活动中，肇兴入选其中；同年肇兴侗寨被国家建设部、国家文物局评为"中国历史文化名村"。10年前，我和好友邹秉南兴致勃勃地慕名前往，可是车到黎平，得知去肇兴的道路正在抢修，车辆无法通行，我们只好败兴而归。今年6月我再赴广西，夫人的表弟张俊专程开车到肇兴，

| 肇兴侗寨

了却了我平生之愿。

肇兴俗名"六洞""略懂""宰肇"。"肇"在侗语中是"最先、开始"的意思，肇兴就是侗族先民最先开始生息繁衍的村落。自南宋正隆五年（1160），肇兴先民在这里定居，距今已有850多年历史。肇兴侗寨四面环山，寨子建于山中盆地，一条小河穿寨而过。寨中房屋为干栏式吊脚楼，鳞次栉比，错落有致，全部用杉木建造，硬山顶覆小青瓦，古朴实用。

| 鼓楼雄姿

肇兴侗寨全为陆姓侗族，分为五大房族，分居5个自然片区，当地称之为"团"，5个团分别叫"仁、义、礼、智、信"团，每个团建一座鼓楼，一座花桥，一座戏台，分别叫"仁团、义团、礼团、智团、信团"鼓楼，统称为"肇兴鼓楼群"，凭着保存完好的侗族传统村落布局、质朴的侗族传统生活气息和以世界遗产"侗族大歌"为代表的侗族传统文化习俗，肇兴侗寨被列入"世界吉尼斯之最"。

人说肇兴有"三宝"，鼓楼群是肇兴侗寨最显著的标志，自然是第一宝。古老的鼓楼以杉木凿榫衔接，排枋纵横交错，上下贴合，层层叠叠而上，整个结构不用一钉一铆，坚固严密，百年不朽不斜，4根粗大的主柱直达顶层，四周12根副柱，象征一年四季12个月天长地久，层次均为单数，象征吉祥如意。鼓楼高耸于侗寨之中，飞阁垂檐，气概雄伟，瓦檐上雕塑或彩绘着山水、飞鸟、龙凤、花卉和人物，栩栩如生。在鼓楼的顶层，悬挂着一个长形细腰的牛皮大鼓，便是"鼓楼"名称的由来。如果遇到土匪骚扰，或寨火山害，便会有专人上楼击鼓预警，一楼鼓鸣，村寨相传，百姓们应声而至，相互扶持，共渡难关。楼内底层中央用青石镶砌一个火塘，并围有4条长凳，是寨子举行重大活动时燃放篝火、老人冬天烤火所用。如今，"踩堂祭祖""集众议事""嫁娶丧葬""迎宾送客"等所有寨民的人生大事都在这里举办。

全寨 5 座鼓楼，各具特色，是侗寨的灵魂所在。"信团鼓楼"在肇兴侗寨的寨尾，按照肇兴的习俗，寨尾上的鼓楼必须最高，所以信团鼓楼是侗寨最高的鼓楼，高 25.9 米共 11 层，一层楼檐正面中央，塑有二龙抢宝，翻江倒海，鱼虾游戏，活灵活现。顶层瓦楞之上，再塑五龙飞天，腾云驾雾，呼风唤雨，被誉为"五龙楼"。"智团鼓楼"位于南面的麒麟山麓下，属寨中"船篷"鼓楼。依照寨上风俗规矩，"船篷"之鼓楼须低矮些，故高 24.8 米共 9 层。这座鼓楼不立葫芦桅杆攒尖，而设立宫殿式造型的歇山楼顶，在顶层脊背中央塑一光芒四射的红日，两端翘角各塑只捕鱼的鸬鹚，头朝外尾朝里，象征斗人的图腾和愿望。"义团鼓楼"高 23.1 米共 11 层，它最令人难忘的是那个骑驾在一条大红鲤鱼背上的孩童，鱼孩与抢宝的二龙一起，如腾骧直奔东海，去漫游龙宫一般，象征着族人的图腾与追求。"礼团鼓楼"高 25.9 米，共 13 层，楼层密厚，楼体宏大，巍然高出里坎之上的山嘴。最引人注目的则是第二层正面檐上雕塑的侗族古代爱情传说故事中的人物珠郎娘美塑像，他们弹琴对歌，倾吐爱情，誓死相伴，永不变心，充分体现了侗民族追求自由幸福的精神风采和婚姻观念。层檐板上的彩绘千姿百态，通体是一座侗民族的艺术殿堂。"仁团鼓楼"高仅 21.7 米，只有 7 层，是全寨最矮小的鼓楼，它坐落在东方的"船头"上，层距稀疏，自然随意，质朴大方，楼层造型一层为四方倒水，上 6 层均为八方倒水形，顶尖也为宝葫芦串立成桅杆，象征着侗族人质朴大方的精神风格，把握着"大船"的前进方向，乘风破浪。鼓楼旁空旷地叫做"鼓楼坪"，是侗寨举行盛大活动如：踩歌堂、芦笙节吹芦笙、月也对歌等等。鼓楼对面就是戏楼也叫戏台，是侗族人唱侗戏、唱侗歌的地方。

侗族第二宝为"花桥"，又称"风雨桥"，是除了令人惊叹的鼓楼之外侗族最具特色的建筑之一。这是一种古老的廊桥式建筑，柱、枋、檐板，均绘塑彩画，廊道两侧设长凳，供人休憩。花桥也是年轻人幽会和对歌的地方，相传花婆是掌管生育的神仙，侗族人希望在桥上拾得好姻缘，因此将花桥建在了寨头村尾最富灵性的溪河畔。穿寨而过的小溪哗啦啦地流淌着，渐进的夕阳霞光笼罩着河面和花桥，将花桥映衬得更加熠熠生辉。我们坐在桥上听着桥下流淌的小溪闭目小憩，尽情享受侗寨傍晚的宁静时光。

肇兴侗寨，品味"三宝"

侗寨第三宝"侗族大歌",它是流行于贵州省黔东南地区侗族聚居区的传统音乐,一种多声部、无指挥、无伴奏自然和声的民间演唱形式。它源于春秋战国时期,至宋代,侗族大歌已经发展到了比较成熟的阶段,至明代,侗族大歌已经在侗族部分地区盛行。侗族大歌的发展与其鼓楼的居住形式、好客的风俗习惯,以及侗族语言有着分不开的联系。侗族大歌结构严密而精美,歌词押韵,曲调优美,歌词多采用比兴手法,意蕴深刻。侗族人从古至今无论男女老少,人人能歌善舞,每当夜幕来临,他们在鼓楼前的广场上搬来长凳,面对面排坐着,高声咏唱,全寨的男女老少围在周围观看。如此随性的侗族大歌无指挥、无伴奏、无曲谱,但是心心相映的侗族人能演唱得和谐整齐,高低结合,清脆绵长。歌唱的侗族人衣饰朴素饱满,眼睛微眯,嘴唇翕动,我虽听不懂侗语,仍可感受到婉转曲调中的情谊。1986年肇兴侗寨人将侗族大歌带到法国,一首《蝉之歌》在法国金秋艺术节上唱响整个巴黎音乐界。2009年12月侗族大歌被列入"世界非物质文化遗产"代表作名录,成为人类非物质文化遗产之一。

这就是肇兴侗寨,看得见山,望得见水,记得住乡愁,鼓楼闲聊,花桥发呆,天南海北的游客来到这里,忘却喧嚣的城市,尽情享受美丽山水和风土人情,欣赏侗族大歌,观摹蜡染、扎染工艺,真正感受别具一格的侗寨"桃花源",何乐不为!

| 侗寨"桃花源"

茅台镇，
高擎"酒文化"大旗

  赤水河边的茅台镇原本只是一个小渔村，鲜为人知，后来那些来自犍乐盐场、富荣盐场的盐要从这里过往，便逐渐热闹起来，成为川盐销往贵州的"仁怀边岸"。而当时运商不少是陕西、山西籍的商人，他们垄断着川盐的运输市场，"蜀盐去贵州，秦商聚茅台"的诗句可以佐证。盐商在那里开商号、建客栈，日子一久，便对那里的风物熟悉了，后来盐商觉得这里的酿酒条件好，何不把家乡山西汾酒的酿造技术加以利用呢？于是就有人开起了酒坊，但多是自酿自饮，聊以打发枯燥的时间。不久这类"烧房"越来越多，居然发展到了一二十家。后来文人墨客经过此地，饮后发现茅台酒是少有的佳酿，就留下了一些诗句，如"家唯储酒卖，船只载盐多"（陈熙晋），"酒冠黔人国，盐登赤虺河"（郑珍）等，茅台镇因盐得酒，从此名扬四海。

  1915年，为了庆祝巴拿马运河通航，在美国旧金山举行的"巴拿马万国博览会"上，茅台镇成义、荣和两家烧房同时送出产品，以圆形小口黄色陶质釉瓶包装，统称"茅台酒"。这样的包装在万国博览会上自然受到冷落，偶然间，酒瓶打碎，酒香四溢，引起人们热切关注。经各国专家品评，被评为世界名酒，荣获金奖，从此蜚声中外。1952年在第一次全国评酒会上，茅台酒列为八大名酒之首，被政务院、外交部指定为国宴及招待外宾用酒，于是成为中国第一品牌的"国酒"。至今，贵州茅台酒共获得15次国际金奖，连续5次蝉联"中国国家名酒"称号。

  有人开玩笑，在茅台镇测酒驾估计有难度，因为茅台镇空气中持续弥漫着的酒香。除了酒香，茅台镇集古盐文化、长征文化和酒文化于一体，"中国第一酒镇"非它莫属。

| 茅台渡口纪念碑

在清澈的赤水河畔,茅台渡口纪念碑高高耸立,红军烈士陵园前的群雕再现了红军烈士的光辉形象。1935年3月,中央红军主力从遵义再次西进仁怀县境。15日晨,对仁怀鲁班场守敌周浑元部发起猛攻,战斗打得非常激烈,红军伤亡很大,但挫败了敌军锐气。红军于16日清晨乘虚占领茅台。上午10时许,在中渡口、下渡口及银滩3处搭好浮桥。从当天下午至17日,红军胜利地三渡赤水河。为了保护闻名遐迩的茅台酒生产作坊不受损失,军委政治部分别在茅台镇上生产茅台酒最多的成义、荣和、恒兴3家酒坊门口贴上布告:"民族工商业应鼓励发展,属于我军保护范围。私营企业酿制的茅台老酒,酒好质佳,一举夺得国际巴拿马大赛金奖,为国人争光,我军只能在酒厂公买公卖,对酒灶、酒窖、酒坛、酒甑、酒瓶等一切设备,均应加以保护,不得损坏,望我军全体将士切切遵照。"

茅台酒是贵州的骄傲，是茅台镇的骄傲，它执中国酒文化之牛耳，在世界上赢得了崇高的荣誉。国酒，就是国魂之酒，它具有丰厚的文化内涵，是中华五千年文明的结晶；酿造茅台酒的工艺，世界独特，是世界酿酒技术的尖端科学，有许多未知数还在探索之中。"国酒门"是出入茅台镇的门户，为中国古典城楼式建筑，两侧各立一根华表，一殿二亭四重檐，门楼上可供人们观光游览。整个建筑高大气派，庄重华丽，象征着国酒茅台源远流长的历史和享誉海内外高贵典雅的气质。"天下第一瓶"矗立在国酒门东侧的小山上，一个用钢骨水泥铸造的茅台酒瓶，高达31.25米、直径10.2米、体积1469.33立方米，成为茅台镇酒文化地标，1997年6月，被上海大世界吉尼斯总部评为"最大的实物广告"。

为了全面展示源远流长的中国酒文化和国酒茅台的历史文化，20世纪90年代，中国贵州茅台酒厂（集团）公司在茅台酒的发源地贵州仁怀市茅台镇修建了"中国酒文化城"。2013年，茅台集团又对博物馆进行了升级改造，更突出其旅游与观赏功能。在2014年4月，中国酒文化城获批成为国家4A级景区，不仅成为集观光、休闲、教育、体验为一体的旅游目的地，更是充分展示中华民族生活方式和旷世情怀的文化圣地。

中国酒文化城占地面积3万余平方米，建筑面积1万余平方米，是世界上规模最大的酒文化博览馆。酒文化城着重介绍了中国历代酒业的发展过程以及与酒有关的政治、经济、文化、民俗，展示了我国酒类生产的发展

| 天下第一瓶

茅台镇，高擎"酒文化"大旗

沿革、工艺过程和酒的社会功能，使人感到法规的严肃、史志文献的庄重、文学艺术的生动、技术指标的严谨等酒文化多姿的风采，反映出人们在造酒、用酒、饮酒过程中表现的思维方式、民族性格、宗教信仰、伦理道德、精神情操等酒文化的核心内涵。馆内按照主题分为中国酒源馆、中国酒技馆、中国酒韵馆、中国酒俗馆、中国酒器馆、国酒茅台馆、醉美茅台馆、中国名酒馆、世界名酒馆九大展馆，收藏圖、书画、文物作品10000多件，通过景观复原、文物展陈、多媒体影片、交互游戏等国际主流展览手段，全方位、立体地展示中国酒文化与国酒茅台的峥嵘历程。

进入新世纪，茅台镇党委、政府按照仁怀市委"生态立市、品牌强市、旅游兴市"战略目标，高擎"酒文化"大旗，充分发掘"茅台镇"品牌优势，严格按照"控制总量、杜绝新增、取缔非法、安全环保"原则，规范发展酒业。不仅拥有"全国村镇重点建设集镇""全国小城镇建设示范镇""全国投资环境优良镇""全国科学建设百强镇"等众多金字招牌，2016年又被列为"第一批中国特色小镇"，可谓名至实归。

| 国酒门

槟榔谷，
讲述海南黎村故事

"海岛原住民，海南淳风情，槟榔谷带您感受几近原始的艺术之旅。"听到这样的广告词，的确让人怦然心动。槟榔谷可以说是海南民族文化活化石，尤其对于我这样迫切希望了解海南原始民族文化的人来说，槟榔谷可以让我触摸到黎苗文化的脉动。

槟榔谷位于五指山山脉的甘什岭热带雨林中，这里有一条连绵数公里的槟榔谷地，古木参天、藤蔓交织，总面积达5000余亩。椰子代表海南，槟榔代表黎家，黎家没有槟榔不成礼，没有槟榔不成婚，"槟榔"可以说是黎族人的文化符号，而聚居在海南中部山区的黎家人，以原神秘雨林为栖身，走入槟榔谷便走入了黎家文化。如今，原甘什黎村、非物质文化遗产保护村、雨林苗寨三大板块和一场大型实景民族歌舞剧《槟榔·古韵》构成一幅和谐秀美的画卷，成为一个多民族、多文化、多形态，集观光游览、文化展示、民俗体验、休闲娱乐于一体的少数民族旅游风景区。我们置身其中，看旖旎风光，听婉转黎歌，感受自然气息，领略独具韵味的原住民风情。

槟榔谷乃海南本土文化聚集地，成立于1998年，由原甘什黎村改造而成。长期以来，黎家人致力于挖掘、保护、传承和弘扬海南原住民传统文化。黎族是海南的土著民族，这里保存着最原始、最淳朴的黎族风情。本土居民最大的特征是"雕题离耳"。所谓"雕题"就是纹脸，即在脸上刻图案，"离耳"就是耳朵上佩戴大的耳环。在槟榔谷具备这些基本特征的海南人随处可见，成为一道珍贵的人文风景线。黎族纺染织绣、竹木器乐演奏技法、打柴舞等一批濒临失传的黎族苗族传统技艺和正在消失的海南本土文化现象，在这里被精心保存了下来。拉龟、射箭、荡秋千、攀藤摘花、挑山栏过河、过独木

| 织锦阿婆

| 绣面文身阿婆雕塑

桥等体育项目，鼻箫、椰乌、吹树叶等乐器表演，唱歌、跳竹竿舞等娱乐项目，射鱼、贵屋等生活方式，织锦等手工技能无不体现了浓郁的少数民族风情。

非物质文化遗产村由12个古老的船形屋组成，我走近正在消失的黎族传统建筑船形屋，这种山性与海性相结合的独特建筑，是黎族人飘洋而至的历史见证。船形屋内最后一代绣面文身阿婆正在踞腰织机上织锦，绣面文身阿婆用皮肤承载着自母系氏族至今的历史，是民族文化的"活化石"，被专家喻为"刻在人体

典型的黎族民居船形屋

上的敦煌壁画"。在这里我见识了人类在无纺时代所穿的树皮衣,"衣服的祖先"竟然是用剧毒树皮制成;目睹岛内仅存的百年谷仓群,感受了"夜不闭户,路不拾遗"的淳朴民风;在这里我看到了用牛角、圆木、竹子、椰壳等制作的黎族古乐器,体验钻木取火、低温制陶等一系列国家非物质文化遗产保护项目,品尝黄姜饭、竹筒饭、山栏酒、糯米糕等最原汁原味的黎家小吃。村内椰风摇曳,茅舍掩映,村边溪流轻淌,水车悠悠,炊烟袅袅,一切那么悠闲,一切那么自在。

步入黎族艺术馆、文身馆和牛文化展馆,这里展示着黎族工艺美术的深厚文化底蕴、文身绣面的神奇意义以及黎苗族同胞崇敬牛的历史印迹。在众多的非遗博物馆藏中,我对"龙被馆"中海南岛唯一的明代"龙被王"产生了浓厚的兴趣。这幅龙腾祥云、麒麟双凤吉祥图龙被,长284厘米,宽129厘米,总面积366366平方厘米。据专家考证,它织制于明朝末年,最初为四联幅。"龙被王"以双龙戏珠、双凤朝阳、麒麟呈祥、鲤跃龙门、花开富贵、四季平安、莲花座等吉祥图案为主题,色彩斑斓,反映了黎族人民的美好祝愿和宗教信仰。龙被,主要产在古崖州地区,也称为"崖州被",素有"广幅布"之称。龙被是黎族织锦中的一种,是黎族在纺、织、染、绣四大工艺过程中难度最大、

槟榔谷,讲述海南黎村故事

文化品位最高、技术最高超的织锦工艺美术品，是黎族进贡历代封建皇朝的珍品之一。据了解，龙被的织制主要有两种方法，一种是使用踞腰织机，另一种是脚踏织机。踞腰织机所织的龙被花纹图案比较传统，色彩单一，数量较少。而脚踏织机所织的龙被，用旧时一种比较先进的织法，质地厚、质量好，流行也比较广。它的特点是先织制好布料，然后才在布料上任意刺绣花纹图案。一幅龙被，不论从色彩或者图案上看，都是比较完整的工艺美术作品，具有浓郁地方民族特色。黎族传统纺染织绣技艺是中国纺织工艺中一项珍贵的非物质文化遗产，2006年6月被国务院列为《国家级非物质文化遗产代表作名录》，2009年10月入选《世界非物质文化遗产保护名录》。龙被作为黎锦中的巅峰之作，具有特殊的历史研究价值，它不但记载了历史，更是承载了黎族人民对美好生活的向往。

"守护原住民文化天堂"，槟榔谷黎家人执着于对原住民传统文化的深入挖掘和全力保护，海南省共有国家级非物质文化遗产保护项目20个，槟榔谷就占了10个，成为一部生动恢宏的"黎族人历史教科书"。这些濒临失传的黎族传统技艺和正在消失的文化现象，被他们呕心沥血地保护着，在新的时期焕发出新的生命力，让民族的精髓得以世世代代地流传下去。而天南海北的游客在进入槟榔谷这个民族文化的守护天堂时，聆听海南黎村故事，被"真正的海南主人"谱写的这一段民族传奇所折服。正因为如此，槟榔谷成了保亭乃至整个海南岛最具魅力的原住民文化风情游览区，荣获"国家非物质文化遗产生产性保护基地""十大最佳电影拍摄取景基地"，并获得国务院、文化部、农业部颁发的"全国民族团结进步模范集体""国家文化出口重点项目""全国休闲农业与乡村旅游五星级企业"等多项国家荣誉，2015年7月，槟榔谷荣膺国家5A级旅游景区称号。槟榔谷黎家人秉承"挖掘、保护、传承、弘扬海南黎苗文化，使其生生不息"的使命，向世界再现了海南千年的昨日文明，成为海南原住民文化的传承者和创新实践者，实在可敬可佩。

科尔沁，
蒙族文化绽新花

"蓝蓝的天空，清清的湖水，绿绿的草原，这是我的家哎耶！"每当听到腾格尔唱起《天堂》，我便对美丽的草原产生无限遐想。七月流火，当人们正在炼狱中忍受煎熬的时候，我一头扎进了科尔沁草原。

科尔沁是著名的蒙古族地域文化——科尔沁文化的发祥地，在科尔沁博物馆我观摩了大型锻铜壁画《魂》，精神为之一振，它高11米、宽7.8米，按照历史脉络将科尔沁草原上最具代表性的历史人物和文化遗存，按年代顺序，上下排列，绵延而来。壁画右上角是蒙古民族起源传说"苍狼白鹿"，左上角是契丹民族起源传说"青牛白马"，是远古部落的图腾痕迹。壁画正中是蒙古

| 塔敏查干沙漠

民族的伟大领袖、千年伟人成吉思汗，右下方是成吉思汗胞弟科尔沁始祖哈布图哈萨尔，左下方是处置科尔沁草原的清代国母孝庄文皇后，右下方是清末爱国将领科尔沁博亲王僧格林沁，最下面是为了保护科尔沁草原和蒙古人民利益英勇牺牲的民族英雄嘎达梅林。在这些历史人物中间，按照历史发展脉络穿插了红山勾云玉、鲜卑金饰牌、辽代鸡冠壶、元代青花玉壶春瓶、清代如玉等各个历史时期的馆藏文物，全面展示了科尔沁深厚的历史文化底蕴。

| 孝庄文皇后塑像

壁画可谓科尔沁草原文化精华，它浓缩了北方数千年的文化和历史，讲述了北方游牧文明的发展和变迁，从多维多重的角度来彰显传统文化的精髓，引领人们于恬静典雅之中同草原文化对话，与古人沟通。

公元12至13世纪，在蒙古高原上曾经有一个令人景仰、畏惧而又不可琢磨的东方大国魔幻般崛起，它横扫欧亚，雄踞中原，在一定程度上改变了世界历史的进程。这就是成吉思汗及其子孙创造的蒙古帝国。科尔沁，蒙古语意为"带弓箭的人们"，是成吉思汗胞弟哈布图哈萨尔亲率的大汗卫队和骁勇善战的精锐之师，战功显赫。公元1206年，受封于蒙古民族的发祥地额尔古纳河流域水草丰美的广袤草原。由此，开始了一个英雄部落800年的恢弘历程。800年，铸就了科尔沁雄浑壮阔的历史，砥砺了坚忍不拔、一往无前的科尔沁精神，成就了哈布图哈萨尔、孝庄文皇后、僧格林沁、嘎达梅林等诸多历史风云人物，形成了独具特色和魅力的科尔沁文化，使科尔沁闻名于中华大地。乾隆皇帝在位61年，4次到东北祭祖，3次路经科尔沁草原。乾隆通过3次到科尔沁草原巡幸，进一步巩固了和科尔沁蒙古的姻亲和盟好关系，使科尔沁蒙古王公不仅在政治上、经济上，而且在血统上、心理上都与满洲贵族建立了牢固的依从关系，科尔沁蒙古为大清王朝的建立、巩固和发展也做出了重要的历史贡献。

花吐古拉镇，是科尔沁左翼中旗西南部一个神秘的塞外小镇，它不仅是成吉思汗建功立业的发祥地，更是清朝国母的诞生地，孝庄文皇后、孝端文皇后、顺治皇帝的皇后都出自这里，其中尤以孝庄文皇后著名。孝庄文皇后是一个经历5朝，辅佐顺治、康熙两代皇帝成就大业，建立康乾盛世功劳卓著的科尔沁蒙古族女政治家。这里最初为达尔罕亲王府，始建于明朝万历年间，距今已有400多年，1947年损毁，2008年当地政府按照"尊重历史、符合规制、修旧如旧、复建精品"的原则复建。王府占地10万平方米，由90余座清代古建筑组成，整体为传统木结构建筑，青砖灰瓦，雕梁画栋，富丽恢宏，民族特色浓郁，是中国目前现存规模最大的亲王府邸。为了深度挖掘蒙古文化内涵，王府内不仅有孝庄故居、王府历史展、科尔沁蒙古马文化博物馆、科尔沁民俗博物馆，而且设立了以科尔沁文史研究、文化交流为主题的"孝庄书院"，目的是让更多的人深刻感受内蒙古的民族文化，从细节了解蒙古族是值得人们崇敬的马背上的英勇民族。

珠日河草原，是牧民理想的天堂，也是科尔沁草原中心地带。拿出蒙古人的豪迈气概，跨上骏马在辽阔的草原上奔驰，也是体验蒙古文化的重头戏，同伴们一个个精神抖擞策马扬鞭，照片上留下灿烂的笑容。第一次走进蒙古包，到牧民家做客，品尝奶茶、酸奶、炒米等蒙古传统小吃，倾听蒙古族艺人演奏马头琴，我们感到十分兴奋。热情好客的牧民将客人迎进蒙古包，围毡正中央挂着成吉思汗的画像，这是他们的偶像，为了体现对成吉思汗的崇拜，他们特地将蒙古包门设计得矮一些，任何人见了偶像首先得低头。蒙古包主人是位66岁的老人，也许中午喝了点小酒，他口若悬河，十分健谈。老人是著名马头琴大师齐·宝力高的弟子，2008年他曾应齐·宝力高邀请，参与2008人组成的马头琴队，准备在北京奥运会开幕式上齐奏气势磅礴的《万

老人演奏马头琴

马奔腾》，后来由于节目太多，不得不忍痛割爱，但他不虚此行，算是见过大世面的人。在老人悠扬的马头琴旋律中，我们放声歌唱《美丽的草原我的家》《天堂》《草原上升起不落的太阳》。高亢的牧歌，苍劲的马头琴声，渲染出一片"天苍苍，野茫茫，风吹草低见牛羊"的醉美意境。

烤全羊是蒙古族传统名菜，也是当地举行重大庆典时盛宴上特制的佳肴。到内蒙古感受少数民族不一样的风情，当然要品尝当地特色的美食。内蒙烤全羊外焦里嫩，皮脆肉滑，色泽金黄，酥脆香美。经不住美味佳肴的诱惑，当晚大伙再次钻进蒙古包，品尝烤全羊。当完整的烤全羊呈现大家面前，一个个欣喜若狂，忙不迭地用手机拍照发微信。烤好的全羊跪在方木盘内，色泽金红，羊皮酥脆，香气逼人。服务员说吃烤全羊可不能斯文呀！于是大家一齐手持刀叉，四处宰割，手拿把抓，吃得酣畅淋漓。这正是：磨刀霍霍向烤羊！